建築材料

〈第3版〉

嶋津　孝之
福原　安洋
在永　末徳
松尾　　彰
中山　昭夫
蓼原　真一
共　　著

森北出版株式会社

● 本書のサポート情報を当社Webサイトに掲載する場合があります．下記のURLにアクセスし，サポートの案内をご覧ください．

https://www.morikita.co.jp/support/

● 本書の内容に関するご質問は，森北出版 出版部「(書名を明記)」係宛に書面にて，もしくは下記のe-mailアドレスまでお願いします．なお，電話でのご質問には応じかねますので，あらかじめご了承ください．

editor@morikita.co.jp

● 本書により得られた情報の使用から生じるいかなる損害についても，当社および本書の著者は責任を負わないものとします．

■ 本書に記載している製品名，商標および登録商標は，各権利者に帰属します．

■ 本書を無断で複写複製（電子化を含む）することは，著作権法上での例外を除き，禁じられています．複写される場合は，そのつど事前に(一社)出版者著作権管理機構（電話03-5244-5088, FAX03-5244-5089, e-mail：info@jcopy.or.jp）の許諾を得てください．また本書を代行業者等の第三者に依頼してスキャンやデジタル化することは，たとえ個人や家庭内での利用であっても一切認められておりません．

第 3 版の序文

　第 2 版が刊行されてから，ほぼ 6 年が経過した．その間多くの大学や高専で，本書が採用され，また外国（韓国）でも翻訳版が，近年中に発刊される予定である．著者らの浅学により，十分でないところが少なからずある本書がかくも多くの方々に活用いただいていることは大変有難く，光栄なことと思っている．
　さて，過去 6 年間に本書の内容に関連して次のような法規上の改定があった．
1) 1997 年の JIS R5201 のセメント試験法の改正
2) 1999 年の鉄筋コンクリート構造設計規準・同解説（AIJ）の改訂
3) 2000 年の JIS Z8202 の単位（SI 単位）の改訂
4) 2000 年の建築基準法施行令改正での性能規定の採用
5) 2000 年の建築基準法施行令改正での免震材料の登場

　本第 3 版では，これら 5 つの改定を取り入れた内容としている．特に 5) については，今後，地震国での著しい利用発展が予想され，新たに付章を設けた．
　いよいよ，本年より新ミレニアムである．著者らは本書が今後も次世代建設技術者の育成と良質な社会資本の形成の一助になっていってくれることを強く願っている．
　本版も第 2 版に続き多くの文献を参考にさせていただき，また新設の付章については（株）免震エンジニアリング常務取締役の須賀川　勝氏より貴重な各種資料をご提供いただいた．さらに森北出版株式会社諸氏の多大な御協力をえた．各位に心より感謝の意を表します．

平成 13 年 1 月

著者しるす

序　　文

　建築で扱う材料の種類は数多く，また，材料の使われ方もさまざまであるのでそれらを内容とする教科書はともすればいろんな事項の羅列になりがちであ

る．特に建築と離れた専門分野の人が多数加わって執筆した場合には，それぞれの材料の話が別々の方向を向いているため，それらを束ねた書は，初学者には理解が極めて困難なものとなる．実際この種の教科書や参考書が世に多く出ているようである．

　本書はこのような状況を考えて，まず大学や高専で学ぶべき建築材料学の内容を次の4本立てとした．I構造材料（2章～4章），II非構造材料（5章～8章），III機能材料（9章～12章），IV仕上げ材料（13章～19章）．IとIIは個々の材料の話を内容とするものであるが，IIIは建築材料として有すべき各性能について，IVは建築物の各部位の仕上げについて述べたものである．

　また，本書の大きな特色は各章の内容を読者に視覚的にとらえてもらうために本文全般にわたって，見開き右頁にはすべて図，表，写真を配したことである．このことによって，各章ごとに心掛けた系統的記述と相まって，建築材料のなんたるかを読者には十分理解頂けるものと考えている．なお建築材料も日進月歩の進歩を遂げ，新材料が次々と現れているが，本書には「建築材料学」としての基本的事項は一応網羅してあるので，時代の変化にも十分対応できるものと思っている．

　このように本書は内容的にかなり工夫を凝らしたものであるが，筆者らの浅学により，十分でない部分も少なくないと思われる．今後諸賢のご教示とご叱正をお願いしたい次第である．

　執筆にあたっては，第1章は福原，在永，第2章，第5章は蓼原，福原，第3章と第9章～第12章は在永，第4章，第7章は松尾，中山，第6章は福原，第8章は松尾，第13章～第19章は福原がそれぞれ原案を作成し，嶋津が中心となって全体的にまとめたものである．

　本書を記述するにあたって多くの文献を参考にし，また図表などを引用させていただいた．引用文献等は一括して巻末に掲げておいた．これらの文献の著者の方々に心から謝意を表すると共に，本書の出版に際しての森北出版株式会社諸氏の多大なるご協力のあったことを記して厚く感謝する．

平成7年3月

著者しるす

第 3 版第 10 刷に際して，

　本書の第 1 章の冒頭に述べているように，＜優れた建築物＞とは，
　1）地震や台風，火災などの各種災害に対する構造的安全性
　2）建築計画や環境工学の合理的な適用による機能性や快適性
　3）適正な材料選択と施工性による耐久性や経済性
を満足するものでなければならない．

　本書＜建築材料＞は，これらのことを，読者の念頭においていただくことを願って，出版されたものである．

　＜優れた建築物＞を実現するための必要な法律として，わが国では，＜建築基準法＞以下各種のものがある．2007 年に法改正が行われた．

　本書第 10 刷では，次の 4 付録を新設している．
　付録 1．建築基準法の骨格
　付録 2．建築基準法施行令の構成
　付録 3．建築関連法規リスト
　付録 4．住宅の品質確保の促進等に関する法律（品確法）の趣旨と住宅性能表示事項

　本書には，これら法律の各項目に関係する事柄が極めて多いが，読者の方々には，本書を通して，学生時代には，建築材料の各種事項の基礎的理解を進められ，社会人になってからは，社会における＜優れた建築物＞の実現に努めていただければ，著者にとって大きな喜びである．

第 3 版第 15 刷に際して，

　この機に法改正の情報などは森北出版 Web サイトのサポートページに掲載することとした．

　http://www.morikita.co.jp/books/mid/055143

を参照のこと．

目　　次

第1章　は　じ　め　に …………………………………1
1.1　建築材料学とは …………………………………2
1.2　建築材料の変遷と発展（その1）…………………4
1.3　建築材料の変遷と発展（その2）…………………6
1.4　建築材料の分類 …………………………………8
1.5　建築材料に要求される性能 ……………………10
1.6　建築材料関係の規格，仕様 ……………………12

構 造 材 料 編

第2章　木　　　　材 …………………………………16
2.1　木材と建築 ……………………………………16
2.2　木材の種類と主な用途 …………………………18
2.3　木材の構造と組織 ………………………………20
2.4　伐採と製材 ……………………………………22
2.5　乾　　燥 ………………………………………24
2.6　物理的性質 ……………………………………26
2.7　欠点（きず）……………………………………28
2.8　耐　久　性 ……………………………………30
2.9　耐　火　性 ……………………………………32
2.10　木材製品 ………………………………………34
2.11　竹 ………………………………………………36

第3章　セメント・コンクリート ……………………38
3.1　コンクリートと建築 ……………………………38
3.2　セメント・コンクリートの歴史 ………………40

3.3	セメントの製造	42
3.4	セメントの化学（その1）	44
3.5	セメントの化学（その2）	46
3.6	セメントの物理的性質	48
3.7	ポルトランドセメントの特徴	50
3.8	各種セメントの特徴	52
3.9	コンクリートとは	54
3.10	コンクリート用骨材の種類	56
3.11	骨材の性質（その1）	58
3.12	骨材の性質（その2）	60
3.13	骨材の性質（その3）	62
3.14	混和材料とそのメカニズム	64
3.15	混和剤と混和材	66
3.16	コンクリートの調合強度	68
3.17	コンクリートの調合設計	70
3.18	調合計算の手順	72
3.19	フレッシュコンクリートの性質（その1）	74
3.20	フレッシュコンクリートの性質（その2）	76
3.21	フレッシュコンクリートの性質（その3）	78
3.22	コンクリートの強度論	80
3.23	コンクリートの圧縮強度（その1）	82
3.24	コンクリートの圧縮強度（その2）	84
3.25	コンクリートの各種強度（その1）	86
3.26	コンクリートの各種強度（その2）	88
3.27	コンクリートの応力－ひずみ曲線	90
3.28	コンクリートの弾性諸定数	92
3.29	コンクリートのクリープ	94
3.30	コンクリートの乾燥収縮	96
3.31	コンクリートの中性化と凍害	98
3.32	コンクリートの塩害と熱的性質	100
3.33	各種コンクリートの特徴	102
3.34	コンクリート製品の製造	104

3.35　コンクリート製品（その1） ……………………106
　3.36　コンクリート製品（その2） ……………………108

第4章　金　属　材　料 ……………………110

　4.1　金属と建築 ……………………110
　4.2　製鉄の歴史 ……………………112
　4.3　鋼材の製法（その1） ……………………114
　4.4　鋼材の製法（その2） ……………………116
　4.5　鋼の組織（その1） ……………………118
　4.6　鋼の組織（その2） ……………………120
　4.7　鋼の性質（その1） ……………………122
　4.8　鋼の性質（その2） ……………………124
　4.9　鋼の性質（その3） ……………………126
　4.10　鋼の性質（その4） ……………………128
　4.11　鋼材の腐食と防食 ……………………130
　4.12　建築構造用鋼材の種類（その1） ……………………132
　4.13　建築構造用鋼材の種類（その2） ……………………134
　4.14　新しい構造用鋼材 ……………………136
　4.15　建築用鋼製品（その1） ……………………138
　4.16　建築用鋼製品（その2） ……………………140
　4.17　建築用鋼製品（その3） ……………………142
　4.18　建築用鋼製品（その4） ……………………144
　4.19　その他の金属材料（その1） ……………………146
　4.20　その他の金属材料（その2） ……………………148
　4.21　その他の金属材料（その3） ……………………150
　4.22　その他の金属材料（その4） ……………………152

非構造材料編

第5章　石　　　　　材 ……………………156

　5.1　石材と建築 ……………………156
　5.2　岩石の種類 ……………………158

第14章 屋根材料 ··················250

- 14.1 屋根材料に要求される条件と屋根材料の種類 ··················250
- 14.2 陶器瓦およびセメント系瓦 ··················252
- 14.3 屋根に用いられるスレート ··················254
- 14.4 金属板（その1） ··················256
- 14.5 金属板（その2） ··················258
- 14.6 高分子材料 ··················260
- 14.7 アスファルトシングルとアスファルト防水材 ··················262

第15章 外壁仕上げ材料 ··················264

- 15.1 外壁仕上げ材料の種類 ··················264
- 15.2 モルタル ··················266
- 15.3 ボードおよびサイディング ··················268
- 15.4 仕上塗材（その1） ··················270
- 15.5 仕上塗材（その2） ··················272

第16章 天井，内壁仕上げ材料 ··················274

- 16.1 天井，内壁仕上げ材の種類 ··················274
- 16.2 左官材料（その1） ··················276
- 16.3 左官材料（その2） ··················278
- 16.4 ボードについて ··················280
- 16.5 繊維板（ファイバーボード），パーティクルボード ··················282
- 16.6 セメント系ボード ··················284
- 16.7 石こう系ボード ··················286
- 16.8 壁装材 ··················288

第17章 床仕上げ材料 ··················290

- 17.1 床仕上げ材料の種類 ··················290
- 17.2 塗り床およびセルフレベリング材 ··················292
- 17.3 カーペット ··················294
- 17.4 畳 ··················296

第18章 塗装材料 … 298

18.1 塗料について … 298
18.2 展色材の種類と塗料 … 300
18.3 塗装および塗膜形成のメカニズム … 302
18.4 仕上げ塗料の種類および耐久性 … 304
18.5 顔料および下塗り塗料 … 306

第19章 接合材料 … 308

19.1 接合材料 … 308
19.2 シーリング材 … 310

付章 免震材料 … 312

付1 免震材料とは … 312
付2 免震材料の種類と主な特徴 … 314

付録 … 316

付録1 建築基準法の骨格 … 316
付録2 建築基準法施行令の構成 … 317
付録3 建築関連法規リスト … 318
付録4 住宅の品質確保の促進等に関する法律(品確法)の趣旨と住宅性能表示事項 … 320

引用及び参考文献 … 322

索引 … 327

本書関係の国際単位系(SI単位系)表

基本単位	長さ(m), 質量(kg), 時間(s), 温度(K:ケルビン,℃と同じ)
組立単位	密度(kg/m^3), 周波数(Hz:ヘルツ, 1/s), 力(N:ニュートン, $m \cdot kg/s^2$) 応力(Pa:パスカル, N/m^2), (MPa:メガパスカル, N/mm^2) エネルギー, 熱量(J:ジュール, $N \cdot m$), 比熱$\{J/(kg \cdot K)\}$ 工率(W:ワット, J/S), 音の強さ (W/m^2) 熱伝導率$\{W/(m \cdot K) = m \cdot kg/(s^3 \cdot K)\}$

5.3 岩石の性質 …………………………………160
5.4 採石と加工 …………………………………162
5.5 石工事 ……………………………………164

第6章 セラミックス …………………………166

6.1 セラミックスと建築 ………………………166
6.2 セラミックスの特徴と種類 ………………168
6.3 陶磁器の製造（その1） …………………170
6.4 陶磁器の製造（その2） …………………172
6.5 陶器瓦 ……………………………………174
6.6 陶磁器タイル ………………………………176
6.7 れんが ……………………………………178
6.8 セラミックブロック類 ……………………180
6.9 ニューセラミックス ………………………182

第7章 ガラス ……………………………………184

7.1 ガラスと建築 ………………………………184
7.2 板ガラスの製法と性質 ……………………186
7.3 建築用板ガラス（その1） ………………188
7.4 建築用板ガラス（その2） ………………190
7.5 建築用板ガラス（その3） ………………192
7.6 板ガラスの施工法 …………………………194
7.7 その他のガラス製品 ………………………196

第8章 高分子材料 ………………………………198

8.1 高分子材料と建築 …………………………198
8.2 プラスチック材料の性質 …………………200
8.3 熱可塑性プラスチック ……………………202
8.4 熱硬化性プラスチック ……………………204
8.5 合成繊維 …………………………………206
8.6 ゴム ………………………………………208

8.7 アスファルト …………………………………………………………210

機 能 材 料 編

第9章 防 水 材 料 …………………………………………………214

9.1 材料中における水分の挙動 ……………………………………214
9.2 材料に及ぼす含有水分の影響 …………………………………216
9.3 メンブレン防水（その1）………………………………………218
9.4 メンブレン防水（その2）………………………………………220
9.5 その他の防水 ……………………………………………………222

第10章 断 熱 材 料 …………………………………………………224

10.1 材料の熱的性質 …………………………………………………224
10.2 材料の断熱性に及ぼす影響要因 ………………………………226
10.3 断熱材料 …………………………………………………………228

第11章 防火材料，耐火材料 ………………………………………230

11.1 建築火災 …………………………………………………………230
11.2 材料の燃焼特性 …………………………………………………232
11.3 防火材料 …………………………………………………………234
11.4 耐火材料 …………………………………………………………236

第12章 音 響 材 料 …………………………………………………238

12.1 音の特性 …………………………………………………………238
12.2 吸音材料 …………………………………………………………240
12.3 遮音材料と床衝撃音対策 ………………………………………242

仕 上 げ 材 料 編

第13章 建築の仕上げ ………………………………………………246

13.1 仕上材料について ………………………………………………246
13.2 仕上材料の形態について ………………………………………248

第1章 はじめに

ランドマークタワー（横浜）

第1章 は じ め に

1.1 建築材料学とは

　建築は，生活と文化を生みだす最も人間的な世界である．建築家や建築技術者は，優れた建築物や快適な地域環境を作りだすことによって人間の生活や文化に貢献してきた．そして身近な住宅や市街地に建つ事務所ビルなど，現代の建築物は，使用される構造材料や仕上材料によって，またどのように施工されたかによってその良し悪しが決定されることが多い．もう少し正確にいえば本当に優れた建築物とは，

1) 地震や台風・火災など各種災害に対する構造的安全性
2) 建築計画や環境工学の合理的な適用による機能性や快適性
3) 適正な材料選択と施工法による耐久性や経済性

を満足するものでなければならない．

　現代建築に使用される建築材料には，極めて多くの種類があり，また大量に使用される．このような背景には，①建築材料の生産技術の進歩，②材料流通手段の発達，③情報を含めた商業主義の台頭などがあり，それによって，伝統的な，かつ地場産業的な建築材料が衰退し，多品種の工業製品が大量に流通しはじめたことにある．

　また，今日のように次々に建築用新素材や新製品が開発されている時代には，各種建築物の用途に応じた適正な建築材料の選択と使用方法が必要になる．その選択と使用方法を誤れば，建築物の安全性や機能性・耐久性に大きな影響を及ぼすことは明らかである．そのため，建築材料に関する有益な情報を整理するとともに，氾濫する商業主義的なカタログ情報を廃し，材料の本質的性質に基づく正しい評価が求められるようになった．そこで建築材料学は，正しい建築材料の選択や開発と使用方法を確立するために，

1) 製造工程を含めた材料の組織や構造・成分などを明らかにすること，
2) 材料の化学的・物理的・力学的な基本物性を明らかにすること，
3) 材料の使用目的や使用条件を明らかにし，その工法を確立すること，

などを目的としたものである．このように建築物を構成するシステムの中心に位置づけられているのが建築材料学である．

1.1 建築材料学とは

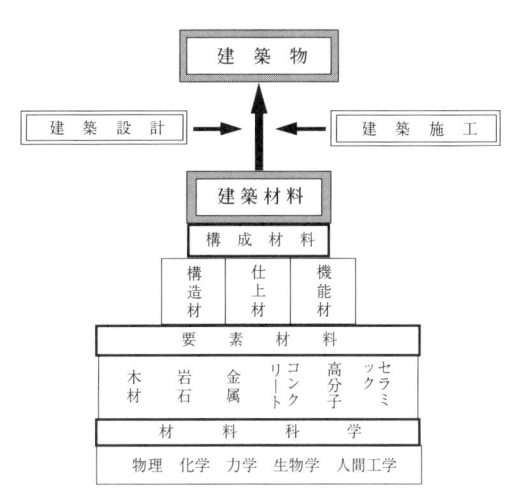

図1.1 建築材料学について

写真1.1（a） 大型プレキャストコンクリートシェル構造 シドニーオペラハウス

写真1.1（b） ハイブリッド（鉄とガラス）構造 ルーブル博物館のピラミッド

1.2　建築材料の変遷と発展（その1）

　建築材料は，文明・科学の進歩に応じて，図1.2のように新材料が開発され多様化している．

（1）　天然材料の利用

　当初は，身の回りの天然材料に多少手を加え，外敵や過酷な自然環境から身を守り，地域の風土，気象に順応する工夫がなされた．

　乾燥した風土の西南アジア，北アフリカでは，構造材に適する針葉樹が少なく，主として粘土に石灰やわらを加え乾燥固化した日干しれんがや，低温焼成したれんがが天然アスファルトや泥を目地材として組積されたり，石が構造材として用いられた．

　また，森林の豊富な地方では木材が用いられ（写真1.2）寒さから身を守るため，木造を土で固めたものや石を石こうなどで詰めた厚い壁構造が普及した．これらの屋根には，わらなどの草木類の他に天然スレートも用いられた．

　一方，わが国では，豊富な草や木材と粘土が得られたことや，地震に対する経験から，石材は，基礎部分のみに使用され，構造材料には，木材を用い，屋根にはわら，かや，木の皮が，また，壁には石灰を混ぜた粘土を下地とし，石灰（漆喰）仕上げが用いられた．これらは，高温多湿なわが国の風土によく合った快適な建築構成材料でもある．

（2）　人工材料による性能の向上

　土器の焼成やガラス器の製造の技術は，古代からあったが，5世紀以後より高温を得るための窯の発達に伴い，れんが，板ガラス，瓦，タイルなどの高性能な建築材料が作られるようになった．

　また，れんが造の組積の際に欠かせないセメントは，火山灰や鍛冶屋の灰などの利用の経験から誕生した人工の建築材料であるが，これも徐々に改良され普及していった．写真1.3は，古代ローマ人の文明の高さを示すれんがを併用したコンクリート造である．

　このれんがやセメントは，強度が高いので，壁厚を薄くでき，大型の構造物を可能にした．また，大理石で化粧するなど美しい仕上げ（写真1.4）も可能にした．さらに，7世紀には，板ガラスの製法が改良され普及したことにより，寒さや雨を防ぎ，しかも採光を得るという快適さを獲得できた．

1.2 建築材料の変遷と発展（その1）

写真 1.2　木造かやぶき
　　　　　（保存民家，ドイツ，中世）

写真 1.3　古代コンクリートとれんがの併用
　　　　　（コロシアム，ローマ1世紀）

写真 1.4　れんが造，大理石仕上げ
　　　　　（教会，フィレンツェ，15世紀）

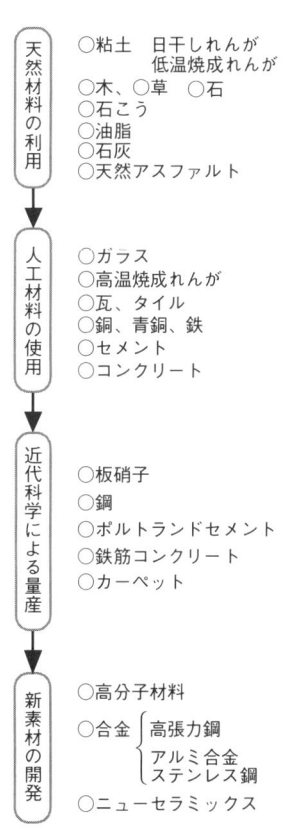

図 1.2　建築材料の発展

- 天然材料の利用
  - ○粘土　日干しれんが　低温焼成れんが
  - ○木、○草　○石
  - ○石こう
  - ○油脂
  - ○石灰
  - ○天然アスファルト

- 人工材料の使用
  - ○ガラス
  - ○高温焼成れんが
  - ○瓦、タイル
  - ○銅、青銅、鉄
  - ○セメント
  - ○コンクリート

- 近代科学による量産
  - ○板硝子
  - ○鋼
  - ○ポルトランドセメント
  - ○鉄筋コンクリート
  - ○カーペット

- 新素材の開発
  - ○高分子材料
  - ○合金　高張力鋼／アルミ合金／ステンレス鋼
  - ○ニューセラミックス

1.3 建築材料の変遷と発展（その2）

（1） 近代科学による発展

19世紀に入ると，近代科学的な分析手法が行われ，また，窯の発達など製造技術の発展がめざましい産業革命の中で，鋼材，板硝子などの量産が可能となり，エッフェル塔（写真1.5）のような大型の鋼構造物や，ガラスを多用した温室（写真1.6）などが実現した．

鋼構造は，従来の構造物の補強にも用いられた．写真1.7の東京駅は，れんが造のようであるが，耐震性を確保するため鉄骨が内蔵されたものである．

また，ポルトランドセメントの発明と構造力学の発達により，コンクリートと鉄筋を組合せることによる鉄筋コンクリート造という大型で，造形性のある構造が可能となった．写真1.8はその発端となったものである．

以後，鋼構造物と鉄筋コンクリート構造物は，高層で大規模な構造物を可能にし，これまでの木造やれんが造を圧倒した．

（2） 現代科学による新建材の開発

20世紀になって，軍需競争という不幸な目的ではあったが，この間に多くの新材料が開発された．また最近では，宇宙開発などの必要性から，ますます高性能の材料が開発促進され，これが普及を始めている．

これらの新材料には，次のようなものがある．

1) 石油化学，石炭化学の発達によるプラスチックスや合成繊維などの高分子材料
2) 高度な精錬技術によるアルミニウム合金，ステンレス鋼
3) 精度の高い製造技術による炭素繊維をはじめとするニューセラミックス

（3） 材料の複合化による高能率化

最近の材料は，単一材料のままで用いるのではなく複数の材料が複合して用いられる．現在では，次のような複合材料が多用されている．

1) 複数の材料を複合し強度などの性能の向上をはかるもの
2) 現場での省労化，施工性のために，例えば断熱材料と防水材料などの複数の材料を張り合わせたもの

一方で，最近では建築材料だけに限らず，物理的性能のほかに，環境破壊防止や，省エネルギー，資源の有効活用などの要素も求められてきている．

写真 1.5 鋼構造（エッフェル搭，パリ，1889）

写真 1.6 鋼構造，ガラス（キューガーデンの温室，ロンドン近郊，1847）

写真 1.7 鉄骨れんが造，天然スレート屋根（東京駅，1914）

写真 1.8 鉄筋コンクリート造アパート（フランクリン街アパート，パリ，1904）

1.4 建築材料の分類

(1) 素材による分類

建築材料を，素材あるいは主たる原料により分類すると，次のものがある．

- ⓐ 木材，草類
- ⓑ 天然岩石等（粘土および石材）
- ⓒ 天然左官材料および天然防水材料（石灰，石こう，アスファルト）
- ⓓ 金属（主に鉄，銅）
- ⓔ 窯業用粘土の焼成品（セラミックスと呼ばれる）
  （れんが，タイル，瓦，ガラス，セメント）
- ⓕ 石炭，石油製品（高分子材料）
- ⓖ 合金（アルミニウム合金，ステンレス鋼）
- ⓗ ニューセラミックス（カーボン繊維）

(2) 用途および形態による分類

建築材料を用途や部位により分類すると，図1.3のような呼び方がある．**構造材料**は，建物の自重と外力を負担し外形を構成する．**仕上げ材料**は，自然から身を守るための材料で，美観を持たせるものでもある．**下地材料**は，仕上げ材を固定したりするもので，構造材と兼ねることも多い，**性能材料**は，防水，保温，遮音，防火など遮断性の良い材料で，仕上げ材の性能を補うもので，仕上げ材と下地材との間に挟んで用いられる．これらの材料は，さらに，屋根や，壁など部位に応じた必要性能ごとに分類される．

一方，最近では，特に仕上げ材料の場合，加工技術の進歩により多種類のものが生産されており，その用途や使用形態もさまざまである．また，石材のように，昔は構造材であったが，現在では，主として仕上げ材として用いられているものなどがあり，その用途や分類は難しい．写真1.9は，構造材，設備構成材を外観としたものであるが，このように従来の使用概念に当てはまらない使われ方もされる．

また，建築材料を形態別に分類すると，図1.4のようになる．前述したように，材料は，**素材**のままあるいは，**単一材**としてよりも，複合したり，組み立てたりした**複合材**として用いられることが多く，最近では高度な性能の要求や，現場での施工性の追求から，複合材料の使用が多くなってきている．

1.4 建築材料の分類

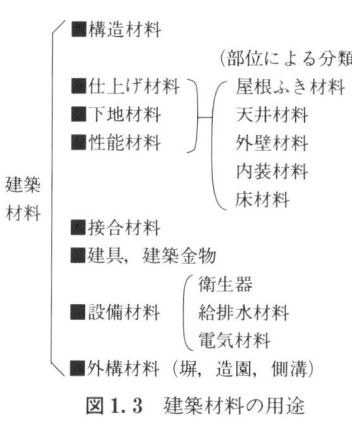

図1.3 建築材料の用途

写真1.9 鋼 構 造
(ポンピドーセンター, パリ, 1971)

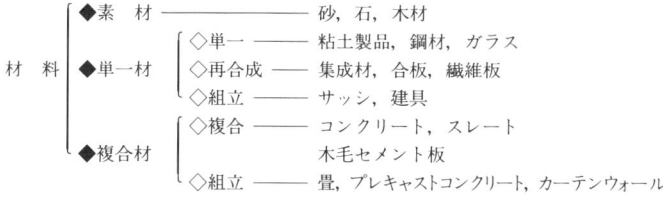

図1.4 建築材料の形態

1.5 建築材料に要求される性能

(1) 要求される性能の種類

建築材料には，用途，部位に応じて，図1.5のように多くの性能が要求され，材料の選択には，これらを満足するよう考慮される．

(a) 安全性と物理的性能

　　強度と剛さ…………耐荷重，耐震，耐風，固定強度
　　耐久性………………耐摩耗，耐凍，耐水，耐化学性，退色，耐食，虫害
　　耐火災………………耐火，防火
　　遮　断………………断熱，保温，防水，防音，遮音
　　透　過………………採光，不透水

(b) 経済性

　　生産性………………低い生産コスト，輸送性
　　施工性………………短期施工，省力，保存期間
　　メインテナンス性…リニューアル，解体廃棄のしやすさ

(c) 快適性

　　デザイン性…………美観
　　快適さ………………吸音，光の反射，静電気防止，衝撃緩和，肌触り
　　健康，衛生…………床の衝撃緩和，有毒ガス，防かび

写真1.10の建物のタイル外壁は，100年経た今でも美しさを保っている．また，写真1.11は，最新のインテリジェントビルで，美観だけでなく，照明や暖冷房などの効率を高めるための内外装材料が用いられている．

(2) これからの建築材料に要求される性能

今後の材料には，単なる物理的性能や経済性だけでなく，以下のように，環境や資源を考慮したより高度な性能が要求される．

1) 高い快適さと高能率な物理的性能
2) 資源の効率的利用および環境保護のための再利用，回収性，リサイクル利用，産業廃棄物の利用
3) 施工の省力化および技術熟練の不要化

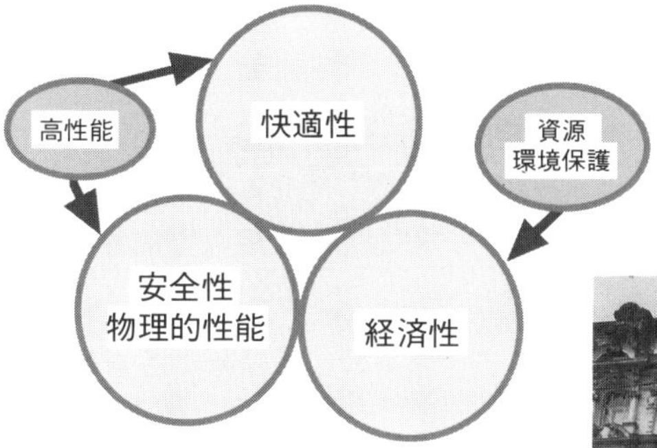

1.5 建築材料に要求される性能

図1.5 建築材料に要求される性能

写真1.10 タイル外装(マジョリカハウス,ウィーン,1900)

写真1.11 最近のビル(テクノガーデン,幕張,1990)

1.6　建築材料関係の規格，仕様

(1)　建築材料の規格

　建築材料の選択の際には，図1.6の規格や基準が用いられる．規格化の目的は，①普及のために用語，記号，寸法，機能などの標準化，②材料の品質，性能の確保，③人体への安全性の確保，耐久性，商品の互換性など消費者の利益を守ることで，主な規格には表1.1に示すように，JISとJASがある．

　わが国での工業標準化事業は，大正10年に工業製品規格統一調査会が設置されたのが始まりである．

　現在の「**日本工業規格（JIS）**」では，昭和24年に制定された工業標準化法に基づくもので，製品は日本工業標準調査会（JISC）の審議を経て認定がされる．

　また，木材などの規格である**日本農林規格（JAS）**は，農林物資法に基づき制定されるものである．これらの規格に合格した製品には，表1.1のような，マークを付けることができる．

　なお，他の国においてもわが国と同様に図1.7のような規格があり，国際的な共通化の方向にある．

(2)　設計時の安全，防災基準

　建築物の構造の安全，および火災時の防災などの基準として**建築基準法**，および**消防法**があり，強度などの物理適性能や，耐火性，不燃性やなどの制限がある．これらは，検査を経て，建設大臣により指定される．

(3)　その他の各種マーク制度

　その他にも，各種団体が，品質認定を行い，製品にマーク表示するものがある．例えば，**優良住宅部品認定制度**（BL制度：Better Living）は，消費者保護を目的とした制度で建設省の指導のもとに，財団法人住宅部品開発センターの制度として発足したもので，商品には「BLマーク証紙」が添付され，補償責任保険，賠償責任保険が付されている．

(4)　施工方法の基準

　これには，日本建築学会が発行している**建築工事標準仕様書**（JASS：Japanese Architectural Standard and Specification）がある．これは，建築工事の各種工事ごとに，その具体的な仕様が記されており，材料の扱いについても，推奨方法が示され，建築工事では，これに従うことが一般的である．

表 1.1　建築材料の規格

規格の種類	説　明
日本工業規格（JIS） (Japan Industrial Standard)	建設大臣と，通産大臣が制定する． 土木建築部門など 18 部門の工業製品にわたる計 8000 以上（H.3 現在）の規格がある． 製造工場も検査により許可認定される． マークの例 JIS
日本農林規格（JAS） (Japan Agriculture and Forestry Standard)	農林大臣が制定する． 木材やその製品の合板などについて制定される． マークの例 JAS JLA-251 防ふ・防ぎ 1種 C-1 一等 塗装 コンクリート型枠用合板・1種 JAS 12mm・900mm×1,800mm (財)日本合板検査会

品質
規格
JIS
JAS
安全
防災
建築基準法
消防法
BLマーク
施工
要領
JASS

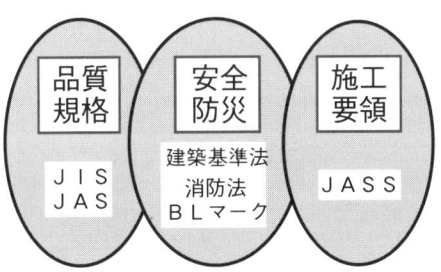

図 1.6　建築材料の規格と法令など

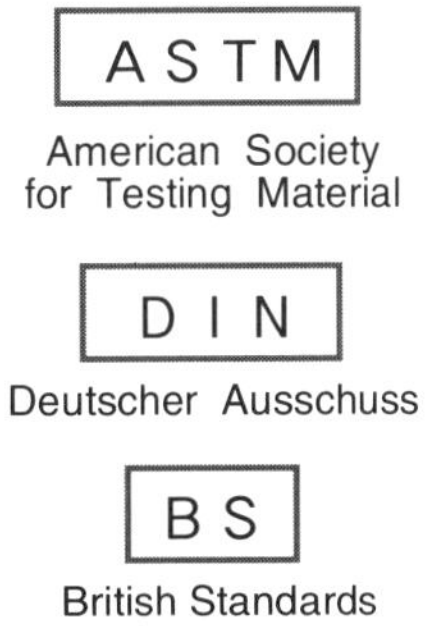

ASTM
American Society for Testing Material
DIN
Deutscher Ausschuss
BS
British Standards

図 1.7　各国の規格の例

構造材料編

第2章　木　　　材
第3章　セメント・コンクリート
第4章　金　属　材　料

写真①　木造（最大の木造古建築，東大寺大仏殿，16世紀）

写真② 鉄筋コンクリート造（ロンシャン教会堂，フランス，1955）

写真③ 鋼構造
（新宿，超高層ビル，1970年代）

第 2 章　木　　　　　材

2.1　木 材 と 建 築

　わが国では，森林が多く木材が入手し易いことから，古くから建築に多く使われてきた．最近発掘された竪穴式住居跡の調査から，少なくとも 2000 年前に木造建築が存在していたことが分かっている．また，高い技術を要する本格的な木造建築は，飛鳥時代（7 世紀）に朝鮮半島を通じて，仏教とともにもたらされた．その一つである法隆寺の金堂および，五重の塔は，現存する世界最古の木造建築と言われている．これはヒノキで造られているが，1,200 年以上を経ており，その耐久性の大きさを示している．また，8 世紀には，東大寺大仏殿（写真①，14 頁）のような高さ 48 m の大規模建築物や薬師寺東塔（写真 2.1）が造られた．ただし，現在の大仏殿は 16 世紀に炎上し再建されたものである．

　西洋においても木材は，古くから木造建築としてだけでなく，石造，あるいはれんが造の軸組，小屋組，床組として併用されている（写真 2.2）．

　近年では，大規模建築は，鋼構造や鉄筋コンクリート造に取って代わり，木造建築は，小規模建築を中心に使用されてきた．

　しかし，明治 40 年（1907）の浅野吉次郎の開発に始まる合板技術は，木材の異方性を解決し，しかも薄く任意の大きさの板材が可能となり，さらに第二次大戦後には高性能の接着剤が開発され，その用途や需要が拡大した．また，近年に開発された集成材は，その軽量性を生かして，大スパントラス構造や，写真 2.3 のような鋼線との混合構造による大スパンシェル構造などに用いられるようになった．

　現在，わが国では，森林は多いが，急斜面が多く，材木として搬出する手間がかさみコスト高となるので輸入材が多用されており，製材用と合板用に消費される木材のうち 70% が輸入される．そのうち，約半数は，北米産であり，北洋材，南洋材，ニュージーランド材がこれに続いている．

　木材は，図 2.1 のような多くの長所を有する優れた建築材料であるが，一方，木材は，①乾燥したものは，燃え易く，②乾燥不十分なものは，腐朽し易いことなどの短所を持っている．

2.1 木材と建築

写真 2.1 薬師寺多重の塔
（奈良，8 世紀）

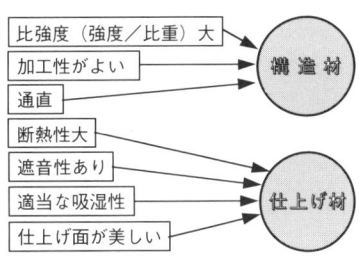

図 2.1 木材の長所

写真 2.2 木造とれんがの混合構造
（南ドイツ，現在）

写真 2.3 集成材のアーチ，屋根はテフロン膜（出雲もくもくドーム，施工中）

2.2 木材の種類と主な用途

木材となる樹種には，大別して，針葉樹と広葉樹があり，その主なものを表2.1に示す．

針葉樹は，四季のある温帯以北に分布し，その幹は，通直な高木となり構造材に適する．成長は遅く利用できるまでに材齢30年以上かかる．

針葉樹は，通直なため柱や梁など構造材として用いられることが多い．また，内部の繊維などの構成要素が縞模様として肉眼で見えるものを**木理**というが，材木によっては製材の際の断面によって，写真2.4のような装飾的価値のある美しい木理が現れることがありこれを**もく（杢）**という．しかし美しいものは少ないので，最近では特に美しいものを薄くスライスして量産し，天井や，壁仕上の化粧合板の表面材などに用いられている．さらに，北米産のスプルース（米トウヒ）は，軟らかいので，造作や建具に用いられる．

広葉樹は，熱帯から温帯に広く分布し，多くの種類があるが，一般的には針葉樹に比べ硬いものが多く，**硬材**と呼ばれる．また，木理は，通直のものは少なく，構造材には使用されない．また，木理は変化に富み美しい模様をなすものがあり，これは，針葉樹の場合と同様にもく（杢）と呼ばれ化粧材として珍重される．これらは，薄くスライスされ，化粧合板の表面材（突き板）に用いられる．ケヤキ，シオジ，カエデは，和風の化粧合板の表面材，造作材，家具材に用いられる．また，シタン，チークなどは，色や模様が美しいので造作材として，アピトン，クリなどは，硬く耐久性があるので土台に用いられる．

広葉樹のうちフタバガキ科の南洋材は材径も大きく，材質は軟らかいものが多く，はじめフィリピンから多量に輸入され，現地語から**ラワン材**と呼ばれた．これは加工し易く歪が小さいので一般構造下地材，合板用ベニア，パルプ用として用いられた．しかし，その後伐採し尽くし，同質のものが，インドネシア，マレーシアなどから輸入され，現地語からメランチ材と呼ばれている．さらに最近ではパプアニューギニア，ミャンマーなどからも輸入されている．

しかし，現在では合板用や紙パルプ用のために多くの森林資源を消費してきたため，地球全体の環境のバランスに変化を与えるなどの問題が生じており，木材資源の計画的な利用が重要となっている．

2.2 木材の種類と主な用途

表 2.1 主な樹種と特徴

樹　種			用途など
針葉樹	国産	ヒノキ（桧）	上級構造材，化粧板
		スギ（杉）	構造，化粧板
		サワラ	造作
		ヒバ（桧葉）	別名：あすなろ桧，構造用
		アカマツ（赤松）	構造，造作，化粧板
		ツガ（栂）	構造
	北米産	ベイマツ（米松）	構造，合板
		ベイツガ（米栂）	構造，合板
		ベイヒ（米桧）	構造
		ベイスギ（米杉）	構造
		スプルース	建具，造作
	北洋	エゾマツ（蝦夷松）	構造
		カラマツ（唐松）	構造
広葉樹	国産	ケヤキ（欅）	造作，化粧板
		シオジ（塩地）	造作，化粧板
		イタヤカエデ（板屋楓）	造作
		ブナ（橅）	造作，床板
		クリ（栗）	構造，土台
		ミズナラ（水楢）	造作，床板
		サクラ（桜）	造作，床板
	南洋産	ラワン，メランチ	ふたばがき（二羽柿）科，合板，構造
		アピトン	土台，敷居
		シタン（紫檀）	造作
		チーク	造作，化粧板

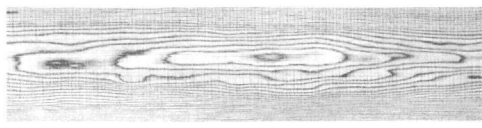
針葉樹(スギ)
(杢)

針葉樹(マツ)
(柾目)

広葉樹(ケヤキ)
(杢)

写真 2.4 美しい木理

2.3 木材の構造と組織

木材の幹の断面は，大まかにみると図2.2のように，樹心にある髄，大半を占める木部，その周辺の形成層，さらに最外部の師部と樹皮からできている．

樹木は，図2.3に示すように，幼年期の柔組織である髄が分化して，形成層という分裂組織ができ，盛んに分裂を行い，その内側に木部組織が，また，外側に師部組織が造られ次第に太っていく．この木部は，樹体を支持する役目もしている．また，師部の外には，コルク組織という一種の保護組織が形成され，樹皮となる．

木部の組織は針葉樹と広葉樹で異なる．

針葉樹では，一般に，養分や水分を運ぶ仮道管（繊維の天井と底が完全にとれておらず管にはなっていない）がその90％以上を占め，樹体の支持も行う．また，これに，微少な放射線組織がある．

一方，広葉樹の断面は，水分と養分の通路である道管，あるいは，道管状仮道管と，樹体支持を行う木繊維および繊維状仮道管で構成される繊維束からできている．また，放射線組織は，ナラ，カシなどのように肉眼で確認できるものから不可能なものまでさまざまである．

木部細胞は，主成分が，セルロース（繊維素）で，細胞同士は，リグニンで接着固化している．道管，仮道管，木部繊維は，年月が立つと細胞壁がリグニンで厚く硬くなり木質化する．

木部の樹心側は，細胞活動を停止して，老廃物を蓄積し，樹種に特有の濃い色を呈するようになり，**心材**，あるいは，**赤味（あかみ）**と呼ばれる．また，反対に細胞が機能している周辺部分は，一般に淡色を呈し，**辺材**，あるいは，**白太（しらた）**とも呼ばれる．

なお，春から夏にかけては，形成層の活動が盛んで，細胞壁は薄いが大きな木部細胞がつくられ，また，夏から冬にかけては，形成層の活動が衰えて，細胞は小さいが細胞壁の厚い木部組織がつくられる．この部分が筋になり，1年に1本ずつの年輪となる．**年輪**は，樹木の成長の速度を表し，その平均幅（**平均年輪幅**）や，秋材の全体に対する割合（**秋材率**）は，強度や硬さに関係するので重要である．写真2.5は樹齢約350年のベイマツ材で太くなるほど年齢幅が小さくなっており肥大成長が遅いことが分かる．

2.3 木材の構造と組織

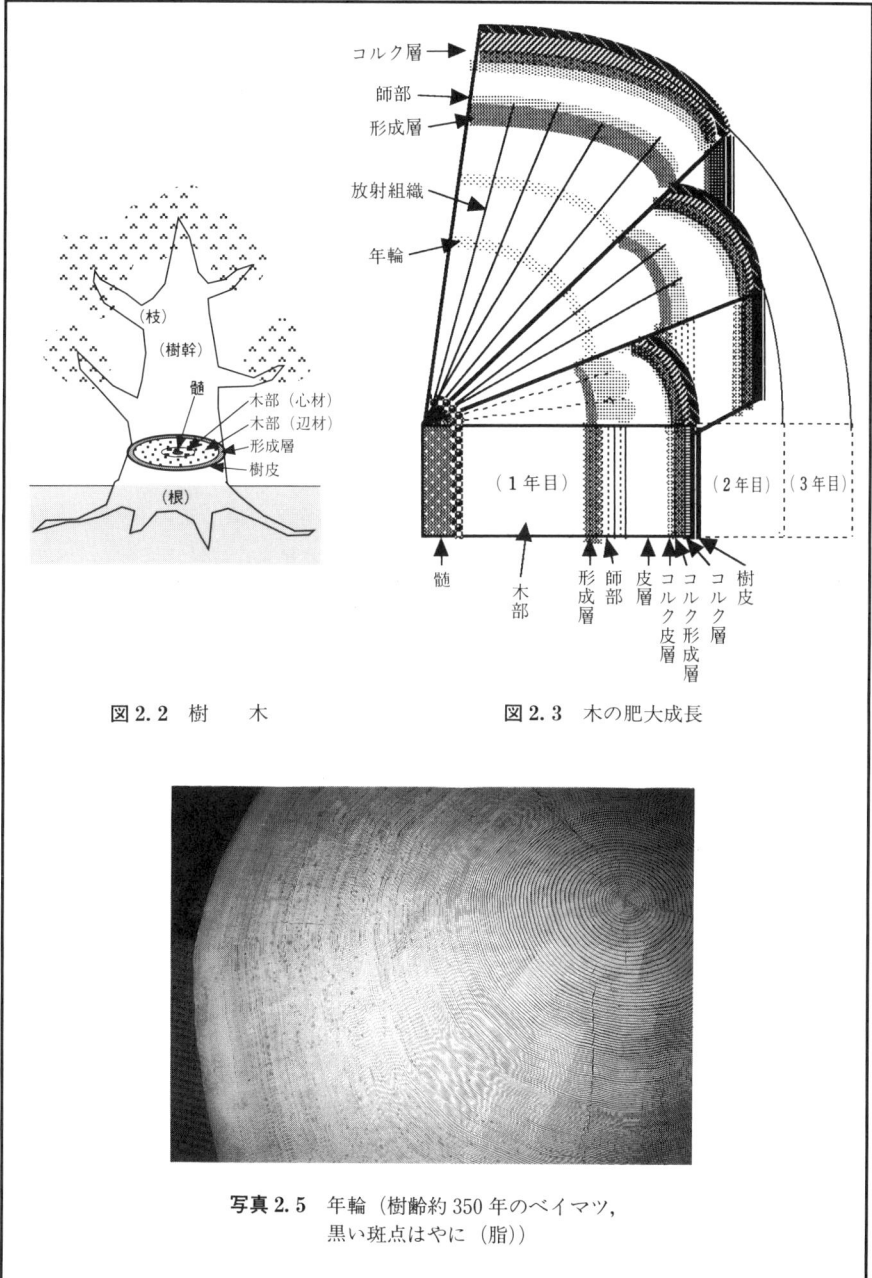

図2.2 樹木　　　図2.3 木の肥大成長

写真2.5 年輪（樹齢約350年のベイマツ，黒い斑点はやに（脂））

2.4 伐採と製材

(1) 伐　採

伐採時期は，幹に樹液の少なくなる季節が強度，耐久性の面で適当である．その時期は，厳冬期が最も良く，次は，樹液の飽和して動かない盛夏である．

樹齢としては，若すぎると辺材が多く，また老木は，心材の弾力性や強度が衰えるので，全樹齢の 2/3 程度の壮年期が最も良い．例えば，国内産の針葉樹では，樹齢 40～50 年が一応の目安とされている．

伐採後適当な長さに切ったものを**丸太**といい，樹根に近く太い方を**元口**，その反対を**末口**という．さらに，丸太の四方を斧で荒く削ったものを**そまがく**（**杣角**）という．これらを**素材**といい，針葉樹の丸太は，和小屋梁に用いられる．

(2) 木取りと製材

木取りは，素材を製材する際，木材の用途や，寸法に応じて，製材位置や，その手順を決めることで，図 2.4 のように木理を生かすようにするが，その際にはさらに次のことを考慮する．①心材と辺材の区別，②節などの**きず**（**欠点**：2.7 節参照），③**木の背と腹**：傾斜面での成長などで，樹心の軸が湾曲した幹の凸側を背，凹側を腹という．腹は，材質が素直で，背に比べて，年輪幅が大きく，一方，背には節やあてなどの欠点が多い．曲げを受ける梁では，腹を引っ張り側になるよう気取りするのが良い．④**木表と木裏**：板材にする場合，樹心側を木裏（きうら），樹皮側を木表（きおもて）という．一般に，木表は外観が良く，かんながけしやすい．⑤木理：図 2.4 のように幹の樹心軸を含む面で切断する場合に現れる平行な縞模様が**柾目**（**まさめ**）で，一般に美しいだけでなく，収縮変形や摩耗が小さい．一方，樹心軸を含まない断面で切断した場合の縞模様は，**板目**（**いため**）で柾目より縞間隔が広く，平行でない．また，樹心軸に近い面で切断した場合は，柾目に近く，**追い柾**と呼ばれる．⑥余材を少なくし，歩留まりが良くなるようにする．柾目取りは，板目取りに比べ，材質は良いが木取りが難しく歩留まりも良くない．

製材（写真 2.6）には，帯鋸が用いられるが，そのあさり幅（切り代）と廃材部分を除いた歩留まりは，針葉樹で 60～70％，広葉樹で 40～60％ である．製材されたものは，その形により図 2.5 のように，板類（板，厚板，小幅板），ひき割（正割（しょうわり）を含む），ひき角（がく）（正角（しょうがく）を含む）に分類される．

2.4 伐採と製材

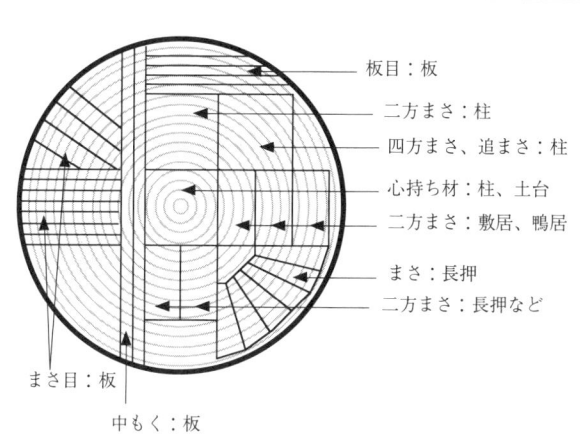

図 2.4 木取り

- 板目：板
- 二方まさ：柱
- 四方まさ、追まさ：柱
- 心持ち材：柱、土台
- 二方まさ：敷居、鴨居
- まさ：長押
- 二方まさ：長押など
- まさ目：板
- 中もく：板

写真 2.6 製材

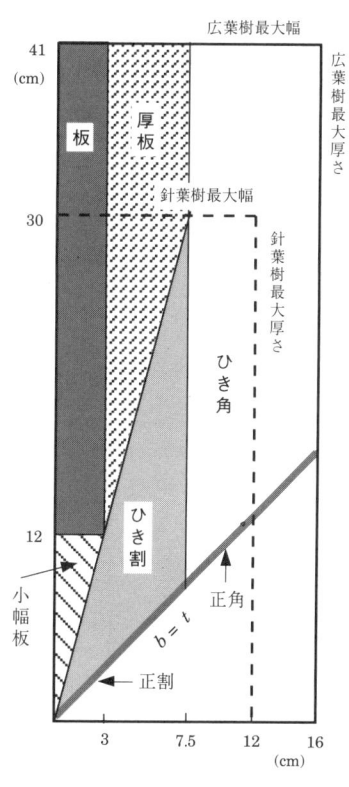

図 2.5 JAS による製材の材種区分

- 広葉樹最大幅
- 広葉樹最大厚さ
- 針葉樹最大幅
- 針葉樹最大厚さ
- 板
- 厚板
- 小幅板
- ひき割
- ひき角
- 正角
- 正割
- $b = t$
- 41 (cm)、30、12、3、7.5、12、16 (cm)

2.5 乾　　燥

（1）含　水　率

木材は含水の状態により強度，硬さ，容積が異なる．

含水の状態を表すには，含水率が用いられる．

　　含水率＝[(質量－絶乾質量)/(絶乾質量)]×100（％）

なお，絶乾質量とは，100℃の乾燥炉の中に放置しておくと得られる絶対乾燥状態（**絶乾状態**）の重量で，含水率0％である．

木材中には，細胞膜中の結合水と細胞空隙中の自由水が含まれ，乾燥するとまず自由水が蒸発し，次に結合水が蒸発する．生木は自由水を多く含み，含水率は40～100％である．自由水が無くなった状態を**繊維飽和点**といい，この時の含水率は樹種に関係なく25～30％（平均して28％）である．また，長期間大気中に置かれ湿度と釣り合った状態を**気乾状態**（**平衡状態**），また，この時の含水率を**平衡含水率**と呼び日本では15％程度である．これらの状態を図2.6に示す．

（2）乾　　燥

木材は乾燥することにより，以下のように性質が向上する．

①重量の軽減，②強度の増大（気乾状態の含水率にする），③使用時の乾燥収縮による，割れ，ひずみを防ぐ（家具等では10％以下が望ましい）．④腐朽菌類の繁殖や，虫害を抑制する．⑤塗料の塗布や，薬剤注入を容易にする．

また，乾燥に先立ち，生木を水中（清流中が好ましい）に約3～4週間浸して樹液を溶出させておくと乾燥が速まる（写真2.7）．また，急激な乾燥は割れや狂いの原因になるので，貯木にはよく注意する．

なお，木材の乾燥方法には，次の方法がある．

（a）**大気乾燥**（図2.7）

戸外で風通しをよくし立てかけたり，間隔を取りながら積み重ね乾燥させる．針葉樹では，1～6カ月，広葉樹では，その2倍程度の時間がかかる．なお，木口（こぐち）からの急激な乾燥による割れを防ぐため木口にペイント等を塗る．

（b）**人工乾燥**（図2.8）

これには，蒸気法と電気法があり，3～10日で乾燥できる．蒸気法は，高温水蒸気を加熱管に送り，乾燥室内の温度を上昇させ，高温乾燥させる方法である．また，電気法は，除湿機により除湿乾燥させるものである．

2.5 乾　　燥

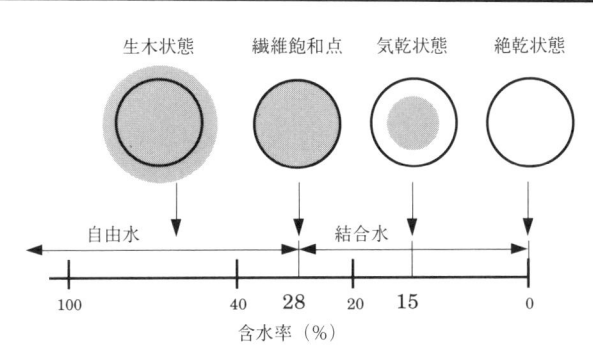

図2.6　木材の含水状態

生木状態　繊維飽和点　気乾状態　絶乾状態

自由水　結合水

100　　40　28　20　15　　0
含水率（%）

写真2.7　貯　木

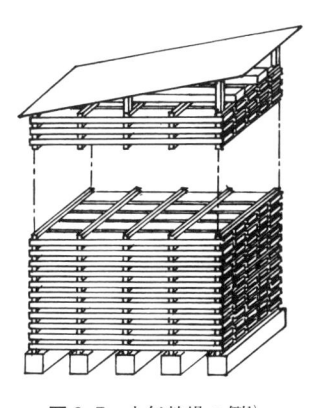

図2.7　大気乾燥の例[1]　　図2.8　蒸気乾燥の例[2]

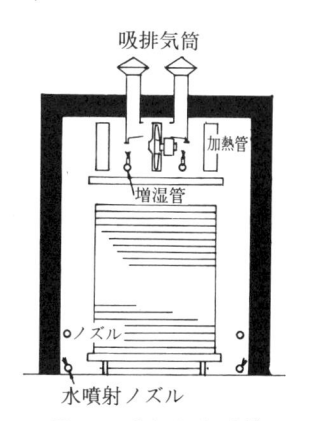

吸排気筒
加熱管
増湿管
ノズル
水噴射ノズル

2.6 物理的性質

(1) 含水率と伸縮

生木から絶乾状態までの収縮率は，樹種により異なるが，繊維方向で，0.1～0.3%，柾目方向（年輪の半径方向）で，2.5～4.5%，板目（年輪方向）方向で，6～10%である．また生木から気乾状態まではほぼこの半分である．

樹種でみると，キリ，スギ，ヒノキなど比重の小さい針葉樹は収縮率が小さく，比重の大きい多くの広葉樹は収縮率が大きい．また同一樹種でも辺材の方が心材より収縮が大きい．乾燥した後も湿度の変化に応じて伸縮する．

これらの収縮により，図2.9のように狂いや反りや割れが生じる．

この狂いや割れを小さくするには，気乾状態の材の使用，柾目板の使用，また，壁で隠れる面を持つ心持ち材や，木裏の隠れる板目材では，**背割り**（軸方向に鋸目を入れること，図2.10）が有効である．

(2) 密度，ヤング係数

重量を断面内の空隙を除いた場合の体積で除した値を**真の密度**というが，木材の場合，樹種，樹齢に関係なくほぼ1.5で一定である．しかし，一般に木材の比重は気乾状態の**見かけの密度**で表し，表2.2に示すように，0.4から0.6程度のものが多い．また，同表のように，ヤング係数は，密度に比例し，また密度の大きいものほど硬いということがいえる．

(3) 強度

強度は含水率と関係があり，弾性限度における強度（比例限度）は，図2.11に示すように，含水率30%以上では一定であるが，これより少なくなると含水率に反比例して上昇する．含水率が1%減ると圧縮・曲げ強度は5%，せん断強度は3%増加する．そして気乾状態では生木に比べ1.5倍になる．

また，応力方向により強度が異なり，図2.12のように，繊維と直角方向の強度は非常に小さい．さらに，樹種では，密度の大きいものほど，また針葉樹より広葉樹の方が強度が大きい．

木材はクリープが大きく，クリープにより自然破壊する応力の限度（クリープ限度）は，最大強度の40～60%程度である．

設計に用いられる許容応力度は，圧縮強度の場合破壊強度に対し，短期の安全率2.5程度であるが，その他の強度は長期間的なクリープや，節などの欠点を考慮して大きく低減され，表2.3の値が用いられる．

2.6 物理的性質

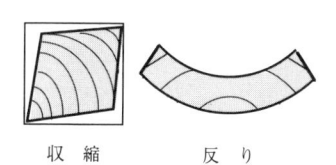

図2.9 木材の乾燥変形

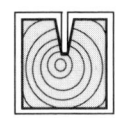

図2.10 背割り

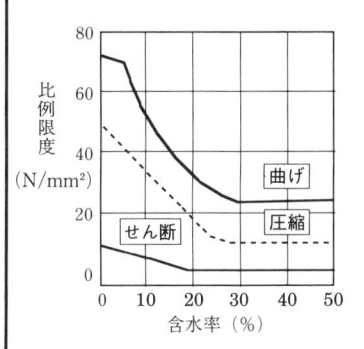

図2.11 木材の含水率と弾性限度における強度

図2.12 圧縮時の応力-ひずみ曲線

表2.2 主要樹種の力学的性質[3]

樹種		密度 (g/cm³)	曲げ強度 (N/mm²)	圧縮強度 (N/mm²)	せん断強度 (N/mm²)	曲げヤング係数×10³ (N/mm²)
針葉樹	国産 ヒノキ	0.44	73.5	39.2	7.4	8.8
	サワラ	0.34	53.9	32.4	4.9	5.9
	ヒバ	0.45	73.5	39.2	5.9	8.8
	スギ	0.38	63.7	34.3	9.3	7.4
	アカマツ	0.52	88.3	44.1	8.8	11.3
	ツガ	0.50	73.5	44.1		7.8
	北米産 ベイスギ	0.37	53.0	34.3	5.9	7.7
	ベイヒ	0.47	78.5	45.1	7.5	12.0
	ベイヒバ	0.49	76.5	43.1	7.7	9.8
	ベイマツ	0.49	77.5	46.1	7.7	11.3
	ベイツガ	0.47	69.6	43.1	8.0	10.3
	スプルス	0.45	70.6	38.2	7.9	10.8
	北洋 エゾマツ	0.47	68.6	30.4	8.8	9.8
	カラマツ	0.60	100.5	45.1	12.7	11.8
	南洋 アガチス	0.51	83.6	40.8	9.9	11.6
広葉樹	国産 イタヤカエデ	0.65	93.2	44.1	11.8	11.8
	マカンバ	0.67	103.0	42.2	13.7	12.7
	キリ	0.30	34.3	19.6	5.4	4.9
	ブナ	0.65	98.1	44.1	12.7	11.8
	ミズナラ	0.68	98.1	44.1	10.8	9.8
	シオジ	0.53	88.3	43.1	10.8	9.3
	ヤマザクラ	0.52	103.0	44.1	14.7	11.8
	ケヤキ	0.69	98.1	49.0	12.7	11.8
	南洋産 レッドラワン	0.58	89.2	47.1	8.2	10.8
	ホワイトラワン	0.50	80.4	42.2	8.1	12.0
	レッドメランチ	0.55	86.3	47.1	9.8	10.8
	アピトン	0.73	116.7	52.0	13.7	12.7
	チーク	0.52	65.7	35.3	9.5	6.5

表2.3 木材(無等級材)の許容応力度(建設省告示第1452号)

長期許容応力度:基準強度×1.1/3
短期　　〃　　:　　〃　　× 2/3

樹種		基準強度(単位:N/mm²)			
		圧縮 Fc	引張 Ft	曲げ Fb	せん断 Fs
針葉樹	アカマツ,クロマツ及びベイマツ	22.2	17.7	28.2	2.4
	カラマツ,ヒバ,ヒノキ及びベイヒ	20.7	16.2	26.7	2.1
	ツガ及びベイツガ	19.2	14.7	25.2	2.1
	モミ,エゾマツ,トドマツ,ベニマツ,スギ,ベイスギ及びスプルス	17.7	13.5	22.2	1.8
広葉樹	カシ	27.0	24.0	38.4	4.2
	クリ,ナラ,ブナ,ケヤキ	21.0	18.0	29.4	3.0

2.7 欠　　点（きず）

　木の生育時や乾燥時に生じた外観，強さ，歪，耐久性などの品質を損なう欠陥の総称を，欠点（きず）という．

　JAS（日本農林規格）では，木材の欠点の程度に応じて，特等，1等，2等に等級区分をして表示される（図2.13）．

　欠点には次のようなものがある（図2.14）．

　ⓐ　**節（ふし）等**：生節（いきふし），死節，抜け節，腐れ節がある．生節は伐採まで枝であったもので，死節や抜け節は，枯れた枝などの跡である．これらは，硬く加工が困難であるだけでなく，外観や強度も損なう．ただし，生節は強度に影響しない．

　節に準じるものに，入り皮（外皮が切り傷などにより樹幹中に包み込まれたもの），やにつぼ，あるいは，やにすじ（松材などで，樹脂が塊状あるいは線状にたまったもの），とび傷（材木を取り扱う際の道具による傷），虫食い，腐れ，しみ等がある．

　ⓑ　**丸　身**：製材時に残る丸太部分で，断面欠損，施工上の不都合がある．製材品の端部の1材面しか丸身なしの材面がないものを端（はな）落ちという．

　ⓒ　**曲がり，反り**：生育中に生じた素材の曲がり，あるいは，乾燥中に生じた曲がりや反りは，利用上好ましくない．

　ⓓ　**割　れ**：木口に現れる目まわりは生育中の強風や凍結などが原因であり，**星割れ**は乾燥中に生じる．

　ⓔ　**あ　て**：傾斜地など特殊な環境に育ったものには，夏材の部分が異常に幅広くなり，年輪が一方に大きく偏心したものがあり，乾燥の際に大きな狂いが生じたり，強度に異常を生じる．針葉樹では下側になった部分（谷側）は，硬く脆くなり加工が困難で，また収縮も大きい．これをあてという．

　ⓕ　**辺　材**：樹種によっては，辺材は，耐久性が劣り，虫害を受けやすいものがある．ナラ，南洋材の辺材等がこれに当たる．

　ⓖ　**繊維走行の傾斜（目切れ）**：製材方向と繊維方向が平行でない状態で，乾燥などによる狂いが大きい．

　ⓗ　**粗い平均年輪幅**：ひき角類では，平均年輪幅が6 mm以下のものが良い．

2.7 欠　点（きず）

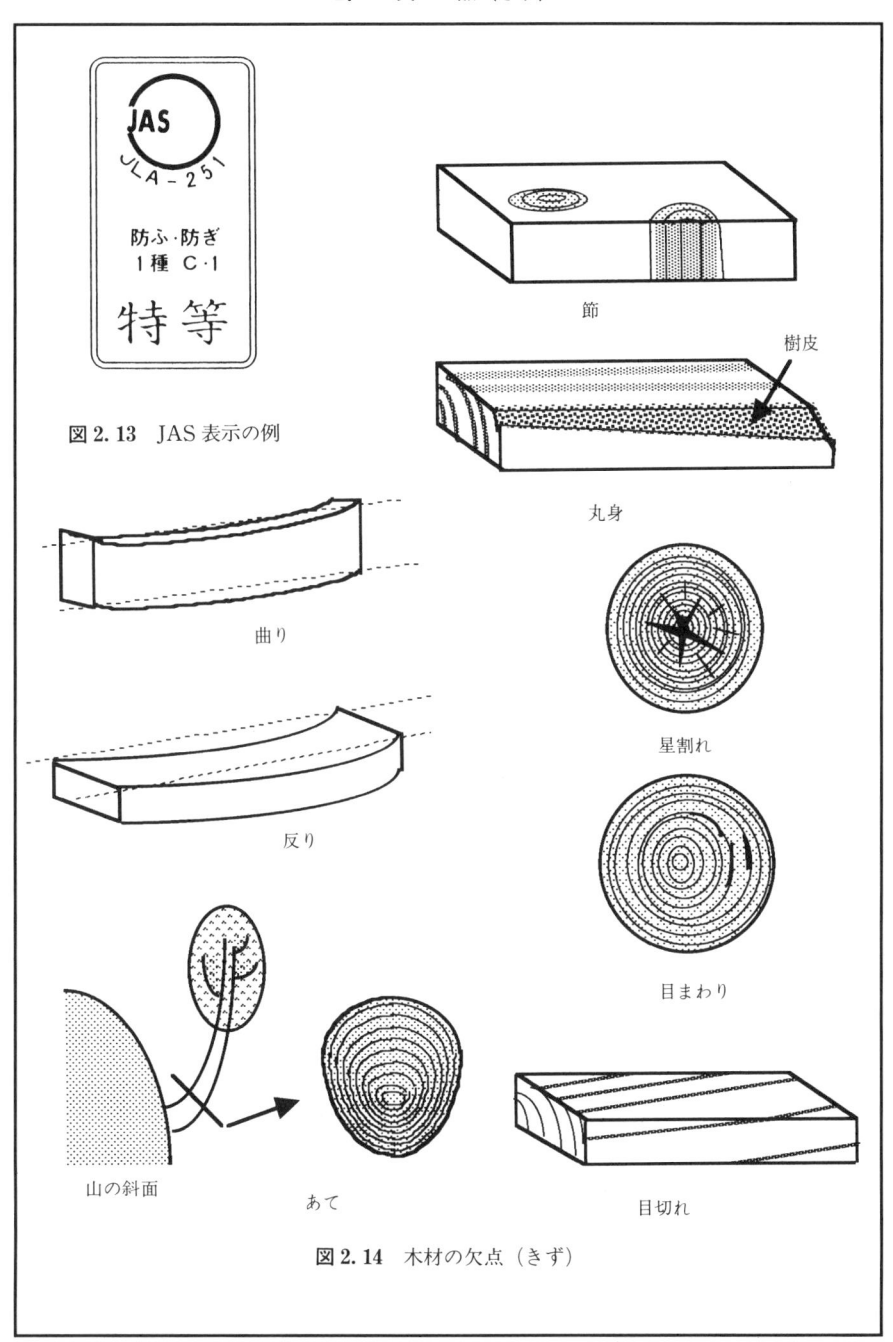

図 2.13 JAS 表示の例

節

樹皮

丸身

曲り

反り

星割れ

目まわり

山の斜面

あて

目切れ

図 2.14 木材の欠点（きず）

2.8 耐　久　性

　木材の自然風化の期間は長く，腐朽や食害による被害を防げばかなりの耐久性を示す．例えば，維持管理状態の良いヒノキ材は1,000年経ても強度的な低下は少ないと言われ，2.1節で述べた法隆寺の例がこれを実証している．

（1）腐　朽

　木材は，その主成分であるセルロース，またはリグニンを栄養源とするバクテリア，かび，きのこ類等の菌類により分解され腐朽する．これらの菌類は，木材自体が栄養源であり，図2.15に示すように，これに酸素，水分，適度の温度があれば生育する．低湿度では生育しないので木材の含水率が22%以下となるよう通風，乾燥状態を確保することが重要である．

　また，表2.4に示すように，樹種によって耐久性が異なり，フェノール類など腐朽菌の生育を阻害する成分を有するヒノキ，サワラ，ヒバ，クリなどの樹種は腐朽しにくい．一方，糖分や澱粉など腐朽菌の養分の多い辺材は腐朽しやすい．

（2）食　害

　食害を与える昆虫では，**ヤマトシロアリ，イエシロアリ，ヒラタキクイムシ**が有名で，シロアリは基礎部土中に蟻道をつくり床下から木材中に侵入する．

　ヤマトシロアリは，全国的に生息し，湿潤な土台，柱脚，浴室などを害する．

　また，イエシロアリは，関東以西の暖かい地方に生息し，湿度に関係なく，小屋組等に著しい被害を与える．

　樹種別にみると表2.4のようにマツ類や，ナラなどは蟻害に弱い．

　ヒラタキクイムシは甲虫類で，ラワン，ミズナラ，シオジなどの広葉樹の辺材の澱粉を食し，春から夏にかけて表面に1〜3mmのピンホールをあける．

（3）防腐，防蟻対策

　腐朽菌や白蟻などの被害を防ぐため，①高温による人工乾燥，②JISで規定された表2.5のような防腐剤を用いた塗布，浸漬処理，加圧注入処理などが行われる．加圧注入処理は，木材を直径2m程度の筒状の真空・加圧装置に入れ（図2.16），まず，減圧により樹液と空気を出し，次に加圧し木材内部まで薬剤を浸透させ，さらに再減圧により余分の薬剤を除去する方法である．また，③表面を焦がして炭化層をつくることも伝統的に行われてきた．さらに，④白蟻対策には土壌への薬剤散布も行われる．

2.8 耐久性

図 2.15 腐朽菌の生育条件

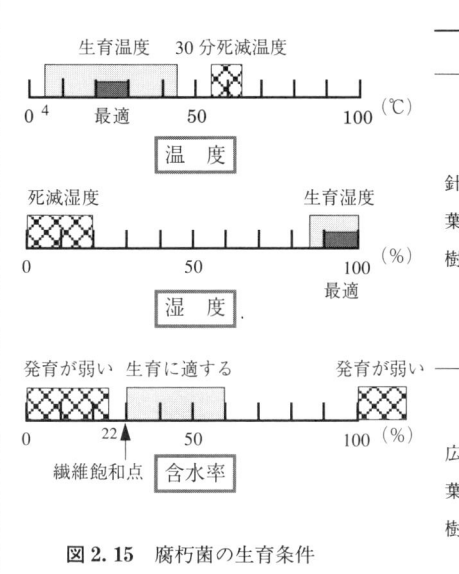

表 2.4 主な樹種の耐朽性と虫害

樹 種			耐朽性	耐蟻性	ヒラタキクイムシの害
針葉樹	国産	ヒノキ	大	中	
		スギ	中	中	
		ヒバ	大	大	
		アカマツ	小	小	
		ツガ	小	中	
	北米産	ベイマツ	中	小	
		ベイツガ	小	小	
		ベイヒ	大	中	
		ベイスギ	大	中	
		スプルース	極小	小	
	北洋	エゾマツ	極小	中	
		カラマツ	中	小	
広葉樹	国産	ケヤキ	大	小	あり
		シオジ	極小	中	あり
		イタヤカエデ	小	中	あり
		ブナ	極小	中	
		クリ	大	中	
		ミズナラ	大	小	あり
		サクラ	中	中	あり
	南洋産	ラワン類	小	小	あり
		アピトン	中	中	あり
		チーク	極大	大	あり

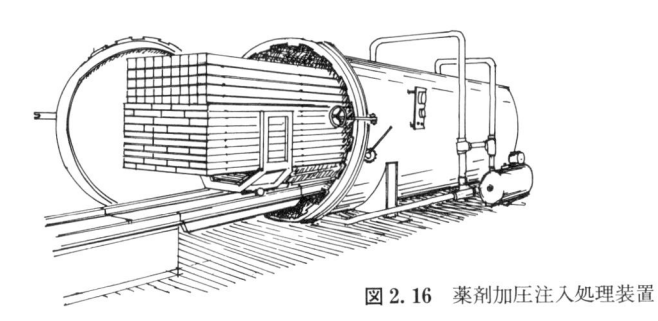

図 2.16 薬剤加圧注入処理装置

表 2.5 防腐・防蟻剤

クレオソート油	コールタールの蒸留により生成する．有色で，臭気が強い．
フェノール類・無機フッ化物系防腐剤 (FCAP，FSP)	フッ化物 (NaF，フッ化物：Fluorine)，ヒ素化合物 (As_2SO_5)，アンチモン化合物 (Sb_2O_3)，クロム化合物 (CrO_3)，フェノール類 (Phenol) で構成される．古くから使用されているが，定着性が劣り，CCA に置き換えられつつある．
クロム・銅・ヒ素化合物系防腐剤 (CCA)	クロム化合物 (CrO_3) を主配合成分とし，さらに，銅化物 (CuO)，ヒ素化合物 (As_2SO_5) を配合する．定着性に優れ効果が大きいので最も普及している．処理表面の外観は時間が経つと薄い緑色を呈する．

2.9 耐　火　性

（1） 温度と火災

図2.17に示すように，木材を熱するとまず水分が蒸発し，さらに，熱すると，熱分解して，CO，H_2，アルデヒド等の可燃ガスが発生する．そして約240℃でこの可燃ガスに口火を近づけると可燃ガスに引火し（引火点），約260℃では，木材自体に着火する（着火点）．さらに450℃では，口火無しで燃焼が始まる（発火点）．しかし，260℃でも，長時間加熱すれば，自然発火するので，この温度を**火災危険温度**と呼ぶ．

樹種による差は小さいが，一般に密度の大きい樹種ほど着火しにくい．

（2） 防　火

火事の際には，可燃性ガスが発生し一気に炎が広がるので，これを防ぎ温度上昇を押さえることが防火につながる．木材の防火法には図2.18にも示すように以下の方法がある．

　ⓐ　**不燃性の膜や層による被覆**：木材の表面をモルタル，プラスター，金属板などで被覆する．

　ⓑ　**防火ペイント等の塗布**：火災時の熱によりガスを発生したり，酸素遮断作用のある溶融物，発泡質の断熱層を生成する顔料を加えた塗料（**防火ペイント**）で塗装する．また，化成ソーダ（水酸化ナトリウム）の塗布も効果がある．

　ⓒ　**難燃処理**：これには，燐酸アンモニウムを主材とする薬剤が塗布，または加圧注入される．これによって可燃性ガスの発生を少なくし，引火を困難にする効果がある．

　ⓓ　**大断面化**：写真2.8は，北米の伝統的な大断面材を用いた工法であるが，このような大断面のものは，火災時に温度上昇をしにくいので，着火に時間がかかり，また，着火しても表面から1～2 cmのところまで炭化層ができると，これが遮熱効果を示し内部へ燃焼が伝わらなくなる．さらに，大断面の場合，断面欠損による強度低下の割合も小さく安全である．集成材の実験では，図2.19のように，800℃以上の高温でも金属材料のような大きな強度低下がなく，1,000℃程度の温度にも耐えられることが判明した．そこで，これに難燃処理をした**構造用大断面集成材**（短辺150 mm以上，断面300 cm^2以上）を用いた大規模構造物が可能となった．

2.9 耐火性

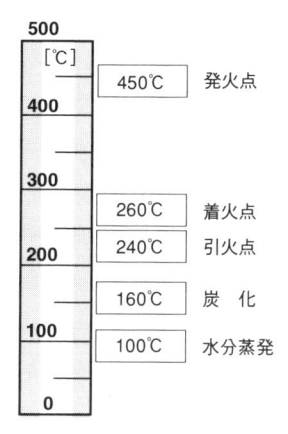

図2.17 木材の燃焼

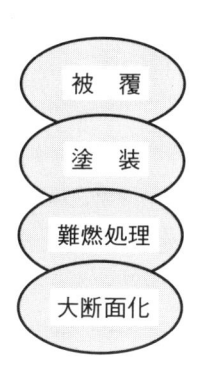

- 450℃ 発火点
- 260℃ 着火点
- 240℃ 引火点
- 160℃ 炭化
- 100℃ 水分蒸発

図2.18 木材防火法

- 被覆
- 塗装
- 難燃処理
- 大断面化

写真2.8 北米の伝統的なログハウス

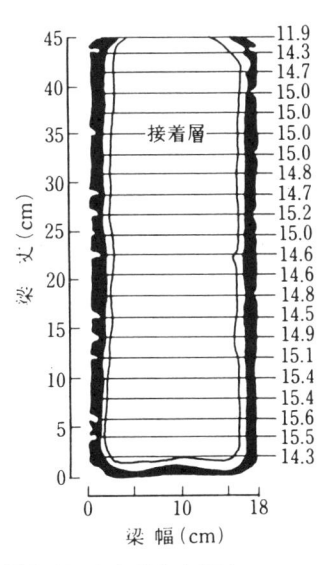

図2.19 無処理集成梁断面の30分間燃焼後の炭化厚さ[5]

2.10 木材製品

(1) 合板

ラワン，ベイマツ，ベイツガなどの大材からつくった薄い単板を**ベニヤ**(veneer)といい，その製造方法には，図2.20のように，①素材を回転させながら切削する（ロータリー法），②素材を高温蒸気で蒸して軟らかくしてかんなでスライスする，③のこで挽く，などがある．

合板は，このベニヤを繊維方向が交互に直交するように奇数枚（3～9枚）重ね，接着剤を用いて加熱圧縮（ホットプレス）してつくられる（図2.21）もので，木材の異方性が無くなり，狂いや割れが生じにくい．

また，合板は接着剤により耐水性能が左右され，次の4段階に分類される．

ⓐ **特類合板**：フェノール樹脂接着剤を使用．常時湿潤状態で使用できる．
ⓑ **1類合板**：メラミン樹脂接着剤を使用．コンクリート型枠，住宅下地用．
ⓒ **2類合板**：純度の高いユリア樹脂接着剤等を使用．内装用．
ⓓ **3類合板**：カゼイングルー，増量ユリア樹脂接着剤等を使用．用途は少ない．

これらの合板には，表2.6のような種類がある．また，合板の表面に化粧をした特殊合板は仕上げ用としてよく用いられる．なお，**ランバーコア合板**（挽き材心合板）は，心板に1～3cm程度の角材を用いて，全体の厚さが13mm以上の厚いもので，ドアー，家具，間仕切りに用いられる（図2.21）．

(2) 集成材およびフローリング材

集成材は，同一繊維方向に接着剤により積層あるいは集成するもので，図2.21のように，厚さ2.5～5cmの挽き板（**ラミナ**）の欠点を除いた部分が用いられる．垂直集成材では単一素材に比べ，強度が1.3～1.7倍，弾性係数が1.2～1.4倍向上し，また，乾燥による狂いや割れが少ない．

板材の接合には，図2.22のようなジョイントが用いられる．また，曲面接合技術の発達により，曲線材も自由に得られるようになった．

構造用大断面集成材は，短辺15cm以上，断面積300cm^{2}以上のもので，大規模構造やアーチ構造に用いられ，また，**化粧集成材**は銘木の薄い単板を張り，銘木にみせるもので柱や梁などに用いられる．

フローリング材は，実（さね）加工や，あいじゃくり加工をし，下面に溝加工したもので，これには，単板のもの，天然木の化粧合板のものがある．

2.10 木材製品

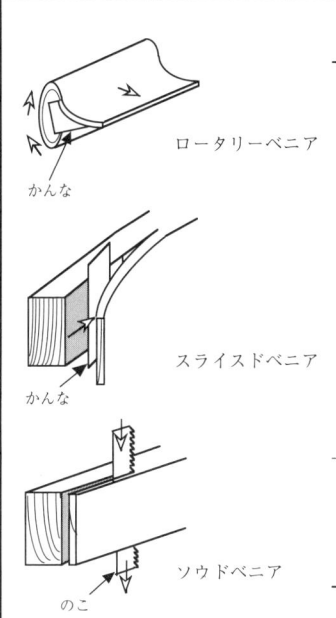

表2.6 合板の種類

	種類	説明
普通合板	一般普通合板	一般的にベニヤ板と呼ばれ幅広く使用．ラワン合板，しな合板がある
	構造用合板	枠組み工法住宅等で耐力構造用 1級：強度計算設計の場合に使用 2級：下地用で，針葉樹が主である
	コンクリート型枠用合板	コンクリート型枠に用いられる厚さ12 mm以上のもの
	表面加工コンクリート型枠用合板	打ち放し仕上げ用コンクリート型枠用合板表面に塗装加工をしたもの
	難燃合板	難燃薬剤処理したもの
	防炎合板	防炎処理をし展示会場，舞台用
	防火戸用合板	防火処理をし防火戸に限り使用可
特殊合板	天然木化粧合板	普通合板の表面に天然銘木のスライスド単板を貼ったもの，住宅内装用
	特殊加工化粧合板	普通合板表面を樹脂フィルムオーバレイ加工やプリント加工したもの

図2.20 ベニアの種類

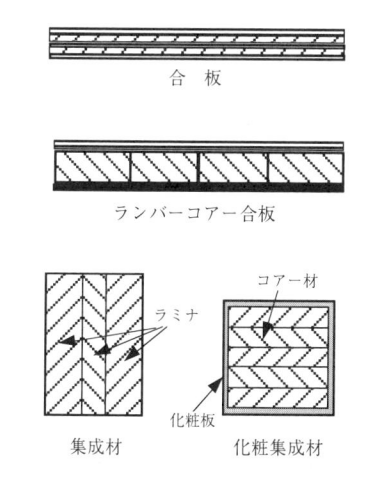

図2.21 木材製品

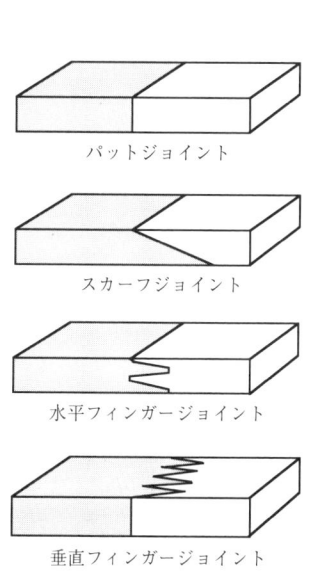

図2.22 集成材縦継ぎ形式

2.11 竹

(1) 竹と建物

竹は，稲科の多年生常緑木本（もくほん）で，その稈（かん：中空の茎部）は，発生後1年で長さと太さの成長は終わり，以後は組織細胞が成長して硬く木質化する．

その種類は豊富で（図2.23），150種ともいわれ，そのうち，建築に用いられるものは，12，3種類で，その主なものの性質と用途を表2.7にあげる．

竹は，わが国では，用途に応じた太さのものが簡単に入手できること，その繊維方向の強度が大きく，軽く大きな剛性を有すること，表皮の美しい光沢と丸みのある形を持つことなどから，古くから利用され，今でも以下のように幅広い用途に用いられる．

ⓐ **小　舞**：塗り壁用（図2.24）
ⓑ **内装材**：床柱，落とし掛け，竿縁，あじろ（網代）天井，窓格子（写真2.9）
ⓒ **造園材など**：竹垣，支柱，足場

また，竹は，その姿から，風流の世界からも親しまれ，今でも数寄屋建築の意匠に欠かせない．

(2) 性　質

繊維は長く通直で，曲げ弾性が大きく，表皮付近では，繊維が密集しており，強度が大きく，引張り強度は147〜294 (N/mm^2)，圧縮強度49〜78 (N/mm^2)である．この強度に注目され，戦時中には鉄筋の代用にするための研究もされたことがある．また，引張り弾性係数は，$2〜3.5×10^4$ (N/mm^2)，気乾比重は，0.8〜1.0 である．

乾燥による伸縮率は，周長約0.7〜1.0％，厚さ約0.6〜1.2％，長さ約0.03〜0.04％で，特に長さ方向の伸縮変形が小さい．

竹材は，木材に比べ糖分，タンパク質が多く腐朽や食害を受け易い．マダケ，モウソウチクは割合腐朽し難い．また，**タケクイムシ**による被害は多いので虫害防止のための薬剤処理をしたものを用いるのが良い．

竹の伐採は5年前後のものが強度などから適当である．また，伐採時期は，虫害と関係があり，9〜12月頃は組織が最も充実し，糖分やタンパク質の少ないので最も適当である．

2.11 竹

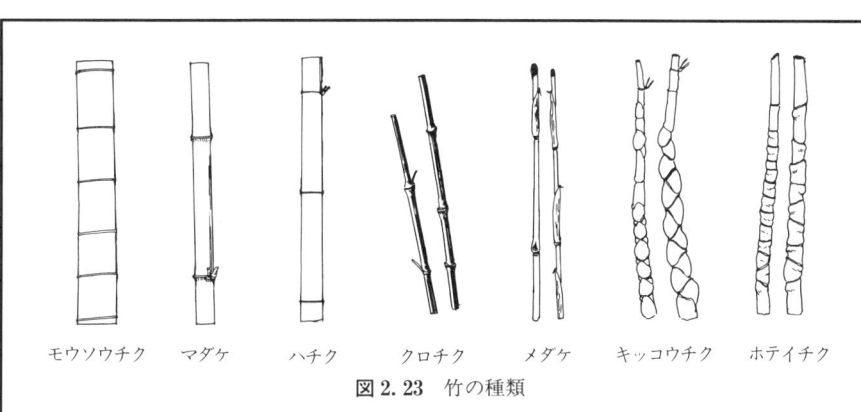

モウソウチク　マダケ　ハチク　クロチク　メダケ　キッコウチク　ホテイチク

図 2.23　竹の種類

表 2.7　タケの主要樹脂

	径(cm)	材　質	用　途
マダケ(真竹)	5〜20	強靱・細割り適	木舞・垂木・竹釘・垣
モウソウチク(孟宗竹)	10〜30	肉厚・もろい・細割り不適	床柱・落し掛け・竹屋根・垣
クロチク(黒竹)	7	肉薄・強靱・老竹は黒色	天井・とびら・室内装飾
ハチク(淡竹)	10	肉薄・極強靱・細割り適	天井竿縁・化粧垂水・竹釘
メダケ(女竹)	1〜3	肉薄・強靱	木舞竹・天井・押縁・化粧垂水・すのこ・垣

写真 2.9　竹の利用（床の間）
　　　　　落しがけ：角竹
　　　　　天井：杉あじろ

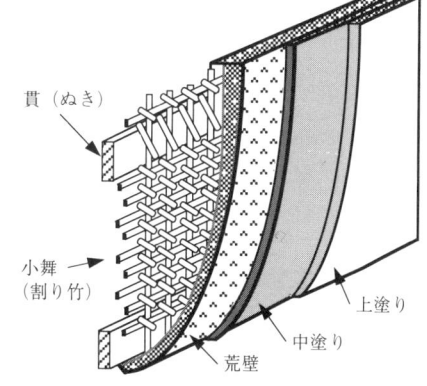

図 2.24　小舞壁の例

第3章 セメント・コンクリート

3.1 コンクリートと建築

　セメント・コンクリートは，最も重要な建築構造材料の一つであり，現代建築の発展に大きな役割を果たしてきたことはよく知られている．特に，構造材料としてのコンクリートは，鉄との複合構造材料である**鉄筋コンクリート**として発展を遂げ，鉄筋コンクリート造は，木造・れんが造・鉄骨造とともに世界の主要な構造物の一つとなっている．また，それ以外にも鉄骨鉄筋コンクリート造やプレストレストコンクリート造・コンクリートブロック造などにも活用され，その利用範囲は極めて多岐にわたっている．コンクリートが現代建築に重鎮されてきた大きな理由は，
　① 構成材料の入手が簡単であり，資源が豊富であるため，主要材料が比較的安価で経済的に優れていること，
　② 耐久性・耐火性に富み，圧縮強度が大きいこと，
　③ 躯体造形における自由度が大きく，多様な設計が可能であること，
などが考えられる．このようなコンクリートの特性は，建築物に大量に使用され，耐久性や造形性が重視される現代建築物には欠かせない構造材料であることを示している．しかし，幾つかの問題点も残されている．例えば，
　① 重量が大きいこと，
　② 引張強度や変形能力が極めて小さいため，構造体に適用するには補強筋を必要とすること（鉄筋コンクリートの誕生），
　③ 乾燥収縮が大きく，伸び能力が小さいためひび割れが生じやすいこと，
　④ 良質のコンクリートを実現するには総合的な基本技術を必要とすること
などがあげられる．
　また最近は，コンクリートに関する諸技術も急速に発展を遂ている．例えばコンクリートの流動性や耐凍害性を大きく改良したAE剤の活用にはじまり，**プレキャストコンクリート**部材の工場生産と**オートクレーブ養生法**の開発，高性能減水剤をはじめ，繊維補強コンクリートなどコンクリートの物性改善の新技術が確立されつつある．さらにコンクリートの高強度化技術が進歩し，地震国日本においても高層鉄筋コンクリート造の実現をみるに至っている．

写真 3.1 セメント工場における NSP（New Suspension Preheater）キルン

写真 3.2 パリの新凱旋門（RC 造 1990）

3.2 セメント・コンクリートの歴史

　セラミックス材料の一つであるコンクリートは，水・セメント・砂・砂利・混和剤などの各種成分によって構成されるが，圧縮強度や施工性・耐久性など，コンクリートの諸性質は，セメントの種類やセメントペーストの濃度によって大きく影響を受ける．

　このようなコンクリートの主要な材料であるセメントはかなり古くから用いられている．現代のセメントに対して，石こうや石灰質でできた**気硬性セメント**，火山灰を細粉して石灰と混ぜる**水硬性セメント**，粘土を含む石灰石を焼成して作った**ローマンセメント**などの天然セメントを古代セメントと呼ぶ．表3.1に示すように，すでに古代エジプトのピラミッドには焼せっこうが使用され，BC 2000年頃には気硬性石灰の使用が認められている．しかし，水硬性セメントの発明は，古代ローマ帝国の巨大な建造物に使用された天然セメント，すなわちローマンセメントに始まると言われている．しかも古代ローマ人は，このローマンセメントに砂やれんが屑を混ぜ合わせ，モルタルやコンクリートを各種建設工事に使用している．その後，18世紀末までの2,000年間は，結合材として消石灰あるいは消石灰と火山灰の混合物が使用されたが，セメントの歴史としての注目すべき進展はみられなかった．

　石灰の中に粘土を加えて焼成すれば，水硬性物質ができることを発見したのは，J. Smeaton（イギリス/1756年）である．現在使用されている**ポルトランドセメント**は1824年にれんが積み職人J. Aspdin（イギリス）によって発明された．これは硬質の石灰石を焼成，粉砕した消石灰に粘土を混ぜ，炭酸ガスを完全に追い出すまで焼成し，粉砕したものである．また建築石材であったポルトランド島産の石灰石に類似していることから命名されたと言われている．

　それから半世紀も経たないで鉄筋コンクリートが誕生しているが，その原理は，J. Monier（フランス/1867年）が創始し，その後ドイツをはじめヨーロッパ各地で実用化され発展して行った．わが国では，1875年頃よりセメントの製造が開始された．1916年には，D.A. Abrams（アメリカ）がコンクリートの強度論として**水セメント比説**を唱え，これにより調合設計が可能となり，コンクリートの工学的基礎が確立した．その後，数多くの技術的進歩を経て，ポルトランドセメントに他の物質を混合した各種混合セメントが開発されている．

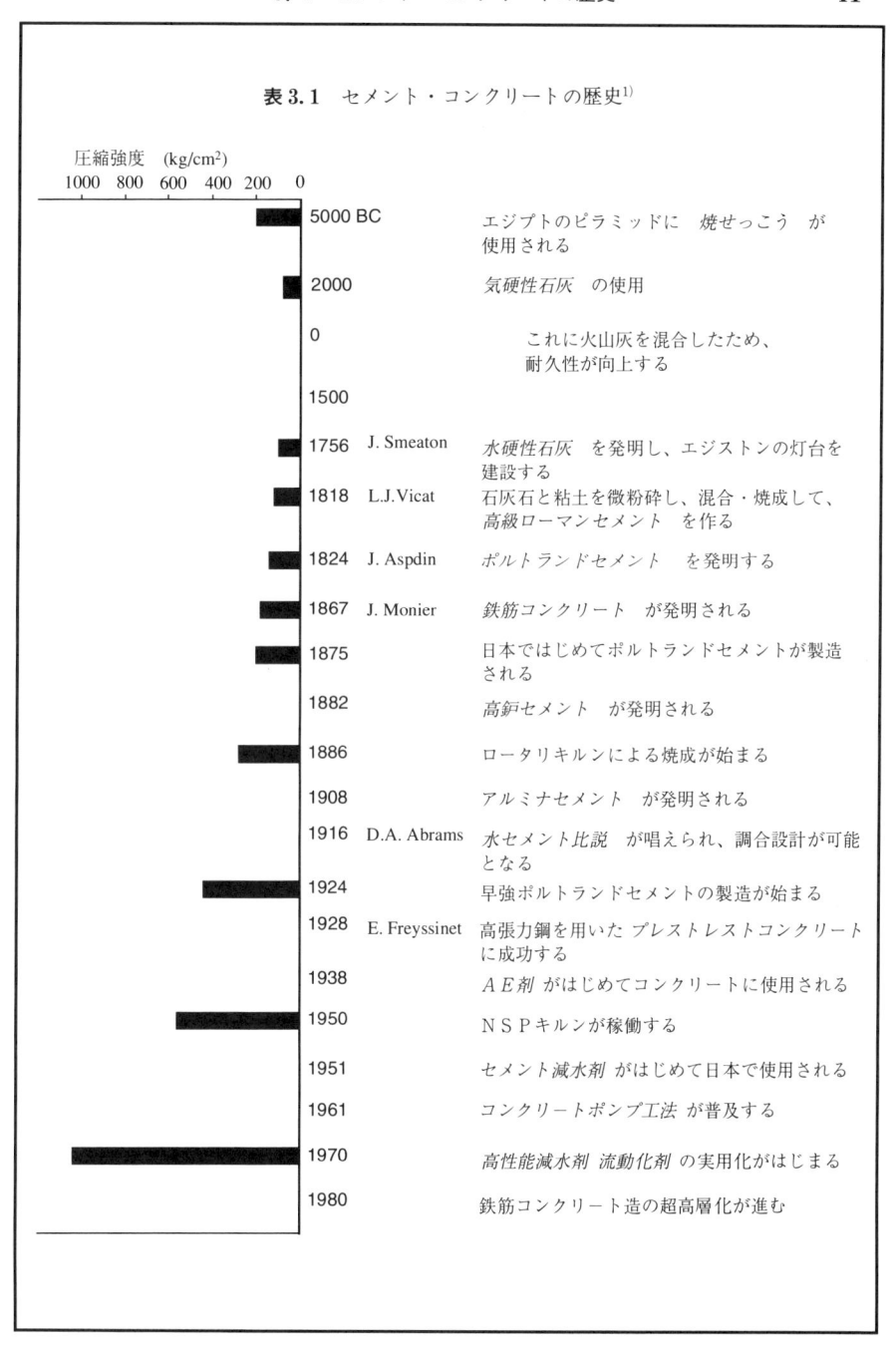

表3.1 セメント・コンクリートの歴史[1]

圧縮強度 (kg/cm²)

年代	人物	内容
5000 BC		エジプトのピラミッドに 焼せっこう が使用される
2000		気硬性石灰 の使用
0		これに火山灰を混合したため、耐久性が向上する
1500		
1756	J. Smeaton	水硬性石灰 を発明し、エジストンの灯台を建設する
1818	L.J.Vicat	石灰石と粘土を微粉砕し、混合・焼成して、高級ローマンセメント を作る
1824	J. Aspdin	ポルトランドセメント を発明する
1867	J. Monier	鉄筋コンクリート が発明される
1875		日本ではじめてポルトランドセメントが製造される
1882		高鈩セメント が発明される
1886		ロータリキルンによる焼成が始まる
1908		アルミナセメント が発明される
1916	D.A. Abrams	水セメント比説 が唱えられ、調合設計が可能となる
1924		早強ポルトランドセメントの製造が始まる
1928	E. Freyssinet	高張力鋼を用いた プレストレストコンクリート に成功する
1938		AE剤 がはじめてコンクリートに使用される
1950		NSPキルンが稼働する
1951		セメント減水剤 がはじめて日本で使用される
1961		コンクリートポンプ工法 が普及する
1970		高性能減水剤 流動化剤 の実用化がはじまる
1980		鉄筋コンクリート造の超高層化が進む

3.3 セメントの製造

(1) セメントとは

セメントは広い意味では物体を膠着する材料一般をさす．石こう・石灰・ポルトランドセメント・アスファルトなど無機質・有機質結合材の総称である．ここでいうセメントとは，コンクリートの構成要素である各種の水硬性セメントを意味する．現在，わが国で使用されている建設用コンクリートに用いる水硬性セメントは，原料・製法・成分により，表3.2のように分類される．以下，全セメント生産量の90%以上，全ポルトランドセメントの97〜98%を占める普通ポルトランドセメントを中心に述べる．

(2) セメントの製造

セメントの製造工程を大別すると，(1) 原料調合工程，(2) 焼成工程，(3) 仕上げ工程の3工程に分けることができる．

ポルトランドセメントはセメント1,000 kgに対して石灰石 (1,200 kg) と粘土 (250 kg) を主な原料とし，それにけい石 (30 kg)・鉱滓 (20 kg) を加え製造されたものである．石灰石はCaOを主成分とし天然に産するのが，粘土の主成分は，けい酸 SiO_2，アルミナ Al_2O_3，酸化鉄 Fe_2O_3 である．セメントを3成分系で表現すると図3.1のようになる．原料調合工程では，これらを原料粉砕機を用いて微粉砕し均一に混合する．焼成工程は，3〜6%の勾配を持った大円筒形の焼成窯である**ロータリーキルン**内で行われる．キルン内に搬入された調合原料は1,400〜1,500℃で加熱され，半溶解状態になるまで焼成される．焼成反応を終えたこの塊状鉱物を**セメントクリンカー**という．セメントの焼成用燃料は1979年の第2次石油危機までは重油が主体であったが，1980年に入ってからはエネルギー源の転換はほぼ完了し石炭が主体となった．仕上げ工程において，セメントクリンカーには凝結調整材として3〜6%の石こうを加え，仕上げ粉砕機で微粉砕されポルトランドセメントが製造される．

また，原料調合工程は原料を混合するときに水を加えて調合する**湿式方法**と，乾いたまま原料を調合する**乾式方法**とに分けられる．湿式方法は調合が正確にできるので早強ポルトランドセメントなどに適用されるが，乾式方法は経済的な製法として，現在，最も多用されている方法である．

セメントの製造工程と原料の変化を，図3.2に示す．

3.3 セメントの製造

表3.2 セメントの種類

```
水硬性セメント ─┬─ 石灰けい酸系セメント ─┬─ ポルトランドセメント ─┬─ 普通ポルトランドセメント      (JIS R 5201)
                │                          │                          ├─ 早強ポルトランドセメント      (JIS R 5201)
                │                          │                          ├─ 超早強ポルトランドセメント    (JIS R 5201)
                │                          │                          ├─ 中庸熱ポルトランドセメント    (JIS R 5201)
                │                          │                          ├─ 低熱ポルトランドセメント      (JIS R 5201)
                │                          │                          └─ 耐硫酸塩ポルトランドセメント  (JIS R 5201)
                │                          ├─ 混合セメント ─┬─ 高炉セメント         (JIS R 5211)
                │                          │                 ├─ シリカセメント       (JIS R 5212)
                │                          │                 └─ フライアッシュセメント(JIS R 5213)
                │                          └─ 特殊セメント ─┬─ 白色セメント・カラーセメント
                │                                           └─ 膨張セメント・その他
                └─ 石灰アルミナ系セメント ─── アルミナセメント
```

図3.1 セメントの3成分系表示

（石灰・アルミナ・ケイ石の3成分三角図：プラスター、ポルトランドセメント、高炉セメント、高炉スラグ、製リンスラグ、アルミナセメント、ルビーサファイア、高アルミナれんが、シャモットれんが、ケイ石れんが、陶磁器、石英ガラス）

図3.2 セメントの製造工程と原材料の変化過程

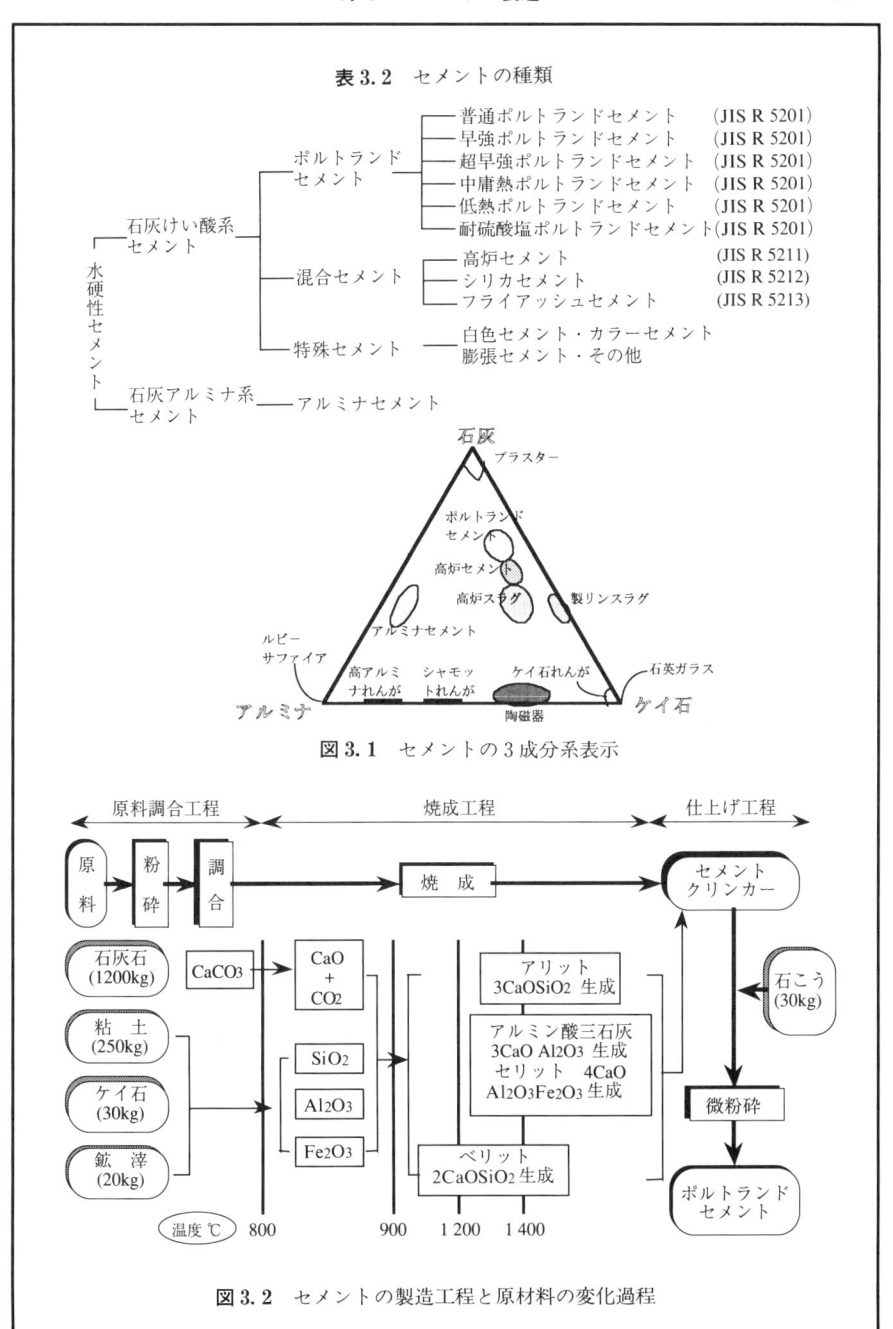

原料調合工程 | 焼成工程 | 仕上げ工程

原料 → 粉砕 → 調合 → 焼成 → セメントクリンカー → 微粉砕 → ポルトランドセメント

原料：
- 石灰石 (1200kg) → $CaCO_3$ → $CaO + CO_2$
- 粘土 (250kg) → SiO_2
- ケイ石 (30kg) → Al_2O_3
- 鉱滓 (20kg) → Fe_2O_3

石こう (30kg)

温度℃：800　900　1 200　1 400

- ベリット $2CaOSiO_2$ 生成
- アリット $3CaOSiO_2$ 生成
- アルミン酸三石灰 $3CaO\,Al_2O_3$ 生成
- セリット $4CaO\,Al_2O_3Fe_2O_3$ 生成

3.4 セメントの化学（その1）

(1) セメントの水和反応

セメント中に含まれた各成分は，焼成工程において互いに化合し，種々のセメント組成鉱物を形成する．ポルトランドセメントに水を加えるとセメント中の各組成鉱物はそれぞれ独立に水と反応する．すなわち**水和反応**が開始される．その主な組成鉱物は4種類であり，それぞれ以下のような性質を持っている．

1) **アリット**（エーライト）$3CaO \cdot SiO_2$（略号：C_3S）：水和反応が比較的早く，セメントの早期強度（3〜28日強度）を支配する．**水和熱**もC_3Aについで大きく，収縮率は中ぐらいである．

2) **ベリット**（ビーライト）$2CaO \cdot SiO_2$（略号：C_2S）：長期にわたり強度が増進するが，乾燥収縮が小さく，水和熱も小さい．28日以降の強度を支配する．

3) **セリット**（鉄アルミン酸四石灰）$4CaO \cdot Al_2O_3 \cdot Fe_2O_3$（記号：$C_4AF$）：水和反応は早いが，強度の発生にはほとんど寄与しない．水和熱は小さく，収縮率も小さいが耐硫酸性は大きい．

4) **アルミン酸三石灰** $3CaO \cdot Al_2O_3$（略号：C_3A）：含有量は少ないが，水和速度は最も早く，凝結および1日強度に寄与する．また，水和熱が非常に大きく，収縮率は最も大きい．

各種ポルトランドセメントに含まれるこれらのセメント組成鉱物の含有量の一例を，表3.3に示し，各セメント組成鉱物の水和の材令と圧縮強度の関係を図3.3に示す．

セメントの水和反応は，セメントの粉末度，単位水量，温度，混和剤の有無など多くの要因に影響されるが，それぞれのセメント組成鉱物の反応はセメント化学で使用されている略号を用いて図3.4のように表される．

また，水和反応で生成されるセメント硬化体は，一般に$CaO-SiO_2-H_2O$で構成される化合物で**トベルモライト**と呼ばれ，大気中では安定した化合物である．水和反応によって生じる水酸化カルシウム$Ca(OH)_2$はコンクリートのアルカリ性を確保し，鉄筋を腐食から防止する．C_3AおよびC_4AFが石こうおよび水と反応して初期材令に生成する**エトリンガイト** $C_3A \cdot 3CaSO_4 \cdot 32H_2O$はセメントバチルスとも呼ばれ，膨張性の針状の結晶であり，コンクリートの膨張破壊の原因の一つと言われている．

3.4 セメントの化学（その1）

表3.3 セメント組成鉱物の含有量[2]

セメントの種類	C_3S	C_2S	C_3A	C_4AF
普通ポルトランドセメント	50	26	9	9
早強ポルトランドセメント	67	9	8	8
超早強ポルトランドセメント	68	6	8	8
中庸熱ポルトランドセメント	48	30	5	11
低熱ポルトランドセメント	29	54	3	8
耐硫酸塩ポルトランドセメント	57	23	2	13
白色ポルトランドセメント	51	28	12	1

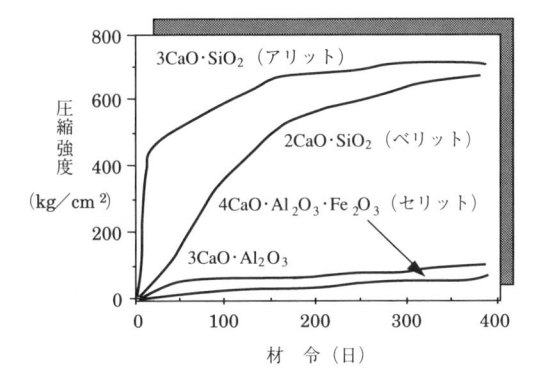

図3.3 各セメント組成鉱物の材令と圧縮強度の関係[3]

トベルモライト　水酸化カルシウム(遊離石灰)
$C_3S: 2\,C_3S + 6\,H_2O \rightarrow C_3S_2H_3 + 3\,Ca(OH)_2$
$C_2S: 2\,C_2S + 4\,H_2O \rightarrow C_3S_2H_3 + Ca(OH)_2$
$C_4AF: C_4AF + 2\,Ca(OH)_2 + 10\,H_2O \rightarrow C_3AH_6 + C_3FH_6$
$C_3A: C_3A + 6\,H_2O \rightarrow C_3AH_6$
$\quad\quad 2\,C_3A + 27\,H_2O = C_4AH_{19} + C_2AH_8$
$\quad\quad C_4AH_{19} + C_2AH_8 = 2\,C_3AH_6 + 15\,H_2O$

[石こう($CaSO_4$)との反応]　　　　　　　エトリンガイト
$CaSO_4: C_3A + 3\,CaSO_4 + 32\,H_2O \rightarrow C_3A\,3\,CaSO_4\,H_{32}$
$\quad\quad C_3AH_6 + 3\,CaSO_4 + 26\,H_2O = C_3A\,3\,CaSO_4\,H_{32}$
$\quad\quad C_3A\,3\,CaSO_4H_{32} + 2\,C_3AH_6 = 3\,C_3ACaSO_4\,H_{12} + 8\,H_2O$

ここで，$CaO = C$, $SiO_2 = S$, $Al_2O_3 = A$, $Fe_2O_3 = F$, $H_2O = H$ である．

図3.4 セメントの水和反応式

3.5　セメントの化学（その2）

（1）凝結・硬化

　セメントに水を加えて混練すると，セメントは水和反応を行い，次第に流動性を失い，やがて硬化し強度を発現して行く．このような一連の水和過程の中で一般に液体状態から固体状態に遷移していく物理的現象を**凝結**という．水和反応の進行とともにトベルモライトゲル（水和物）が多くなり，強度を発現していく現象を**硬化**という．図3.5はポルトランドセメントの水和の段階を示したものである．①水和は注水とともにはじまり，水は個々のセメント粒子をとりまく．②ゲル皮膜が粒子の周囲に生成し，副産物として水酸化カルシウムの角ばった結晶を生成する．③最後に管状の繊維が発達し，未水和のセメントおよび他の構成成分を結合して硬化体を形成する．

　硬化したセメントペーストは，未水和セメント・水和物・ゲル水・自由水・空隙からなる．水和物はセメント成分とそれと化学的に結合した結合水を含んでおり，結合水は完全水和の状態でセメント重量の25%を占める．また，水和物の表面に吸着しているゲル水は完全水和のとき約15%と言われている．そのため水和反応に必要な水量はセメント重量の約40%となる．また凝結時間は，新鮮なセメントで**粉末度**の微細なものほど，また水量が少なく温度が高いものほど短くなる．また，石こうはセメントの急激な凝結の遅延剤として機能しており，最近はその利点を生かして超速硬セメントなどにも応用されている．

（2）水　和　熱

　ポルトランドセメントは水和反応の進行とともに発熱する（図3.6）．これを水和熱といい，水セメント比・水和温度・粉末度などの要因の影響を受けるが，凝結・硬化の促進に役立つ場合もある．水和熱が蓄積しやすい**マスコンクリート**では熱応力によってひび割れが発生することも多いので注意を要する．

（3）風　化

　セメントの風化とは，セメントが湿気を吸収して軽微な水和反応を生じ，生成された水酸化カルシウムと空気中の炭酸ガスとが作用して炭酸カルシウムを生じる作用をいう．**風化**したセメント粒子の表面は，反応によって生じた箔状の水和物の被膜に覆われる．そのためセメントペーストの水和反応が阻害され，硬化体の強度が低下する．強度の低下の様子を図3.7に示した．

3.5 セメントの化学（その2）

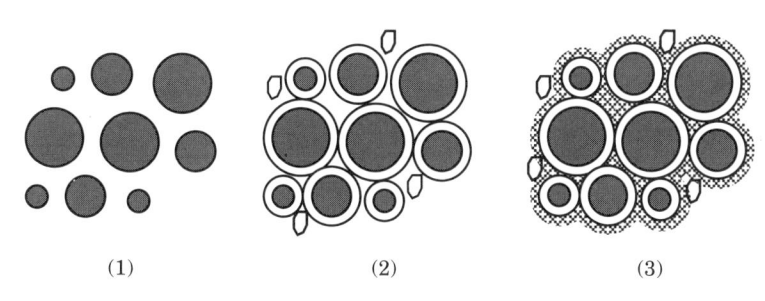

(1)　(2)　(3)

(1)　水がセメント粒子を取り巻く
(2)　ゲル被膜が粒子の周りに生成し、副産物として角張った結晶を作る。
(3)　管状の繊維が発達し、硬化体を形成する。

図3.5　ポルトランドセメントの水和段階

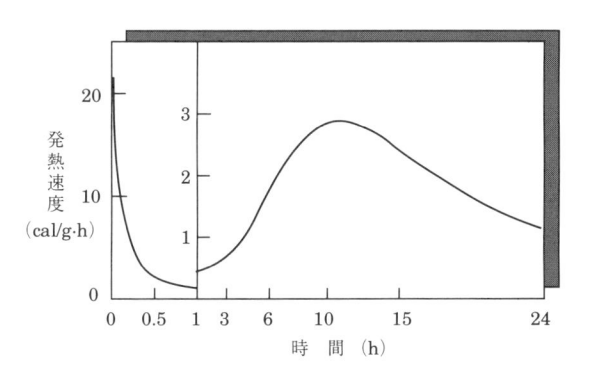

図3.6　ポルトランドセメントの水和発熱速度

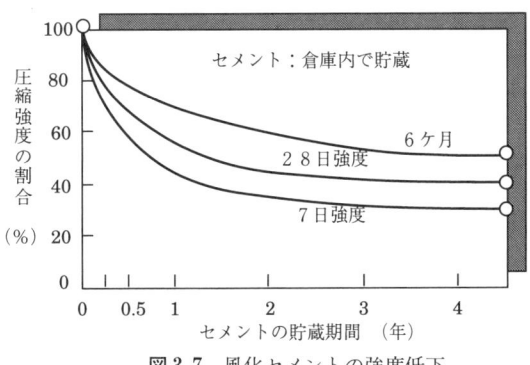

図3.7　風化セメントの強度低下

3.6 セメントの物理的性質

(1) 密度

セメントの密度は $3.0 \sim 3.2 \, \text{g/cm}^3$ 程度（一般には 3.17）であり，**ル・シャトリエの比重びん**で測定される．密度は焼成温度や成分によって異なるが，同一セメントでは風化したものほど小さくなる．このことからセメントの品質判定にも用いられている．またセメントの単位容積質量は一般には $1,500 \, \text{kg/m}^3$ と言われている．

(2) 粉末度

セメントの粉末度は単位重量あたりの表面積すなわち**比表面積**（cm^2/g）によって示される．一般に，比表面積の大きいセメントほど水和反応が促進され，凝結および強度の増進が大きい．しかし，比表面積が大き過ぎると，水和熱による蓄熱量が大きくなり，必ずしも長所ではない．粉末度はブレーン法またはレーザー回折法により測定する．また，各種セメントの物性の例を表3.4に示す．

(3) 強度

セメント強度は JIS R 5201 に規定された試験方法によってセメントモルタル強度から推定される．そのため，セメント強度は ①水セメント比 ②骨材混合比 ③骨材の性質と粒度 ④試験体の形状と大きさ ⑤養生方法と材齢 ⑥試験方法などによって異なる．また，図3.8は各種セメントの圧縮強度と**材齢**との関係を示したものである．それによると，セメント強度は材齢とともに強度は上昇するが，一般に初期の強度が大きいものは長期の強度は伸びず，初期強度の小さいものほど長期強度が大きくなる傾向がある．

(4) セメントペーストのレオロジー

液体中に固体の微小な粒子が分散混合したものを**サスペンション**と言うが，セメントペーストもその一種である．ペーストやモルタルの粘性はフロー試験（フロー値）で求めるが，粒子が球形・剛体で体積濃度 ϕ が小さい場合（$\phi < 0.02$），サスペンションの**粘性係数** η は，次のような Einstein の粘性式で求まる．

$$\eta/\eta_0 = 1 + K\phi \tag{3.1}$$

しかし，ペーストやモルタルのように分散質（骨材）の体積濃度 ϕ が大きくなると，次のような Brinkman が提案した粘度式が適用される．

$$\eta/\eta_0 = 1/(1-\phi)^{2.5} \tag{3.2}$$

ここで，K：実験定数，η_0：溶媒（ペースト）の粘性係数である．

3.6 セメントの物理的性質

表3.4 各種セメントの物理的性質

種別	項目	密度 (g/cm³)	比表面積 (cm²/g)	凝結 始発 (時-分)	凝結 終結 (時-分)	圧縮強さ (N/mm²) 1日	3日	7日	28日	91日
ポルトランドセメント	普通	3.17	3,250	2-34	3-35	—	29.7	43.8	61.3	70
	早強	3.13	4,340	2-03	2-54	27.8	47.9	56.8	66.7	—
	超早強	3.12	5,720	1-54	3-08	41.8	51.1	60.6	69.9	—
	中庸熱	3.21	3,180	3-24	4-43	—	21.2	30.6	50.8	72.5
	低熱ポルトランドセメント	3.22	3,350	3-10	4-35	—	14.5	22.9	50.2	76.5
混合セメント	高炉 B種	3.05	3,790	3-19	4-38	—	21.7	36.3	62.1	—
	シリカ A種	3.10	3,580	2-08	3-10	—	27.0	39.8	62.0	—
	フライアッシュ B種	2.96	3,470	2-59	4-07	—	22.4	31.4	50.5	—

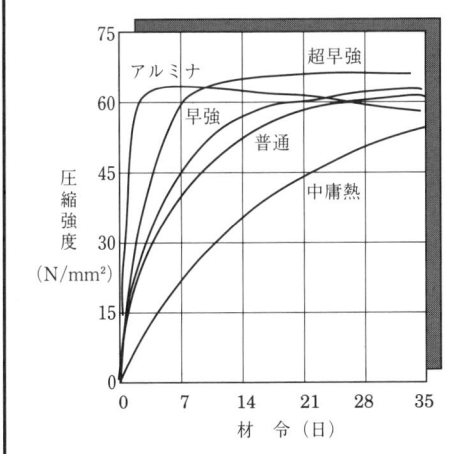

図3.8 各種セメントの強度発現曲線

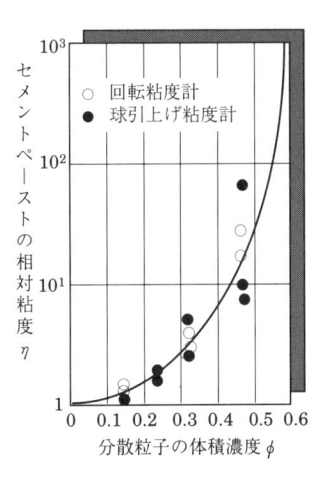

図3.9 セメントペーストの粘性[4]

3.7 ポルトランドセメントの特徴

(1) 普通ポルトランドセメント

生産されるセメントのほとんどを占めており，広範囲のコンクリート工事に使用されるだけでなく，混合セメントなどのベースセメントとして用いられる．

(2) 早強ポルトランドセメント

普通ポルトランドセメントよりC_3Sや石こうを多くし，さらに粉末度を大きくして早期に高強度を発現するようにしたセメントである．またコンクリートの水密性が高く，硬化に伴う水和熱が大きいので，低温時でも強度の発現性が大きい．工期の短縮を必要とする工事やセメント製品・寒中工事に使用される．

(3) 超早強ポルトランドセメント

早強ポルトランドセメントより更にC_3Sや石こうを多くし，粉末度を大きくして，極く早期に高強度を発現するようにしたセメントである．現在，我国では生産されていない．

(4) 中庸熱ポルトランドセメント

このセメントはC_3SやC_3Aが少なく，長期強度を支配するC_2Sを多くして，水和速度を遅らせ水和熱を小さくしたセメントである．また，乾燥収縮が小さく，化学抵抗性が大きいためダム工事だけでなく，最近では建築用マスコンクリートにも使用されている．

(5) 低熱ポルトランドセメント

中庸熱ポルトランドセメントよりさらにC_2Sの割合を大きくし，水和熱の抑制をはかったものである．水和発熱量が小さく，発熱速度が小さいため，温度ひびわれを抑える．また長期強度の発現性に優れる．

(6) 耐硫酸塩ポルトランドセメント

セメント中のC_3Aの含有量を4%以下と低く押さえ，土壌や排水・海水中の硫酸マグネシウム・硫酸ナトリウムなどの硫酸塩に対する抵抗性を高めたセメントである．

(7) 白色ポルトランドセメント

ポルトランドセメントの鉄アルミン酸三石灰を極端に少なくし，白色にしたセメントである．また少量の顔料を加えると好みの色彩が得られる．そのため従来から建築物の内外面の仕上げ，各種人造石に用いられてきた．

3.7 ポルトランドセメントの特徴

表 3.5 Spendel のセメント分類

[1] 気硬性セメント類
   A. 特殊セメント ┌ 独自では硬化しない ・・・・・ 石　灰　類
                           └ 独自で硬化する　　 ・・・・・ せっこう類
   B. 混合セメント　・・・・・・・・・・・・・ マグネシアセメント

[2] 水硬性セメント類
   A. 単味セメント
   (1) 緩硬性セメント ┌ 消化性のもの　・・・・・・・ 水硬性石灰
                             └ 非消化性のもの　・・・・・・ ローマンセメント

   (2) 急硬性セメント ┌ 単一原料を焼成したもの ・・・ 天然ポルトランドセメント
                             │   ┌ 半溶融したもの ・・・ │ポルトランドセメント│
                             │　　　　　　　　　　　　　　　　　　　　　 鉄セメント
                           └ 調合原料を┤　　　　　　　　　　キュールセメント
                               焼成したもの│　　　　　　　　　　│白色ポルトランドセメント│
                                         └ 溶融したもの ・・・ │アルミナセメント│

   B. 混合セメント
                                   ┌ ポゾランセメント
   (1) 石灰との混合によるもの ┌ 天然物混和 ・・・・┤ トラスセメント
                                  │　　　　　　　　　　　　└ サントリンセメント
                                  └ 人工物混和 ・・・・ 石灰スラグセメント

                                          ┌ ポゾランポルトランドセメント
                               ┌ 天然物混和 ・・・・┤ │シリカセメント│
                               │　　　　　　　　　　 └ トラスポルトランドセメント
   (2) ポルトランドセメントと ┤　　　　　　　　　　　　┌ │高炉セメント│
       の混合によるもの　　　 │ 人工物混和 ・・・・┤
                             │　　　　　　　　　　 └ 鉄ポルトランドセメント
                             │　　　　　　　　　　 ┌ ソリジチットセメント
                             └ 特殊混和物 ・・・・┤ 頁岩灰ポルトランドセメント
                                          └ │フライアッシュセメント│

                                        │　　　　　　　　　│ 日本で市販しているセメント

3.8 各種セメントの特徴

(1) 混合セメント
(a) 高炉セメント
ポルトランドセメントに**高炉スラグ微粉末**を混合して作ったのが高炉セメントである．高炉スラグはそれ自体は硬化しないが，石灰やアルカリ塩などと混合するとこれら刺激剤の化学作用によって硬化する．このセメントは海水などに対する耐食性や耐熱性が大きく，初期強度は小さいが長期の強度は大きい．

(b) シリカセメント
天然産および人工のシリカ質混和材を一般にポゾランという．これをポルトランドセメントに混合して作ったものである．水和の際に生じる $Ca(OH)_2$ と結合して不溶性ケイ酸カルシウム水和物を生じ，この作用を**ポゾラン反応**という．このため水密性が増し，化学抵抗性だけでなく，長期の強度が増進する．またコンクリートのワーカビリティーがよくなり，ブリーディングも少なくなる．

(c) フライアッシュセメント
火力発電所などで完全燃焼した微粉炭の灰分はフライアッシュと呼ばれ，溶けて球状となりポルトランドセメントに混ぜて作られる．球状粒子のためボールベアリングのように作用して流動性を増し，軟度を一定にすれば単位水量を減ずることができる．また乾燥収縮や水和熱が小さく，化学抵抗性は大きい．

(2) その他のセメント
(a) 超速硬セメント
このセメントの特徴は材齢 1～2 時間でコンクリート圧縮強度が $100\,kg/cm^2$ に達し，超速硬性および凝結時間の調整が可能なことである．また低温時だけでなく長期にわたって安定した強度発現が得られる．このため補修工事，二次製品，各種グラウト材に用いられている．

(b) ポリマーセメント
コンクリートの防水性・耐薬品性・変形性能の向上を目的に，多量の高分子材料を混入させたセメントの総称である．それは 3 種類に分けられ，結合材にセメントとポリマーを併用した**ポリマーセメント**と結合材にポリマーのみを用いた**レジンコンクリート**，十分硬化したコンクリートにモノマーまたはプレポリマーを含浸させた**ポリマー含浸コンクリート**がある．

3.8 各種セメントの特徴

表3.6 特殊セメントのコンクリートとその製品への用途[5]

用途	対象		特殊セメント	JISセメント
建築工事用	RC造建築物		膨張セメント【膨張材：CSA系・石灰系等】	普通・早強・低熱高炉(B)・フライアッシュ(B)
	高層RC造建築物		高強度セメント【高強度混和材：無水石こう・シリカフューム・微粉末スラグ等】	
	工場床スラブ		高強度高炉セメント	
コンクリート製品用	蒸気養生製品	ヒューム管	膨張セメント【膨張材：CSA系・石灰系等】	普通・早強・超早強・中庸熱・耐硫酸塩・高炉(B)・フライアッシュ(B)
		PCパイル	高強度セメント【高強度混和材：無水石こう・シリカフューム・微粉末スラグ等】	
	オートクレーブ製品	PCパイル	オートクレーブ用セメント	
		コンクリート鋼管複合パイル	膨張セメント【膨張材：マグネシア系等】	
		ALC板	急硬セメント【急硬材】	
	GRC建材		低収縮・低アルカリ性セメント【アーウイン系セメント】	
	高級内装用建材		MDFセメント	
	金属代替品		DSP・高強度高炉セメント	
	舗装用ブロック・歩道用平板・テラゾー		白色セメント・カラーセメント	
	耐酸プレキャストパネル		硫黄セメント	
仕上用	建物の仕上・補修	内壁外壁	白色セメント・カラーセメント 左官用セメント プレミックスモルタル	普通（ベースセメント・ポリマーセメント）
		床	セルフレベリング材	
	防水		浸透性塗布防水材	

【MDFセメント：Macro Defect Free Cement】
　ベースセメントに水溶性ポリマーを混練後、プレス成形を行なって、水和相の粗大欠陥をなくし、高強度化を図ったもの。

【DSP：Densified System containing homogeniously arranged ultra-fine Particles】
　シリカフュームなどの超微粒子と高性能減水剤を併用して水和相粒子間に密充填効果を付与したもの。

3.9 コンクリートとは

コンクリートはセメントと水を混練したセメントペーストを結合材とし，砂や砂利などの骨材（増量材）を加えて製造した**粒子分散強化型の複合材料**である．特に，セメントペーストと細骨材（砂）によって構成される複合材料をモルタルと呼び，左官材料や仕上げ材の下地モルタルとして活用されている．図3.10 はコンクリートの組成とそれに関連する性質を示したものである．コンクリートは絶対容積の約 70% が骨材で占められており，残りがセメントペーストと若干の空気量で構成されている．そのためセメントや骨材などの各構成材料の調合や品質の影響に対して極めて敏感である．このことはまた，製造方法・施工法の発展によって，現代建築が求める要求性能に十分に応えられる可能性を秘めた今日的な材料であることを意味している．すなわちコンクリートは，充填性がよく密実なコンクリートならば，耐火性・耐水性・耐久性に優れており，鋼材との付着性もよく，その一体化により耐力的にも優れた鉄筋コンクリート構造物をつくることができる．

最近は，早強性，耐凍害性，流動性などの種々の要求性能に応じた混和材料が開発され，さらに高品質のコンクリートがつくられるようになった．構造用コンクリートに要求される性能は数多くあるが，図3.11 に示すように強度・施工性・耐久性の3要素をバランスよく満足させることが，高品質のコンクリートをつくるための大きな原則である．具体的には，

1) 増量材として骨材を用いるが，粗骨材相互の空隙を細骨材の表面に付着したセメントペーストで充填し，経済的であること，
2) まだ固まらないコンクリート，すなわち**フレッシュコンクリート**が必要な流動性や材料分離に対する抵抗性を持つこと，
3) 硬化コンクリートに必要な強度や耐久性，防水性などが満足されるような密実なコンクリートであること，

などが要求される．
このようなコンクリートの諸性質は，材料として与えられるものではなく，建築現場やコンクリート工場でつくり出されるものであり，高品質のコンクリートをつくるためには，設計，製造，施工の全過程を総合化できる基本技術を理解することが重要である．

3.9 コンクリートとは

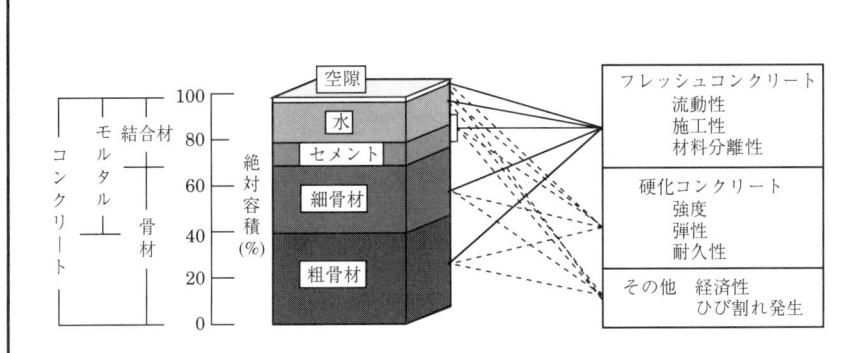

図 3.10 コンクリート組成と性質[6]

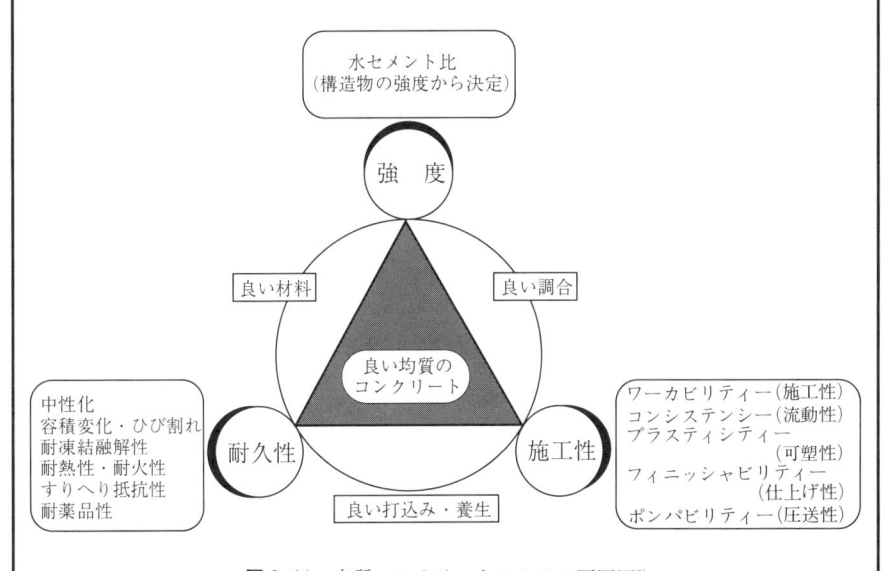

図 3.11 良質コンクリートのための要因図[7]

3.10 コンクリート用骨材の種類

セメントペーストなどの結合材で固められたコンクリートあるいはモルタルの構成材料である砂・砂利・砕石などの粒状材料を骨材という．これまで豊富にあったコンクリート用骨材も，昭和40年代に入ると河川産骨材の涸渇や採取規制によって骨材の種類は減少の一途をたどり，代わって砕石や海砂など，その他の天然骨材の使用が増大した．また，地域によっては良質の骨材が得られないところもあり，骨材問題はコンクリートの品質確保の点からも重要な問題となっている．

骨材はその寸法，成因，密度によって以下のように分類される．

(1) **細骨材と粗骨材**

骨材は粒子の大きさによって，通常砂と呼ばれる細骨材と，砂利・砕石と呼ばれる粗骨材とに分けられる．細骨材は10 mm網ふるいを全部通り，5 mm網ふるいを質量で85%以上通過する骨材であり，粗骨材は5 mm網ふるいを質量で85%以上残留する骨材をさす．

(2) **普通骨材・軽量骨材および重量骨材**

骨材はコンクリート中に占める体積が大きく，コンクリート重量に大きな影響を及ぼす．そのため，骨材はその密度によっても分類される．普通の岩石と同程度の密度($2.5 \sim 2.6 \, \text{g/cm}^3$程度)を持つものを普通骨材，密度が$2.0 \, \text{g/cm}^3$以下(細骨材は$2.3 \, \text{g/cm}^2$以下)のものを軽量骨材といい，鉄筋コンクリート造の軽量化に役立つ．また密度が$3 \sim 4 \, \text{g/cm}^3$程度の重いものを重量骨材といい，鉄鉱石や重晶石などで構成され放射線などの遮蔽用コンクリートに用いられている．

(3) **天然骨材と人工骨材**

生産方法により分類すると，天然にそのまま利用する天然骨材と人工的に破砕された人工骨材に分けられる．砂や砂利などの天然骨材が不足するなかで，砕石や人工軽量骨材などの人工骨材の用途が拡大され，最近は岩石を破砕してつくる砕砂や鉄をつくるときに生じる高炉スラグ骨材などが注目されている．また，コンクリートの軽量化は長い間の課題であり，膨張頁岩や粘土を焼成してつくった人工軽量骨材の開発によって普通コンクリートと同程度の品質と強度を持った軽量コンクリートがつくられるようになった．

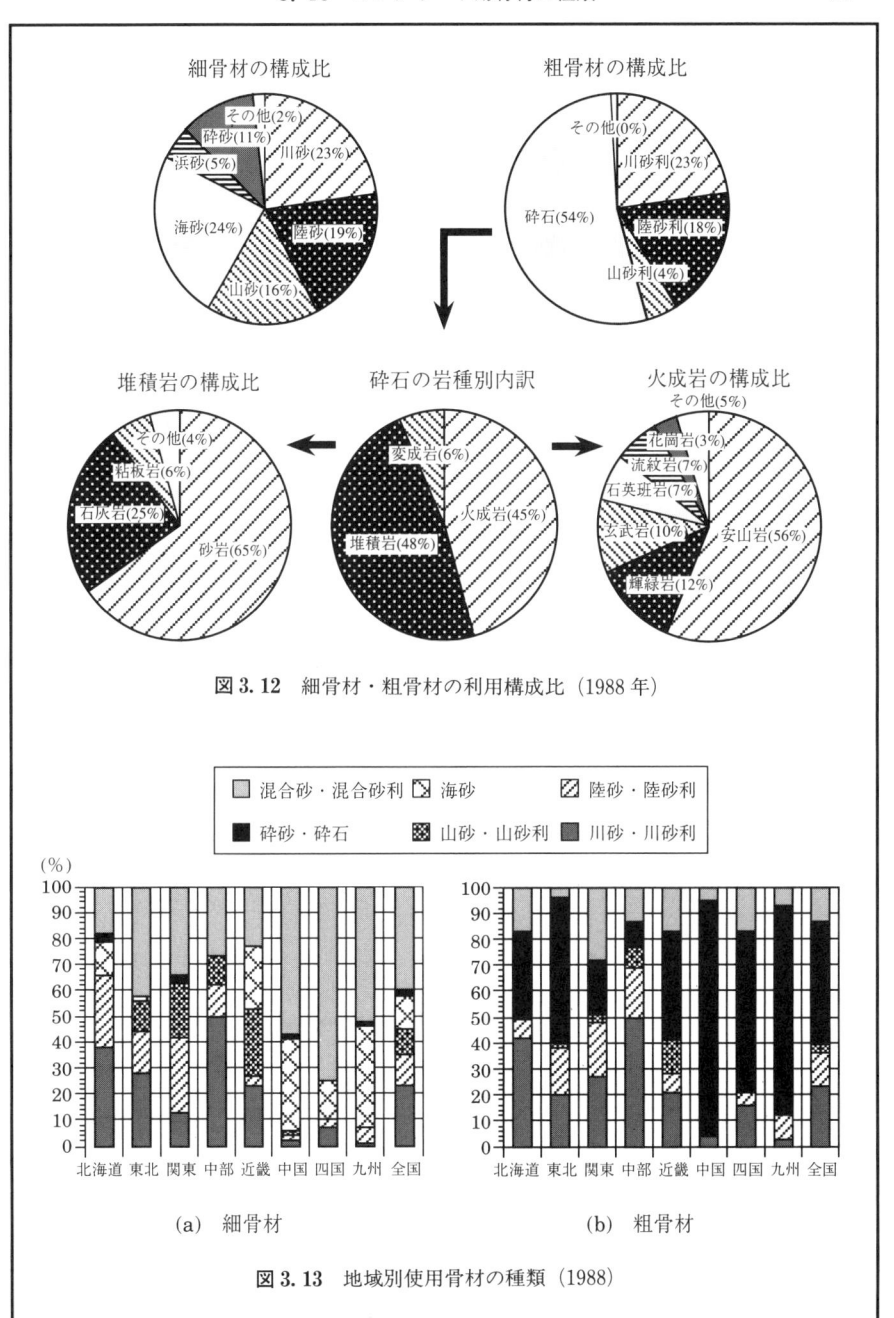

3.10 コンクリート用骨材の種類

図 3.12 細骨材・粗骨材の利用構成比（1988 年）

図 3.13 地域別使用骨材の種類（1988）
(a) 細骨材
(b) 粗骨材

3.11 骨材の性質（その1）

通常のコンクリートでは，骨材は体積にして65～80%を占めており，ワーカビリティー・強度・耐久性・水密性・経済性などのコンクリートの諸性質は骨材の性質によって大きく左右される．ここでは，良質のコンクリートをつくるために要求される骨材の性質とその物性について述べる．

(1) 堅硬で強度が高いこと

コンクリート強度は，原則としてセメントペーストの強度によって決定される．そのため骨材強度はセメントペーストの強度以上でなければならない．実際には骨材の良否は，密度や吸水率，軟石（死石）の量や岩石の種類によって判断される．全国的には砂利・砕石には硬質砂岩・硬質安山岩が多用されているが，軟質砂岩・軟質凝灰岩など不適格な骨材もあり注意を要する．

1) 吸水率

骨材の含水状態には図3.14に示すように四つの状態変化があり，全く水分を含まない状態（**絶乾状態**）から骨材表面の濡れた状態（**湿潤状態**）まで種々の含水状態がある．特に，骨材表面がちょうど乾燥した**表乾状態**までの含水率によって示される吸水率は，骨材中の空隙が大きいものほど大きくなる傾向を示す．また，骨材中の空隙が大きいものほど骨材強度が小さくなるため，**吸水率**によって骨材強度や骨材硬度を判定することができる．一般に普通骨材の場合，吸水率は細骨材で約2%，粗骨材で約1%である．

また，乾燥骨材を用いると混練時には骨材が水分を吸ってコンクリートは硬くなる．逆に湿潤骨材を用いると水分を放出して軟らかくなり，かつ強度は低下する．そのため，乾燥骨材を用いる時は有効吸水量分だけ混練水に加え，湿潤骨材を用いる時は，表面水量分だけ差し引く必要がある．

2) 密度

骨材の密度は岩石の種類，空隙率，含水状態によって変化する．普通骨材は一般に安山岩・玄武岩・砂岩が多く，密度は2.5～2.6程度と安定している．軽量骨材は空隙率が大きく，密度は2.0以下であり，ばらつきが大きい．また含水状態によって，見掛けの密度には絶乾質量および表乾質量を表乾状態の体積で除した絶乾密度と表乾密度とがあり，**表乾密度**が重要視される．更に，密度は骨材の堅硬度の推定に役立ち，密度の大きいものほど堅硬とみなされる．

3.11 骨材の性質（その1）

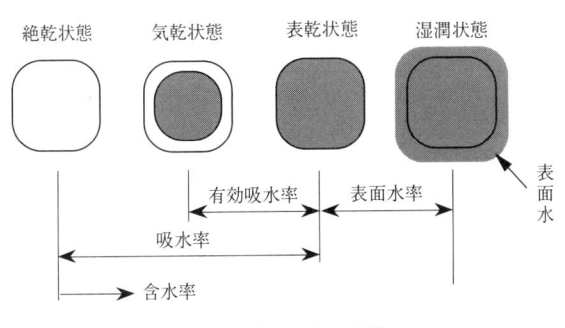

図3.14 骨材の含水状態

絶乾状態　気乾状態　表乾状態　湿潤状態

有効吸水率　表面水率　表面水

吸水率

含水率

表3.7 各種骨材の絶乾密度(g/cm³)[8]

原石	重量骨材			普通骨材				軽量骨材			
								人工	天然	副産	
	磁鉄鉱	褐鉄鉱	バライト(重晶石)	玄武岩	石灰岩	砂岩	安山岩	膨張頁岩	火山礫	膨張スラグ	石炭殻
細骨材	4.5～5.2	3～4	4～4.7	2.7～2.9	2.6～2.6	2.6	2.4～2.8	1.6	1.5～2.3	1.5～2.0	1.4～1.7
粗骨材								1.0～1.5	0.9～1.9	1.1～1.6	1.1～1.2

表3.8 全国各地の骨材の品質（平均値)[9]

	細骨材			粗骨材		
	絶乾密度(g/cm³)	吸水率(%)	粗粒率	絶乾密度(g/cm³)	吸水率(%)	粗粒率
北海道	2.59	1.79	2.75	2.60	2.04	6.86
東北	2.51	2.54	2.67	2.59	2.03	6.86
関東	2.56	1.84	2.69	2.61	1.30	6.80
中部	2.56	1.55	2.78	2.63	1.04	6.89
近畿	2.53	1.64	2.75	2.61	1.12	6.79
中国	2.53	1.68	2.71	2.68	0.77	6.70
四国	2.55	1.75	2.75	2.63	1.10	6.80
九州・沖縄	2.53	2.02	2.66	2.68	1.00	6.66
全国	2.54	1.83	2.72	2.63	1.26	6.80

3.12 骨材の性質（その2）

（1） 粒度が適切であること

粒度とは骨材中の粒子の大きさの分布状態をさし，微粒子を含め大小の粒子が適当に混ざっていることが大切である．粒度分布が適正でなければ，フレッシュコンクリートに必要な流動性，粘着性，型枠への充塡性が十分でなく，骨材の分離やブリーディングなどの**材料分離**を生じ，硬化コンクリートの品質を悪くする．粒度を表わす指標には粗粒率あるいは粗骨材の最大寸法が用いられる．

1） 粒度分布曲線：粒度分布は，図3.15に示すように0.15～40.0 mmの9つのふるいを用いて，通過率あるいは残留率を求めるふるい分け試験（JIS A 1102）によって定められる．またコンクリート用骨材は左下から右上に向けてSの字に滑らかに分布するものが良い粒度分布とみなされており，JASS 5の標準粒度の範囲内に分布することが規定されている．

2） 粗粒率（Fineness Modulus/F.M.）：粒度と骨材の大きさの平均値を単一指標で表したのが**粗粒率**であり，図3.16に示すように上側部分の面積に相当する．粗粒率が同一でも粒度曲線は種々の形を取り得るが，最大寸法が同一の場合，粗粒率の変化で粒度分布の片寄りを判断できる．粗粒率は，**F.M.＝（各ふるい目の残留率の和）/100** と示され，一般に砂利・砕石は6～7，砂は2～3であり，3以上は粗砂，2以下は細砂とみなす．

3） 粗骨材の最大寸法：粗骨材の最大寸法は，骨材が質量で90％以上通過するふるい目のうち，最小寸法のふるい目の寸法で示される．その最大寸法は，骨材の種類や形状，打設場所によって異なる．その標準値を表3.9に示す．また，骨材の最大寸法と粗粒率の概略値は表3.10に示す．

（2） 粒形が良いこと

骨材の良い粒形とは，単位セメント量や単位水量が少なくなり，型枠中への充塡性やコンクリートの流動性が良くなるものをさし，薄く細長い偏平状ものではなく，立方体や球形に近いものが良い．粒形を判定する方法は種々にあるが，一般に用いられているのは**実積率**である．実積率は，単位容積質量によって表され，単位容積の中で，骨材粒子が実際に占める容積の比率をいい，空隙部分の容積の比率を**空隙率**という．**単位容積質量**は，異なった粒径からなる骨材を一連の粒子群とみなした時の密度であり，含水状態に影響される．（イナンデータ現象）．また骨材の密度・単位容積質量・実積率は表3.11に示した．

3.12 骨材の性質（その2）

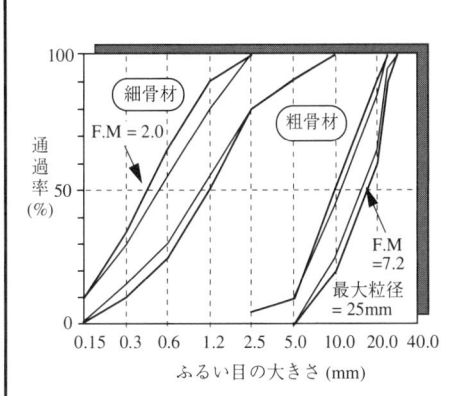

図 3.15 ふるい分け曲線

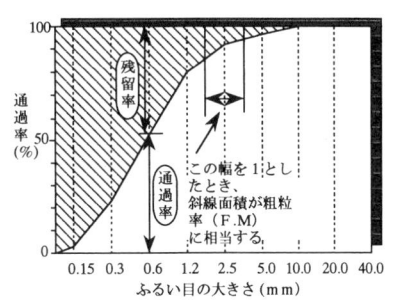

図 3.16 粗粒率の意味[10]

表 3.9 粗骨材の最大寸法[11]

使用箇所	粗骨材の最大寸法 (mm)		
	砂利	砕石・高炉スラグ砕石	軽量骨材
柱・梁・スラブ・壁	20, 25	20	15, 20
基礎	20, 25, 40	20, 25, 40	15, 20

表 3.10 骨材の粗粒率[12]

最大寸法	粗骨材			
	40 mm	25 mm	20 mm	10 mm
粗粒率	8.0	7.0	6.5	6.0
最大寸法	細骨材			
	5 mm	2.5 mm	1.2 mm	0.6 mm
粗粒率	3.3	2.8	2.2	1.6

表 3.11 骨材の密度および実績率の標準値[13]

骨材の種類	絶乾密度 (g/cm³)	単位容積質量 (kg/l)	実績率 (%)
砂利 (最大寸法 20 ～ 25 mm)	2.5 ～ 2.6	1.6 ～ 1.7	63 ～ 65
砕石 (最大寸法 20 mm)	2.5 ～ 2.7	1.45 ～ 1.55	55 ～ 60
砂 (荒目, 粗粒率 3.3)	2.5 ～ 2.6	1.65 ～ 1.75	66 ～ 68
(中目, 粗粒率 2.8)	2.5 ～ 2.6	1.6 ～ 1.7	64 ～ 65
(細目, 粗粒率 2.2)	2.5 ～ 2.6	1.55 ～ 1.65	61 ～ 62
人工軽量骨材 (粗骨材 15 mm)	1.25 ～ 1.3	0.75 ～ 0.85	60 ～ 65
(細骨材 2.5 mm)	1.55 ～ 1.75	0.9 ～ 1.2	55 ～ 66
高炉スラグ砕石 (最大寸法 20 mm)	2.2 ～ 2.7	1.25 ～ 1.6	57 ～ 62

3.13 骨材の性質（その3）

(1) 不純物を含まないこと

骨材の不純物には泥分をはじめ**有機不純物**や塩分・反応性骨材などが考えられ，それぞれ硬化コンクリートの品質低下，セメントの硬化不良，コンクリート中の鉄筋腐食に影響を及ぼす．そのため，これらの不純物が，ある限度以上含まれないように種々の阻止・除去方法を工夫する必要がある．

1) **泥　分**：骨材中のシルト・粘土・雲母などの泥分（0.008 mm ふるいを通過する微粉末物質）は骨材の表面に付着し，セメントペーストと骨材の付着性を害するため，コンクリートの強度低下を起こす．また，コンクリートの吸水率が大きくなるため，**乾燥収縮**によるひび割れや，乾湿や**凍結融解**の繰返し作用による剥離（ポップアウト）を生じ，耐久性の低下をきたす．

2) **有機不純物**：山砂・陸砂などにはフミン酸や糖類などの有機不純物が付着していることがある．腐食土や泥炭などに含まれるフミン酸の有機不純物が多くなると，セメントの石灰分と化合してセメントの水和反応を阻害し，硬化を妨げるためコンクリートの強度低下をきたす．また，ブドウ糖や乳糖などの糖類が含まれると凝結を遅らせ，強度の発現にも影響を及ぼす．

3) **塩　分**：骨材として海砂・海砂利を使用すると，これらに含まれている塩分のためコンクリート中に多量の塩分（通常の海砂付着塩分量は 0.15～0.25 wt%）が混入する．このようにコンクリート中に塩分が混入すると**鉄筋の腐食**が促進され，鉄筋コンクリート構造の耐久性に大きな影響を与える．そのため，海砂を水洗いして付着塩分を除去したり，海砂と砕砂などを混合し，骨材の粒度分布を改善するとともに塩分含有量を低減するなどの工夫をしている．

4) **アルカリ骨材反応**：骨材中に含まれるシリカ質鉱物の中には（クリストバライト・トリジマイトなど），セメント中のアルカリ金属（Na^+，K^+）と反応して反応生成物を生じ，それが**吸水膨張**を起こしてコンクリートにひび割れを発生させることがある．これをアルカリ骨材反応という．この反応は，①コンクリート中の高濃度のアルカリ溶液，②反応性骨材の存在，③水分・多湿下の環境，の条件が存在しなければ発生しない．そのためどれか一つの条件でも取り除けばアルカリ骨材反応を防止することができる．

3.13 骨材の性質（その3）

表3.12 骨材に含まれる不純物[14]

不純物＼骨材	川砂・砂利	山・陸砂・砂利	海砂・砂利	砕石・砂	人工軽量スラグ
有機不純物	◎	◎	△	—	—
塩分	—	—	◎	—	△
泥土	◎	◎	○	△	—
粘土塊	○	○	○	—	—
石粉	—	—	—	◎	—
貝殻	—	—	○	—	—
雲母片	△	△	△	—	—
硫鉄鉱	△	—	—	—	—
硫黄硫化物	△	△	△	—	○
軽量異物	△	○	○	—	△
石炭・亜炭	△	○	—	—	—

◎ 悪影響が大きく、特に注意を要するもの　　○ 存在が予想されるもの
— まれに存在することがあるもの

表3.13 砂利，砂の品質[15]

項目＼種類	絶乾密度 (g/cm³)	吸収率 (%)	粘土塊量 (%)	洗い試験によって失われる量(%)	有機不純物	塩化物(NaCl) (%)	安定性 (%)
砂利	2.5以上	3.0以下	0.2以下	1.0以下	—	0.04以下，特記のある場合は0.02以下	12以下
砂	2.5以上	3.5以下	1.0以下	3.0以下	Na(OH)2nの3%溶液で抽出し，標準色液より濃くないこと	0.1以下	10以下

```
<岩　石>                        <反応性鉱物>
         ┌安　山　岩┐         ┌火山ガラス    ┐
火山岩   │流　紋　岩│         │クリストバライト│
         │玄　武　岩│         │トリジマイト  │
         └石英安山岩┘         └            ┘

深成岩   花　崗　岩              ┌微 ┌潜晶質石英  ┐
                                 │小 │カルセドニー │
         ┌チャート  ┐           │石 │カルセドニー │
堆積岩   │砂　　　岩│           │英 │質石英     │
         │頁　　　岩│           └   └オパール    ┘
         └石　　　灰┘

         ┌粘　板　岩┐           ┌結晶格子にひずみ┐
変成岩   │片　麻　岩│           │を有する石英    │
         └片　　　岩┘           └              ┘
```

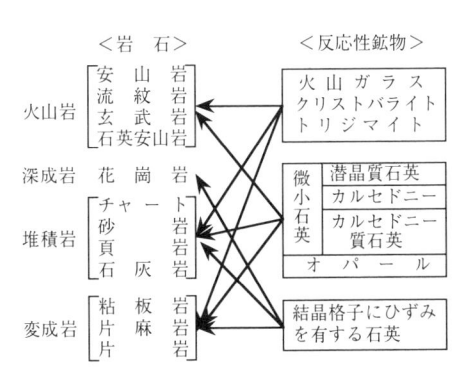

図3.17 アルカリ骨材反応を示す岩石と鉱物[16]

3.14 混和材料とそのメカニズム

（1） 混和材料とは

モルタルやコンクリートの物性を改善したり特別な性能を付与させるため，セメント・水・骨材に次ぐ新しい成分として加えられる材料の総称を**混和材料**という．混和材料は混和剤と混和材に分類されるが，添加量が比較的少量のものを**混和剤**，多量の添加量を使用し，その容積を考慮して調合設計しなければならないものを**混和材**と区別している．コンクリートの高品質化が要求される今日では，混和材料は，ほとんどのコンクリートに使用されている．しかし，ポルトランドセメントが発明されてからの約100年間は，増量材としてポゾラン質微粉末が使用されていたに過ぎなかった．1930年代になりセメントとステアリン酸石灰，アルミナ，油脂などを混合使用すると，コンクリートの耐凍害性に有効であることが明らかとなり**AE剤**（**Air Entrained Agent**）が開発された．AE剤は起泡によるベアリング作用によってコンクリートの流動性を改善するが，ほぼ同時期にセメント粒子の分散作用によってコンクリートの流動性を高める**減水剤**も開発された．その後，高性能減水剤をはじめ，コンクリートの品質改善や施工の合理化を目的に種々の混和剤が開発されている．

（2） そのメカニズム

混和剤の活性化作用は，コンクリート構成材のいずれかの界面で作用すると考えられ，一般的には混和剤は表面活性剤または界面活性剤と呼ばれている．表面活性剤を用いると，セメント粒子や骨材と水との界面（固体－液体）やコンクリート中の空気と水との界面での表面張力が減少する．そのため図3.18に示すようにコンクリートの練り混ぜ時に生じる起泡作用によって微細で安定な気泡を生成したり，セメント粒子の相互反発作用によって分散したりする．この中で起泡作用が特に優れているのがAE剤であり，分散作用が強いものが減水剤である．

混和材の改善作用には，**ポゾラン反応**と「**潜在水硬性**」反応とがある．ポゾラン反応とは，それ自体に水硬性はないが，これに含まれている可溶性のけい酸成分が水酸化カルシウムと化合し，不溶性の安定なケイ酸カルシウムをつくるものである．「**潜在水硬性**」反応は，単に水と混ぜただけでは硬化しないが，触媒的な作用をする刺激剤が存在すると，それ自身も粒子の周囲に水和物を形成し硬化する性質をいう．

3.14 混和材料とそのメカニズム

表 3.14　各種混和剤

[作用する界面]	[作用機構]	[混和剤の種類]	[代表的な効果]
(G/L界面) → 表面張力の低下	→ 毛細管張力の低下	→ 収縮低減剤	乾燥収縮ひび割れの低減
	気泡力気泡安定性	→ AE剤	ワーカビリティ耐凍害性の向上
(S/L界面) → 固体表面への吸着	→ 分散性の向上	→ AE減水剤／高性能AE減水剤／流動化剤	ワーカビリティの改善／単位水量の低減
		減水剤／高性能減水剤	単位水量の低減
	粒子間架橋	→ 水中コンクリート混和剤／増粘剤	水中分離性増粘性の付与
	被膜,難溶性被膜の形成	→ 遅延剤,水和熱抑制剤／防水剤,防錆剤	水和コントロール
→ 水和物層を通しての拡散	→ 水和反応の加速	→ 促進剤	水和コントロール
(その他)	→ 初期水和物の形成	→ 急結剤	急結,急硬性の付与
	練り混ぜ水溶液物性の変化	→ 防凍剤	耐防凍性

ただし，S：Solid（固体），L：Liquid（液体），G：Gaseous（気体）

（a）起泡作用　　　　　　　　（b）分散作用

図 3.18　混和剤のメカニズム[17]

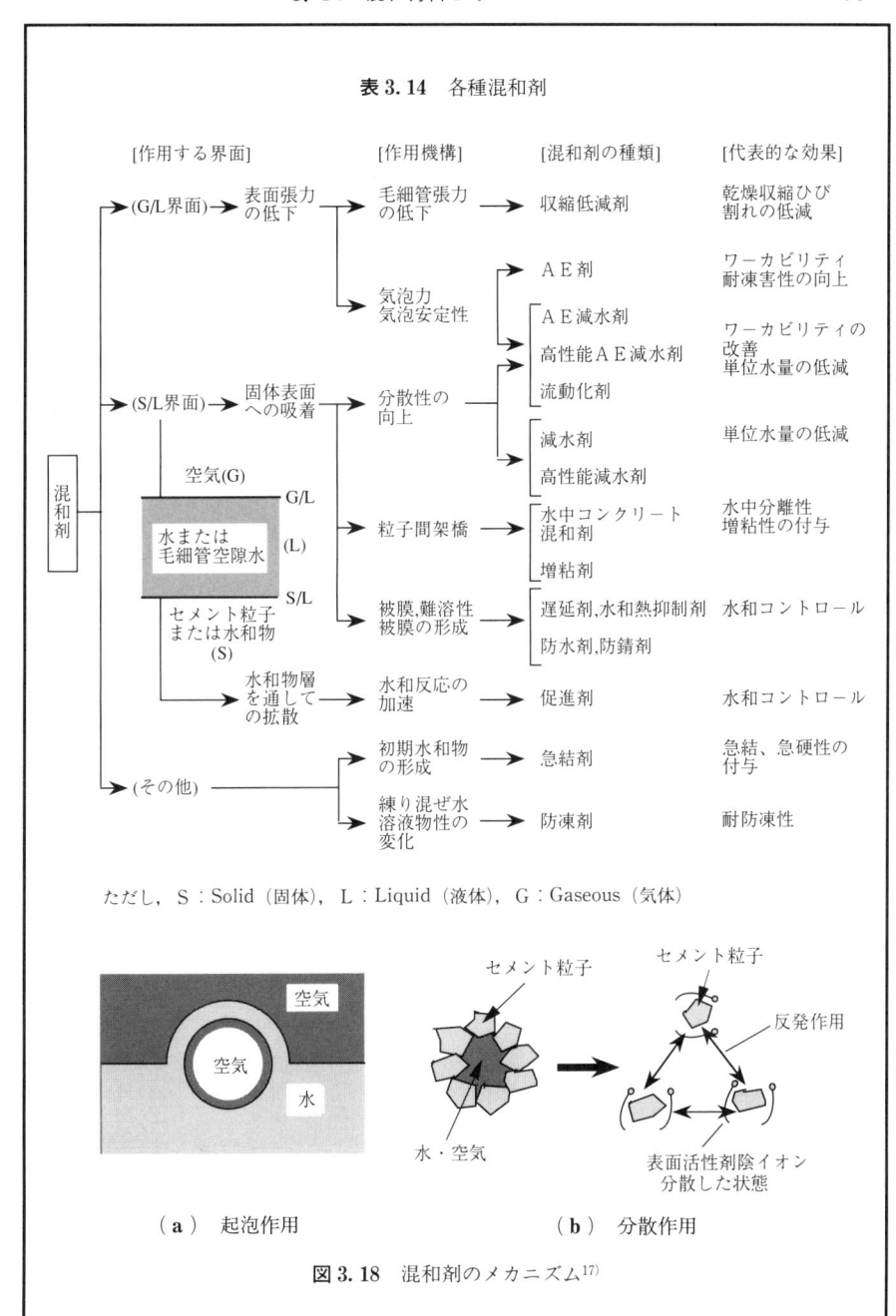

3.15 混和剤と混和材

（1） **AE剤**：AE剤は微細な独立した空気の泡をコンクリート中に一様に分布させるもので，フレッシュコンクリートの**ワーカビリティー**(施工性)の改善と硬化コンクリートの**凍結融解**に対する抵抗性の増大を目的としている．**ブリーディング**や**骨材分離**の減少を含めたフレッシュコンクリートの施工性の改善は，気泡がボールベアリング的作用をするためであり，その効果は，骨材形状の良くない砕石ほど著しい．コンクリートの凍害機構は氷晶生成による水の移動圧によるとする水圧説によって説明できるが，気泡は凍結により移動した水の逃げ場となり，クッション的作用を行う．またAE剤の添加によって，水セメント比が一定の場合，コンクリートの圧縮強度は4～6%減少する．しかし同一の軟らかさを得るには単位水量を減ずることができ，単位セメント量を変えなければ水セメント比が小さくなる．そのためAE剤を用いても強度が低下することはない．

（2） **減水剤・AE減水剤**：減水剤はセメント粒子の分散作用によってコンクリートの単位水量を減少させ，ワーカビリティーを改善し，硬化コンクリートの強度・水密性などを向上させることができる．空気を連行させないため耐凍結融解性はないが，連行空気による強度の低下はなく，ポンパビリティーの向上，コンクリート打設表面の気泡跡の減少などの効果がある．またAE減水剤は，AE剤と減水剤の両効果を兼ね備え，起泡作用とセメントの分散作用・湿潤作用を示し，ワーカビリティーの改善，単位水量の減少，強度の増大，水密性の向上，凍結融解などの耐久性の向上が期待できる．さらに標準形・遅延形・促進形の3種類があり，用途に応じた多くの効果が期待できる．

（3） **高性能減水剤・流動化剤**：通常の減水剤の機能をさらに向上させ，セメントの効果的な分散作用を促して，凝結の遅延，過剰な空気連行，強度低下なしに，単位水量を大幅に減少することのできる混和剤をいう．**高性能減水剤**は，その高い減水効果を利用して，同程度のワーカビリティーを保ったまま水セメント比を低減する．高強度コンクリートを得ることを目的とする場合には高強度用減水剤と呼ばれ，通常の水セメント比で減水せずに用いてワーカビリティーの優れたコンクリートを製造する場合は**流動化剤**と呼ばれている．

（4） **混和材**：混和材の種類および効用などについては表3.15に示す．

3.15 混和剤と混和材

表 3.15 各種混和材

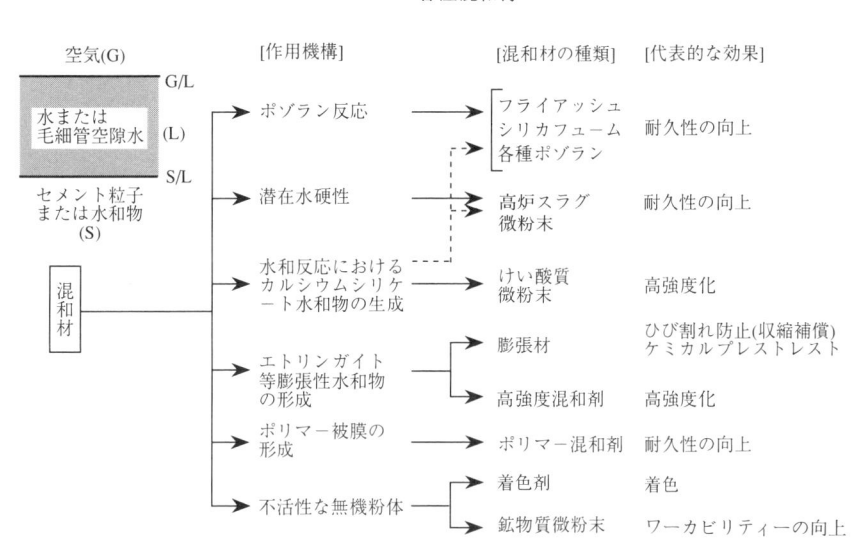

[作用機構]	[混和材の種類]	[代表的な効果]
ポゾラン反応	フライアッシュ／シリカフューム／各種ポゾラン	耐久性の向上
潜在水硬性	高炉スラグ微粉末	耐久性の向上
水和反応におけるカルシウムシリケート水和物の生成	けい酸質微粉末	高強度化
エトリンガイト等膨張性水和物の形成	膨張材	ひび割れ防止(収縮補償)／ケミカルプレストレスト
	高強度混和剤	高強度化
ポリマー被膜の形成	ポリマー混和剤	耐久性の向上
不活性な無機粉体	着色剤	着色
	鉱物質微粉末	ワーカビリティーの向上

左側の模式図:
空気(G) — G/L
水または毛細管空隙水 (L) — S/L
セメント粒子または水和物 (S)
→ 混和材

写真 3.3 高性能減水剤の使用状況

3.16 コンクリートの調合強度

(1) 必要なコンクリートの強度

構造設計で要求される強度は，**設計基準強度**（F_c）という．また，使用年数に耐えるために要求される，3段階の**耐久設計基準強度**（F_d）があり，表3.16に示す．

また，構造体コンクリートの強度と供試体の強度との差を考慮した割り増し量を加えた**品質基準強度**（F_q）がある（なお，これ以上の高強度については文献11参照）．

(2) 調合強度

養生の温度や，強度のばらつき，さらには，耐久性のための品質などを考慮して，強度を割り増し，目標強度を設定する方法を**計画調合**といい，その強さを**調合強度**（F）という．

一般のコンクリートの構造体材齢28日強度の場合の式[18]を以下に示す．

$$F \geq F_q + T + 1.73 \cdot \sigma \tag{3.3}$$

$$F \geq 0.85(F_q + T) + 3 \cdot \sigma \tag{3.4}$$

F：コンクリートの調合強度（N/mm²）
F_q：コンクリートの品質基準強度（N/mm²）（$= F_c + \varDelta F$, $= F_d + \varDelta F$ の大きい方）
ただし，F_c：コンクリートの設計基準強度
$\qquad F_d$：コンクリートの耐久設計基準強度（表3.16に示す）
$\varDelta F$：構造体コンクリートの強度と供試体の強度との差を考慮した割り増しで，$= 3$（N/mm²）とする．
T：構造体コンクリートの強度管理の材齢を28日とした場合の予想平均気温による強度の補正値（表3.17に示す）．
σ：使用するコンクリートの強度の標準偏差で，コンクリート工場の実績によるが，実績のない場合は，2.5（N/mm²），または $0.1F_q$ の大きい方の値とする．

設計基準強度と調合強度の関係を図3.19に示す．

ここで，式(3.3)における偏差値 $1.73 \cdot \sigma$ の不良率は4％である．一方，式(3.4)は σ の値が大きい場合でも，バラツキの最低値が品質基準強度（$F_q + T$）の85％をきらないための条件である．

3.16 コンクリートの調合強度

表 3.16 耐久設計のための基準強度の級分類　JASS5 (2009)[19]

計画供用期間の級（年）	耐久設計基準強度（N/mm^2）
短期 (30)	18
標準 (65)	24
長期 (100)	30
超長期 (200)	36

表 3.17 コンクリート強度の気温による補正値（T）　JASS 5 (1997)[20]

セメントの種類	コンクリートの打込みから28日までの期間の予想平均気温の範囲（℃）		
早強ポルトランドセメント	15以上	5以上15未満	2以上 5未満
普通ポルトランドセメント	16以上	8以上16未満	3以上 8未満
フライアッシュセメントB種	16以上	10以上16未満	5以上10未満
高炉セメント B 種	17以上	13以上17未満	10以上13未満
コンクリート強度の気温による補正値 T（N/mm^2）	0	3	6

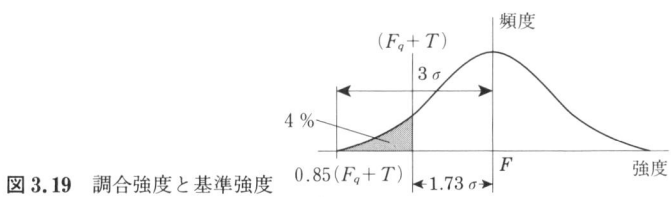

図 3.19 調合強度と基準強度

写真 3.4 コンクリートのスランプ試験（3.19節参照）

3.17 コンクリートの調合設計

(1) 調合設計の考え方

所定の要求を満たすコンクリートを得るため，コンクリートの単位容積（1 m³）に必要な，セメント，水，細骨材，粗骨材，空気，混和剤それぞれの質量を決めることを**調合設計**という．調合設計においては，まず，コンクリートの品質，気温，骨材，スランプ値，空気量などを選定する．そして目安となる調合計算を行い，試し練りを繰り返した後に調合が決定される．

(2) 調合設計を決める主な要素

① 調合強度：前節で述べたように決める．

② ワーカビリティ（3.19節参照）：これを評価する代表的なものがスランプ試験である．スランプ値は，18 cm 程度がよく用いられる．また，単位水量は，品質低下に影響があるので，185 kg 以下にする．そのためには，高性能AE減水剤，あるいは流動化剤などが使用される．

③ 空気量：AE剤により調整されるが，ワーカビリティーと耐凍結性に対する効果を考えて決める．一般に 3~5% 程度が用いられる．

④ 水セメント比（χ）（3.22節参照））：次式で表され，コンクリートの強度の大きな要因となる．

$$\chi = (水質量/セメント質量) \times 100 \ (\%) \tag{3.5}$$

これを決める式は，3.22節の式（3.16）をもとに，

$$F = aX + b = a(1/\chi) + b \quad ただし \ \chi = 1/X \tag{3.6}$$

この式において，$a' = a/K, b' = b/K$ として，$\chi = a/(F-b) = a'/(F/K + b')$ (3.7)

係数 a', b' は，セメントの種類ごとに実験により決定したものである．その結果を表 3.18 に示す．ここでセメント強度（K）は，セメント製造工場が毎月発行する試験成績書による．

また，水セメント比は，品質低下に影響があるので，65% 以下とする．

さらに，単位水量 185 kg/m³ 以下，単位セメント量 270 kg/m³ 以上とする．

⑤ 細骨材率：$S_v/a = (細骨材絶対容積/全骨材絶対容積) \times 100(\%)$ (3.8)

細骨材率が大きいと，フレッシュコンクリートに粘性を与え，骨材分離を抑え，また，コンクリートの密実化に効果があるが，強度とのバランスを考えると，40% 程度が適当とされる．

表3.18 水セメント比 (χ) の算定式　JASS5 (1997) より[21]

ただし，χ：水セメント比(%)，F：調合強度(N/mm^2)，K：セメント強さ(N/mm^2)

セメントの種類		χ の範囲(%)	水セメント比算定式 (%)
ポルトランドセメント	普通	40〜65	$\chi=51/(F/K+0.31)$
	早強	40〜65	$\chi=41/(F/K+0.17)$
	中庸熱	40〜65	$\chi=66/(F/K+0.64)$
高炉セメント	A種	40〜65	$\chi=46/(F/K+0.23)$
	B種	40〜60	$\chi=51/(F/K+0.29)$
	C種	40〜60	$\chi=44/(F/K+0.29)$
シリカセメント	A種	40〜65	$\chi=51/(F/K+0.45)$
	B種	40〜60	$\chi=71/(F/K+0.62)$
フライアッシュセメント	A種	40〜65	$\chi=64/(F/K+0.55)$
	B種	40〜60	$\chi=66/(F/K+0.59)$

表3.19 砕石使用の場合の単位水量の標準値 (kg/m^3)　JASS 5 (1997) より[22]

ただし，AE減水剤使用，細骨材粗粒率 (FM)＝2.8，粗骨材（砕石）の最大寸法20 mm，単位容積質量＝1.54，実積率＝59.4％の場合
( ) の場合は高性能AE減水剤などを用いて185 kg/m^3 以下とする

スランプ (cm)	W/C (%)	水量 kg/m^3	W/C (%)	水量 kg/m^3	W/C (%)	水量 kg/m^3	W/C (%)	水量 kg/m^3	W/C (%)	水量 kg/m^3
8	40	166	45	161	50	160	55	158	60	156
12		176		171		168		165	〜	163
15		184		179		175		171	65	169
18		(195)		(190)		(186)		182		179
21		(206)		(201)		(197)		(193)		(189)

表3.20 単位粗骨材かさ容積の標準値 (m^3/m^3)（砕石使用の場合）[22]

スランプ (cm)	W/C (%)	かさ容積 (m^3/m^3)	W/C (%)	かさ容積 (m^3/m^3)
8	40	0.68	65	0.67
12	〜	0.67		0.66
15	60	0.66		0.65
18		0.62		0.61
21		0.58		0.57

3.18 調合計算の手順

(1) 調合条件(右ページ)

以下の条件を設定する.
○コンクリートの品質(設計基準強度,品質基準強度)
○セメントの品質:セメント強度(K)は,セメント製造工場の試験成績書による.
○骨材の性質:密度,粗骨材の最大寸法,粗粒率(FM),実積率,単位容積質量
○施工性,耐凍性:スランプ値,空気量,減水剤など
○養生条件(気温等)

(2) コンクリートの調合計算の手順(計算表:右ページ)

調合計算は以下の手順で行う.なお,骨材の質量は,表乾密度である.

① 式(3.3),(3.4)で調合強度を決める.
② 表3.18より,ポルトランドセメント(普通)の場合の水セメント比(x)を決める.また,$x≦65\%$とする.
③ 表3.19より単位水量を求める.なお,単位水量$≦185\,kg$にする.これを超える場合は,高性能AE減水剤を用いる.このときの減水量は,減水剤の仕様に応じて求める.
④ 単位セメント量を求める.
$$C_g=(単位水量\ W_g)/(x/100),\ かつ\ 270\,kg/m^3 \qquad (3.9)$$
⑤ セメント絶対容積を求める. $C_V=C_g/(セメントの密度)$ (3.10)
⑥ 単位粗骨材かさ容積(m^3/m^3)を表3.20で求め,単位粗骨材量を求める.
$$G_g=単位粗骨材かさ容積\ (m^3/m^3)×単位容積質量\ (kg/l)×1000 \quad (3.11)$$
⑦ 粗骨材絶対容積を求める. $G_V=G_g(kg/m^3)/粗骨材の密度$ (3.12)
⑧ 空気容積を求め,全体から残った細骨材分の容積を求める.
$$S_V=1000-(W_V+C_V+G_V+A_V)\ (l/m^3) \qquad (3.13)$$
⑨ 細骨材の質量を求める. $S_g=S_V×細骨材の密度$ (3.14)
　式(3.8)で,細骨材率($s/a=S_V/(S_V+G_V)×100$)を求める.
⑩ 調合量(単位容積のそれぞれの調合質量)が決まる.

(3) 試 し 練 り

試し練りを行い,所用の性能(スランプ値,空気量,骨材分離しないこと,など)を確かめ,満足しない場合は,各材料の量を補正する.

3.18 調合計算の手順

調合条件

設計基準強度	$F_c=36$ (N/mm²), コンクリートの耐久設計基準強度 $F_d=30$ (N/mm²)
品質基準強度	$F_q=\max(36+3, 30+3)=39$ (N/mm²)
セメント	普通ポルトランドセメント セメント強度 $K=60.8$ (N/mm²), 密度=3.16 (g/cm³) 気温 (20℃)
粗骨材	砕石, 硬質砂岩, 最大寸法=20 mm 表乾密度 2.6, 実積率=59.4 %, 単位容積質量=1.54 kg/l
細骨材	川砂, FM=2.8, 表乾密度 2.6 g/cm³, 実積率=65.4 %
混和材料	混和剤:高性能 AE 減水剤 1.1% 使用で, 18% 減水できる
スランプ値 (18 cm)	空気量 (4 %)

調合計算

①調合強度	式 (3.3)	$T=0$, $0.1F_q=3.9>2.5$ ∴ $\sigma=3.9$ $F \geq F_q + T + 1.73 \cdot \sigma = 39+0+1.73\times 3.9 = 45.7$ (N/mm²)
	式 (3.4)	$F \geq 0.85(F_q+T)+3\cdot\sigma$ $=0.85(39+0)+3\times 3.9 = 33.15+11.7 = 44.9 < 45.7$ (N/mm²)
②水セメント比 (χ)		$\chi = 51/\{(F/K)+0.31\}$ (%) K:セメント強度 $=51/\{45.7/60.8+0.31\}=48.0$ (%) かつ $\chi \leq 65$ (%)
③単位水量 (W_g)		表3.19の値の直線補間値により, $190-(190-186)\times(48.0-45)/(50-45)=187$ (kg/m³) 高性能 AE 減水剤を使用. $187\times(1-0.18)=153$ (kg/m³) <185 (kg/m³)
④単位セメント量 (C_g)		$C_g = W_g/(\chi/100)$ かつ 270 kg/m³ 以上 $=153/(48.0/100)=318$ (kg/m³)
⑤セメント絶対容積 (C_v)		$C_v = C_g/(セメントの密度)=318/3.16=100.6 (100)$ (l/m³)
⑥単位粗骨材質量 (G_g)		表3.20より単位粗骨材かさ容積=0.62 (m³/m³) G_g=単位粗骨材かさ容積 (m³/m³)×単位容積質量 (kg/l) $G_g=0.62\times 1.54\times 1000=955$ (kg/m³)
⑦粗骨材絶対容積 (G_v)		$G_v = G_g$ (kg/m³)/粗骨材の密度 $=955/2.6=367$ (l/m³)
⑧細骨材絶対容積 (S_v)		A_v:空気の絶対容積 (l/m³) $= A_v$ (%)/100×1000 $A_v=4/100\times 1000=40$ (l/m³) $S_v=1000-(W_v+C_v+G_v+A_v)$ (l/m³) $S_v=1000-(153+100.6+367+40)=338.4 (338)$ (l/m³)
⑨単位細骨材質量 (S_g)		$S_g = S_v \times$ 細骨材の密度 $=338\times 2.6=879$ (kg/m³)
⑩細骨材率 (s/a)		$s/a = S_v/(S_v+G_v)\times 100=338/(338+367)\times 100=47.9$ (%)
調合質量		$W=153$ $C=318$ $S=879$ $G=955$ (kg/m³)

3.19　フレッシュコンクリートの性質（その1）

(1)　ワーカビリティーとは

　均質で密実なコンクリートをつくるには，フレッシュコンクリートが施工条件に適した適当な軟らかさを持ち，また運搬から打込み，締め固めの過程で粗骨材とモルタルが分離したり，打ち込んだ後で水が多量に遊離したりしないコンクリートでなければならない．このような性質をワーカビリティー（workability）と呼ぶ．以下に，ワーカビリティーを構成する性質について述べる．

(a)　コンシステンシー（consistency）

　コンシステンシーは，一般には溶液などの濃さをさすが，コンクリートでは変形または流動に対する抵抗性を表す性質として用いられている．そこでコンシステンシーの大きいコンクリートとは，流動性の大きいコンクリートを意味する．特に単位水量の影響を強く受けるのが特徴である．

　また，コンシステンシーの大きさは図3.20に示す**スランプ試験**によって測定されるのが一般的である．スランプ試験は同図に示したようなスランプコーンにコンクリートを詰め，コーンを引き上げた後に沈下する高さ（スランプ値）と広がり（スランプフロー値）を測定するものである．JASS 5では，表3.21のようにきめられている．

(b)　材料分離性・ブリーディング（bleeding）

　コンクリートの材料分離は，運搬・打込み中に生じる粗骨材の分離と打込み後にコンクリート粒子の沈降に伴って水が上昇する**ブリーディング**が代表的である．ブリーディングは単位水量の多いほど大きくなり，ブリーディングが終了するのは2～4時間後である．材料分離に対する抵抗性はプラスティシティーによって推定され，図3.21に示すようにスランプ試験の変形性状から判断できる．

(c)　フィニッシャビリティー（finishability）

　フィニッシャビリティーは，ワーカビリティーの中で左官モルタルやコンクリート床などの仕上げのしやすさ，すなわち粘着性性状をいい，粗骨材の最大寸法，細骨材率，細骨材の粒度，コンシステンシーによって左右される．

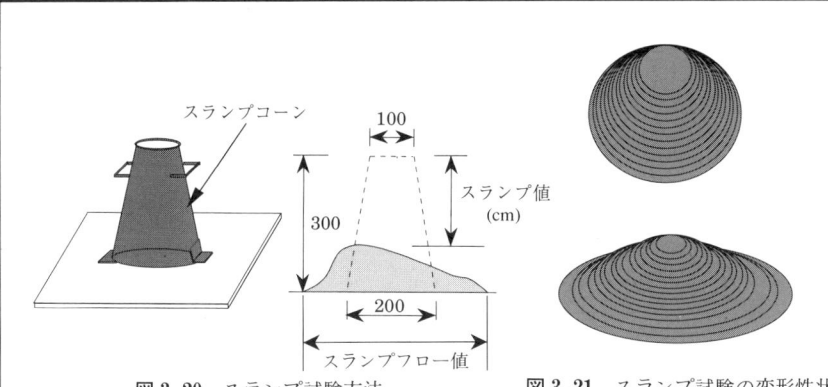

3.19 フレッシュコンクリートの性質（その1）

図 3.20 スランプ試験方法

図 3.21 スランプ試験の変形性状

表 3.21 スランプ値，スランプフロー値

種類	スランプ値	スランプフロー値(cm)
普通コンクリート	33 N/mm²以上　21 cm 以下 33 N/mm²以下　18 cm 〃	50〜60
流動化コンクリート	普通コンクリート 21 cm 以下 （ベースコンクリート 15 cm 〃 ） 軽量コンクリート 21 cm 〃 （ベースコンクリート 18 cm 〃 ）	—
高流動コンクリート	—	50〜70

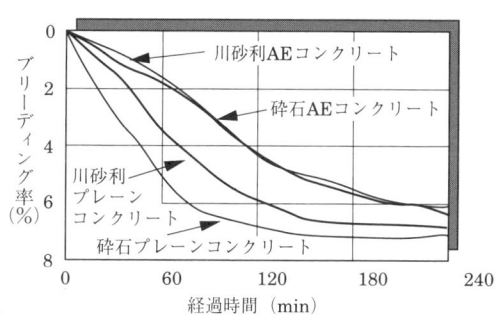

図 3.22 各種コンクリートのブリーディング率 $\left(=\dfrac{ブリーディングによる水量}{コンクリート中の水量}\right)$

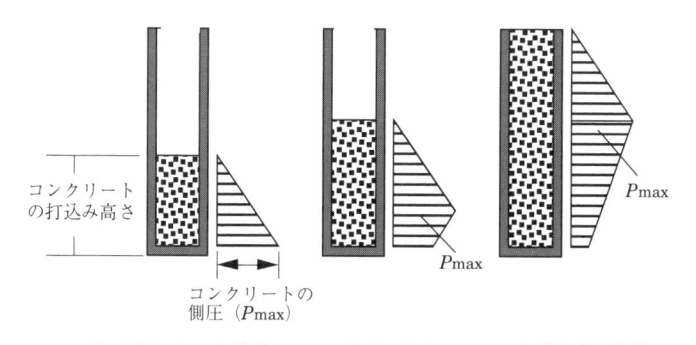

(a) 最大側圧になった状態　(b) 打込み途中　(c) 打込み終了状態

図 3.23 コンクリートの打ち込みと側圧

3.20 フレッシュコンクリートの性質（その2）

(1) ブリーディングによる問題点
1) **遊離石灰** $Ca(OH)_2$ の一部がブリーディング水に溶けて水の表面に浮き，水分が蒸発したあと**レイタンス**として固形分が残り，打継ぎなどの障害となる．
2) 骨材や鉄筋のように水の上昇を妨げるものがあると，その下部に水が溜まり付着強度や水密性が低下する．また，図3.24のようにコンクリートの沈降現象により水平筋の上端に初期沈下ひび割れが生じることがあり，硬化をはじめる前に**タンピング**（再打法）により締め固める必要がある．

(2) ワーカビリティーに影響する要因
1) コンクリート中の流体部分，すなわち単位水量・空気量の容積比が増すほどコンシステンシーは大きくなる．
2) 粗骨材の最大寸法，細骨材率，細骨材の粒度，単位セメント量の影響を受け，固体粒子に粗粒分が多いほどコンシステンシーは大きくなる．
3) 砕石・フライアッシュなどの粒形からも分かるようにコンクリート中の固体粒子の形状が球形に近いほどコンシステンシーは大きくなる．
4) 温度が低いほどコンシステンシーは大きくなる．
5) 粗骨材とモルタルの比重差が大きいと，粗骨材の分離が起こりやすい．
6) 一般にコンシステンシーが大きければ，材料分離に対する抵抗性は低下する傾向にあるが，良質のAE剤・減水剤は大きな影響を及ぼす．

(3) フレッシュコンクリートのレオロジー
フレッシュコンクリートのコンシステンシー測定方法には，これまでスランプ試験が多用されてきた．最近は，コンシステンシーをレオロジーモデルを用いて表現しようとする動きがある．スランプ値15cm程度以上の軟練りコンクリートの場合は，図3.25のような**レオロジー曲線**で表されるように，コンクリートは降伏値と塑性粘度の二つのレオロジー定数で示されるビンガム流体に近い流動特性を示す．降伏値は流動の起こりにくさを表し，塑性粘度は流動が生じた後の流動のしにくさを表している．そのためスランプ値は降伏値の大きさに影響され，図3.26に両者の関係を示した．またスランプ値10cm以下の硬練りコンクリートでは固体粒子の影響が大きくなり，図3.27に示すようにコンシステンシーは**内部摩擦角**と**粘着力**によって示される．

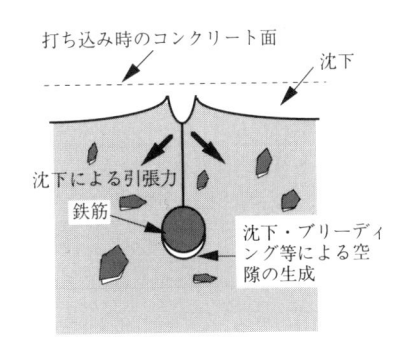

3.20 フレッシュコンクリートの性質（その2）

図 3.24 初期沈下ひび割れ

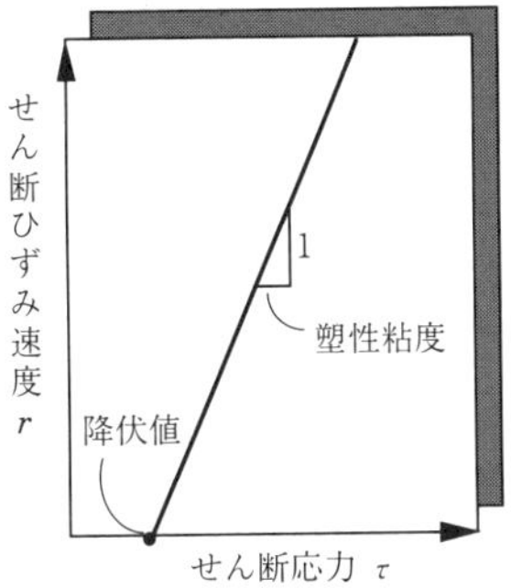

図 3.25 コンクリートのレオロジー曲線（ビンガムモデル）

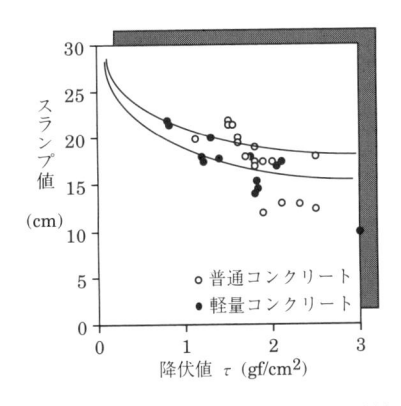

図 3.26 スランプ値と降状値の関係

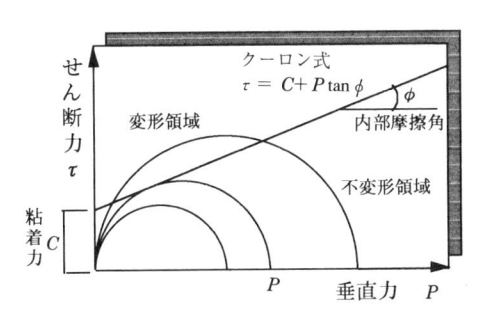

図 3.27 硬練りコンクリートのコンシステンシー曲線

3.21 フレッシュコンクリートの性質（その3）

コンクリートのレオロジー表現によって，スランプの物理的意味が明らかにされ，スランプ値から間接的に物理量を知ることができる．

(1) コンクリートの凝結・硬化

フレッシュコンクリートは主としてセメント粒子の凝集作用という物理現象によって，練混ぜの直後よりワーカビリティーが低下する．その後セメントの水和作用により凝結・硬化をはじめる．コンクリートの凝結の進行は**プロクター貫入抵抗試験**によって求められ，この試験はコンクリート中のモルタル部分を抽出して，棒の貫入抵抗の大きさを測定するものである．

コンクリートの凝結・硬化は一種の物理・化学作用であり，温度や水量をはじめ種々の要因によって左右される．すなわち，気温の高いときにコンクリートの打込みをする場合や早強セメントおよび促進型の減水剤・AE減水剤を用いる場合には凝結・硬化は早くなる．また，コンクリートの凝結作用と軽視すれば，打設中の打継ぎ部でコンクリートが一体化しない打継ぎ面である**コールドジョイント**を発生したりワーカビリティーの低下による締め固め不足やジャンカの発生などの問題を生じる．

コンクリートの凝結・硬化を制御する方法として，凝結遅延剤または凝結促進剤・遅延型または促進型の減水剤・AE減水剤が用いられる．また，有機物不純物，特に糖類は微量でもコンクリートの凝結作用を遅らせ，ある限度以上の含有量では硬化不良を生じることもある．

(2) 空 気 量

コンクリート中には混練時に入る**潜在空気**（entrapped air）とAE剤などによって連行される**連行空気**（entrained air）とが存在する．潜在空気は気泡が比較的大きく，コンクリートの水密性を低下させ，耐久性に影響を及ぼす．連行空気は表面活性作用により発生した安定な微小気泡で各気泡が独立しているため，コンクリートの流動性を著しく向上させる効果があり，コンクリートの水密性が高く，凍結融解などの耐久性を向上させる．

空気量は普通コンクリートでは1％程度であるが，AE剤を入れることにより増加し3～6％になる．しかし一般には約4～5％を標準と定めている．また，空気量が1％増えれば約4～6％の強度低下を生じると言われている．

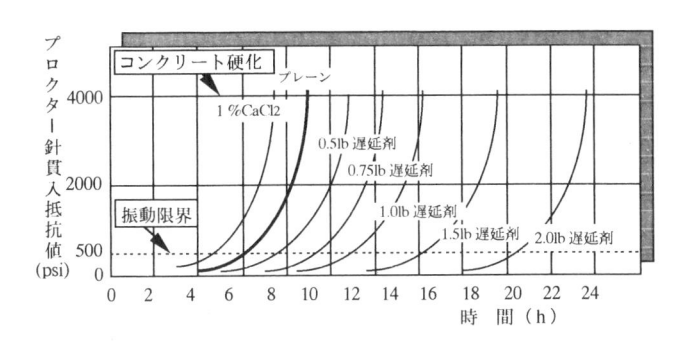

3.21 フレッシュコンクリートの性質(その3)

図 3.28 プロクター貫入抵抗試験の結果
(psi:(ポンド)/(インチ)^2)

写真 3.5 空気量試験
(空気室圧力法によるエアーメーター)

3.22 コンクリートの強度論

コンクリートの強度は種々の要因に影響を受けるが，1920年頃には多くの強度論が提案された．その多くは，強度は空隙量に支配されるとする**ポロシティ** (porosity) **理論**に基づくもので，水セメント比説と空隙比説が代表的である．

（1） 水セメント比説

1919年に D.A. Abrams が提唱した強度論で，実用的な立場から現在でも広く用いられている．すなわち「同一材料を用い，試験条件が同じ場合，コンクリートがプラスチックでワーカブルならば，その圧縮強度は単に水とセメントの比 ($x=W/C$) によって決まる」とするものである．これは，図 3.29 に示すような実験結果に基づいている．図中の実線部分が**水セメント比説**が成立する領域であるが，Abrams はこの実線部分を次式で表した．

$$F_c = \frac{A}{B^x} \tag{3.15}$$

ここで，F_c：圧縮強度，$x=W/C$：水セメント比，A，B：使用材料で決まる係数である．このことはコンクリート強度はセメントペーストの強度に支配されることを意味している．

また，水セメント比 x の代わりに，その逆数のセメント水比を用いると，コンクリート強度とセメント水比（X）との関係は，実用的コンクリートの範囲内ではほぼ直線で表すことができる．これは**セメント水比説**と呼ばれ，1925年に I. Lyse が提唱したものである．この場合，コンクリートの圧縮強度 F_c は

$$F_c = a(C/W) + b = aX + b \tag{3.16}$$

で表される．ここで，$X=C/W$：セメント水比 a, b：実験定数を示す．

（2） 空 隙 比 説

コンクリート中の空隙が多くなる場合，実質的な空隙量を考慮しなければならない．1921年，A.N. Talbot は「コンクリートの圧縮強度は，モルタル中の空隙量に支配され，空隙セメント比あるいはセメント空隙比の関数である」とする**セメント空隙比説**を提唱し，次式を与えた．

$$F_c = 225(1 + V_a/V_c)^{-0.25} \tag{3.17}$$

ここで，V_a：空隙の絶対容積 V_c：セメントの絶対容積である．一方，1946年，T.C. Powers は**ゲル空隙比説**を提唱し，セメント強度と水和の進行度合および空隙量との関係をゲル空隙比という関数を用いて表現した．

3.22 コンクリートの強度論

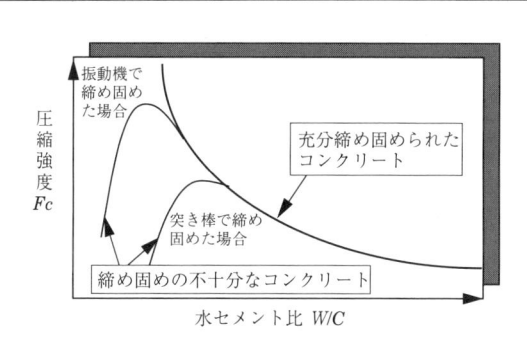

図 3.29 圧縮強度におよぼす締固めの影響[23]

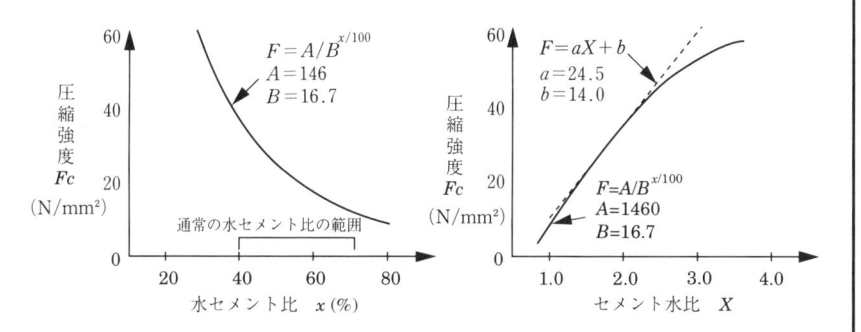

図 3.30 水セメント比説[24]

$F = A/B^{x/100}$
$A = 146$
$B = 16.7$

図 3.31 セメント水比説[25]

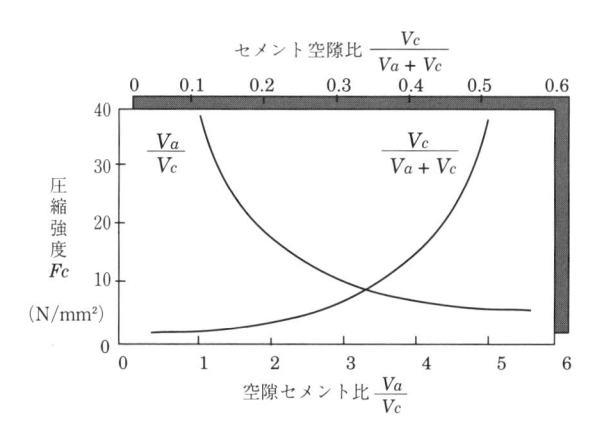

$F = aX + b$
$a = 24.5$
$b = 14.0$

$F = A/B^{x/100}$
$A = 1460$
$B = 16.7$

図 3.32 セメント空隙比説

3.23　コンクリートの圧縮強度（その1）

（1）　調合と強度

　コンクリートの圧縮強度は水セメント比に支配され，水セメント比を低減すれば，高強度のコンクリートがつくれることを述べた．また，骨材強度がセメントペーストよりも大きければ，骨材強度はコンクリート強度にほとんど影響しないが，骨材の表面状態は大きな影響を及ぼす．例えば付着性の良い砕石コンクリートは同一水セメント比の砂利コンクリートよりも 10~20% ほど高い強度を示す．さらに図 3.33 に示すように**粗骨材の最大寸法**が大きくなるとコンクリート強度は低下する．この傾向は水セメント比が小さくなるほど顕著になる．また粗骨材量が多くなるほど，コンクリート強度は低下する．従ってコンクリート強度はモルタル強度より小さくなる．これらからセメントペーストと骨材との界面の付着性が粗骨材の最大寸法や含有量に依存することが分かる．

（2）　試験方法と強度

　同一のコンクリートでも試験体の形状や寸法・**荷重速度**などの試験方法によって圧縮強度は異なる．JIS 規格では形状・寸法を含めた標準的な試験方法が定められており，各コンクリートの強度比較・推定が行われている．そこで標準試験体として，直径に対する高さ比$=2$ の $\phi 15 \times 30$ あるいは $\phi 10 \times 20$ (cm) の円柱体が用いられている．また，高さ/直径が小さくなると，図 3.34 に示すように得られる強度は著しく大きくなる．これは主に試験機の加圧板と試験体端面との**端面摩擦**の影響であり，端面摩擦がなければ，試験体の形状に関係なく，ほとんど一定の圧縮強度が得られることが確認されている．

　試験体の形状が同じでも寸法・体積が大きくなれば，図 3.35 に示すようにコンクリート強度は一般に小さくなり，これを**寸法効果**と呼んでいる．材料強度の寸法効果は，体積が大きくなるほど内部に寸法の大きな潜在欠陥が含まれる確率が大きくなることによって説明されている．しかしコンクリートの場合，試験体寸法と骨材粒径との比にも関係し，**幾何学的非均質性**も無視できない要因となっている．また図 3.36 に示すように載荷速度はコンクリート強度に影響を及ぼし，載荷速度が大きくなるほど，コンクリート強度は増大する．これは材料の**ひずみ速度依存性**に基づくものである．コンクリートの場合，標準載荷速度を毎秒 $0.6 \pm 0.4 \mathrm{N/mm^2}$ と規定している．

3.23 コンクリートの圧縮強度（その1）

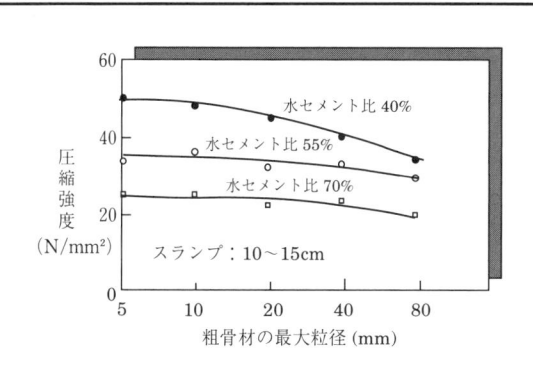

図 3.33 粗骨材の最大寸法と圧縮強度[26]

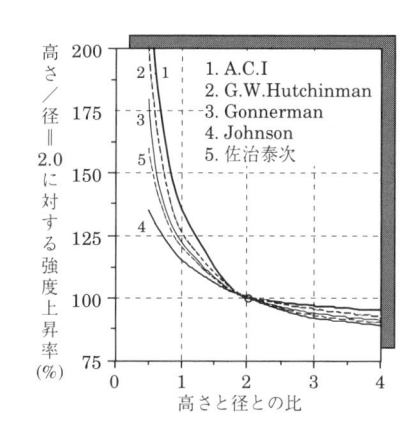

図 3.34 試験体形状と圧縮強度[27]

図 3.35 試験体の寸法効果

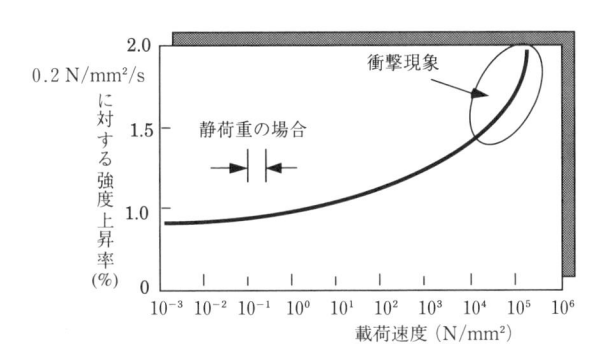

図 3.36 載荷速度と圧縮強度

3.24 コンクリートの圧縮強度（その2）

（1） 養生方法と強度

　コンクリートは材令とともに水和反応が進行し強度を発現していく．養生の目的はコンクリートに対して適当な湿度と適当な温度を確保することにある．

　養生湿度が圧縮強度の発現に及ぼす影響について表したのが図3.37である．それによると湿潤状態にあるコンクリートは長期間にわたって強度の増加を示すが，大気中に放置して乾燥させると，セメントの水和反応が緩慢となり強度の増進は小さくなる．乾燥の影響は，特に**初期材齢**において大きい．それはセメントの水和反応が阻止されるだけでなく，乾燥収縮に伴いセメントペーストと骨材との付着性が著しく損なわれることにある．

　また，セメントの水和反応は温度が高くなると速くなるので，養生温度が高ければ，短期材齢でのコンクリートの強度発現は大きくなる．しかし養生温度の影響は材齢が進むにつれて小さくなり，長期材齢での強度はむしろ養生温度の高いものほど小さくなる傾向がある．コンクリートの打込み温度や気温が低すぎると，空隙中の水分が**初期凍結**を受け，体積膨張を起こしてコンクリートの組織を破壊する．そのため，図3.39に示すように凍結後の強度の発現がかなり遅れる．初期凍害を防ぐには，初期強度を発現するまで保温養生を行う必要がある．高温高湿状態で圧力を加えると，セメントの水和反応はさらに速くなり，早期強度の必要なコンクリートプレキャスト製品などには**オートクレーブ養生**（autoclave cure）として採用されている．

　養生温度と強度発現との関係には**積算温度**（**Maturity**）**方式**で表すこともできる．これはコンクリートの初期圧縮強度の推定や寒中コンクリートの設計によく用いられるが，ある温度下で養生されたコンクリートの強度はコンクリートの養生温度の時間積分によって決まるとするものである．ある材令 n（日）までの積算温度（マチュリティ）M（℃日）は，

$$M = \sum_{i=1}^{n}(10 + T_i) \tag{3.18}$$

で表わせる．ここで，T_i：材齢 i におけるコンクリートの日平均養生温度℃である．また，M 値に応じて水セメント（x）を次式で補正する方法もある．

$$x' = a \cdot x \tag{3.19}$$

ここで，係数 a は表3.22に示す．

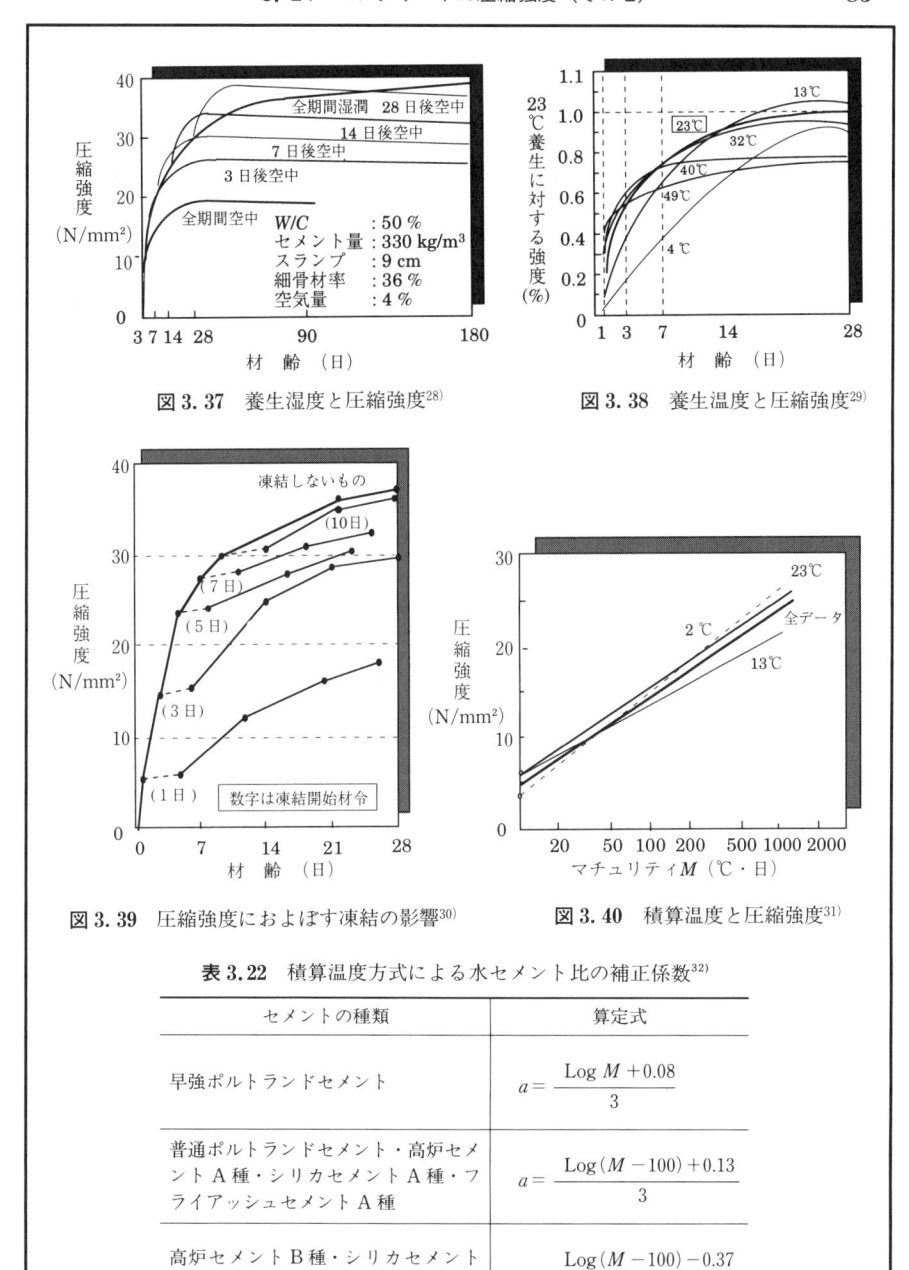

3.24 コンクリートの圧縮強度（その2）

図 3.37 養生湿度と圧縮強度[28]

図 3.38 養生温度と圧縮強度[29]

図 3.39 圧縮強度におよぼす凍結の影響[30]

図 3.40 積算温度と圧縮強度[31]

表 3.22 積算温度方式による水セメント比の補正係数[32]

セメントの種類	算定式
早強ポルトランドセメント	$a = \dfrac{\text{Log } M + 0.08}{3}$
普通ポルトランドセメント・高炉セメントA種・シリカセメントA種・フライアッシュセメントA種	$a = \dfrac{\text{Log}(M-100) + 0.13}{3}$
高炉セメントB種・シリカセメントB種・フライアッシュセメントB種	$a = \dfrac{\text{Log}(M-100) - 0.37}{2.5}$

3.25 コンクリートの各種強度（その1）

(1) 引　張　強　度

コンクリートの引張強度は圧縮強度に比べてかなり小さくその約1/10程度である．そのため鉄筋コンクリート部材の設計では無視されるが，乾燥収縮や熱応力のひび割れ問題では無視できない．引張強度を求めるには直接引張試験と割裂試験とがある．一般に平易で現場試験にも適した**割裂試験**が引張試験として採用されている．すなわち円柱形試験体を図3.41に示すように直径方向から加圧して，2つに破断した時の荷重から引張強度 F_t を求める．

$$F_t = 2P/\pi DL \tag{3.20}$$

ここで，P：破壊荷重　D, L：円柱形試験体の直径と高さである．割裂試験で得られた引張強度は直接引張試験の引張強度よりやや大きいといわれる．

(2) 曲　げ　強　度

コンクリートの曲げ強度は，RC・PC曲げ部材のひび割れ荷重の算定やRC杭などの曲げひび割れ耐力の算定に用いられる．曲げ強度を求める方法は，図3.42に示すように二点載荷法が採用されている．曲げ強度 F_b は，

$$F_b = M/Z \tag{3.21}$$

で求められ，M：破壊曲げモーメント　Z：断面係数 $Z = bh^2/6$　b：幅　h：高さである．曲げ強度は割裂試験などから求めた単純引張強度の1.5～2倍の値となる．これは図3.43にも示したように引張領域においてもコンクリートが弾塑性的性質を示すため，断面内に**ひずみ勾配**が生じることによる．

(3) せ　ん　断　強　度

鉄筋コンクリート造で問題となるせん断破壊はコンクリートのせん断強度だけでは説明できないが，種々の試験方法が提案されている．代表的なものを図3.44に示すと，直接せん断試験，単純せん断試験，大野式せん断試験が上げられる．直接せん断試験によるせん断強度 F_S は，圧縮強度の1/4～1/7程度になり，次式で表わされる．$F_S = P/A$，ここで P：荷重，A：面積である．単純せん断試験によるせん断強度は，せん断応力の作用面と45°傾いた斜引張力によって引張破壊を生じるため，コンクリートの引張強度と等しくなる．また図3.45に示すように多軸応力状態での破壊試験結果から **Mohr の破壊包絡線**を描き，真のせん断強度を求める間接的な方法も有力な方法である．

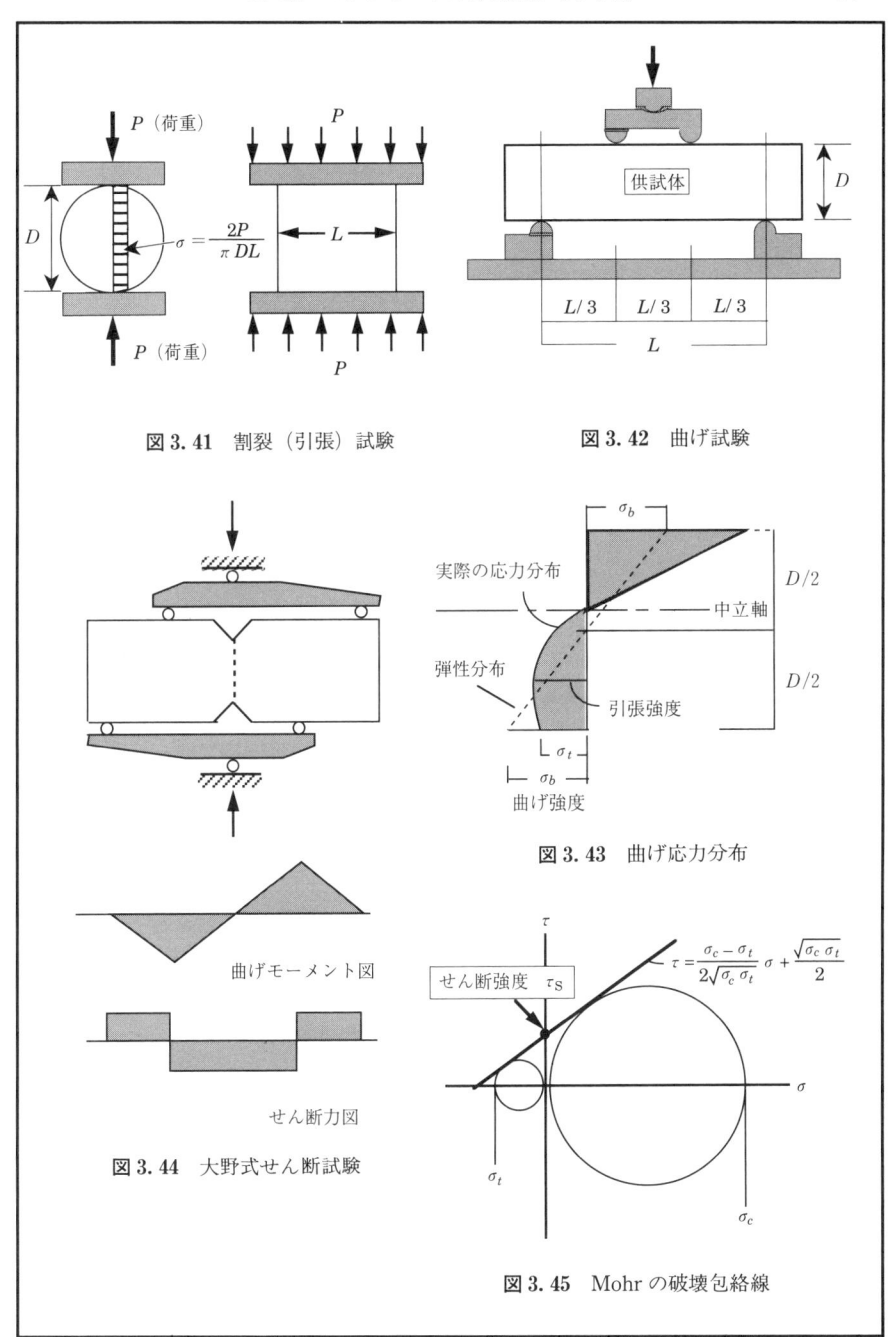

3.25 コンクリートの各種強度（その1）

$\sigma = \dfrac{2P}{\pi DL}$

図 3.41 割裂（引張）試験

図 3.42 曲げ試験

図 3.43 曲げ応力分布

図 3.44 大野式せん断試験

$\tau = \dfrac{\sigma_c - \sigma_t}{2\sqrt{\sigma_c \sigma_t}} \sigma + \dfrac{\sqrt{\sigma_c \sigma_t}}{2}$

せん断強度 τ_S

図 3.45 Mohr の破壊包絡線

3.26 コンクリートの各種強度（その2）

(1) 疲労強度

繰返し応力を受けるコンクリートは，静的強度より小さい応力でも繰返し数を増加するとついには破壊する．このような現象を**疲労破壊**と呼んでいる．また疲労破壊現象には，一般に図3.46に示すような **S-N 曲線** が用いられるが，ある繰返し応力 S に対する破壊までの繰返し回数 N は**疲労寿命**と呼ばれている．通常，無限回の繰返しに耐え得る応力の限界を**疲労限度**と呼ぶが，このような疲労限度は金属材料に認められても，コンクリートには認められていない．したがってコンクリートの場合，繰返し回数200万回を疲労破壊の特性値として，これに耐え得る応力の限界を200万回疲労強度と呼んでいる．コンクリートの200万回疲労強度は，静的強度の50～55%である．

(2) 衝撃強度

コンクリートの衝撃強さは，応力とエネルギーで表現できるが，それぞれ異なった傾向を示す．一般に，①**ひずみ速度効果**によって衝撃強度は大きくなる．②静的圧縮強度の大きいコンクリートでは衝撃圧縮強度も大きくなり，1.8～2.3倍になる．③破壊までのエネルギー吸収能力に支配されるため，静的強度の大きいものが衝撃強度も大きいとは限らない．例えば，衝撃強さでは砕石コンクリートが軽量コンクリートよりも小さくなり，静曲げ強度の大きいコンクリートが必ずしも衝撃曲げ強度が大きいとは限らないことなどが上げられる．

(3) 複合応力下の強度と破壊条件

コンクリート部材では，一般に複雑な組合せ応力が作用している．3軸応力下における最も一般的なコンクリートの**破壊条件**は，図3.48(2)に示すように強度破壊点にその瞬間に作用している組合わせ応力で表わした破壊曲面で示される．一般に3軸圧縮状態では側圧 ($\sigma_2 \cdot \sigma_3$) が増加すれば，3軸圧縮強度 (σ_1) は大幅に増大する．2軸応力下の破壊条件は破壊曲面の2主応力軸を含む平面で切断した切口曲線であり，その形状は図3.48(1)のように表される．一般に2軸等圧縮応力を受ける場合，2軸圧縮強度は一軸圧縮強度の1.1～1.2倍となる．また引張応力を含む領域では圧縮応力のみの領域と比べて強度のばらつきが大きい．しかし，最近の実験結果から推定すれば，図3.48(3)の**Griffithの破壊条件**と類似のものと推測される．

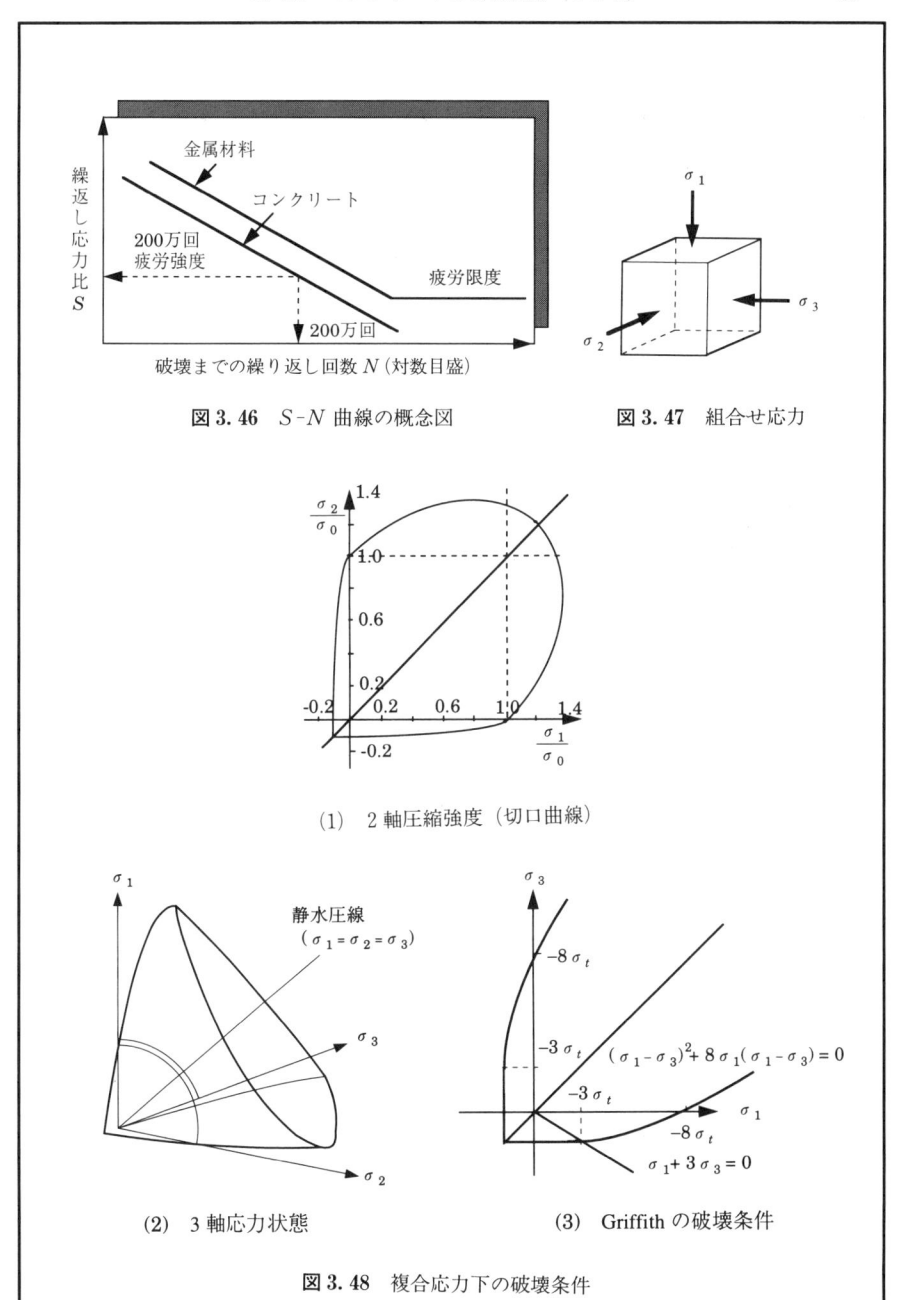

3.26 コンクリートの各種強度（その2）

図 3.46 S-N 曲線の概念図

図 3.47 組合せ応力

(1) 2軸圧縮強度（切口曲線）

(2) 3軸応力状態

(3) Griffith の破壊条件

$$(\sigma_1 - \sigma_3)^2 + 8\sigma_t(\sigma_1 - \sigma_3) = 0$$

$$\sigma_1 + 3\sigma_3 = 0$$

図 3.48 複合応力下の破壊条件

3.27 コンクリートの応力-ひずみ曲線（σ-ε 曲線）

（1） 応力-ひずみ曲線とひび割れ進展過程

一般的に，コンクリートの変形特性は**応力-ひずみ曲線**で代表され，図 3.49 に示すように応力の小さい範囲ではほぼ直線であるが，応力が大きくなるにつれて非線形性を示す．最大応力点を越えると，曲線は下方に向かいやがては破壊する．この応力-ひずみ曲線の形状は水セメント比，粗骨材の種類，試験体の形状・寸法，載荷速度によって影響される．このような曲線を描く理由はコンクリートのひび割れ進展過程と関連づけて説明される．図 3.50 にはセメントペーストと骨材の応力-ひずみ曲線を一緒に描いているが，コンクリートは圧縮強度 F_c の 30〜40% 程度の応力レベルで非線形性を示し，セメントペーストの破壊時ひずみより小さいひずみ範囲で最大応力に達する．このことはコンクリート中に応力を加える前から微細潜在ひび割れが存在しているためであり，骨材とモルタルとの界面に**ボンドクラック**を生じ，非線形性を示し始めるので**比例限界応力度**と呼ばれる．$0.5 F_c$ 程度になると粗骨材周辺に生じたボンドクラックがモルタル中に進展する．$0.8 F_c$ 程度になると，モルタルクラックが互いに連結して大きなひび割れを形成するので**臨界応力度**と呼ばれている．また，コンクリートの終局強度設計では完全な σ-ε 曲線の数式表示が必要になる．単調載荷を受けるコンクリートの σ-ε 曲線の実用式として，表 3.23 に示すように（曲線＋直線）表示式，分数多項式あるいは e 関数式で表示されることが多い．一般に梅村 e 関数式が多用されているが，分数多項式である Popovics 式・谷川式や，e 関数式を拡張した在永式は，モルタルからコンファインコンクリートまでに適用できる汎用性を持った表示式である．

（2） 繰返し載荷時の応力-ひずみ曲線

繰返し載荷を受けるコンクリートの σ-ε 曲線の代表例を図 3.51 に示すが，その曲線は再載荷曲線・除荷曲線・残留ひずみで構成されている．包絡線は単調載荷時の σ-ε 曲線に一致する．**再載荷曲線**は図 3.51 に示すように最初は上に凸な形状を示す．さらに繰返し回数とともに直線状となり，ついに下に凸の形状を示し，破壊の近傍では S 字形を描く．これらは繰返し載荷に伴う内部ひび割れの進展と**ひずみ硬化作用**によると考えられている．除荷曲線は常に下に凸な形状を示す．また，残留ひずみは繰返し回数とともに増大する．

3.27 コンクリートの応力-ひずみ曲線（σ-ε曲線）

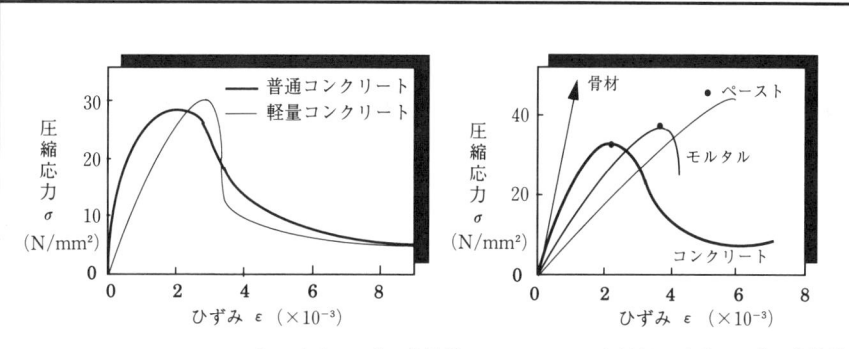

図3.49 コンクリートの応力-ひずみ曲線[33]

図3.50 各材料の応力-ひずみ曲線[34]

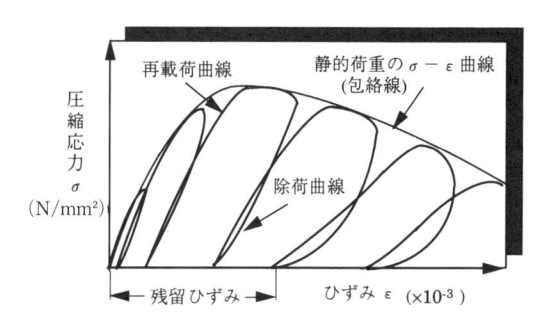

図3.51 繰返し応力-ひずみ曲線

表3.23 コンクリートの応力-ひずみ曲線の表示式

研究者		表示式	備考
（曲線＋直線）式	Hognestad式	$S = 2X - X^2 \quad : 0 \leq X \leq 1$ $S = 1 - \dfrac{0.15}{0.0038 - \varepsilon_0}(\varepsilon - \varepsilon_0) \quad : X \geq 1$	$S = \sigma/Fc$ $X = \varepsilon/\varepsilon_0$ $E_{\text{init.}} = 2Fc/\varepsilon_0$
分数多項式	Popovics式	$S = \dfrac{nX}{n-1+X^n}$	$S = \sigma/Fc$ $X = \varepsilon/\varepsilon_0$ $n =$ 実験定数
	谷川式	$S = \dfrac{1}{n} + \dfrac{(n-1)X}{n-1+X^n}$	
e関数式	Smith&Young式	$S = EXe^{-X}$	$E = e^\alpha$ $S = \sigma/Fc$ $X = \varepsilon/\varepsilon_0$ $Xy = \varepsilon_y/\varepsilon_0$ 比例限度比 $\alpha \cdot \beta =$ 実験定数
	梅村式	$S = 6.75(e^{-0.812X} - e^{-1.218X})$	
	在永式	$S = EXe^{-\alpha X^\beta} \quad S = E(X + X_y{}^\alpha X^\beta)e^{-\alpha X^\beta}$	

3.28 コンクリートの弾性諸定数

(1) 弾性係数

弾性係数は σ-ε 関係の比例定数として示されるが，物理的には材料変形のしにくさ（剛性）を表す特性値である．また弾性波の伝播速度 $V=\sqrt{E/\rho}$ (ρ：密度）から求められる**動弾性係数**は非破壊試験に用いられる．しかし，一般に静弾性係数には図 3.52 に示すように 3 種類の弾性係数が採用されている．**初期弾性係数**は σ-ε 曲線の原点における接線の傾きを示し，動弾性係数に近い値を示す．**割線弾性係数**は圧縮強度の 1/3 の応力点と原点とを結ぶ直線の傾きで表わされ，工学的にはコンクリートの弾性係数を代表する．**接線弾性係数**は任意の応力点における傾きで表わされる．弾性係数は組織に対して鈍感であるが，コンクリートの密度や強度に影響を受ける．日本建築学会「鉄筋コンクリート造計算規準」ではコンクリートの弾性係数 E_c を次のように表わしている．

$$E_c = 3.35 \times 10^4 \times \left(\frac{\gamma}{2.4}\right)^2 \times \left(\frac{F_c}{60}\right)^{1/3} (\text{N/mm}^2) \tag{3.22}$$

ここで，γ：コンクリートの密度(g/cm³)，F_c：コンクリートの圧縮強度である．

またコンクリートを粗骨材とモルタルからなる複合材料とみなせば，弾性係数の**複合法則**が成り立つ．粗骨材とモルタルの弾性係数を E_a および E_m，両者の弾性係数比 $n=E_a/E_m$ と粗骨材とモルタルのそれぞれの容積比を V_a，V_m とすれば，図 3.53 および図 3.54 に示すように，並列モデルと直列モデルが成り立ち，広範囲のコンクリートには，Hashin-Hansen の式が適用される．

$$\frac{E_c}{E_m} = \frac{n+1+(n-1)V_a}{n+1-(n-1)V_a} \tag{3.23}$$

(2) ポアソン比

コンクリート試験体に軸方向力を加えた時の横ひずみと縦ひずみの比を**ポアソン比** ν という．その値が 0.5 より大きくなることはない．コンクリートは，ほぼポアソン比 $\nu=0.2$ とみなされる．またその逆数をポアソン数 m という．

$$\text{ポアソン比 } \nu = |\text{横ひずみ/縦ひずみ}| \tag{3.24}$$

(3) せん断弾性係数

コンクリートのせん断応力 τ とせん断ひずみ γ との間の比例定数を**せん断弾性係数** G という．コンクリートの場合，次式のように算出される．

$$G = mE/2(1+m) = E/2(1+\nu) \tag{3.25}$$

3.28 コンクリートの弾性諸定数

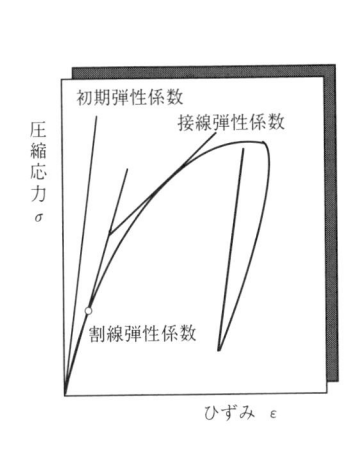

図 3.52 静弾性係数

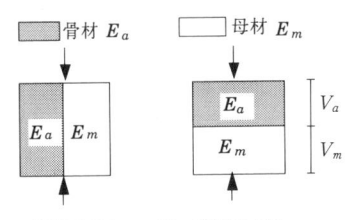

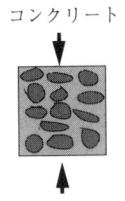

(圧縮応力 σ / ひずみ ε 曲線：初期弾性係数、接線弾性係数、割線弾性係数)

図 3.53 弾性係数の複合モデル

(a) 直列モデル　(b) 並列モデル

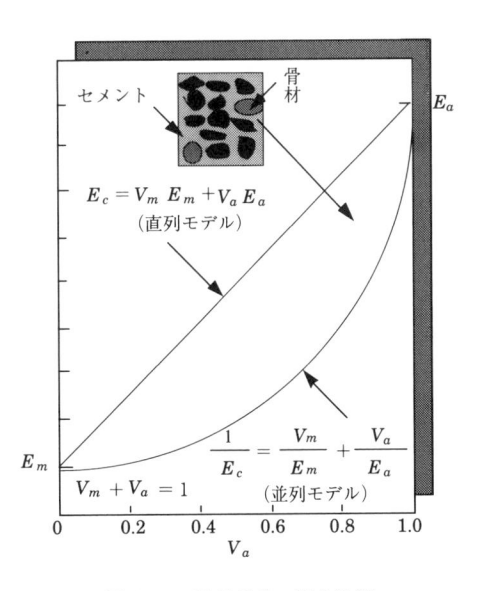

骨材 E_a　母材 E_m　V_a, V_m　コンクリート

図 3.54 弾性係数の複合法則

$$E_c = V_m E_m + V_a E_a \quad (直列モデル)$$

$$\frac{1}{E_c} = \frac{V_m}{E_m} + \frac{V_a}{E_a} \quad (並列モデル)$$

$$V_m + V_a = 1$$

(セメント、骨材、横軸 V_a：0, 0.2, 0.4, 0.6, 0.8, 1.0、縦軸 E_m から E_a)

3.29 コンクリートのクリープ

(1) クリープ変形

一定の持続荷重を加えた時,時間の経過と共にひずみが進行する現象を**クリープ**(Creep)と呼ぶ.このクリープひずみと時間との関係を図3.55に示す.持続応力の小さい場合は,ひずみは時間とともに一定値に近づき,大きい場合は,ひずみは時間とともに増大しやがては破壊する.これを**クリープ破壊**という.クリープ破壊が起こる下限の応力を**クリープ限度**といい,コンクリートのクリープ限度は静的強度の70〜80%である.持続応力の大きい場合のクリープ破壊曲線は図3.58に示すように,遷移,定常,加速の3クリープ段階に分けることができる.持続応力の小さい場合を含めたクリープ変形挙動は図3.56に示す.

(2) クリープの法則

コンクリート部材の設計においてクリープを考慮する場合,①**Davis-Granville の法則**(持続応力が小さい場合,終局クリープひずみは持続応力に比例する)と②**Whitney の法則**(図3.57に示すように同一コンクリートでは,材令 t_1 で載荷された場合の単位応力に対するクリープの進行は,材令 t_0 で載荷された場合の材令 t_1 以後のクリープの進行状況に等しい)の二つの法則に基づいて検討される.例えば,終局クリープひずみ ε_c と初期弾性ひずみ ε_e の比例定数を**クリープ係数** ϕ_t と呼び,次のように表わす.

$$\phi_t = \varepsilon_c / \varepsilon_e \tag{3.26}$$

またコンクリートがクリープしたことにより,最初の弾性係数 E_0 が時刻 t において弾性係数が $E_0/(1+\phi_t)$ に減少したことを示す**有効弾性係数** E_t を

$$1/E_t = (1+\phi_t)/E_0 \tag{3.27}$$

と書くことができる.コンクリートのクリープ係数 ϕ_t は1〜4の値である.

(3) クリープの影響要因

コンクリートは木材と同じように常温下で,特に乾燥することによって**クリープひずみ**が大きくなる代表的な材料である.そのメカニズムはまだ明らかではないが,①載荷期間中の大気湿度が小さい,②載荷時の材齢が若い,③載荷応力が大きい,④部材寸法が小さい,⑤貧調合あるいは水セメント比が大きい,⑥セメントペースト量が多い,などの要因によってクリープひずみは大きくなると考えられる.

3.29 コンクリートのクリープ

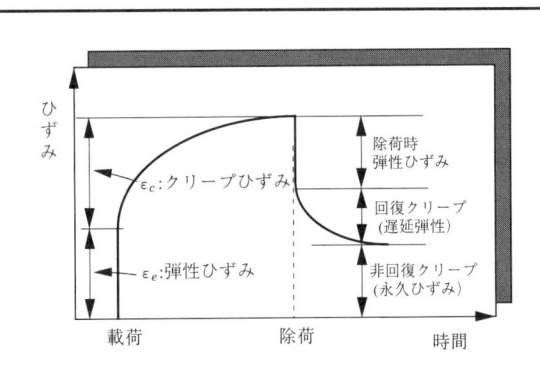

図 3.55 クリープひずみと時間の関係

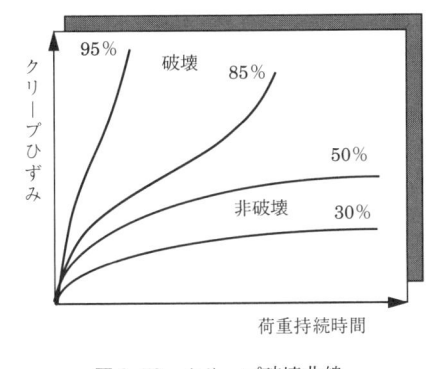

図 3.56 クリープ破壊曲線

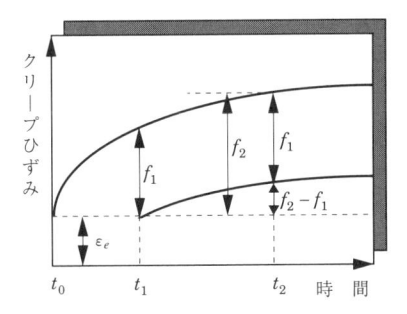

図 3.57 Whitney の法則

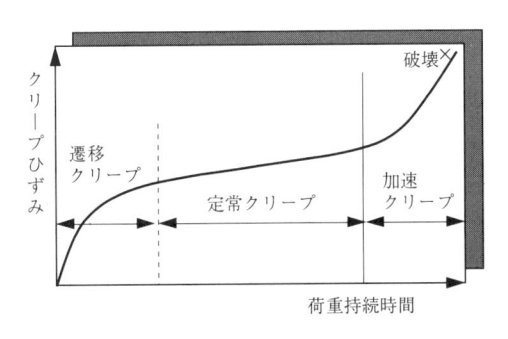

図 3.58 クリープ変形過程

3.30　コンクリートの乾燥収縮

（1）　乾燥収縮ひずみ

　乾燥収縮はコンクリートのひび割れ問題の主要な原因となっており，コンクリート構造物の耐力低下・耐久性・美観に大きな影響を及ぼす．コンクリートの乾燥収縮は主としてセメントペーストによるものであり，骨材にも影響を受ける．コンクリートでは $(5\sim10)\times10^{-4}$，モルタルではその2～3倍程度の大きさを持つ．図3.59に示すようにコンクリートの乾燥収縮は水分の脱水状態が続くかぎり進行するが，初期に急速に進み，次第に緩慢になる．

（2）　乾燥収縮のメカニズムと影響要因

　コンクリートの乾燥収縮は，外気の湿度状態に応じて複合した機構で発生する．一般に外気の乾燥程度では，コンクリートのセメントゲル中の吸着水・凝縮水が大きな役割を果たしている．**毛細管張力説**は，通常，相対湿度(relative humidity) RH 40～45%以上の湿度域に適用でき，乾燥により毛細管空隙を縮めようとする毛細管張力が働き，ゲルを収縮させるとする説である．**表面力説**は，乾燥により吸着水が離脱すると圧縮力が増加し，ゲルには弾性的な容積減少を生じるという説である．これは吸着水の減少を主因としているためRH 40%以下に適用できる．また具体的には乾燥収縮は，①単位セメント量あるいは単位水量が多いほど大きい．②骨材の弾性係数が大きく，その混入量が多いほど小さくなる．③部材寸法が大きいほど，乾燥が進行しないため小さい．そこで乾燥収縮と単位水量の関係を図3.60に示した．

（3）　ひび割れの発生

　乾燥収縮を生じるコンクリートは周囲の拘束を受けることによってひび割れが発生する．これは，①乾燥収縮ひずみが大きく，②しかも引張強度あるいは伸び能力が小さいコンクリートで，③**拘束状態**が大きいコンクリートならば，コンクリートにはひび割れが発生しやすくなることによる．コンクリートのひび割れ発生を防ぐには，この三つの原因の一つでも取り除けばよい．そのため，①の場合，混和剤を用いて単位水量を小さくし，収縮ひび割れの発生限界である 4×10^{-4} 以下の乾燥収縮率のコンクリートを製造する．②の場合，伸び能力を大きくするため，繊維補強コンクリートやポリマーコンクリートを開発する．③の場合，**収縮目地**などの採用がなされている．

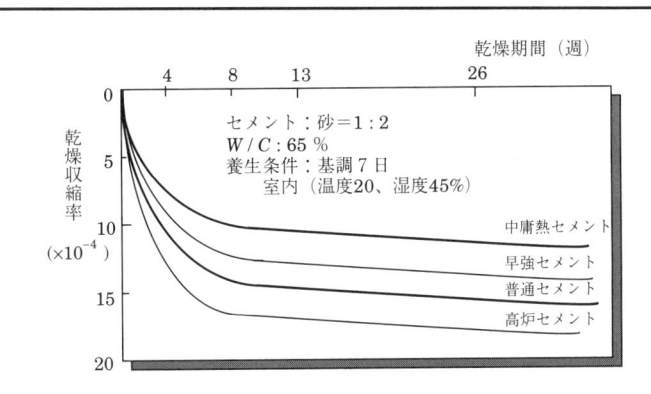

3.30 コンクリートの乾燥収縮

図 3.59 各種セメントを用いたモルタルの乾燥収縮率[35]

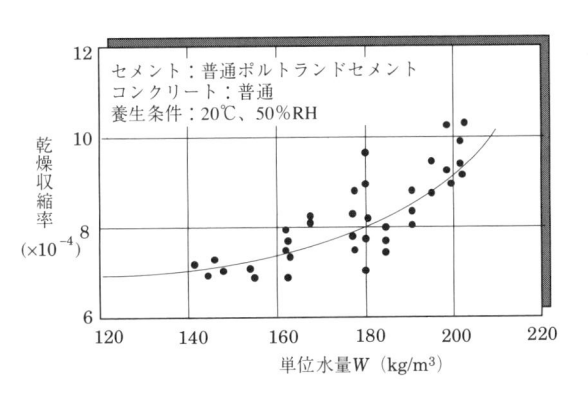

図 3.60 単位水量と乾燥収縮の関係[36]

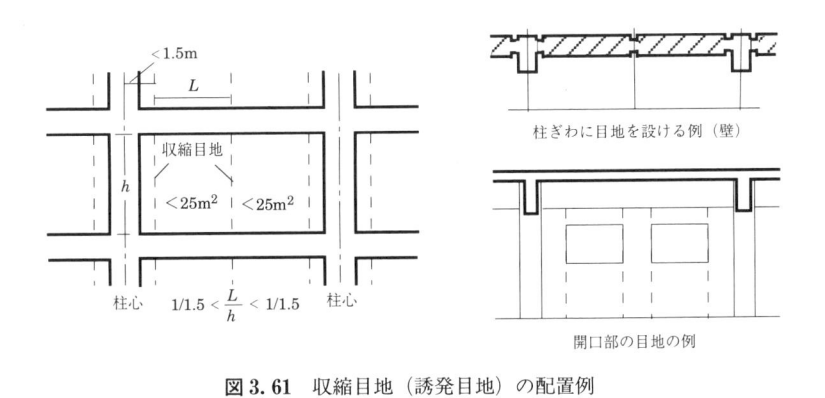

図 3.61 収縮目地（誘発目地）の配置例

3.31 コンクリートの中性化と凍害

(1) 中性化

セメントは水和反応によって水酸化カルシウム $Ca(OH)_2$ を生成し，フレッシュコンクリート中のアルカリ濃度は，pH＝13前後の強アルカリ性を示す．これが，コンクリート中の鉄筋を腐食から守る重要な要因となっている．ところがコンクリート中の $Ca(OH)_2$ は材齢とともに空気中の炭酸ガス CO_2 と炭酸化反応を起こし，pHを低下させる（pH＝8.3～10.0）．このような現象は**中性化作用**と呼ばれており，次式で示される．

$$Ca(OH)_2 + CO_2 = CaCO_3 + H_2O \tag{3.28}$$

コンクリートは表面から内部にむけて中性化されるが，この検出方法には**フェノールフタレン溶液**による発色法が用いられている．

コンクリートの中性化は，CO_2 濃度，コンクリートの種類，水セメント比，骨材の種類，混和剤の有無，仕上げ材の有無，施工の良否などが複雑に影響し合って進行する．現在，中性化の推定式として岸谷の式が多用されている．

水セメント比 $W/C=60\%$ 以上のとき，

$$t = \frac{0.3(1.15+3W/C)}{R^2(W/C-0.25)^2} x^2 \tag{3.29}$$

水セメント比 $W/C=60\%$ 以下のとき，

$$t = \frac{7.2}{R^2(4.6W/C-1.76)^2} x^2 \tag{3.30}$$

ここで，t：耐久年数，x：中性化深さ (cm)，R：中性化比率といい，各種要因を考慮した**中性化比率**を表3.24に示した．

(2) 凍害

コンクリートの凍害には，**初期凍害**と凍結融解に分類できる．前者は，コンクリートの寒中施工時の水和反応の遅れが原因であり，後者は，硬化コンクリート中の水分が凍結して体積膨張（約1.1倍）を起こし，その**膨張圧**の繰返しによるひび割れ・剥落などの損傷をさす．**凍結融解作用**に対する耐久性を確保するには，コンクリート中に微細な気泡を連行させ，凍結による膨張圧を吸収させることが重用であり，AE剤あるいはAE減水剤の使用が有効である．その他の凍害対策として，吸水性の大きい骨材の排除，水セメント比の低減，適正空気量の確保，防水仕上げの採用などがある．

3.31 コンクリートの中性化と凍害

表 3.24 各種セメントコンクリートの中性化比率 R

細粗骨材 表面活性剤 セメント	川砂・川砂利			川砂・軽砂利			軽砂・軽砂利		
	プレーン	AE剤	分散剤	プレーン	AE剤	分散剤	プレーン	AE剤	分散剤
普通ポルトランドセメント	1	0.6	0.4	1.2	0.8	0.5	2.9	1.8	1.1
早強ポルトランドセメント	0.6	0.4	0.2	0.7	0.4	0.3	1.8	1.0	0.7
高炉セメント (スラグ 30〜40% 前後)	1.4	0.8	0.6	1.7	1.0	0.7	4.1	2.4	1.6
高炉セメント (スラグ 60% 前後)	2.2	1.3	0.9	2.6	1.6	1.1	6.4	3.8	2.6
シリカセメント	1.7	1.0	0.7	2.0	1.2	0.8	4.9	3.0	2.0
フライアッシュセメント (20%)	1.9	1.1	0.3	2.3	1.4	0.9	5.5	3.3	2.2

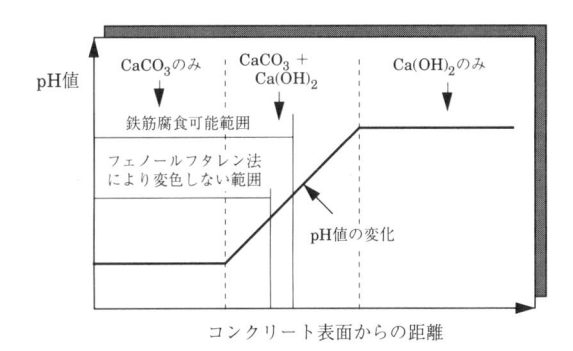

図 3.62 コンクリート中性化現象による形成される表面からの pH 勾配の概念

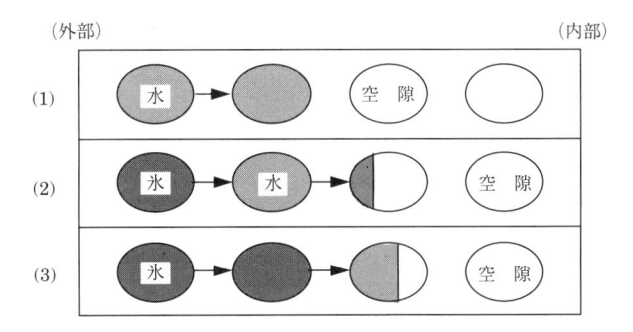

図 3.63 AE コンクリートの気泡の働き

3.32 コンクリートの塩害と熱的性質

(1) 塩　　害

　塩分がコンクリート中の鉄筋を腐食させることから起きるコンクリート構造物の**塩害問題**は大きな社会問題となっている．しかし，塩分はセメントの水和反応に僅かな促進作用があるだけでコンクリートに対しては有害ではない．塩分（塩化物：$NaCl$, $CaCl_2$ など）の混入経路には，コンクリートの製造時に混入する海砂やセメント，水などの内部要因と硬化した後に混入する海水や飛塩粒子などの外部要因とに分けられる．塩分量と**鉄筋の腐食**については図 3.64 に示すように，一般に細骨材に対する塩分量が 0.1% を越えると腐食が急激に進行する．そこで，RC 建築物では砂の塩化物は（$NaCl$ 換算/砂）0.04% 以下，コンクリートに含まれる**塩化物の総量**は塩化物イオン量として（Cl^- 換算/コンクリート $1m^3$）$0.30 kg/m^3$ 以下（うち，砂からのものが 2/3 程度）と規制されている．ただし，塩分量が下げられない場合は，鉄筋に耐腐食処理を施した上で，$0.60 kg/m^3$ 以下まで緩和できる．塩害防止対策としては，①水セメント比が小さく密実なコンクリートである，②十分なかぶり厚さが確保，③塩分の浸透を防ぐ表面仕上処理などがある．

(2) 熱 的 性 質

　コンクリートの熱による寸法変化は**熱応力**によるひび割れや火災による損傷に影響を及ぼす．その傾向は**熱膨張率**の大きさで異なる．セメントペーストは加熱により収縮するが，ほとんどの骨材は膨張するため，全体としてコンクリートは膨張する．そのためコンクリートの熱膨張率は骨材の岩質や混合比によって異なる．平均的なコンクリートの熱膨張率は $10 \times 10^{-6}/℃$ であり，これは鉄筋の熱膨張率と同等である．これによりコンクリートと鉄筋との一体性の原理が成り立つ．また各種骨材コンクリートの熱膨張率を図 3.65 に示す．一般に普通コンクリートよりも軽量コンクリートの方が熱膨張率は小さい．さらにコンクリートの力学的性質も熱に対して敏感である．熱間の後の圧縮強度は，70〜100℃ の加熱では強度低下を起こす．100〜300℃ で一旦強度は回復するが，300℃ 以上になると急激に強度低下を起こす．熱間の弾性係数は加熱温度を上げるとともに減少する．また加熱後の圧縮強度および弾性係数と加熱温度との関係を図 3.66, 67 に示す．加熱後の**残留強度**は 200℃ までは上昇するが以降は低下を生じる．**残留弾性係数**も加熱温度を上げるとともに減少する．

3.32 コンクリートの塩害と熱的性質

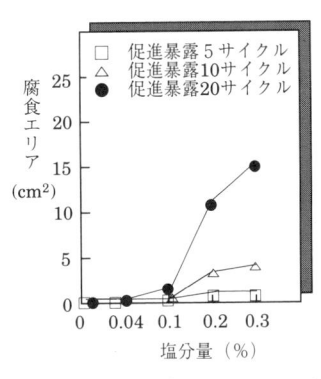

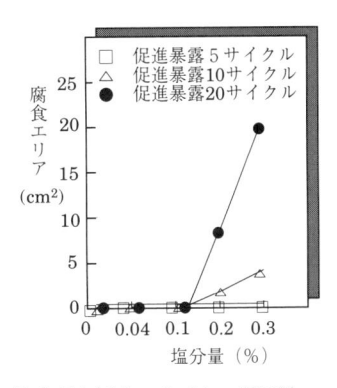

図3.64 各種コンクリートにおける塩分量と腐食エリアとの関係[37]

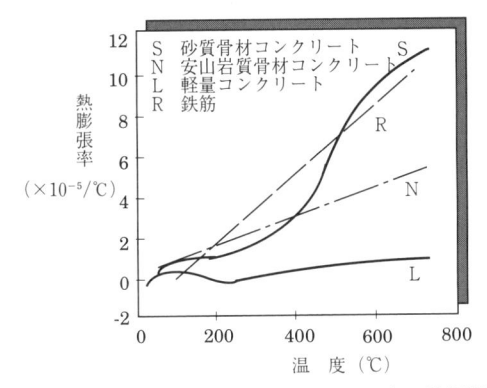

図3.65 各種骨材コンクリートの熱膨張[38]

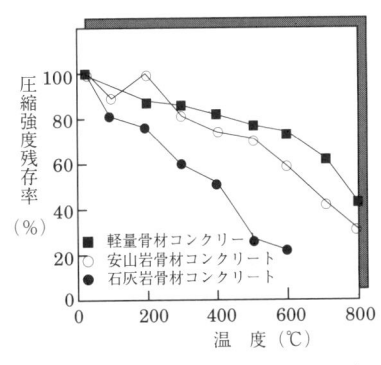

図3.66 加熱後のコンクリートの強度残存率

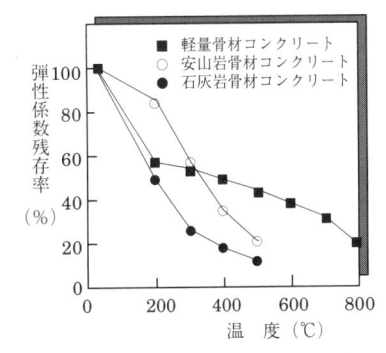

図3.67 加熱後のコンクリートの弾性係数残存率

3.33　各種コンクリートの特徴

（1）軽量コンクリート

軽量コンクリートは**軽量骨材**を用いた軽量コンクリートと人為的に気泡を発生させた**気泡コンクリート**に分けられる．現在は人工軽量骨材が使われ普通コンクリートに比べて単位容積質量が 3/4～2/3 程度であり，強度は小さくなるが，伸び能力やクリープひずみが大きくひび割れが生じにくい．気泡コンクリートはオートクレーブ養生で工場生産される **ALC パネル**に多用される．

（2）マスコンクリート

マスコンクリートは部材断面の最小値が 80 cm 以上で，かつ水和熱によるコンクリート内部最高温度と外気温との差が 25℃ 以上になると予想されるコンクリートをいう．この場合熱膨張により引張応力が生じて，ひび割れが発生する怖れがあり，それを防ぐためにセメントは低発熱性のものを用い，単位セメント量を少なくするためにスランプを小さくする．

（3）繊維補強コンクリート

繊維補強コンクリートはコンクリートの中に鋼繊維がランダムに混在した鋼繊維補強コンクリート（SFRC）と耐アルカリガラス繊維でセメントモルタルを補強したガラス繊維補強コンクリート（GRC）に分けられる．繊維の混入，練り混ぜに難点があるが，十分に打設された繊維補強コンクリートは変形性能が大きく強靱性であり，ひび割れ抵抗性が大きい．

その他，多種のもの（文献 11）がある．一方，工事の際には，

（a）寒中コンクリート工事

コンクリート打込み後 28 日間の養生期間に，(3.18) 式の $M \leqq 370$℃・日（D・D）となる場合に施工されるコンクリート工事をいう．低温下においてはセメントの水和反応が遅延され，コンクリートの強度発現が遅れるが，初期凍害の生じるコンクリートの圧縮強度は 5（N/mm^2）と言われている．調合設計では単位水量はできるだけ少なくし，AE 剤または AE 減水剤を用いることとしている．

（b）暑中コンクリート工事

外気温が高く，コンクリートの**スランプ低下**や水分の急激な蒸発の怖れがある場合に施工されるコンクリート工事をいい，日平均温度 25℃ 以上となる期間に打込む場合と規定している．調合設計では AE 減水剤遅延型の混和剤を用い，単位水量，単位セメント量をできるだけ少なくする．

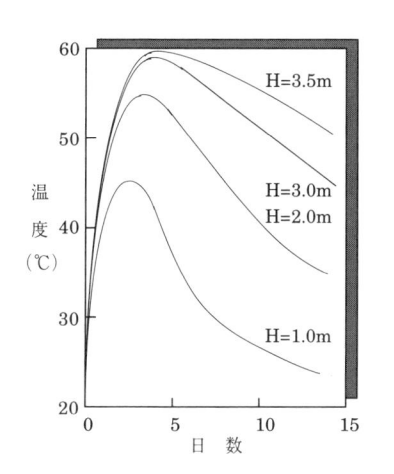

3.33 各種コンクリートの特徴

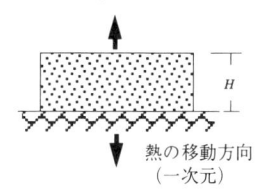

図3.68 マスコンクリートの厚さと温度上昇量との関係[39]

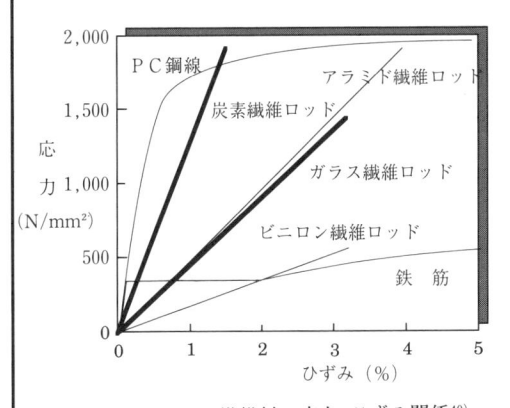

計算条件
　セメント量：300 [kg/m³]
　断熱温度上昇式
　　$Q(t) = 40.3\,(1 - e^{-0.89t})$
　打込み温度：20℃
　外気温：20℃
　熱伝達率：11.6 W/m²K

図3.69 繊維材の応力-ひずみ関係[40]

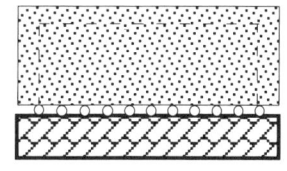

(1) 拘束がない場合

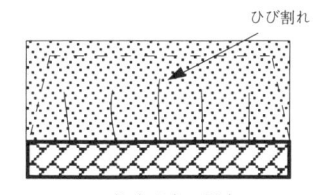

(2) 拘束がある場合

図3.70 マスコンクリートにおける外部拘束によるひび割れの発生機構

3.34 コンクリート製品の製造

(1) 特　　徴

　工場でコンクリートを所定の寸法形状に成形・養生し，所要の品質を持つように製造された製品をコンクリート製品という．その類品の種類は多く，プレキャストコンクリート部材，気泡コンクリート板，プレストレストコンクリート製品，コンクリートブロックなどがある．**コンクリート製品**が年々増加している背景に，①天候に影響されず，工期の短縮ができる．②工場製品であるため，品質管理がしやすく品質の向上と信頼性が高い．③仮設・打設・養生など現場工事が軽減され，生産性が上がり効率がよい．④コンクリート部材は鉄骨や木材より安価で，耐久性・耐火性がある．などが考えられる．しかし一方では，①部材が重いため，大型の部材は輸送と建方が困難であり揚重設備を必要とする．②現場での部材接合が困難であり，接合部が構造上・防水上の欠陥になりやすい．などの問題点が残されている．

(2) 製　　造
(a) プレキャストコンクリート製品

　住宅用 PC 板は鋼製型枠に配筋と配線を施し，通常 1 日 1 サイクルの工程で生産されることが多いが，ホットコンクリートの技術などを応用して，1 日 2 サイクルの作業を行う工程もある．PC 部材の製造工程は，①**締固め成形**と，②促進養生からなる．締固め成形には振動法や加圧法・遠心力法などが採用され，**促進養生**には常圧蒸気養生やオートクレーブ養生が用いられる．常圧蒸気養生は，コンクリートの硬化を促進し強度発現が速いため，現在の PC 部材やコンクリート製品の製造の主流をなしている．養生温度は 55～75℃ が最適で，85℃ 以上は有害と指摘されている．その温度管理を図 3.71 に示す．オートクレーブ養生は極めて早く強度発現をするが，高温高圧の装置を必要とするため，特別なコンクリート製品や気泡コンクリート板（ALC 板）以外あまり用いられない．図 3.72 には ALC 板の製造工程を示す．

(b) コンクリートブロック製品

　材料は普通骨材あるいは軽量骨材を用いセメント量 220 kg/m^3 以上とする．成形は振動と圧力を併用したブロックマシーンで行い，通算 4,000 度時以上で養生する．収縮ひび割れを防ぐため 7 日間以上大気中で乾燥させて出荷する．

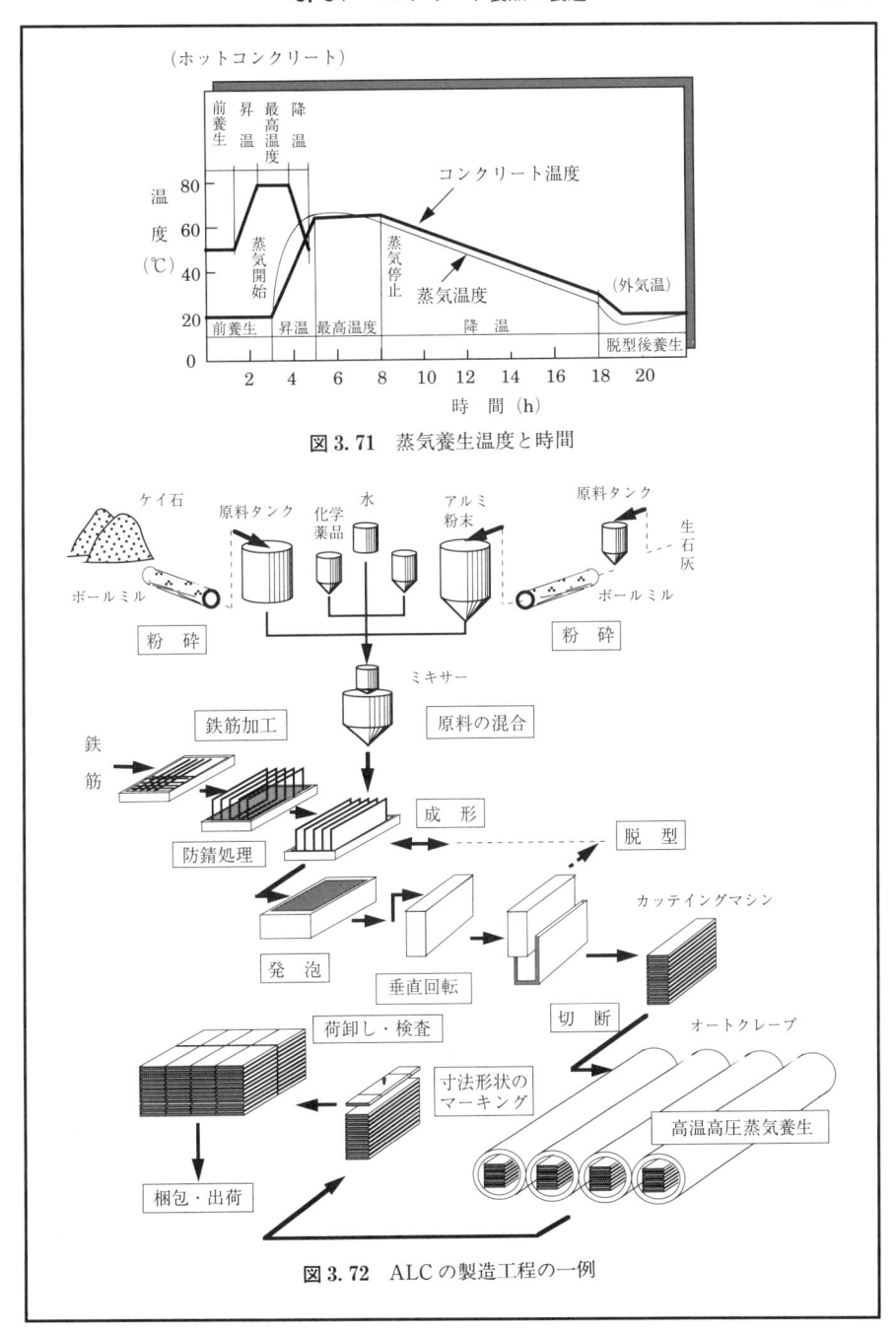

3.34 コンクリート製品の製造

図 3.71 蒸気養生温度と時間

図 3.72 ALC の製造工程の一例

3.35 コンクリート製品（その1）

（1） PC板（プレキャスト鉄筋コンクリート板）

PC板には，壁式鉄筋コンクリート造に用いられるルームサイズの大型PC板と低層住宅向けに開発された幅1m，長さ2.5m程度の中型PC板および外壁用カーテンウオールがあり，壁板，床板，屋根板，階段板などに用いられる．その概要は図3.73に示す．仕上には，現場建方後に塗装・吹付けを行う方法と工場仕上げである①タイル打込み仕上げ，②骨材表し仕上げ，③模様仕上げ，④吹付け仕上げなどがある．

（2） RPC部材（ラーメン用プレキャスト鉄筋コンクリート部材）

RPC部材とは，鉄筋コンクリートのラーメン構造をプレファブ化した柱およびはり部材をさす．種類には単一部材形と複合部材形があるが，図3.74にその形状例を示す．RPC工法は，接合部の強度と信頼性，部材寸法と建方の誤差，施工性・経済性などを考慮して選定されるが，現在は8～11階建てまでを対象にしている．

（3） PSコンクリート部材（プレストレストコンクリート部材）

PS部材とは，引張応力を受けるコンクリート部分にあらかじめ圧縮力を加えておき，見掛け上の引張強度を上昇させ，大スパン部材に必要な曲げ強度の増大と乾燥収縮などによるひび割れ防止を目的に作られた製品である．主にPSはり，コンクリートスラブ，PSパイル，プレキャスト曲面板・打込み型枠に用いられる．PS化には**プレテンション法**と**ポストテンション法**があるが，PS部材には前者が主流である．

（4） ＡＬＣ板

気泡コンクリートとは，コンクリート中に無数の微細な気泡を発生させた，気乾比重2.0以下の多孔質軽量コンクリートをいう．一般に発泡剤としてアルミニウム粉末を用い水素ガスを発生させる．溶接金網で補強された気泡コンクリートはオートクレーブ養生（180℃・10気圧）によって屋根・床・壁・間仕切り材などの板状製品として出荷される．その特性は，普通コンクリートに対して，①絶乾密度で約1/4の軽量であり，②熱伝導率は約1/10で，断熱性に優れている．また③不燃性で耐火材料としても用いられ，④吸音性・遮音性も大きい．しかし⑤気孔構造のため吸水率が高く，凍結融解性に対しては配慮が必要である．

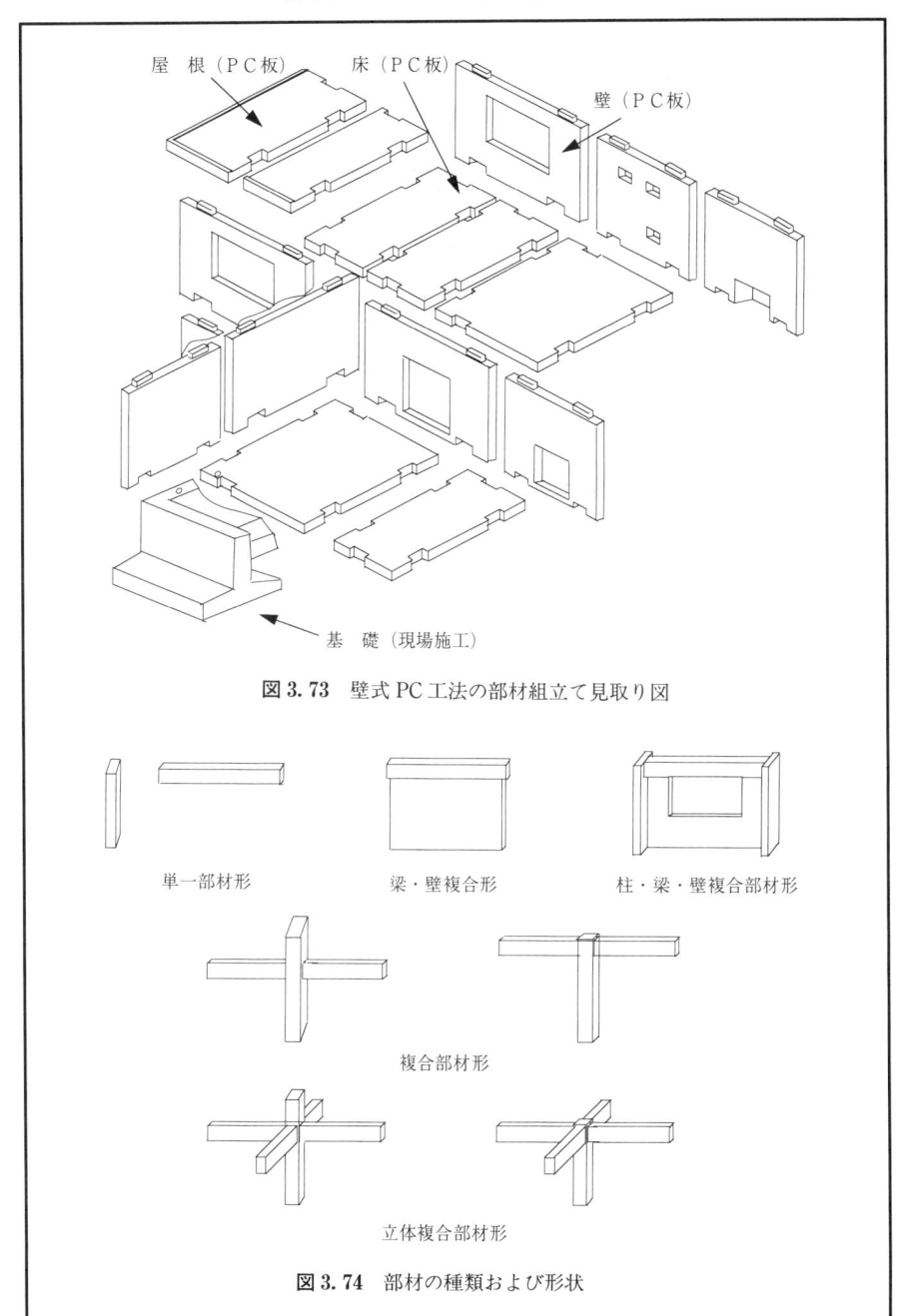

3.35 コンクリート製品（その1）

図3.73 壁式PC工法の部材組立て見取り図

（屋根（PC板）／床（PC板）／壁（PC板）／基礎（現場施工））

図3.74 部材の種類および形状

単一部材形　梁・壁複合形　柱・梁・壁複合部材形

複合部材形

立体複合部材形

3.36 コンクリート製品（その2）

（1） GRC製品（Glassfiber Reinforced Cement）

一般にガラス繊維はアルカリ性のセメント中では侵食される．GRCは，セメントモルタルの補強が可能となる耐アルカリガラス繊維がつくられるようになって新しく開発されたコンクリート製品である．GRCは，①不燃性であり，②形状が自由で意匠的に富んだ製品が作れ，③高強度であるから軽量化が可能である．④薄い物でも重厚な印象を与え，耐腐食性が大きい．そのためカーテンウォールに適しており，内・外壁の化粧パネルや化粧を施した**打込み型枠**としても使用される．

（2） 建築用コンクリートブロック

建築用コンクリートブロックは，**補強コンクリートブロック構造**として小規模建築の耐力壁や塀を構築するのに使用される．それは目地モルタルを詰めながら積み上げ，内部の空洞に補強鉄筋を配筋し，モルタルを充填して補強鉄筋とブロックを一体化しようとしたものである．最近は，間仕切り壁や塀に使用されることが多い．JIS A 5406により標準化されており，形状・寸法により基本形ブロックと異形ブロックに，圧縮強度($8〜16 N/mm^2$)のA種・B種・C種の3種類の他に，$20〜30 N/mm^2$のものがある．また水密性により普通ブロックと防水性ブロックに分けられる．

（3） 型枠コンクリートブロック

型枠コンクリートブロックは，縦横に配筋ができる大きな空洞を持つブロックで，コンクリートを全面充填するために階高充填工法を採用している．また一種の打込み型枠構法であり，この名称が生まれた．ブロック強度は正味強度で$20(N/mm^2)$以上と規定され，内部に全充填されたコンクリートが構造的な役割を果たし，ブロックは主として型枠として用いられる．形状は，基本形・横筋用の区別がなく，壁交差部や端部用の役物ブロックがある．組積パターンは一般に破れ積みが多く，グラウトの側圧でブロック壁が破壊しないためである．また，高品質・高耐久性の組積ユニットを用い，グラウト材との複合体強度を基本に構造設計され，5階建まで建築可能な**RM（Reinforced Masonry）**構造用のコンクリートユニットがある．

写真 3.6 GRC カーテンウォールの例

写真 3.7 型枠コンクリートブロック

写真 3.8 RM 構造の施工現場

第4章 金属材料

4.1 金属と建築

　人間と金属材料とのかかわりは太古の時代から始まっている（表4.1）．いずれの金属が最も早く使用され始めたのかについては定かではないが，一般的に使用されるようになったのは銅，金，銀などの非鉄金属材料が先であろう．鉄はこれら貴金属よりかなり遅れて，BC 3000年頃に一般的に使われるようになったと推定される．しかし，金属の中では優れた性質を持っているため，他の金属にとってかわり最もよく使われることとなった．これら金属材料の特徴をコンクリート，木材，ガラス，プラスチックなど他の建築用材料と比較して示すと以下の通りである．

　①強度および弾性係数が大きく均質である．②クリープが少なく，降伏点以下では理論的に解析し易い．③展延性に富み，加工し易い．④大量生産ができ，再生使用も可能である．一方，⑤酸化により錆びやすい．⑥高温で軟化する．

　これら金属材料のうち，鉄鋼は建築構造材料として最もよく使用されており最も重要な材料であるといえよう．現在全金属生産量の90％以上は鉄鋼で，セメントやプラスチックの消費量よりはるかに多く，工業材料の王様と呼んでも差し支えない．鉄の語源については色々な説があるが，「くろがね」すなわち「金＋哉（黒いという意）」から来ていると考えるのが妥当であろう．金属原子としての鉄は原子番号26，元素記号Fe（ラテン語Ferrum）で表され，融点1,540℃で比重は約7.8の代表的な重金属である．純粋な鉄は銀白色の金属で比較的軟らかく，特殊な用途以外に実用に供せられることは余りなく，工業的に用いられるのは鉄と炭素の合金ともいうべき鋼である．いずれにしても，鉄鋼は他の金属に比べ強度が大きく延性に富み，しかも原材料も豊富で大量生産が可能であるため価格が安価であるというすばらしい特徴を持っている．しかしながらその反面，鉄は高温と腐食に弱いという欠点も合わせ持っている．

　鉄鋼以外の金属材料（非鉄金属材料）は建築構造材料として用いられるケースは少なく，主に銅類，アルミニウム，亜鉛，チタンなどが仕上げ材，装飾材などとして用いられている．

4.1 金属と建築

表 4.1 金属材料の歴史

年　代	世　界	日　本
BC 3500 年頃	銅が利用される.	
BC 3000 年頃	ピラミッド建設に鉄片を使用	
BC 1500 年頃	鉄器文化の始まり（ヒッタイト） （農器具、武器として利用）	
AD 300 年頃	古代エジプトで錬金術が始まる.	
698 年		日本一古い青銅鐘が鋳造された.
752 年		奈良の大仏が完成
800 年頃		日本刀の製造技術が完成した.
1300 年頃	高炉法による製鉄が始まる.（ヨーロッパ）	
1707 年	ダービー父子コークス高炉を完成（英）	
1735 年頃	ハンツマンるつぼ炉による溶鉱の製造を開始（英）	
1775 年	パドル製鋼法が発明される.（英）	
1779 年	世界初の鋳鉄製アーチ橋建設（英）	
1825 年	アルミニウムの製造に成功(デンマーク)	
1855 年	錬鉄はりパリ博覧会に出品	
1856 年	ベッセマーが転炉製鋼法を発明（英）	
1864 年	マルチンが平炉製鋼法を発明（仏）	
1879 年	トーマスが塩基性転炉を開発 近代製鋼法が確立される.（英）	
1889 年	エッフェル塔（仏）建設	
1895 年		鉄骨構造物（秀英舎）建設
1901 年		官営八幡製鉄所操業を開始
1920 年頃	建築構造に溶接使用（英，米）	
1924 年頃		建築構造に溶接使用
1936 年		全溶接建築構造物建設
1952 年		日本相互銀行本店でアルミニウム製サッシ，手すりなどを使用
1954 年		高力ボルト接合開始
1959 年		圧延 H 形鋼製造開始
1968 年		超高層霞が関ビル竣工

4.2 製鉄の歴史

(1) 古代, 中世の製鉄

人類が鉄を使い始めたのはBC 5000年以前であると言われている．そのきっかけとしては次の二つの説がある．自然冶金説とは山火事などにより還元された鉄を人類が偶然発見したという説であり，いん鉄採取説とは空から降ってきたいん鉄を採取して使用し始めたという説である．中世まで，人類は鉄を溶融することはできなかったが，鉄を得ることはできた．すなわち，炉に木炭と鉄鉱石を層状において火をおこし風を送ると，鉄鉱石は一酸化炭素により還元される．この還元作用は800℃以下でも十分進行し(図4.1)，温度が低いと(450℃前後)海綿状の，高いと(600℃以上)あめ状の鉄が得られた．これは炭素量も少く，鍛錬して不純物を取り除くと立派な鉄となった．

(2) 高炉法の発明

ルネッサンスの頃，科学技術も大きく進展した．製鉄技術の面でも高炉法が14世紀にドイツで発明され，鉄の大量生産が可能となった．木材や石炭を燃料とし水車を用いて強力な風を送り込むと炉内の温度は1,200℃位となり，溶融状態の鉄(銑鉄)が得られた．しかし，この鉄は多量の炭素(3～4%)を含有しており脆く，鋳造には適するが鍛造には適さなかった．しかも燃料が石炭の場合，硫黄や燐が鉄の中に入り良質の鉄が得られなかった．このため鍛造可能な鉄を得るためには木炭を用いて銑鉄を再加熱し，酸素を供給することにより余分な炭素を取り除く精錬方法を用いていた．18世紀末にヘンリーコートは反射炉で石炭を直接銑鉄に接触させずに精錬するパドル法を完成させた．図4.2はパドル法で製造され，当時用いられた練鉄ばり断面の一例である．

(3) 近代製鋼法の確立

19世紀に入ると鉄道，造船などによる鉄の需要は急増した．高炉法や鍛造，圧延技術は急速に進歩したが，製鋼過程は依然手工業のパドル法であった．19世紀半ば，ベッセマーが転炉を発明した．これは炉底から空気を吹き込むことにより，高い精錬温度を得るとともに銑鉄内の炭素量を自由に調節できる．また，同時期に平炉も発明された．平炉は蓄熱炉を用いて1,500～1,600℃の高温を可能にした反射炉の一種でありシーメンス・マルチン法とも言う．これにより精錬炉も大量生産が可能となり近代製鋼法の基礎が確立された．

4.2 製鉄の歴史

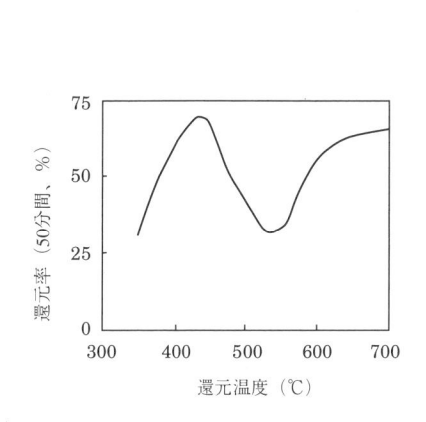

図 4.1 一酸化炭素による鉄鉱石還元率[1]

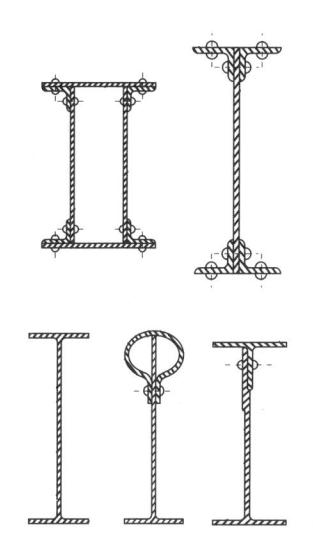

図 4.2 練鉄ばり[2]

写真 4.1 世界初の鋳鉄製アーチ橋[3]

4.3 鋼材の製法（その1）

鋼材の製造工程は**製銑**，**製鋼**，**圧延**に分類される．鉄鋼メーカーも，鉄鉱石を原料としてこの3工程を行う高炉メーカーと，鉄屑を原料として製鋼，圧延のみを行う電炉メーカーに分類される．鋼材の製造工程を図4.3に示す．

(1) 製 銑 工 程

鋼材は磁鉄鉱，赤鉄鉱，褐鉄鉱や菱鉄鉱等の鉄鉱石（主に鉄の酸化物）から造られるが，このほかに造滓剤としてのフラックス（主に石灰石）や還元剤，燃料としてのコークス等が加えられる．**高炉**（図4.4）の頂部より，鉄鉱石（約10％），焼結鉱（約60％），コークス（約20％），ペレット（約8％），石灰石（約1％），その他を入れ，下部より1,300～1,400℃の熱風を送り込むと，鉄鉱石が高温下で炭素または一酸化炭素により還元され，溶けた**銑鉄**（溶銑）となって炉底に蓄積する．銑鉄は炭素（C）の含有量が4％と高いため，硬く脆い．

(2) 製 鋼 工 程

製鋼工程は銑鉄や屑鉄を主原料として，主に炭素量を調節して色々な鋼材を製造する工程であり，転炉製鋼と電気炉製鋼に分類することができる．

(a) 転 炉 製 鋼

高炉から運んできた溶銑と小量の屑鉄，石灰，ドロマイト等の副材料を**転炉**に入れ，上下から高純度の酸素を不活性ガスなどとともに高圧で吹き込む（図4.5）と2,000℃位の高温となり溶銑中の炭素，珪素，りんなどの不要成分が捕捉分解され副材料と化合して取り除かれる．この方式を上底吹き法と呼び，均質な鋼を迅速に造ることができる．この後，成分調整のため合金を添加したり，脱酸材を加えて余分な酸素を取り除き，目的の成分を有する鋼に仕上げる．

(b) 電気炉製鋼法

電気炉製鋼法は電極でアークを発生させ，その熱で鋼屑などの固体原料を溶融して精錬する方法である．成分調整が容易であるため，高級鋼や鋳鋼は**電炉**により製造される．また，小サイズの形鋼や鉄筋などの小型棒鋼はその経済性ゆえに電炉で製造されるものが多い．鉄鋼メーカーにはこのほかに電炉メーカーなどから鋼塊の提供を受けてそれを加熱圧延する単圧メーカー，鋼屑を適当な大きさに切断して加熱圧延をするだけの伸鉄メーカーがあり，これらは製鋼工程を持たないため，鉄筋をはじめ小形棒鋼の生産が主である．

4.3 鋼材の製法（その1）

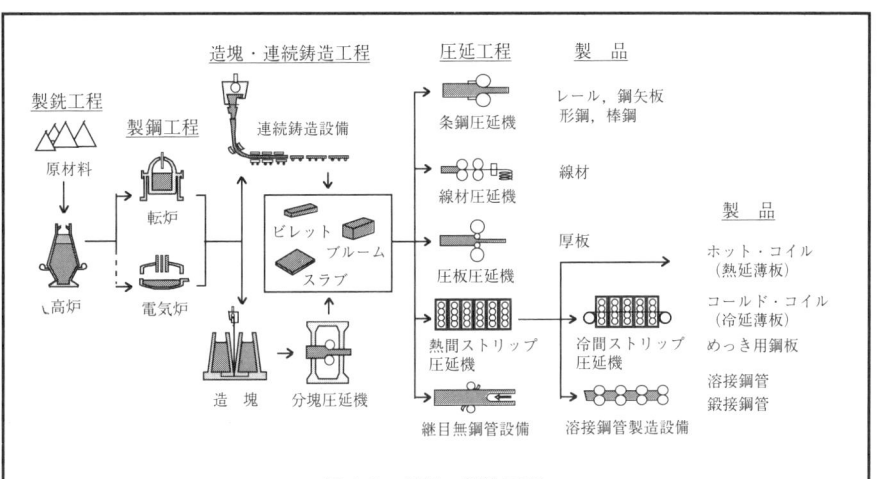

図4.3 鉄鋼の製造工程

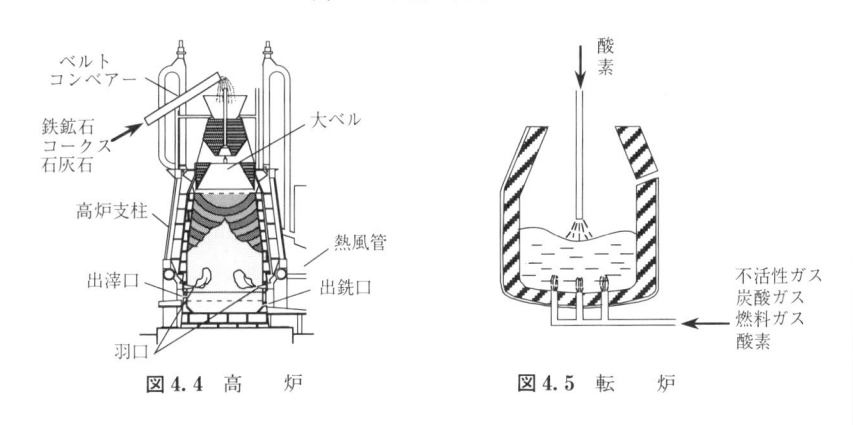

図4.4 高炉

図4.5 転炉

写真4.2 製鉄所全景（写真提供 日本鉄鋼連盟）

4.4　鋼材の製法（その2）

（1）連続鋳造法

製鋼工程の後，圧延作業に移る前に**スラブ，ブルーム，ビレット**（図4.6）などの半成品を造る．この半成品の製造法には鋳型に入れて冷やし，一旦**インゴット**を造る**造塊・分塊法**と製鋼から圧延までを連続して行う**連続鋳造法**とがあるが，建築用鋼材のほとんどは連続鋳造法を用いて造られている．この連続鋳造法は図4.7に示されるように製鋼炉からの溶鋼を取鍋にとり，連続鋳造設備に注入して，水で冷却しつつ，鋳片を連続的に引き抜き切断して，圧延工程に直送する．分塊圧延ではインゴットを造った後，再加熱をして圧延工程に入るが，それに比較して連続鋳造法ではエネルギーの消費量が少ないため，現在ではこれが主流となっている．

（2）圧延工程

連続鋳造工程で製造された鋼片（スラブ，ブルーム，ビレット）は圧延工程で最終的に所定の鋼材の形状に成形される．スラブは厚板および薄板製造用，ブルームは大形条鋼（形鋼など）製造用，ビレットは小形条鋼製造用に用いられる．圧延は約1,200℃の温度で圧延する**熱間圧延**と常温で圧延する**冷間圧延**の二つがあるが，主な建築用鋼材は熱間圧延で造られる．圧延の主な目的は所定の鋼材の断面形状を作ることであるが，熱間圧延では鋼の結晶粒を細かくして強靱性を与えることができる．図4.8に**H形鋼**の圧延法の概略を示す．圧延機は回転する一対のロールで構成され，鋼材の形状にしたがって間隔を少しずつしぼったロールにスラブ，ブルーム，ビレットなどを通して圧力を加え，所定の断面形状を得ることができる．熱間圧延は高温中で行うため，加工ひずみは余り残らず，強度の上昇は少ないが，靱性は大きくなる．冷間圧延は常温中で行うため，加工ひずみが大きくなり加工硬化により強度はかなり上昇するが，靱性は減少する．しかし，正確な寸法と光沢のある表面が得られるため，各種の薄板，軽量形鋼や線材等が数多く冷間圧延されている．また，主要な柱材として使用されている鋼管や角形鋼管などの多くは鋼板から冷間圧延により製造されている．鋼材はこのような圧延工程を経て製品としてユーザーの元へ出荷される．

4.4　鋼材の製法（その2）

図4.6　半成品断面形状
スラブ　ブルーム　ビレット

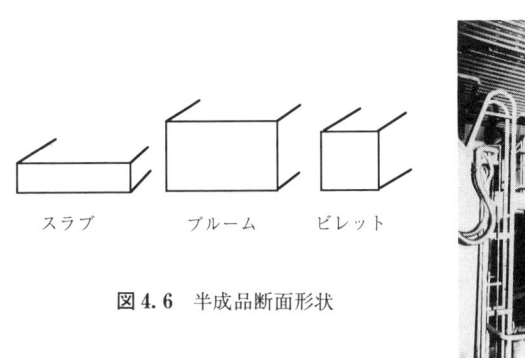

写真4.3　スラブ連続鋳造機
（写真提供日本鉄鋼連盟）

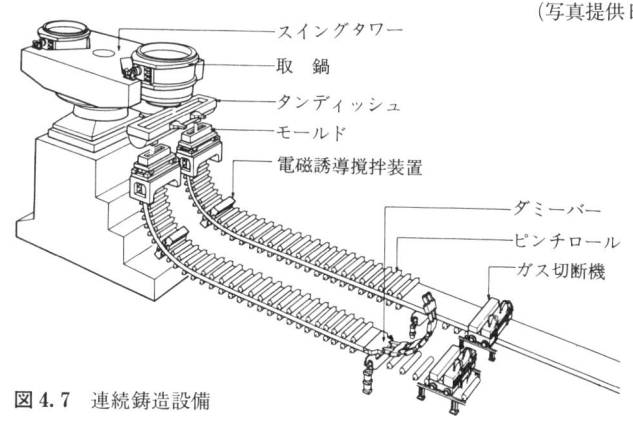

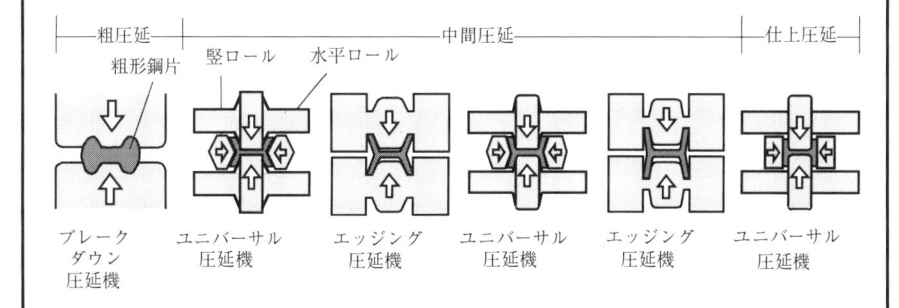

図4.7　連続鋳造設備
スイングタワー／取鍋／タンディッシュ／モールド／電磁誘導撹拌装置／ダミーバー／ピンチロール／ガス切断機

図4.8　H形鋼圧延工程
粗圧延／中間圧延／仕上圧延
粗形鋼片／竪ロール／水平ロール
ブレークダウン圧延機／ユニバーサル圧延機／エッジング圧延機／ユニバーサル圧延機／エッジング圧延機／ユニバーサル圧延機

4.5 鋼の組織（その1）

（1） 鋼の変態と平衡状態図

　純鉄を徐々に加熱していくと，910℃ と 1,410℃ の付近で，長さ，磁気，比熱などの特性が急変する（図4.9）．これを**変態**と呼び，その時の温度を変態温度または変態点と呼ぶ．これは鉄の結晶構造の変化による．鉄原子の配列方法には8個の鉄原子がつくる立方体の中心に1個の鉄原子が配置されている**体心立方格子**と，立方体の上下側面の中央に鉄原子が一つずつ配置されている**面心立方格子**がある（図4.10）．純鉄の場合，常温では体心立方格子（α鉄），910～1,410℃ では面心立方格子（γ鉄）そして1,410℃ 以上では再び体心立方格子（δ鉄）となる．α，γ鉄間の変態を A_3 変態，γ，δ鉄間の変態を A_4 変態と呼んでいる．また，780℃ では磁性が変化するため A_2 変態点と呼んでいるが，結晶格子の変化によるものではないので，現在では余り使用されない．このような状態の変化は，温度だけでなく炭素含有量によっても左右される．図4.11は平衡状態を維持しながら温度や炭素量が徐々に変化した場合の鋼の標準組織の変化を表している．それは**地鉄**，**セメンタイト**（Fe_3C）および両者の組合せである**パーライト**という三つの成分組織で構成されている．地鉄は鉄原子（α, γ, δ鉄）の隙間に少量の炭素原子が入り込んでいる（**固溶**という）状態で，α鉄の場合をフェライト，γ鉄の場合をオーステナイトという．一般に地鉄といえばα鉄のことをいう．α鉄は軟らかく延性に富むが，引張強度は343Mpaと比較的小さい．セメンタイトは炭素の量が増して，固溶しきれずに析出した炭化鉄（Fe_3C）のことをいう．これは延性が小さく引張度数も34.3Mpa以下と小さい．パーライトはα鉄とセメンタイト（Fe_3C）の2成分が一定の割合（C量で0.85%）で密な層状になって析出したものであり，最大862Mpaの引張強度を有する．常温において鋼はC=0.85%のとき全てパーライトとなり，それ以下ではα鉄とパーライトが，それ以上ではセメンタイトとパーライトが所定のC量となるような割合で構成されている．したがって鋼の強度や延性はこれらの組織が含まれる割合により変化する．図4.11より地鉄であるα，γ鉄に炭素が固溶できる最大値はそれぞれP点（0.035%），E点（1.7%）であることが分かる．それを基準として0.035%以下を鉄，0.035～1.7%を鋼，1.7%以上を鋳鉄と呼んでいる．

4.5 鋼の組織（その1）

図4.9 純鉄の変態点

体心立方格子（α鉄）　　面心立方格子（γ鉄）

図4.10 鉄原子の配列[4]

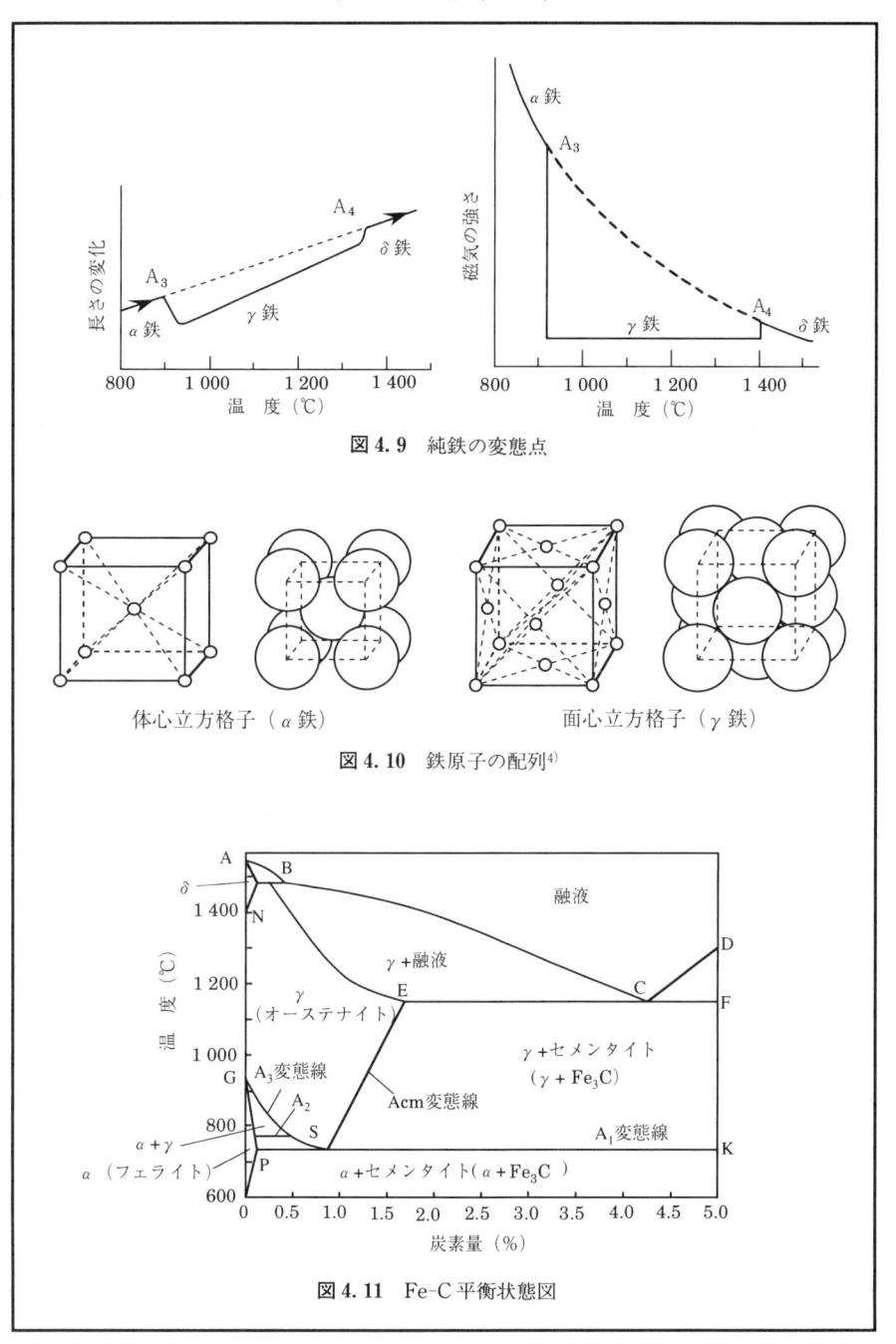

図4.11 Fe-C平衡状態図

4.6 鋼の組織（その2）

（1） 結晶構造と強度

単結晶粒内での鉄原子の配列は前節で述べたように格子状で規則正しい。1個の鉄原子を u ずらすのに必要なせん断応力 τ を模式的に図4.12に示す。これらの原子は $u=0$ または原子間距離 b の整数倍の位置が最も安定である。弾性変形は u が小さい場合に起こり，τ と u は比例する．塑性変形は原子が b の整数倍だけ移動した量であり，原子ごとに $\tau_{\max}$ を必要とするので，すべり面上の原子全てを動かすための力は極めて大きくなる．これを**理論強度**といい，引張強度に換算すると 13,720 Mpa である．現在では内部に欠陥がなく理論強度を有する直径数ミクロンの**ひげ結晶（ウィスカー）**が製造可能である．しかし，鋼内には原子配列の中間部に格子が途中で切れた配列（格子欠陥）が存在する．この欠陥を**転移**という．図4.13は刃状転移の例で，結晶格子中をこの転移が横切ると，すべり線より上の原子が原子間距離 b だけ移動したことになる．その際転移の移動により移動する原子は一列ずつであるため，すべての原子が同時に移動する理論強度の場合に比べ，すべりに対する抵抗力(降伏応力)は極めて小さい．ところが実際の鋼中には転移の移動を拘束する以下の因子が存在し，降伏応力はそれより高くなる．

①鉄原子の間に侵入型固溶したC, N, O原子が転移線付近に集まり，その移動を妨げる（結晶粒内）．②母地よりも強度の高い析出物（第2相粒子）が細かく分散していると，転移線はそれを自由に横切ることができない（結晶粒内）．③原子配列の向きの異なる結晶と結晶の粒界では，転移線の移動が阻止されてしまう．微細な結晶ほどその効果は大きい（結晶粒界）．

次節で示すように鋼の応力-ひずみ関係には色々な特徴がある．弾性域の後に生じる塑性変形は結晶粒内で拘束されていた転移線が移動，増殖し始める応力（上位降伏点）で始まり，それが結晶粒界を越えて金属全体に広がる（下位降伏点）ことで大きくなる（降伏棚）．一方，塑性変形が進行し転移密度が増加すると，今度はお互いに干渉しあって転移の移動が阻害され，抵抗力が増加する．これをひずみ硬化と呼ぶ．図4.15は鋼の強度と転移密度との関係を示す．転移密度が増すと，逆に強度は上昇することがわかる．現在そのような方法で得られた冷間引抜鋼線が一般鋼中最強で，理論強度の約1/3まで実現している（図4.14）．

4.6 鋼の組織（その2）

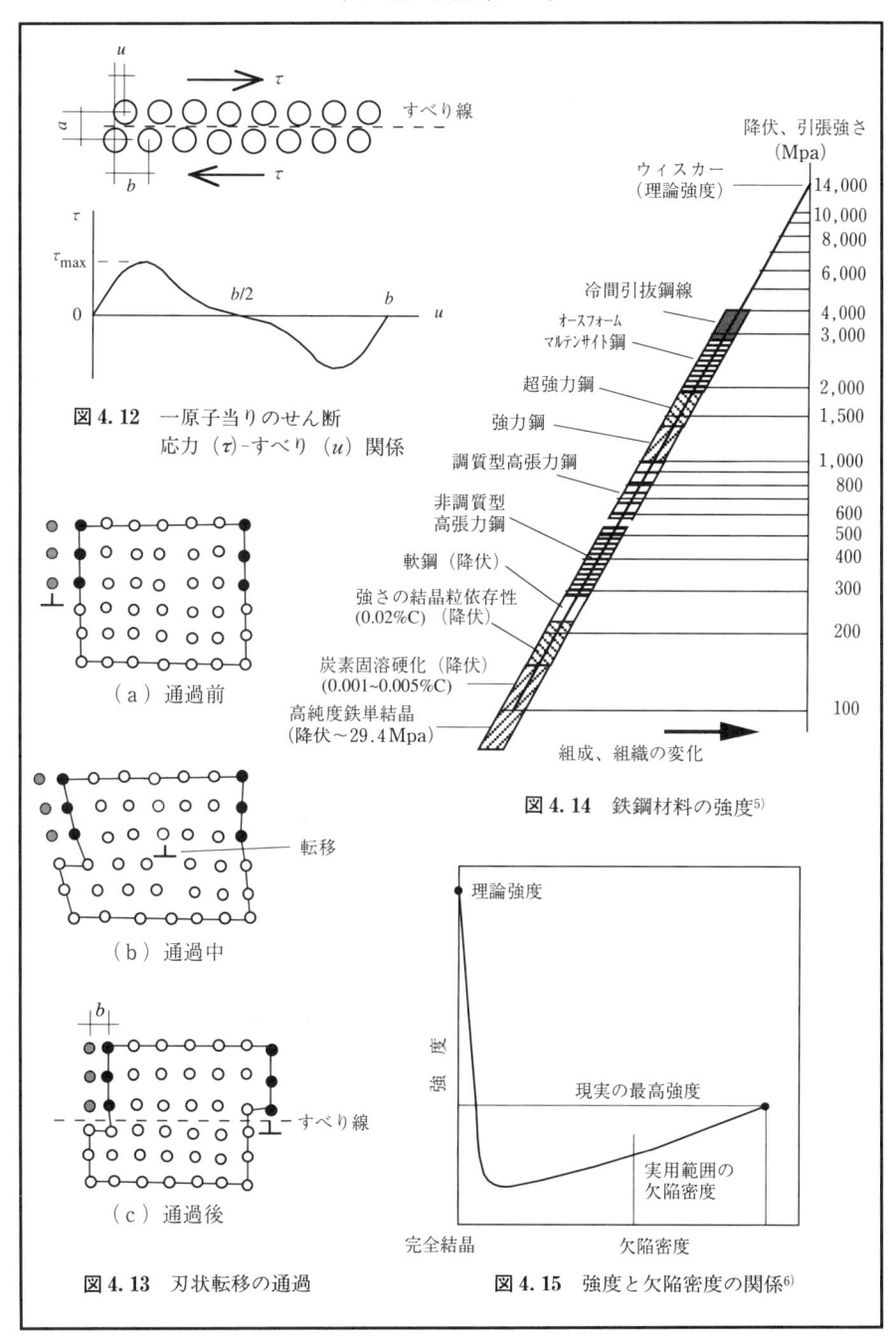

図 4.12 一原子当りのせん断応力（τ）-すべり（u）関係

(a) 通過前
(b) 通過中 — 転移
(c) 通過後 — すべり線

図 4.13 刃状転移の通過

図 4.14 鉄鋼材料の強度[5]

降伏、引張強さ (Mpa)

- ウィスカー（理論強度） 14,000
- 冷間引抜鋼線
- オースフォーム
- マルテンサイト鋼
- 超強力鋼
- 強力鋼
- 調質型高張力鋼
- 非調質型高張力鋼
- 軟鋼（降伏）
- 強さの結晶粒依存性 (0.02%C)（降伏）
- 炭素固溶硬化（降伏）(0.001~0.005%C)
- 高純度鉄単結晶（降伏～29.4Mpa）

組成、組織の変化 →

図 4.15 強度と欠陥密度の関係[6]

理論強度 — 現実の最高強度 — 実用範囲の欠陥密度
完全結晶 — 欠陥密度

4.7 鋼の性質（その1）

表4.2に鋼および各種材料の代表的性質を比較して示す．同表中**比強度**とは強度を比重で除したものである．

(1) 応力-ひずみ関係

図4.16は鋼の単調載荷時の応力-ひずみ曲線を模式的に示したものである．図中点Aは**比例限度**で，それ以下では応力とひずみ間に比例関係が成立する．この時の比例定数を**ヤング係数**といい，全ての鋼種について$206 \times 10^3 \, \text{N/mm}^2$で一定であると考えてよい．点Bは**弾性限度**で，それ以下では力を除去すると変形が元に戻る．点C，Dは**上位，下位降伏点**であり，その後応力はほぼ一定のままでひずみだけが増加する．この時の応力を**降伏応力度**（σ_Y）という．そして，E点より応力が増加し始める．これを**ひずみ硬化**現象といい，E点をひずみ硬化開始ひずみという．F点は最大応力点であり，この時の応力を**引張強度**（σ_B）という．Gは**破断点**であり，その点のひずみを**伸び**または**延性**という．鋼の降伏応力（σ_Y）を引張強度（σ_B）で除した比率を**降伏比**（%）と呼び，建築鋼構造物の耐震安全性を確保するためにはこれを低い値とすることが望まれている．図4.17は普通鋼と高張力鋼の引張試験結果（応力-ひずみ曲線）の一例である．強度が高くなるにつれて伸びは低くなり，降伏比は高くなる．建築以外の分野では700, 800（N/m^2）級の強度の高い鋼（**高張力鋼**）も使用されている．しかし，強度が高くなると降伏比が高くなること，高圧縮力によって座屈し易くなることなどの理由で600（N/m^2）級以上の鋼は建築用としてはあまり使用されておらず，これはこれからの課題である．一方，他の金属や載荷の履歴を受けた鋼の場合には図4.18のように明確な降伏点を有しない応力-ひずみ関係を示すこともある．この様な場合，除荷したとき0.2%の**残留塑性ひずみ**を与える点の応力を降伏点として決定することもできる．

繰り返し載荷時の応力-ひずみ曲線の一例を図4.19に示す．まず，単調載荷曲線上の点Aから応力ゼロの点Bまで除荷し再び載荷すると，応力，ひずみが比例的に変化してA点へ復帰し，再びもとの単調載荷曲線上を移動する．次に，B点まで除荷した後，同一方向へさらに載荷していくと，単調載荷曲線とは異なるABCDのような滑らかな曲線となることが知られている．この場合，弾性域の長さは一般にAB＞BCとなる．これを**バウシンガー効果**という．

4.7 鋼の性質（その1）

表 4.2　各種材料の物理的，機械的性質

材料	密度 (g/cm³)	融点 (℃)	比熱 (J/kg·K)	熱伝導率 (W/m·K)	膨張係数 (℃)	ヤング係数 (N/mm²)	強度 (Mpa)	伸び (%)	比強度 (Mpa)
鋼	7.85	1530	460	0.42×10^{-3}	1.1×10^{-5}	205×10^3	441	20〜30	59
アルミニウム	2.7	655	921	0.16×10^{-2}	2.4×10^{-5}	69×10^3	196	—	72
銅	8.9	1083	389	0.29×10^{-2}	1.7×10^{-5}	120×10^3	240	40〜60	27
鉛	11.35	327	130	0.27×10^{-3}	2.9×10^{-5}	4×10^3	8.8〜14.7	35〜60	0.08〜0.13
亜鉛	7.15	419	393	0.86×10^{-3}	2.9×10^{-5}	77×10^3	196	30〜50	27
木（アカマツ）	0.51	—	1465	0.26×10^{-3}	—	11×10^3	44	—	86
普通コンクリート	2.35	—	879	0.13×10^{-4}	1.1×10^{-5}	21×10^3	24	—	10

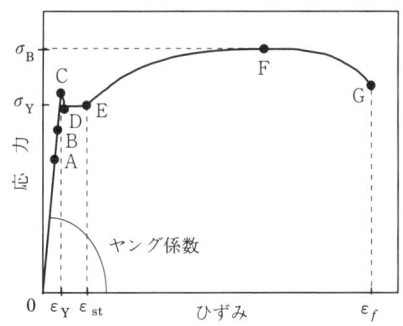

図 4.16　鋼の応力-ひずみ曲線

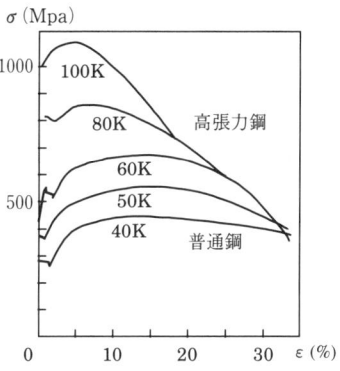

図 4.17　応力-ひずみ曲線[7]

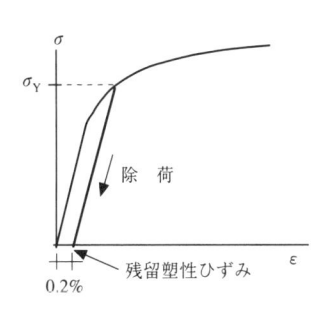

図 4.18　オフセット法による σ_Y

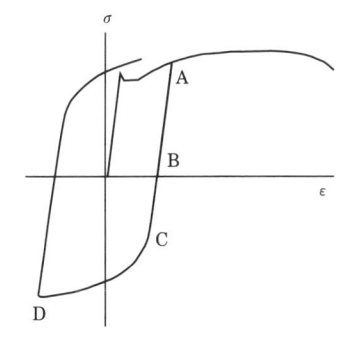

図 4.19　繰返し載荷時の応力-ひずみ曲線

4.8　鋼の性質（その2）

（1）　トレスカの降伏条件およびミーゼスの降伏条件

単軸応力時の降伏は応力が降伏応力度 σ_Y に達したときに生じる．一方，多軸応力状態での鋼の降伏条件はどのようになるのであろうか．4.6節で述べたように降伏はせん断すべりの発生を意味しているので，それはせん断応力に関係することが予想される．

まず，**トレスカの降伏条件**は最大せん断応力がある一定値 k に達した時に降伏が生じるとする説である．モールの応力円（図4.20）から最大せん断応力は主応力の差の1/2であることより，この条件は次式で表される．

$$|\sigma_1-\sigma_2|/2=k, \quad |\sigma_2-\sigma_3|/2=k, \quad |\sigma_3-\sigma_1|/2=k \qquad (4.1)$$

このうち少なくともいずれか一つが満足されたとき降伏が生じる．いま，薄板の面内のみに力が加わるような場合（平面応力状態 $\sigma_3=0$）では次式となる．

$$|\sigma_1-\sigma_2|/2=k, \quad |\sigma_2|/2=k, \quad |\sigma_1|/2=k$$

引張試験（$\sigma_1=\sigma_Y$, $\sigma_2=\sigma_3=0$）に適用すると $k=\sigma_Y/2$ が得られる．

次に，**ミーゼスの降伏条件**はせん断弾性ひずみエネルギーがある値に達した時に降伏が生じるとする説である．この降伏条件は以下の式で表される．

$$(\sigma_1-\sigma_2)^2+(\sigma_2-\sigma_3)^2+(\sigma_3-\sigma_1)_2=6k^2 \quad \text{または} \qquad (4.2)$$

$$(\sigma_x-\sigma_y)^2+(\sigma_y-\sigma_z)^2+(\sigma_z-\sigma_x)^2$$
$$+6(\tau_{xy}^2+\tau_{yz}^2+\tau_{zx}^2)=6k^2 \qquad (4.3)$$

引張試験にこの説をあてはめると $k=\sigma_Y/\sqrt{3}$ が得られる．また，平面応力状態（$\sigma_3=0$ または $\sigma_z=\tau_{yz}=\tau_{zx}=0$）に対しては次式で表される．

$$\sigma_1^2-\sigma_1\sigma_2+\sigma_2^2=\sigma_Y^2 \quad \text{または} \quad \sigma_x^2-\sigma_x\sigma_y+\sigma_y^2+3\tau_{xy}^2=\sigma_Y^2 \qquad (4.4)$$

これらの降伏条件を図4.21に示す．ミーゼスの降伏条件は円筒形，トレスカの降伏条件はそれに内接する正六角柱である．平面応力状態（$\sigma_3=0$）の場合は σ_1, σ_2 軸平面で切断された切断面で表され，ミーゼスの降伏条件は楕円形，トレスカの降伏条件はそれに内接する六角形であることが分かる．

微小片に直応力 σ とせん断応力 τ を同時に加えた場合の実験結果とこれらの説を比較したものが図4.22である．各降伏条件は次式で表すことができる．

$$\sigma^2+4\tau^2=\sigma_Y^2 \quad (\text{トレスカ}), \quad \sigma^2+3\tau^2=\sigma_Y^2 \quad (\text{ミーゼス}) \qquad (4.5)$$

いずれも実験結果に近い予測値を与えているが，ミーゼスの降伏条件の方が鋼をはじめとする金属材料の降伏現象をより良く予測しうることが分かる．

4.8 鋼の性質（その2）

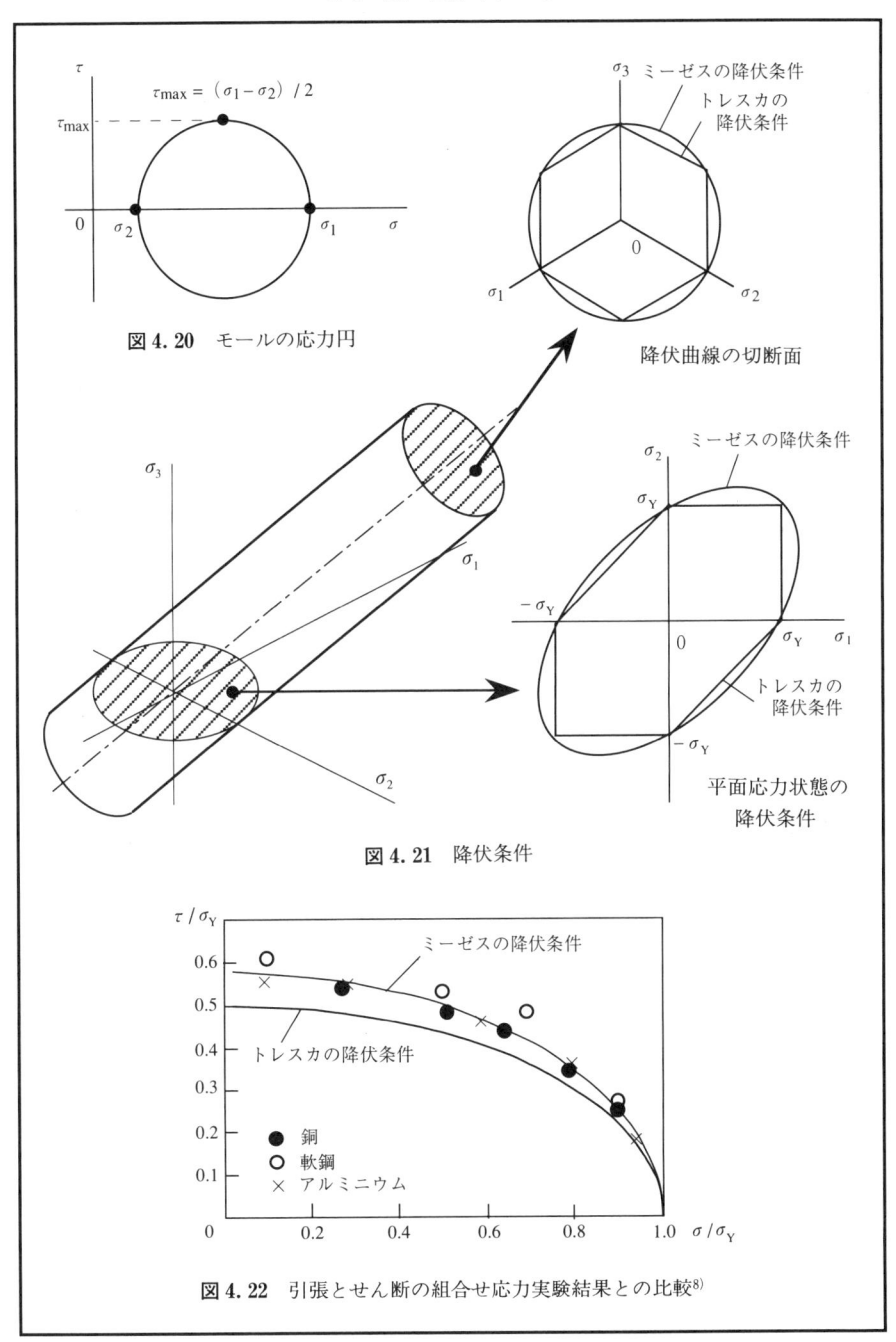

図 4.20 モールの応力円

$\tau_{max} = (\sigma_1 - \sigma_2)/2$

降伏曲線の切断面

ミーゼスの降伏条件
トレスカの降伏条件

平面応力状態の降伏条件

ミーゼスの降伏条件
トレスカの降伏条件

図 4.21 降伏条件

図 4.22 引張とせん断の組合せ応力実験結果との比較[8]

ミーゼスの降伏条件
トレスカの降伏条件

● 銅
○ 軟鋼
× アルミニウム

4.9 鋼の性質(その3)

(1) 破壊靱性値

鋼材中の切欠きが引金となり,低い応力度あるいは小さな伸びで亀裂が瞬間的に進展して破壊にいたる現象を**脆性破壊**という.この現象は温度が低い時に起こりやすく,この破壊に対する抵抗値を**破壊靱性値**という.溶接構造物においては溶接部およびその熱影響部で,割れ等の切欠きが生じやすい上に,熱影響部は硬く脆くなる傾向がある.特に厚肉構造物では脆性破壊に近い破壊を発生する可能性が高くなるので,破壊靱性値の高い材料を用いる必要がある.この破壊靱性値を求めるためには,図4.23に示す試験機の,中央にノッチ加工を施した試験体をセットし,上部よりハンマーを振り降ろして破壊し,試験前後のハンマーの位置エネルギーを測定してその差をとり,試験体の吸収エネルギーを決定する.これを**シャルピー衝撃試験**という.図4.24は同試験で求めた衝撃値の一例である.衝撃値は材料ごとに異なるある一定の温度(**遷移温度**)で急激に変化することが知られている.

(2) 疲労特性

通常の設計では十分許容しうるような小さな応力であっても,クレーンガーダーに働く応力のように加えられる回数が多いと,構造物に亀裂が発生し最後には破断する.このような現象を**疲労**という.構造物に発生する応力は不規則に変動しているが,その波形は種々の振幅を持つ正弦波の組合せで表すことができる.このため基本となる一定振幅の正弦波繰り返し応力を加えた時の,鋼材の疲労寿命を求めてみると図4.25のようになる.同図は縦軸を応力振幅(S),横軸を繰り返し回数(N)として両対数グラフで表したものであり,**S-N 曲線**またはウェーラー曲線と呼ばれている.応力振幅を小さくすると疲労寿命は直線的に増加し,ある振幅に達すると水平となり破断しなくなることが分かる.この時の応力振幅を**疲れ限度**または**耐久限度**といい,この二つの直線の交点を限界繰り返し数という.鋼の場合,それは $10^6 \sim 10^7$ の間にあるといわれている.実際の不規則に変動する応力状態のもとで構造物が疲労破壊するか否かを判定する最も簡単な方法としては,この S-N 曲線に基づく**マイナーの法則**(線形累積損傷則)がある.これは正弦波に分解して求めた応力振幅 i の繰り返し回数 n_i とその波の破断までの繰り返し回数 N_i より損傷値 $D = \sum_i n_i/N_i$ を定義し,D が1に達したときに破壊するというものである.

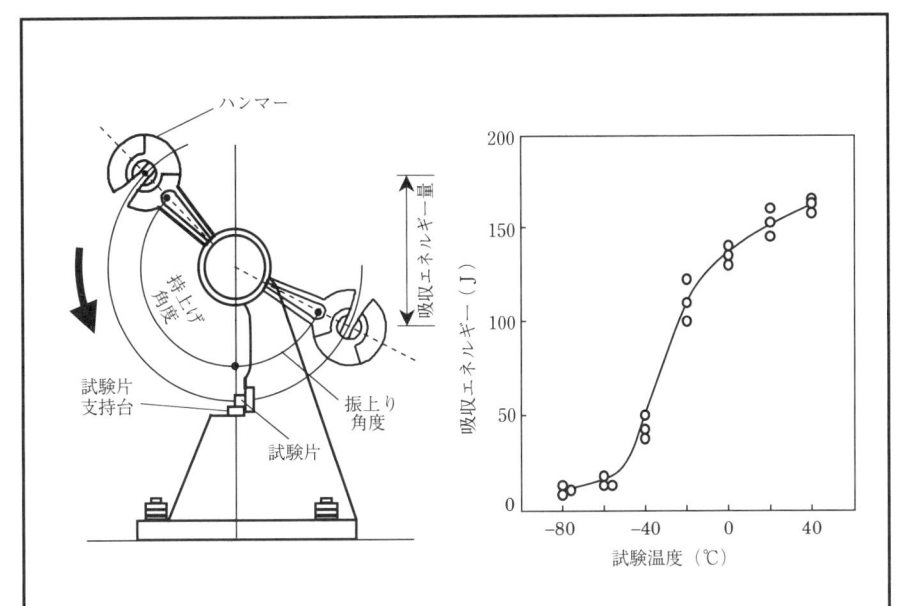

図 4.23　シャルピー試験機

図 4.24　シャルピー試験結果

写真 4.4　疲労亀裂

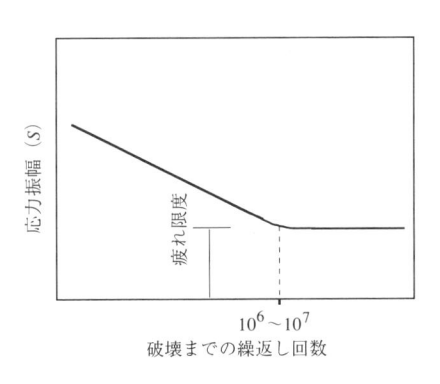

図 4.25　S-N 曲線（両対数グラフ）

4.10 鋼の性質（その4）

（1） 炭素（C）量の変化

図4.26はC量の変化に対する機械的性質の変化を示す．C＜0.85％でCを増すと強度の高いパーライトが増加し，延性に富むα鉄が減少するため，強度は増加し延性は低下する．逆にC＞0.85％でCを増すと，強度が低く脆いセメンタイトが増加するため，強度も延性も低下する．建築構造用鋼材のC量は0.2％前後に調整されている．高強度高炭素鋼（SS490，SS540）も開発されているが，伸びが低く溶接で割れやすいため，高力ボルト接合が用いられる．

（2） 炭素以外の主要な合金元素の影響

炭素以外の合金元素による鋼の性質の変化は，Mn：強度，硬さの増加，伸びの減少，Si：脆性，耐熱性の増加，P：脆性，耐食性の増加，S：偏析，赤熱状態で脆化，Ni，Cr：強度，硬さ，耐食性，耐熱性の増加，Mo，V：強度，硬さ，靱性，耐熱性の増加，Cu：耐食性の増加などである．このように合金元素は鋼に色々な特性を与えるが量を増すと溶接性が低下するため，それらを等価な炭素量で表した次の**炭素当量**が提案されている．

$$Ceq = C + Mn/6 + Si/24 + Ni/40 + Cr/5 + Mo/4 + V/14 \, (\%) \tag{4.6}$$

（3） 使用温度の変化

図4.27,28は鋼材の温度変化に対する機械的性質の変化を示したものである．引張強さは300℃付近から急激に低下するので構造部材には**耐火被覆**（写真4.5）を施して温度を350℃以下に保つ必要がある．また，250℃付近で表面が青味がかった色となり，伸びが最低となる．これを**青熱脆性**という．

（4） 鋼の熱処理

炭素固溶量の多い面心立方格子（γ鉄）から少ない体心立方格子（α鉄）へ急変すると炭素の状態変化がこれに追随できない．すなわち，炭素量が同じでも冷却速度により種々の特性の鋼が得られる．**焼入れ**はA_3変態点付近より水，油中で急冷する熱処理であり，硬くて脆い鋼となる．次にこれをA_1変態点以下の適当な温度に，再加熱し冷却する．これを**焼もどし**といい，靱性の向上に効果がある．**焼ならし**（焼準）はA_3またはA_{cm}変態点付近から，大気中で自然冷却させる．熱間圧延により粗大で不均一となった組織を均一化，微細化し，高い靱性を得る．**焼なまし**（焼鈍）では，ある温度を適当時間保持した後徐冷する．圧延，塑性加工などにより生じた組織の不均一などが均整化される．

4.10 鋼の性質（その4）

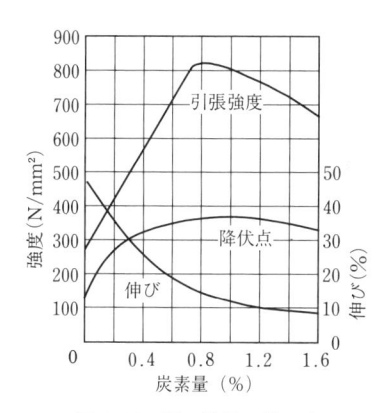

図 4.26 鋼の特性に及ぼす炭素量の影響[9]

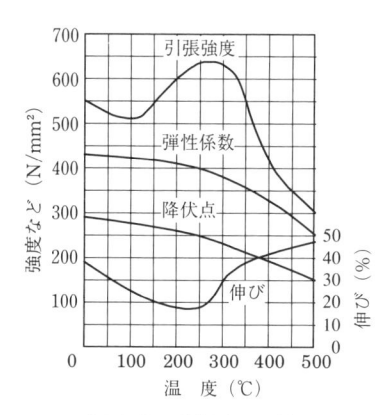

図 4.27 高温時における鋼の性質[10]

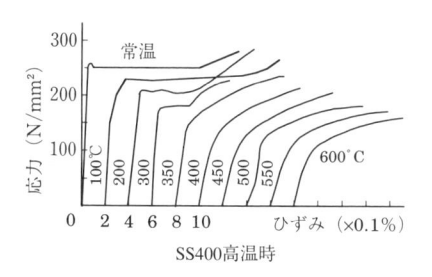

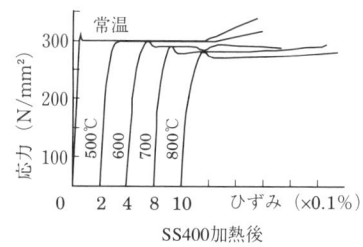

図 4.28 高温時および加熱後の鋼の応力-ひずみ曲線[11]

写真 4.5 耐火被覆

4.11 鋼材の腐食と防食

(1) 鋼材の腐食

金属の腐食には**乾(腐)食**と**湿(腐)食**の2種類がある．乾食は気体との反応によって生じるものであり，湿食は水中における電気化学的反応によるものである．通常鋼の腐食が問題となるのは湿食の場合である．いま，イオン化傾向の異なる鉄と銅を接触させて水中に放置すると**局部電池**（図4.29）を構成し，イオン化傾向の高い鉄が陽極となり，イオン化して溶け出す．これが腐食である．このため鉄板と銅板を例えば屋根ふき材などとして共用してはいけないといわれている．イオン化した鉄は酸素，水と反応して水酸化第一鉄 $Fe(OH)_2$ となる．これはさらに酸素と結合して水酸化第二鉄 $Fe(OH)_3$（赤錆）となり，腐食が進行する．また，鋼のみが水に接触した場合でも，酸化皮膜の有無など鋼材表面の不均一性により，場所ごとにイオン化傾向が異なり，無数の局部電池が形成され上記の腐食が進行しうる．ただし，このような鉄の腐食は水と空気（酸素）が共存しない限り進行しない．図4.30に日本各地における腐食量の年変化量の一例を示す．

なお，ステンレス鋼や，アルミニウムなどの金属は，表面に自然酸化膜を生成し，腐食速度が減退する．この被膜を不働態皮膜という．

1) 全面腐食

鋼材の全面にわたってほぼ同一速度で進行する腐食をいい，寿命予測が比較的容易な腐食形態といえる．

2) 孔食

何かの理由で鋼材表面の局部的な部分が陽極となり，他の広い範囲が陰極となる局部電池を形成した場合，狭い陽極部分は大きな速度で腐食し，深い孔を生じてしまう．これを**孔食**（図4.31）という．海岸近接地のように水に塩類が含まれている場合孔食が生じやすい．全面腐食のように腐食が一様に進行するものは寿命予測が可能であるため対応が簡単であるが，孔食のように全体の腐食は軽微であるが，局所的に腐食が集中するような場合は問題である．

(2) 防食法

鋼材の**防食法**には表4.3に示す四つの方法がある．このうち，建築では表面処理法である亜鉛めっきや塗装がよく利用されている．また，耐候性鋼材は①裸使用，②錆安定化処理使用，③塗装使用などの方法で使用される．

4.11 鋼材の腐食と防食

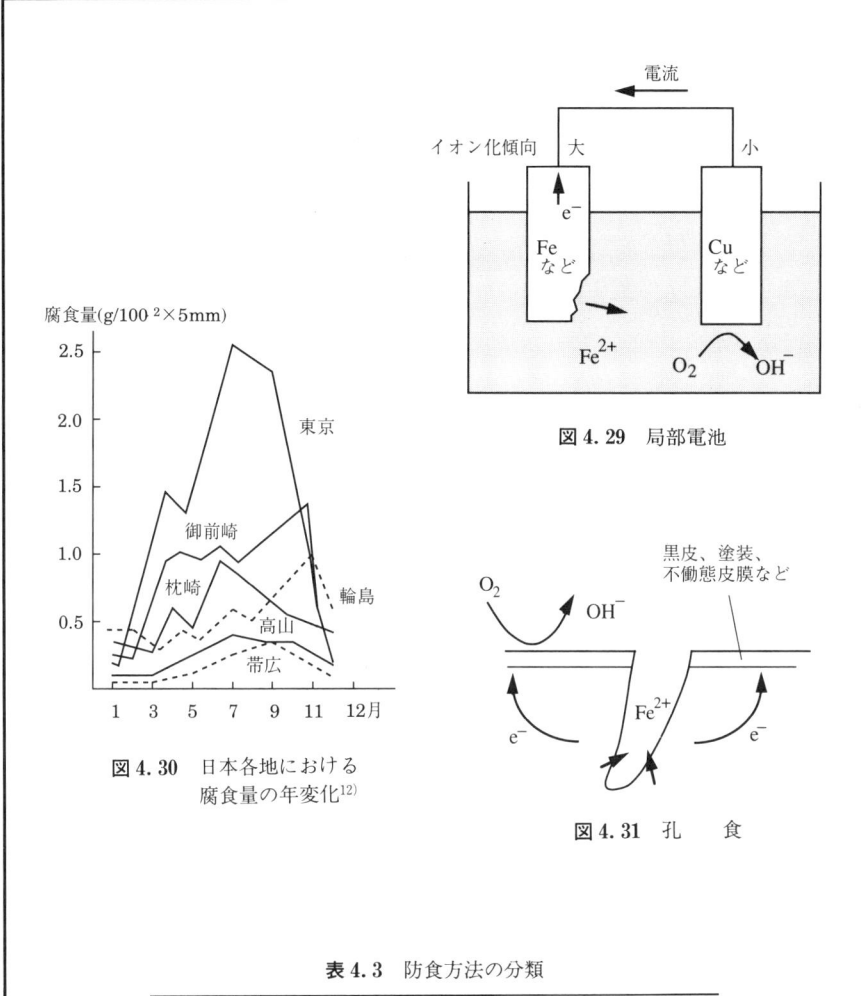

図 4.29 局部電池

図 4.30 日本各地における腐食量の年変化[12]

図 4.31 孔食

表 4.3 防食方法の分類

防食方法	防食の具体的方法
耐食性材料	耐候性鋼，ステンレス鋼など
表面処理法	金属被覆（化学めっき，電気めっき，溶融めっきなど） 無機被覆（りん酸塩処理，クロメート処理など） 有機被覆（塗装，有機ライニング，防錆油など）
電気化学的方法	電気防食（カソード（−）防食法（防食用電流を流す）， アノード（＋）防食法（Zn，Al などを利用して防食する））
環境の制御	防食抑制材，pH の制御，水・酸素の除去など

4.12 建築構造用鋼材の種類（その1）

建築で使用される鋼材はJISで規定されている**一般構造用圧延鋼材（SS）**，**溶接構造用圧延鋼材（SM）**，**溶接構造用耐候性圧延鋼材（SMA）**，**一般構造用炭素鋼鋼管（STK）**，**一般構造用角形鋼管（STKR）**，**溶接構造用遠心力鋳鋼管（SCW）**などである．ところがJIS規格に適合していても溶接すると亀裂が発生する鋼板が出回り，一時社会問題になったことをきっかけに，建築構造用圧延鋼材（SN）が新たにJIS化された．従来型のSS，SM材と新しいSN材のJIS規格を比較して表4.4に示す．同表中の空欄は規定されていないことを示す．これら鋼材の名称中最初の2文字（例えばSN）は鋼材の種類を表し，後の数字（例えば490）は確保すべき強度（N/mm^2）を表す．購入した鋼材の特性は鉄鋼メーカーが発行する**ミルシート**（写真4.6）で保証されている．

（1） 一般構造用圧延鋼材（SS材），溶接構造用圧延鋼材（SM材）

これらはともに建築，土木，船舶などで広く使用されている熱間圧延鋼材である．**SS400**は普通鋼または軟鋼とも呼ばれ，炭素当量が0.3%前後と低く板厚25mmまでは溶接可能であるため，最も広く使用されている．**SM**材は**SS**材に比べ化学成分などの規定を厳しくし，微量の特殊元素を加えることにより炭素当量を抑えながら強度，溶接性を向上させたものである．

（2） 建築構造用圧延鋼材（SN材）

建築構造用鋼材として要求される主な性能は1）溶接性（炭素当量），2）塑性変形能力（降伏比，シャルピー値），3）板厚方向変形性能（板厚方向絞り値，S値），4）耐力（降伏点，引張強度）のばらつき範囲を小さくするなどである．（ ）内はそれに関連した量である．表4.4よりSN材は，SS，SM材よりこれらの値が厳しく制限されていることがわかる．降伏比が小さいと部材が降伏してから破壊するまでの余裕が大きいため，それまでにより多くの変形を生じ，多くの地震エネルギーを吸収しうる．また，耐力のばらつきが大きいと設計で想定した最終崩壊モードとは異なる（多くの場合，より危険な）モードで崩壊する可能性が高くなる．これらSN材のうちSN 400Aは従来のSS 400と同等であり，塑性変形能力を期待されない二次部材に用いられる．SN 400B，490Bは一般の構造部材または部位に用いられる．SN 400C，490Cは板厚方向に大きな引張応力を受ける可能性のある柱フランジや角形鋼管構造の通しダイアフラム等，より重要な部位に用いられる．

4.12 建築構造用鋼材の種類(その1)

表4.4 鋼材規格表(JIS抜粋)

	規格名称	種類	化学成分(最大)(%)						引張試験値		降伏比(%)	伸び(%)	衝撃試験値(最小)		Z方向絞り値(%)	超音波探傷
			Ceq	C	Si	Mn	P	S	降伏点または耐力 (N/mm^2)	引張強さ (N/mm^2)			試験温度(℃)	衝撃値(J)		
一般構造用圧延鋼材 JIS G 3101	SS 400	-	-	-	-	-	0.050	0.050	235〜	400〜510	-	21〜	-	-	-	-
	SS 490	-	-	-	-	-	0.050	0.050	275〜	490〜610	-	19〜	-	-	-	-
	SS 540	-	-	0.30	-	1.60	0.040	0.040	390〜	540〜	-	17〜	-	-	-	-
溶接構造用圧延鋼材 JIS G 3106	SM 400	A	-	0.23	-	2.5XC	0.035	0.035	245〜	400〜510	-	18〜	-	-	-	鋼板,平鋼にオプション適用
		B	-	0.20	0.35	0.60〜1.4	0.035	0.035	235〜	400〜510	-	22〜	0	27	-	
		C	-	0.18	0.35	1.40	0.035	0.035	235〜	400〜510	-	24〜	0	47	-	
	SM 490	A	-	0.20	0.55	1.60	0.035	0.035	325〜	490〜610	-	21〜	-	-	-	
		B	-	0.18	0.55	1.60	0.035	0.035	325〜	490〜610	-	21〜	0	27	-	
		C	-	0.18	0.55	1.60	0.035	0.035	325〜	490〜610	-	21〜	0	47	-	
	SM 520	B	-	0.20	0.55	1.60	0.035	0.035	355〜	520〜640	-	19〜	0	27	-	
		C	-	0.20	0.55	1.60	0.035	0.035	355〜	520〜640	-	19〜	0	47	-	
	SM 570	-	-	0.18	0.55	1.60	0.035	0.035	450〜	570〜720	-	26〜	-5	47	-	
建築構造用圧延鋼材 JIS G 3136	SN 400	A	-	0.24	-	-	0.050	0.050	235〜	400〜510	-	21〜	-	-	-	
		B	0.36	0.20	0.35	0.60〜1.40	0.030	0.015	235〜355	400〜510	〜80	22〜	0	27	-	鋼板,平鋼にオプション適用
		C	0.36	0.20	0.35	0.60〜1.40	0.020	0.008	235〜355	400〜510	〜80	22〜	0	27	25〜	鋼板,平鋼に適用
	SN 490	B	0.44	0.18	0.55	1.60	0.030	0.015	325〜445	490〜610	〜80	21〜	0	27	-	鋼板,平鋼にオプション適用
		C	0.44	0.18	0.55	1.60	0.020	0.008	325〜445	490〜610	〜80	21〜	0	27	25〜	鋼板,平鋼に適用

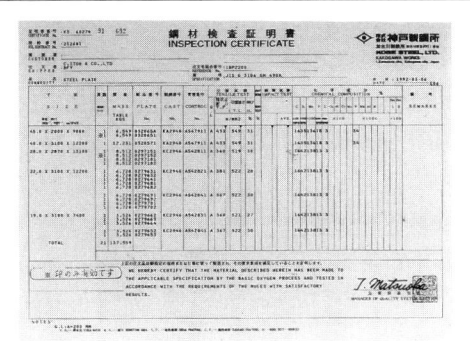

写真4.6 ミルシート

4.13 建築構造用鋼材の種類（その2）

溶接構造用耐候性圧延鋼材（SMA材），一般構造用炭素鋼鋼管および角形鋼管（STK，STKR），溶接構造用遠心力鋳鋼管のJIS規格を表4.5に示す．

（1） 溶接構造用耐候性圧延鋼材（SMA材，JIS G 3114）

鋼材は本来腐食し易いためSM材にCr, Cu, Ni, Ti等の元素を適当に組合わせて添加することにより耐食性を大幅に向上させたものを**耐候性鋼**という．

（2） 一般構造用炭素鋼鋼管および角形鋼管（STK, STKR材，JIS G 3444, 3446）

この鋼材は土木，建築用に冷間成形された**円形鋼管**（STK）と**角形鋼管**（STKR）である．**STK400, STKR400**は材質上SS400と類似しており溶接性については問題ない．**STK490, STKR490**は炭素当量が若干高くなるので溶接するとき注意を要する．鋼管（**STK材**）は鋼帯（コイル状鋼板）から冷間圧延により順次円弧状断面を成形し，材軸方向の継目を高周波溶接して製造する．これを**電縫鋼管**という．冷間ロール成形角形鋼管（STKR材）はこの電縫鋼管をさらに圧延し，角形に成形したものである．これらは冷間加工されるため塑性変形を生じ，応力-ひずみ関係に降伏棚が存在する鋼本来のものと異なり，滑らかな曲線となる場合が多い．大形断面の角形鋼管には通常のSS，SM鋼板をプレス加工してコの字形またはロの字形に折り曲げ，その2辺または1辺をアーク溶接して製造する方法（冷間プレス成形角形鋼管）もある．SN材のJIS化に伴って，冷間成形角形鋼管も新しい種類（**BCR 295，BCP 235，BCP 325**）が開発され実用化されている．名称中BCRはロール成形角形鋼管を，BCPはプレス成形角形鋼管を表し，後の数字は降伏点（N/mm^2）を表している．BCP材はSN材より製造するので，その性質は窒素Nを0.006以下とする以外はそれらと同じである．また，冷間ロール形成により降状耐力が大きく上昇するBCR材ではそれが考慮されている．表4.5にはBCR 295とBCP 235（SN 400B），BCP 325（SN 490B）の規定を示している．BCR, BCP材ではサイズやコーナー部の半径も，それぞれ統一されている．

（3） 溶接構造用遠心力鋳鋼管

この鋼材は鋳型を回転させることにより，鋼に遠心力を加えて鋳造するので均質である．また，これは圧延鋼材，鍛鋼品，他の鋳鋼管との溶接が可能である．建築構造用として用いられているSCW490-CFはSM490Bに相当する．

4.13 建築構造用鋼材の種類（その2）

表4.5 鋼材規格表（JIS抜粋）

	規格名称	種類	化学成分（最大）(%)									引張試験値				衝撃試験値(最小)	
			Ceq	C	Si	Mn	P	S	N	Cu	Cr	Ni	降伏点または耐力(N/mm^2)	引張強さ(N/mm^2)	降伏比(%)	伸び(%)	試験温度(℃)	衝撃値(J)
溶接構造用耐候性圧延鋼材 JIS G 3114	SMA 400 (W)	A B C	−	0.18	0.15〜0.65	1.25	0.035	0.035	−	0.30〜0.50	0.45〜0.75	0.05〜0.30	235〜	400〜540	−	21〜	A − B 0 C 0	A − B 27 C 47
	SMA 400 (P)	A B C	−	0.18	0.55	1.25	0.035	0.035	−	0.20〜0.35	0.30〜0.55	−	235〜	400〜540	−	21〜	A − B 0 C 0	A − B 27 C 47
	SMA 490 (W)	A B C	−	0.18	0.15〜0.65	1.40	0.035	0.035	−	0.30〜0.50	0.45〜0.75	0.05〜0.30	355〜	490〜610	−	19〜	A − B 0 C 0	A − B 27 C 47
	SMA 490 (P)	A B C	−	0.18	0.55	1.40	0.035	0.035	−	0.20〜0.35	0.30〜0.55	−	355〜	490〜610	−	19〜	A − B 0 C 0	A − B 27 C 47
	SMA 570 (W)	−	−	0.18	0.15〜0.65	1.40	0.035	0.035	−	0.30〜0.50	0.45〜0.75	0.05〜0.30	450〜	570〜720	−	26〜	−5	47
	SMA 570 (P)	−	−	0.18	0.55	1.40	0.035	0.035	−	0.20〜0.35	0.30〜0.55	−	450〜	570〜720	−	26〜	−5	47
一般構造用炭素鋼鋼管 JIS G 3444	STK 290	−	−	−	−	−	0.050	0.050	−	−	−	−	−	290〜	−	縦30 横25		
	STK 400	−	−	0.25	−	−	0.040	0.040	−	−	−	−	235〜	400〜	−	縦23 横18		
	STK 490	−	−	0.18	0.55	1.50	0.040	0.040	−	−	−	−	315〜	490〜	−	縦23 横18		
	STK 500	−	−	0.30	0.35	0.3〜1.00	0.040	0.040	−	−	−	−	355〜	500〜	−	縦15 横10		
	STK 540	−	−	0.23	0.55	1.50	0.040	0.040	−	−	−	−	390〜	540〜	−	縦20 横16		
角形一般構造用鋼管 JIS G 3466	STKR 400	−	−	0.25	−	−	0.040	0.040	−	−	−	−	245〜	400〜	−	23〜		
	STKR 490	−	−	0.18	0.55	1.50	0.040	0.040	−	−	−	−	325〜	490〜	−	23〜		
冷間成形角形鋼管 建築構造用	BCR 295	−	0.36	0.20	0.35	1.40	0.030	0.015	0.006	−	−	−	295〜445	400〜550	〜90	23〜	0	27
	BCP 235(SN 400 B)	−	0.36	0.20	0.35	0.60〜1.40	0.030	0.015	0.006	−	−	−	235〜355	400〜510	〜80	22〜	0	27
	BCP 325(SN 490 B)	−	0.44	0.18	0.55	1.60	0.030	0.015	0.006	−	−	−	325〜445	490〜610	〜80	21〜	0	27
溶接構造用遠心力鋳鋼管 JIS G 5201	SCW 410-CF	−	−	0.22	0.80	1.50	0.40	0.40	−	−	−	−	235〜	410〜	−	21〜	0	27
	SCW 480-CF	−	−	0.22	0.80	1.50	0.40	0.40	−	−	−	−	275〜	480〜	−	20〜	0	27
	SCW 490-CF	−	−	0.20	0.80	1.50	0.40	0.40	−	−	−	−	315〜	490〜	−	20〜	0	27
	SCW 520-CF	−	−	0.20	0.80	1.50	0.40	0.40	−	0.50	0.50	−	355〜	520〜	−	18〜	0	27

注）SMA材名称中（ ）内の文字でWは通常裸のまま，またはさび安定化処理を行って使用することを示し，Pは塗装して使用することを示す．

4.14 新しい構造用鋼材

大半の建築構造用鋼材は，SS, SM, STK, STKR 材である．しかし，近年設計者側からの要求と技術の進歩が相まって付加価値を有する新しい鋼材が開発されている．

(1) 建築構造用 TMCP 鋼

高層建築物では必然的に高強度で極厚の鋼板を使用する．このような高強度極厚鋼板では合金元素の添加により炭素当量が高くなると共に，溶接時の拘束や熱冷却が著しいため溶接性が低下し，溶接管理を厳しくしないと溶接部の品質に問題を生じる場合もある．このため板厚 40 mm を越える鋼板では，通常，建築物設計時の許容応力度が低減されている．しかし近年，化学成分の厳格な管理と圧延工程における冷却時の精確な温度制御（熱加工制御 Thermo-Mechanical Control Process, 図 4.32 参照）が可能となった．すなわち，圧延温度や圧下量（一回の圧延量）を制御することにより結晶粒を微細化して，同一の炭素当量でより強度の高い組織を生成することができる．このため同一の強度レベルを有する従来の厚板に比較して炭素当量が低く(図 4.33)，溶接性及び靱性に優れたものを製造することが可能となった．これを **TMCP 鋼板** と呼び，引張強度が 490〜590 Mpa で 40 mm 以上の厚板に対しても，許容応力度を低減せずに使用することができる．

(2) 建築構造用耐火鋼（FR 鋼, Fire Resistant steel）

高温になると鋼材の引張強度や降伏強度は低下する．図 4.34 に SM490A の降伏強度，引張強度と温度との関係を示す．通常の SM490A では構造物が鉛直荷重を支持する際に基準となる常温時降伏強度の 2/3（長期許容応力度），すなわち 220 Mpa を確保するため，耐火被覆により鋼材を 350℃ 以下に保つ必要がある．一方，最近開発されたこの FR 鋼は従来の成分元素の他に Ni, Cr, Mo などの耐火性を高める元素を 1% 程度添加して，耐火性とともに溶接性をも確保した新材料である．この **FR 鋼** は図 4.34 のごとく 600℃ でも 220 Mpa を確保することが可能である．このため鉄骨の表面温度を耐火時間内に 600℃ 以下に抑えておけばよい．耐火被覆は従来の半分以下でよく，柱を屋外に配置して無被覆とした例もある．将来は耐火性塗料のみによる使用も可能となろう．鋼材費は多少高いが，鉄鋼の無被覆使用まで進めば，そのメリットは計り知れない．写真 4.7 は FR 鋼を無被覆使用した建物の一例である．

4.14 新しい構造用鋼材

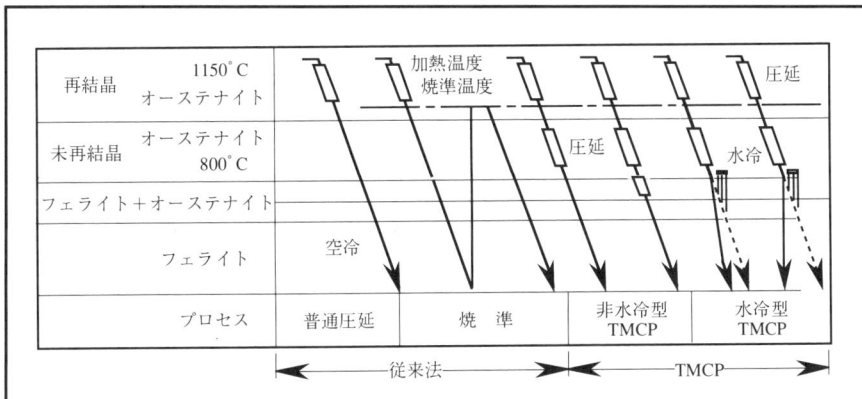

図4.32 鋼材の圧延プロセス[13]

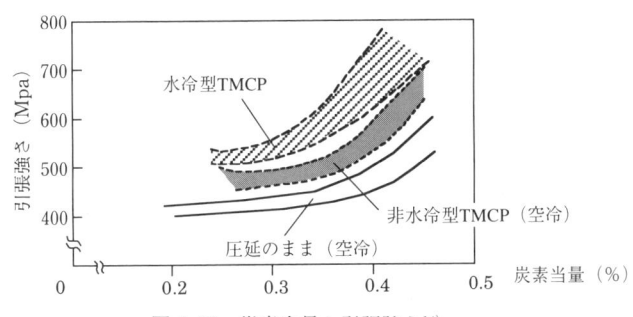

図4.33 炭素当量と引張強さ[14]

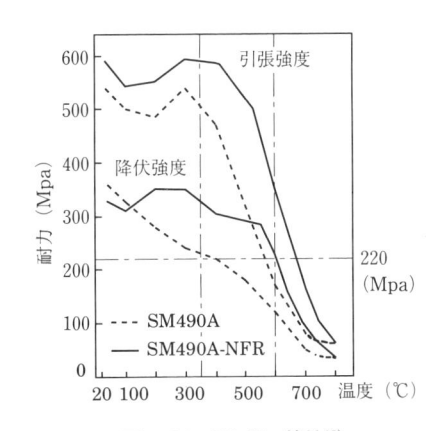

図4.34 FR鋼の特性[15]

写真4.7 FR鋼を無被覆使用したP＆G日本本社/テクニカルセンター（写真提供竹中工務店）

4.15 建築用鋼製品（その1）

前3節では鋼材の材質による分類を行ってきた．次に，本節では建築用に使用されている鋼製品の，形状による分類を行う．表4.6に鋼製品の分類を示す．これらの製品を購入する際には，それがJIS規格品であることを保証したミルシート（検査証明書）を請求し，チェックすることが大切である．

（1）厚板

表4.6において3mm以上の**鋼板**を厚板といい，通常3.2, 4.5, 5, 6……とミリ単位の厚さで製造できる．標準寸法として種々のものがJISに規定されているが，$1,219 \times 2,438$ または $1,524 \times 3,048$ (mm) の定尺で市販されることが多い．この厚板は切断してガセットプレート，ダイヤフラム，スチフナ，スプライスプレートなどに利用されたり，溶接組立により溶接H形鋼やボックス柱などが製作されている．最近大手高炉メーカーでは鋼板に縦横 300～500 mm の間隔で圧延マークを入れて品質を明示する**マーキング厚板**を製造販売し始めている．圧延マークの種類は鋼材により表4.7に示す3種類が使われている．これまでは鋼板を切断した後の残材を，その材質を常に識別できるような状態で管理することは難しく，品質管理上問題となっていた．マーキング厚板を用いることにより，残材にも材質が識別できるマーキングが残っているのでそのような問題点は解消され，鋼構造物の品質確保に寄与するものと期待される．図4.35にマーキングの一例を示す．

（2）薄板

薄板は厚さが3mm未満の鋼板をいい，大半が熱間連続圧延方式でスラブから連続的に製造されている．軽量形鋼など2次製品の素材として使用されている．

（3）鋼帯

薄板と同様熱間連続圧延方式で製造されたコイル状のもので幅600 mm以上のものを熱延広幅**鋼帯**，それ以下のものを**帯鋼**という．板厚は熱延広幅鋼帯が1.2から20.0 mmまで30種類，帯鋼は0.2 mmから5.0 mmまでである．これも軽量形鋼などの2次加工製品の素材として使用されている．この鋼帯を冷間圧延し厚さ3mm以下としたものを冷間圧延鋼板（**みがき鋼板**）と呼ぶ．これは亜鉛メッキ鋼板，ブリキ，アルミニウム鋼板など表面処理鋼板の素材となる．

4.15 建築用鋼製品（その1）

表4.6 鉄鋼製品の分類

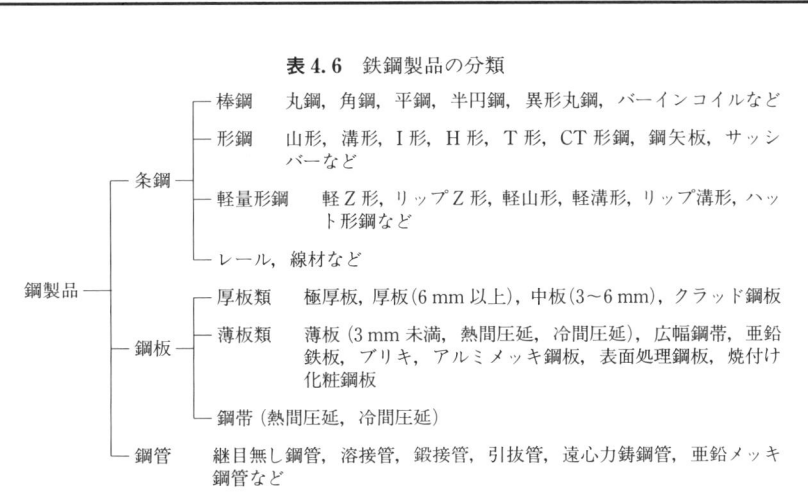

- 鋼製品
  - 条鋼
    - 棒鋼：丸鋼，角鋼，平鋼，半円鋼，異形丸鋼，バーインコイルなど
    - 形鋼：山形，溝形，I形，H形，T形，CT形鋼，鋼矢板，サッシバーなど
    - 軽量形鋼：軽Z形，リップZ形，軽山形，軽溝形，リップ溝形，ハット形鋼など
    - レール，線材など
  - 鋼板
    - 厚板類：極厚板，厚板(6 mm以上)，中板(3～6 mm)，クラッド鋼板
    - 薄板類：薄板(3 mm未満，熱間圧延，冷間圧延)，広幅鋼帯，亜鉛鉄板，ブリキ，アルミメッキ鋼板，表面処理鋼板，焼付け化粧鋼板
    - 鋼帯(熱間圧延，冷間圧延)
  - 鋼管：継目無し鋼管，溶接管，鍛接管，引抜管，遠心力鋳鋼管，亜鉛メッキ鋼管など

表4.7 マーキングの内容

規　格	表示項目
SS 400, SM 400 A	社章
SM 490 A, SM 490 B	社章，規格記号（丸形）
SM 490 C, SM 570 他	社章，規格記号（菱型）

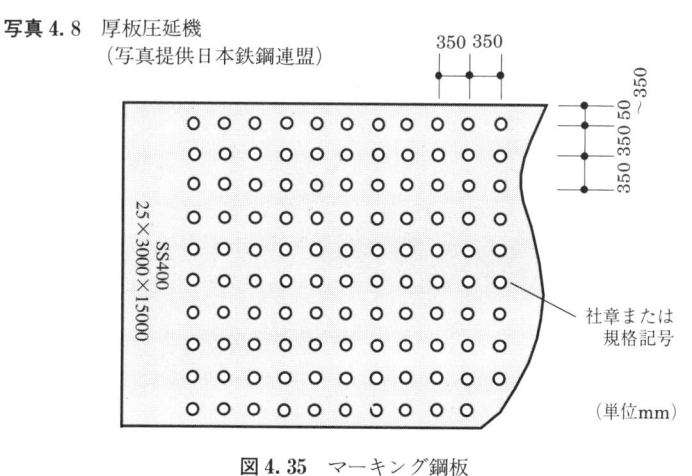

写真4.8 厚板圧延機
（写真提供日本鉄鋼連盟）

図4.35 マーキング鋼板

4.16 建築用鋼製品（その2）

(1) 形　　鋼

　建築構造用に使用されている代表的な熱間圧延形鋼の断面を図 4.36 に示す．これらの種類，寸法を表すために各断面の下側に示すような表記法を採用している．例えば H 形鋼では H-100×100×6×8 と表す．第 1 文字の H は H 形鋼であることを示し，**山形鋼（アングル）**では L を，**溝形鋼（チャンネル）**では C を用いる．そして，後の各数字は図中の寸法を mm 単位で順に示している．これらの形鋼のうち山形鋼，溝形鋼はブレース材，トラス部材の他，胴縁，母屋等に用いられる．また H 形鋼は構造部材として最もよく使用されている．これは I 形鋼と異なりフランジ厚が一定で加工組立も容易であり，強軸方向については**フランジ**が曲げ応力の大きい部位に，**ウェブ**がせん断応力の大きい部位に位置して（図 4.37）おり，フランジは主に曲げに，ウェブはせん断力に抵抗するという効率のよい断面構成となっているためであろう．しかし，弱軸方向についてはあまり断面効率がよいとは言えないため，抵抗の向きが固定しているはりには最も適していると言えよう．また，柱として用いる場合，弱軸方向の骨組にはブレース材を入れる場合が多い．断面形状の面からみるとフランジ幅 B と部材丈 H が等しいもの（**広幅 H 形鋼**），B が H の 1/2 程度のもの（**細幅 H 形鋼**），両者の中間的なもの（**中幅 H 形鋼**）などがある．広幅系は主に柱として，細幅系ははりとして使用されている．この他に新しい製品として，鉄骨鉄筋コンクリート構造（SRC）用に開発された**外法（そとのり）一定 H 形鋼**がある．従来の H 形鋼は図 4.8 に示すごとくロールの幅が一定であるためフランジ内法が一定であり，同一のシリーズでもフランジ厚が異なるとはり丈が異なってくる．この外法一定 H 形鋼は外法（はり丈）を変えずにフランジの厚さを変えることができる．図 4.38 にフランジ板厚を変化させた時の従来形 H 形鋼と外法一定 H 形鋼のちがいを示している．外法一定 H 形鋼の特徴は以下の通りである．

　①H 形鋼の丈及びフランジ幅が一定かつ整寸，②ウェブ，フランジ厚ともに標準寸法系列，③フィレット（フランジとウェブ結合部でウェブの広がっているところ）寸法の極小化，④寸法精度の向上

　この結果，設計断面が選び易く，コンクリートかぶり厚さや仕上げ寸法の一定化など，溶接組立 H 形鋼（Built up 材）と同じ効果が期待できる．

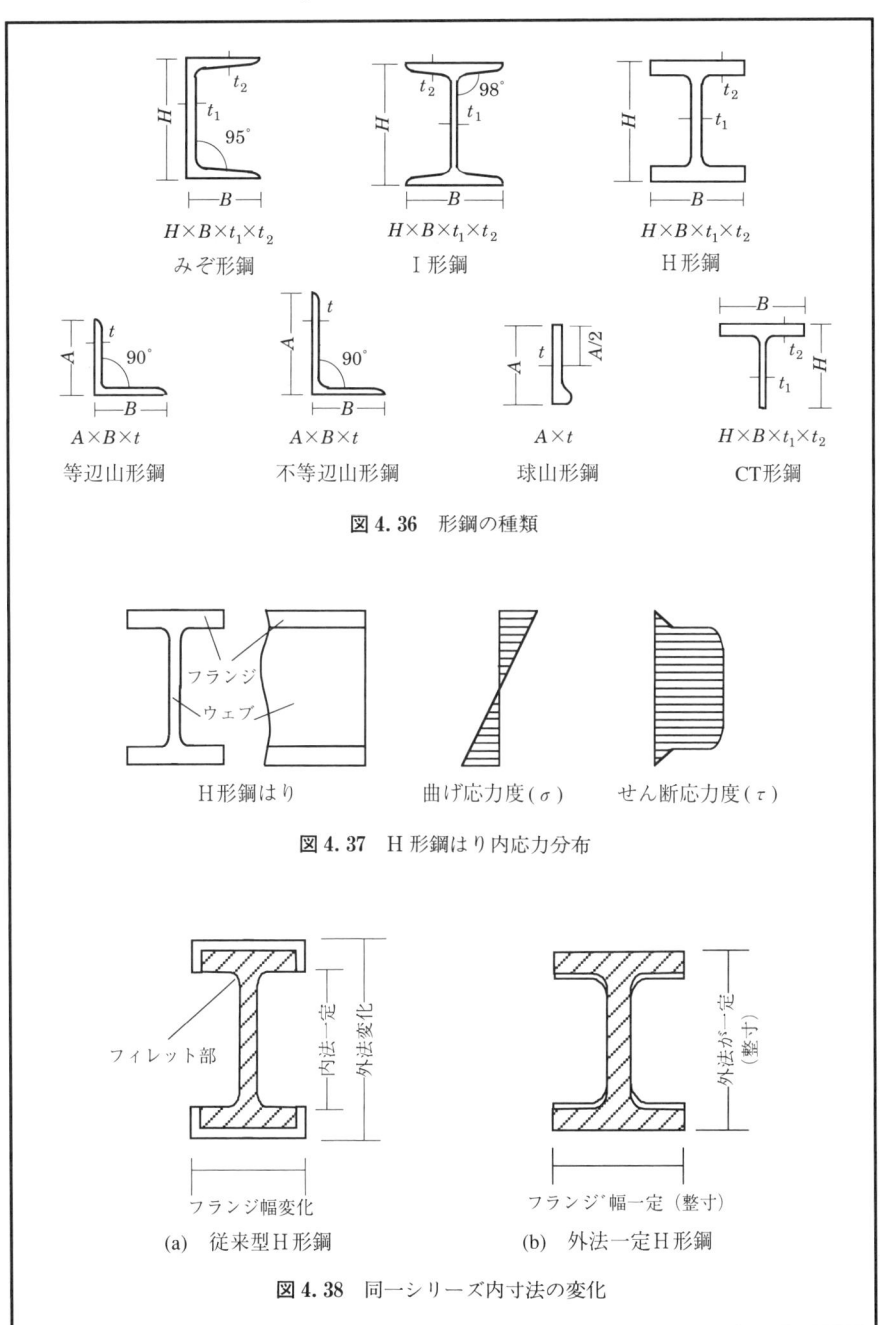

4.16 建築用鋼製品（その2）

図 4.36 形鋼の種類

- みぞ形鋼 $H \times B \times t_1 \times t_2$
- I 形鋼 $H \times B \times t_1 \times t_2$
- H 形鋼 $H \times B \times t_1 \times t_2$
- 等辺山形鋼 $A \times B \times t$
- 不等辺山形鋼 $A \times B \times t$
- 球山形鋼 $A \times t$
- CT形鋼 $H \times B \times t_1 \times t_2$

図 4.37 H形鋼はり内応力分布

- H形鋼はり（フランジ、ウェブ）
- 曲げ応力度(σ)
- せん断応力度(τ)

図 4.38 同一シリーズ内寸法の変化

(a) 従来型H形鋼（フィレット部、フランジ幅変化、内法一定、外法変化）

(b) 外法一定H形鋼（フランジ幅一定（整寸）、外法が一定（整寸））

4.17 建築用鋼製品（その3）

（1） 鋼　　管

　一般構造用炭素鋼鋼管は円形断面で継目無鋼管，鍛接鋼管，溶接鋼管の3種類があり，溶接鋼管には電縫鋼管の他に板をらせん状に巻いて両縁を溶接する**スパイラル鋼管**，鋼板を常温でU字形にプレスした後，O形にプレスして円形に成形し継目を溶接した **UO 鋼管**などがある（写真4.9）．鋼管は手すり，足場，支柱，杭，柱などに広く利用されている．敷地の制限により建物平面が不整形で X，Y 構面のはりが直交せず斜めに柱に接合される場合などには，方向性のない円形断面柱が最適である．一般構造用角形鋼管は前述した継目無鋼管，溶接鋼管を角形に冷間成形したり（ロール方式），鋼板を折り曲げて角形断面（プレス&ロール方式）または溝形断面（プレス方式）をつくり，合わせ目を溶接して製造する．建築構造部材としてはH形鋼に比べて，強軸，弱軸などの方向性が無く，X，Y いずれの方向にも強軸断面となっており骨組にブレース材を入れる必要がないため，近年柱材として広く使用されてきている．また，鋼管や角形鋼管内部にコンクリートを打ち込み鋼管コンクリート構造として使用する場合も増えてきている．溶接構造用遠心力鋳鋼管は均等な材質を持つ鋳鋼管で柱材として使用されている．肉厚を自由に変化させることができるので，柱はり接合部なども一体として鋳造できる．はりなどに用いられる圧延鋼材との溶接も問題はない．

（2） 軽　量　形　鋼

　軽量形鋼は薄鋼板または鋼帯より冷間ロール成形してつくられる2次加工製品である．その種類を図4.40に示す．断面が薄肉であるため局部座屈，腐食などが起こりやすく，軽微な建物に使用される．

（3） デッキプレート，キーストンプレート

　デッキプレート，キーストンプレートは薄鋼板や鋼帯を冷間圧延によって波形成形したもので，波形寸法の大きいものをデッキプレート，小さいものをキーストンプレートという（図4.41）．これらは床，屋根，壁材として使用される．特にコンクリート床の型枠代用材としてよく使用されている．これらはコンクリート床と一体で，耐火被覆が不必要な無被覆耐火構造として取り扱うことができるものもある．

4.17 建築用鋼製品（その3）

(a) 鋼管　　　(b) 角形鋼管

図 4.39　鋼管および角形鋼管

リップZ形鋼　リップみぞ形鋼　ハット形鋼

軽山形鋼　軽Z形鋼　軽みぞ形鋼

図 4.40　軽量形鋼

(a) デッキプレート

(b) キーストンプレート

図 4.41　デッキプレート

UO鋼管

スパイラル鋼管

電縫鋼管

写真 4.9　鋼管の製造
（写真提供日本鉄鋼連盟）

写真 4.10　デッキプレート床

4.18 建築用鋼製品（その4）

（1） 丸鋼

熱間圧延棒鋼と**バーインコイル**（熱間圧延された鋼線でコイル状のもの）とがあり，ボルトの素材，アンカーボルト用等に用いられる．

（2） 鉄筋コンクリート用棒鋼

鉄筋コンクリート用棒鋼としては丸鋼，異形棒鋼の2種類がある．これらは熱間圧延材で，その記号を表4.8に示す．2文字目のRは**丸鋼**を，Dは**異形棒鋼**を示し，数字は最小降伏強度を示す．また，断面直径は6mm（D6）から51mm（D51）のものまで3～4mm間隔で製造されている．その他に再生丸鋼，再生異形棒鋼も使用されている（表4.9）．コンクリートと鉄筋の一体性を確保するためにはコンクリートと鉄筋との間に相対的なずれを生じさせるせん断力に抵抗しなければいけないので，一体性の面からは異形棒鋼が優れており現在ではこれが主に使用されている．異形棒鋼の一例を図4.42に示す．

（3） 平鋼

平鋼は長方形断面を有する熱間圧延鋼板（図4.42）である．これを組合せてH形を構成し，その交叉部を隅肉溶接することにより圧延H形鋼にはない任意寸法の溶接H形鋼をつくったり，ラチスの素材などとして使用する．

（4） PC鋼線，鋼棒

PC鋼線は通常炭素量0.5～0.8%の高炭素鋼で，焼き入れ，冷間引き抜き等を経たもの，冷間圧延により線材を製造したものなどがよく用いられる．引張強度は径によっても異なるが1,520～2,110 Mpa である．

PC鋼棒はプレストレストコンクリート用の緊張材として使用される．すなわち，コンクリートは圧縮力には強いが引張力には弱く，すぐに亀裂を発生してしまう．この性質を補うため引張強度の高いPC鋼棒を用いてあらかじめコンクリート部材を両側から締め付けることにより，同部材に圧縮力を導入する．すると，コンクリート部分に亀裂を生じにくくなり，部材の剛性を確保することができる．PC鋼棒の材料はSi-Mn鋼で，製造法により引抜加工を行った引抜鋼棒，圧延のままの圧延鋼棒，高周波熱処理を行った熱処理鋼棒の3種類がある．必要最低強度は780から1,420 Mpa まで多くの種類がある．張力の導入，定着のため両端にあらかじめ転造ねじが切ってある．

4.18 建築用鋼製品(その4)

表4.8 鉄筋コンクリート用棒鋼

規格名称		種類	化学成分(最大)(%)									引張試験値			試験片
			C	Si	Mn	P	S	$C+\dfrac{Mn}{6}$	Cu	Cr	Ni	降伏点または耐力 (N/mm²)	引張強さ (N/mm²)	伸び (%)	
J I S G 3 1 1 2	SR 235		—	—	—	0.050	0.050	—				235	390〜530	20 24	2号 3号
	SR 295		—	—	—	0.050	0.050	—				295	450〜610	18 20	2号 3号
	SD 295	A	—	—	—	0.050	0.050	—				295	450〜610	16 18	2号 3号
		B	0.27	0.55	1.50	0.040	0.040	—				295〜395	450	16 18	2号 3号
	SD 345		0.27	0.55	1.60	0.040	0.040	0.50				345〜440	500	18 20	2号 3号
	SD 390		0.29	0.55	1.80	0.040	0.040	0.55				390〜510	570	16 18	2号 3号
	SD 490		0.32	0.55	1.80	0.040	0.040	0.60				490〜625	630	12 14	2号 3号

表4.9 鉄筋コンクリート用再生棒鋼

種類		記号	降伏点または0.2%耐力 (N/mm^2)	引張強度 (N/mm^2)
RC用再生棒鋼	再生丸鋼	SRR 235	235 以上	380〜590
		SRR 295	295 以上	440〜620
	再生異形棒鋼	SDR 235	235 以上	380〜590
		SDR 295	295 以上	440〜620
		SDR 345	345 以上	490〜690

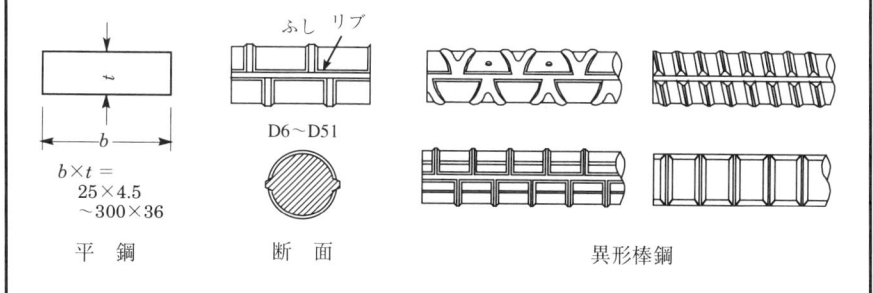

$b \times t = 25 \times 4.5 \sim 300 \times 36$

平鋼　　　断面　　　異形棒鋼

ふし　リブ

D6〜D51

図4.42 平鋼および棒鋼

4.19 その他の金属材料（その1）

　鉄鋼以外の金属を**非鉄金属**といい，鉄よりも古くから使われている銅，金，銀や亜鉛，鉛，錫，アルミニウムなどが含まれる．これら非鉄金属は内外装材や建築金物の材料として使用されることが多いが，それぞれに特有の光沢や色調を持ち，強度などの力学特性を兼ね備えたものが多い．また，これらのイオン化傾向はアルミニウム，亜鉛，鉄，鉛，銅，銀，金の順に低くなりさびにくくなる．しかしイオン化傾向の高いアルミニウムや亜鉛でも表面に酸化皮膜を形成すると耐食性は大きくなる．表4.10に非鉄金属材料の物理的性質と機械的性質をまとめて示す．これらのうちより建築材料としてよく使用されている銅およびその合金，亜鉛，鉛，アルミニウムおよびその合金，また最近脚光を浴びているチタンを取り上げ，ステンレス鋼とともに概略説明を加える．

（1）　ステンレス鋼

　ステンレス鋼は炭素鋼とCrまたはCr, Niとの合金である．ステンレス鋼には現行のJIS規格で50以上の種類があり，Crを主体としたマルテンサイト系，フェライト系，Crの他にNiを含むオーステナイト系，オーステナイトとフェライトが混在した二相系の四つにに大別される．ステンレス鋼は普通鋼に比べ，熱伝導率は1/3，熱膨張係数は3/2倍である．ステンレス鋼はさびにくく美しい表面を持つことから，主に意匠材，建具などとして使用されてきた．一方，その強度，剛性も普通鋼に比べて遜色がなく，耐熱性，靱性にも優れた素材であることから，その特徴を活かしてこれをさらに仕上げ材兼用の建築構造材に使用しようとする試みがなされている．ステンレス素材を構造物へ組立てる際には一般に高い溶接技術を必要とする．このため，溶接性が比較的良好なオーステナイト系の**SUS304**（SS400の強度クラス）や，**SUS304N2**（SM490の強度クラス）が使用されている．これらの組成を表4.11に示す．またステンレス鋼の応力-ひずみ関係の一例を図4.43に示した．応力-ひずみ関係は降伏棚がなく鋼のそれに比べてかなり異なっていることが分かる．現在，ステンレス鋼を用いた構造物の設計，施工方法がすでに整備されており，これからさらに構造材料として使用される機会も多くなると思われるが，材料単価の高いことが難点である．これまでにも既にプールやアトリウムの屋根，平屋建て建物の構造材などいくつかの構造物に使用されている．写真4.11はその一例である．

4.19 その他の金属材料(その1)

表 4.10 非鉄金属素材の物理的性質および機械的性質[16]

金属	密度 (g/cm^3)	融点 (℃)	比熱 ($J/kg \cdot K$)	線膨張係数 ($10^{-6}/℃$)	熱伝導率 ($W/m \cdot K$)	電気比抵抗 ($10^{-6}\Omega cm$)	ヤング係数 ($10^3 N/mm^2$)	引張強さ (N/mm^2)	降伏点・耐力 (N/mm^2)	伸び (%)
アルミニウム	2.69	660	933 (100℃)	24.6	222	2.65	70.2	86〜195	1.4〜16.9	4〜50
銅	8.93	1 080	385	16.5	393	1.55 (0℃)	129	245	6	40〜60
金	19.3	1 060	127	14	309	2.4	76.4			
鉛	11.3	327	127 (0℃)	29	35.1	21	15.8	9〜23		20〜60
マグネシウム	1.74	651	1 005 (20〜100℃)	25.8	17.2 (0℃)	3.9 (0℃)	44.3			
ニッケル	8.9	1 450	440	13.3	92	6.58	206			
銀	10.5	961	233 (0℃)	19	417 (0℃)	1.62	81.0			
すず	7.28	231	268 (0℃)	21	64.1	11.4	57.1			
亜鉛	7.12	419	384 (0℃)	(30)	113	5.9	75〜79	110〜280	11〜28	30〜50
チタン	4.51	1 668	523 (100℃)	9.0	16.7	50	107	300〜700		

表 4.11 ステンレス鋼の組成

鋼種	C	Si	Mn	P	S	Ni	Cr	N	Nb
SUS 304	0.08	1.00	2.00	0.045	0.03	8.0〜10.5	18.0〜20.0	-	-
SUS 304 N2	0.08	1.00	2.50	0.045	0.03	7.5〜10.5	18.0〜20.0	0.15	0.15
SM 400 A	0.23	-	2.5 C	0.040	0.04	-	-		

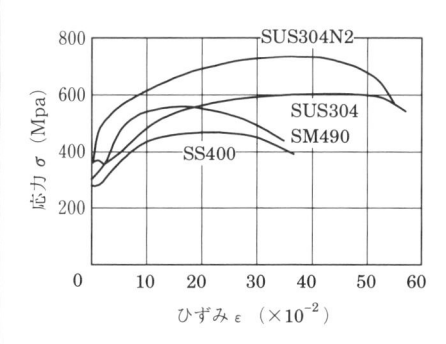

図 4.43 ステンレス鋼の応力-ひずみ関係[17]

写真 4.11 ステンレスを構造材として使用した建物[18]

4.20 その他の金属材料（その2）

（1） 銅および銅合金

　銅は黄銅鉱などの鉱石から粗銅をつくり，電解精錬により純銅とする．図4.44に銅の製造工程の概要を示す．銅は通電性，熱伝導性，展延性に優れており，特に電気伝導率，熱伝導率は銀に次いで高い．また銅は他の金属への添加元素としても用いられ，展延性や耐食性を与えることはよく知られている．建築の分野では銅の光沢や，**緑青**（ろくしょう）のような独特の表情を以前から利用してきた．本来，銅は肉紅色をしており，乾燥空気中では腐食しないが，湿度が高いと腐食し光沢がなくなり暗褐色となる．腐食がさらに進行すると塩基性酸化銅を生じて緑色となる．これが緑青である．この緑青は大気中の水分や炭酸ガスの影響を受けて生じる表面皮膜であるが，内部に進行しにくく，不動態皮膜として内部の銅金属を守る性質を持っている．しかし，酸やアンモニアに対しては弱く腐食しやすい．銅は主に電線として使用されているが，建築分野では屋根ふき材として使用されている．これらはあらかじめ表面を化学的に処理して緑青を発生させたり，黒色化させたものもある．

　また，銅は古くから合金として使用されてきた．銅に亜鉛（Zn）を加えた**黄銅**（別名：しんちゅう）や錫（Sn）を加えた**青銅**など建築金物としての用途も広い．これら銅合金の機械的性質や物理的性質を表4.12に示す．黄銅の亜鉛含有量は10～45％で，含有量により赤銅色から黄金色までの色調を示し，加工性や機械的性質も優れ耐食性も大きいが，酸やアルカリには侵されやすい．黄銅は銅よりも安価であるため，線材，棒材，板材として建築金物などに広く用いられている．青銅は錫を4～12％含み，その含有量によって性質も変化する．青銅は黄銅より耐食性に優れ，強度も鉄に次いで高く鋳造しやすい．そのため各種の装飾金物や美術工芸材料に使用されている．10％まで錫を含有し，さらに亜鉛や鉛（Pb）等を含んだ銅合金を砲金または錫青銅と呼ぶが，強度や硬度，耐久性に優れているため，機械部品や衛生設備用配管継手などに利用されている．**洋白**は銅，ニッケル，亜鉛の合金で色が白く，さびにくく，加工しやすい．洋食器，装飾品，手すり，化粧板などに用いられている．その他にもりんで脱酸した銅と錫の合金りん青銅，アルミニウムを約10％含む銅と錫の合金アルミニウム青銅などがあり，装飾金物として広い用途がある．

4.20 その他の金属材料（その2）

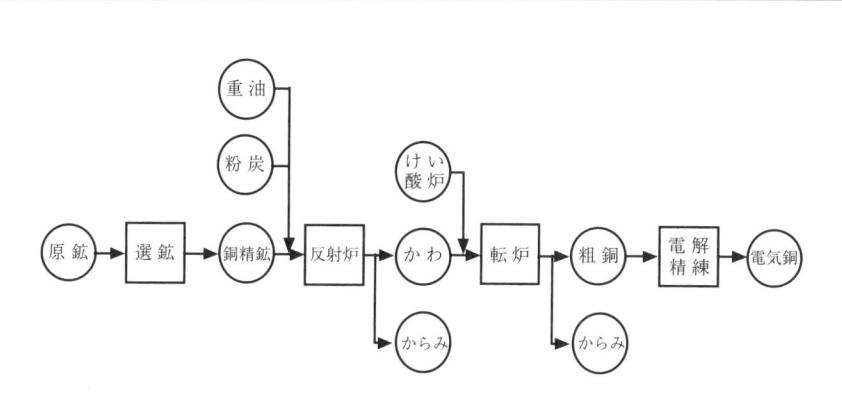

図 4.44 銅の製造工程[19]

表 4.12 銅合金の物理的性質および機械的性質[20]

材料			引張強さ (Mpa)	耐力 (Mpa)	伸び (%)	ヤング係数 (×10³N/mm²)	密度 (g/cm³)	融点 (℃)	電気比抵抗 ($10^{-6}\Omega$cm)	熱伝導率 (W/m·K)	熱膨張係数 (10^{-6}/℃)	用途
名称	標準組成(%)	材質										
黄銅 (7/3)	Cu-30 Zn	軟質	323	108	62	111	8.5	912〜955	6.2	111	19.9 (25〜300℃)	建具装飾金物
りん青銅	Cu-5 Sn	硬質	559	519	10	111	8.9	950〜1050	11	73.0	17.8 (20〜300℃)	防虫網発条
洋白	65 Cu-18 Ni-17 Zn	硬質	588	510	3	124	8.7	1070〜1110	29	30.7	16.2 (20〜300℃)	金物装飾品

写真 4.12 銅屋根を用いた寺院

4.21 その他の金属材料（その３）

（１） アルミニウム，アルミニウム合金

　アルミニウムが発見されたのは1827年であるが，工業的に生産されるようになったのは約70年前である．アルミニウムはボーキサイトを原料とし，アルミナを経てそれを電解して製造する．その際，大量の電力を必要とするが，現在鉄に次いで2番目によく利用されており，その利用範囲は建築，自動車，航空機などきわめて広い．アルミニウムは美しい銀白色で光沢を有し，軽量で優れた展延性を有する．このため形材，板，棒材などの他に0.006 mm程度の厚さの箔とすることもできる．また，大気中で自然酸化皮膜を形成するので良好な耐食性を示す．しかし，アルミニウムは酸，アルカリ，海水などには侵されやすい．このため，湿ったコンクリートやモルタル（アルカリ性）とアルミサッシなどが直接接触することは避けなければいけない．また，アルミニウムは軟質で強度が低く熱に弱いためアルミニウムにMn, Cu, Mg, Si, Znなどの元素を加え，耐食性，耐熱性，強度などを向上させた多くのアルミニウム合金が開発されている．アルミニウムおよびその合金には展伸材と鋳物材とがあり，展伸材には純アルミニウムを1000系として以下2000〜7000系まで番号が付けられている．そのうち建築用材料としてよく用いられるものを表4.13に示す．アルミニウムの溶接は可能であるが，溶接後耐食用被膜処理が必要であるため，現場での接合形式には用いられずビスを用いている．

　鉄に比べてさびにくく，光沢を失わないので建築外装用としてはカーテンウォール，サッシ，ルーバー，手すりなど，内装用としては間仕切，壁・天井パネル，建具など広い範囲で利用されている．また，山形，溝形，パイプ，ボックスなども製造されているが，その他にも色々な断面形状がある．

　また，構造部材としては高温多湿となる小規模温室や家庭用サンルームなどの骨組として利用されている．写真4.13はアルミニウムを用いた広縁の一例である．アルミニウムをこのように建築材料として用いる場合に注意すべきことは耐食性の確保である．アルミニウムの表面処理法には陽極酸化処理（電気化学的方法）と化成処理（化学的方法）とがある．陽極酸化処理でつくられる皮膜にはシルバーアルマイト，自然発色皮膜，電解着色皮膜，染色皮膜，複合皮膜などがある．

4.21 その他の金属材料（その3）

表4.13 アルミニウム合金の材質と用途[21]

種類	材料 合金名	記号	熱処理*	引張強さ (Mpa)	伸び (%)	ブリネル硬さ**	用途例
展伸材	Al-Cu-Mg系	2017 (ジュラルミン)	O	179	22	441	リベット材
			T_4	427	22	1,029	
		2024 (超ジュラルミン)	O	136	22	461	航空機用構造材
			T_4	468	19	1,176	
	Al-Mn系	3003	O	111	40	274	一般建材
			H_{14}	131	20	343	日用品, 容器
			H	200	10	539	
	Al-Mg系	5052	O	193	30	461	装飾用品 高級器物
			H_{32}	227	60	588	
			H_{34}	262	68	664	
			H_{36}	275	73	715	
			H_{38}	289	77	755	
			F	192	—	—	
		5056	O	274	35	931	
			H_{34}	294	15	—	
			H_{36}	372	10	980	
			F	269	31	—	
	Al-Mg-Si系	6061	O	124	30	274	建装用サッシ クレーン・鉄塔
			T_4	241	25	637	
			T_6	310	17	931	
		6063	T_4	172	22	—	
			T_{42}	152	20	412	
			T_5	194	12	588	
			T_6	241	12	715	
			T_{83}	255	9	804	
鋳物材	Al-Si系	AC3A	F	176以上	5以上	約490	カーテンウォール
	Al-Si-Mg系	AC4C	F	157以上	3以上	—	カーテンウォール
			T_5	176以上	3以上	約637	
			T_6	225以上	3以上	約833	
			T_{61}	245以上	1以上	約882	
	Al-Mg系	AC7A	F	216以上	12以上	約588	取っ手, 彫刻素材 事務用機器, 椅子

*下表による。
**ブリネル硬さ：硬球を押しつけてくぼませるのに必要な単位面積当りの力

質別記号	内容
O	焼なましたもの
F	製造のままのもの
R	熱間圧延のままのもの
H32	加工硬化後安定化処理をしたもので、加工硬化が1/4に対応するもの
T4	溶体化処理後, 常温時効をしたもの
T5	高温加工から急冷後, 人工時効硬化処理をしたもの
T6	溶体化処理後, 人工時効硬化処理をしたもの

写真4.13 アルミニウムを用いた広縁

4.22 その他の金属材料（その４）

（1）亜　鉛

図4.45に**亜鉛**および鉛などの製造工程を示す．亜鉛は酸やアルカリには弱いが，湿った空気中や水中では皮膜をつくるので内部への酸化を防ぐことができる．亜鉛は鋼の防食を目的として鋼板や鋼部材および高力ボルトなどに施すめっき材として使用されることが多い．亜鉛めっきを施した鋼材を用いると，亜鉛は鋼に比べてイオン化傾向が高いので，たとえ鋼材に傷がついても鋼本体が腐食することを遅らせることができる．

（2）鉛

鉛は比重が大きく軟らかく，延性が大きい．空気中では表面に安定した保護皮膜ができ，優れた耐食性を有する．また，鉛は質量が大きいためX線等の放射線を遮蔽する効果がある．酸に対する抵抗性はかなり大きいが，アルカリには弱いため，特に湿ったモルタルやコンクリートとの接触は避ける必要がある．主な用途として屋根ふき材，樋，レントゲン室の放射線遮蔽用などがある．その他，地震，風による高層建物の振動を低減するダンパー材としても応用が試みられている．

（3）チタン

チタンには純チタンとチタン合金とがある．チタン合金は純チタンの性質をさらに改善するためAl, V, Sn, Moなどを添加したものであるが，加工が難しい．チタンを建築用材料として用いる最大の理由はその優れた耐食性である．本来，チタンは反応しやすい金属であるが，水または水酸基の下で形成される酸化皮膜に保護されると酸，アルカリその他の腐食源に対して優れた耐食性を示す．このようにチタンは酸性雨などにも強く，さびについてはメインテナンスが不要である．また，この酸化皮膜の厚さを人工的に調整してやることにより光の波長との関係で無数の色を実現することができる．純チタンはステンレスと同程度の加工性があり，曲げ加工，切削加工にも問題はない．溶接は真空またはアルゴン雰囲気内で行うため屋外現場での溶接は難しい．このようにチタンには優れた耐久性があるため建築物の屋根，内外壁，モニュメントなどに使用され始めている．写真4.15は屋根材としてチタンを使用した開閉式ドーム球場である．

4.22 その他の金属材料（その4）

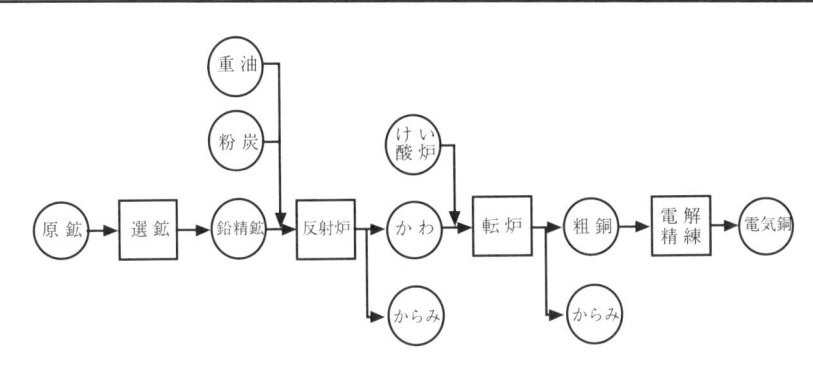

図 4.45 亜鉛，鉛などの製造工程[22]

写真 4.14 溶融亜鉛めっきを施した柱，階段
（坂本龍馬記念館）

写真 4.15 チタン屋根を用いた福岡ドーム
（写真提供竹中工務店）

非構造材料編

第5章　石　　　　材
第6章　セラミックス
第7章　ガ　ラ　ス
第8章　高分子材料

写真①　れんが造大理石張り（ピサ大聖堂と斜塔，イタリア，12〜14世紀）

写真②　タイルとテラコッタ（リューベック市庁舎，ドイツ，13世紀）

写真③ グレージングと50種もの石材を用いた内外装（梅田シティー，大阪）

写真④ 高分子材料屋根（東京ドーム，写真提供竹中工務店）

第5章 石　　　材

5.1 石材と建築

　石灰石を精巧に積み上げた古代エジプトの大ピラミッド群や，白い大理石を用いた美しい古代ギリシャのパルテノン神殿（写真5.1），あるいは，古代ローマ人の残したアーチの技術による水道橋など，西洋においては古くから石造の建築・土木構造物が造られてきた．その後も石材は大規模な城（写真5.2）や教会建築（写真5.3）の構造体，あるいは，煉瓦造の内外装材として用いられた（154頁，写真①）．

　一方，わが国では，木材が豊富であることや，地震が多いため石造建築は，大被害を受けるのであまり発達せず，17世紀の長崎で，中国の僧が純粋なアーチ橋を築いた例もあるが，石材は，もっぱら，城郭の石垣や建築物の基礎にのみ利用されてきた．

　明治時代になり，コンクリートの技術が普及し，石材の使用は減った．しかし，石材は，その美しさに加え，耐久性，耐火性を持つ仕上げ材として鉄筋コンクリート造や鉄骨造の内外装に用いられるようになった．

　わが国では，国会議事堂（写真5.4）の建設の際に，全都道府県から名産の石材が寄せられ使用されたようにその種類は豊富である．しかし，採石場が小さく，人件費も高騰し，生産性が劣るため，最近では，外国産の輸入材が大半を占めるようになってきている．これらの石材の大半は板材に加工され，内外装材として使用されている（写真5.5）．なお，石材は，砕石としてコンクリート用骨材に間接的にも多く利用されている．

　一方，天然石を模して造られる人造石，あるいは人造石塗りがある．これには，現場で行う人造石塗りと，工場で，板やブロック類に造るものがある．これらは，大理石や，花崗岩の砕石を種石として，カラーセメントや合成樹脂などで固化し磨いたもので，大理石風に仕上げたものはテラゾーと呼ばれる．また，のみ痕を模した凹凸に仕上げ御影石風に仕上げるものもある．この板類は塊状に固化したものを薄く挽いて造られるものと始めから板状に造る場合がある．これらの人造石は天然石より安価で自由な大きさが得られ，最近では天然石と区別のつかないような精巧なものもある．

5.1 石材と建築

写真 5.1 大理石建築（パルテノン神殿，ギリシア，BC 5 世紀）

写真 5.2 石　造（シャンボール城，フランス，1547）

写真 5.3 石　造（ノートルダム寺院，パリ，1250）

写真 5.4 花崗岩（議院石）張り（国会議事堂，1936）

写真 5.5 花崗岩（稲田石）張り（最高裁判所，1974）

5.2 岩石の種類

石材のもととなる岩石は，表5.1に示すように火成岩，堆積岩，変成岩に大きく分けられる．

（1）火 成 岩

火成岩はマグマが冷却凝固したもので，マグマの冷却速度により結晶物の大きさや性質が異なり，地下深部で徐々に冷却されたものは，結晶物の直径が2mm以上になり，硬く，磨けば光沢と結晶模様をなす．これを**深成岩**といい，岡山県から山口県にかけての**花崗岩**（写真5.6）が有名で，強度と耐久性を有し外装用に多用される．また，火山の噴出物や，地表面近くで急激に冷却したものは，細かい結晶でできており，肉眼でも見えるような斑状組織を示す．これを**火山岩**といい，安山岩，流紋岩，玄武岩などがある．これらには耐火性がある．さらに，深成岩と火山岩の中間的なものは**半深成岩**といい，1mm位の結晶物で構成され，これには石英斑岩などがある．なお，火成岩は明度によって分類され，花崗岩などのように石英質（SiO_2）が多く白っぽいものを**酸性岩**といい，斑レイ岩（黒御影）や玄武岩などのようにMgOやFeOなどを多く含み黒っぽいものを**塩基性岩**という．その中間を**中性岩**(安山岩など)という．

（2）堆 積 岩

堆積岩は，地表の岩石が風化，侵食を受けて堆積し凝固したもので，これには，①砂や粘土が堆積したもの（砂岩，粘板岩：写真5.7），②火山放出物の堆積したもの（凝灰岩：写真5.8，軽石），③生物の遺骸が堆積したもの（石灰岩，チャート，石炭）がある．堆積岩は軟らかく加工し易いものが多く建築物によく用いられている．また粘板岩は，薄い層状になっており薄板に剥がすことができるので，**スレート**として屋根葺きに用いられてきた．

（3）変 成 岩

堆積岩が，マグマの貫入や造山作用により変質したものが**変成岩**である．これには，①石灰岩がマグマの熱により変成したもの（**大理石**，写真5.9），②造山運動時の圧力や熱により変成したもの（結晶片岩），③複数の岩石が化学作用により変成したもので，カンラン石が変質し，緑色の蛇紋岩や，これに方解石が網状模様に走る蛇灰岩などがある．

また，大理石で，虫食い状の孔を持つものは**トラバーチン**と呼ばれる．

5.2 岩石の種類

表5.1 日本の岩石の種類と石材の例

	種類		特徴など	石材名（県）
火成岩	深成岩	花崗岩	主鉱物は，石英，長石，雲母 硬く光沢があり，耐久性があり	稲田石（茨城）北木石（岡山）
		閃緑岩 ハンレイ岩	暗色で，黒御影と呼ばれる．主鉱物：斜長石，角閃石，雲母	甲州御影（山梨）
	半深成岩	粗粒玄武岩 砕ハン岩	主鉱物：斜長石，輝石，角閃石，黒雲母 暗灰・灰白色	
	火山岩	安山岩 流紋岩 玄武岩	主鉱物：花崗岩と同じ 石英粗面岩の一種で，淡灰色，濃灰色，多孔質なものは軽石	鉄平石（長野）小松石（神奈川）浮石（伊豆）
堆積岩		粘板岩	緻密で剥離性が有る．スレートと呼ばれ屋根葺き材にする	玄昌石（宮城）
		砂岩	加工し易い，吸収性大	和泉砂岩（大阪）多胡石（群馬）
		凝灰岩	多孔質，耐火性大，加工し易い	大谷石（栃木）
		石灰岩	主成分：$CaCO_3$	石灰石（山口）
変成岩		大理石	磨くと美しい色，模様，光沢を成す，耐火性，耐久性が多少小 オニックスは，虫食い状の孔を持つ緑色	イタリヤ，ポルトガル，ギリシャ等からの輸入
		蛇紋岩		蛇紋石（埼玉）

花崗岩　議院石　広島県安芸郡倉橋町

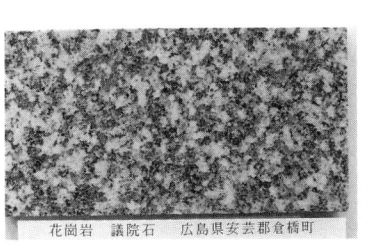

写真5.6 花崗岩（議院石）

写真5.7 粘板岩（玄晶石，宮城）（厚さ5mmに割った状態）

写真5.8 擬灰岩（大谷石）（淀川製鋼迎賓館ライト設計，芦屋，1924）

大理石・霞更紗　山口県美祢市（長州霞）

写真5.9 大理石（美称大理石，山口）

5.3 岩石の性質

(1) 密度
密度は，岩石中の空隙の割合の大きいものほど小さく，主なものを表5.2に示す．

(2) 強度など
主な物理的性質を表5.2に示すが，岩石は，密度の大きいものほど硬く緻密で，強度も大きい．また，花崗岩の場合を見ると，圧縮強度は，147(N/mm^2)以上と大きいが，曲げ強度，引張り強度はその1/10，および1/30と小さく，割れやすい材料であることが分かる．

(3) 耐火性
鉱物によって熱膨張率は異なり，岩石には組成鉱物の組合せによって，高温下で崩壊し易いものがある．例えば，石英は，573℃で結晶構造が変化し1.4%の体積膨張をする．そのため，図5.1に示すように，石英結晶粒の大きい花崗岩は，この温度を越えると組織が緩み，強度が低下する．一方，結晶の小さい火山岩や，空隙の大きい堆積岩は耐火性がある．また，主成分が石灰石の大理石は500℃で光沢を失い，800〜900℃を越えると，CaOとCO_2に熱分解を始める．したがって，暖炉などの用途には注意を要する．

(4) 耐久性，凍害
石材は凍害と大気中の酸との化学作用によって次第に劣化し風化が進行する．凍害は岩石中の間隙水が凍結膨張し，膨張圧で剥離することによるもので，吸水率の小さい花崗岩は，比較的耐凍性があるが，吸水率の大きい砂岩や凝灰岩などでは被害が大きい．

また，空気中の炭酸ガスや，亜硫酸ガスは雨水に溶けて酸となり，石灰石成分（$CaCO_3$）を溶かし可溶性塩類となって表面を汚したり，鉄分を含む岩石と反応し赤錆を生じさせる．

さらに，石張り用の張り付けモルタルや目地モルタルに含まれる硫酸塩，炭酸塩が水に溶け出し表面を白く汚す．これをエフロレセンス（efflorescense）という（写真5.10）．

なお，石灰岩板材は，風化により光沢を失い，反りを生じるので外装には適さない．主な石材の修繕を要するまでの耐久性を表5.3に示す．

5.3 岩石の性質

表5.2 主な石材の物理的性質[1]

岩 石	密度 (g/cm³)	吸水率 (%)	強度 (N/mm²)			ヤング係数 (KN/mm²)	熱的性質		
			圧縮	曲げ	引張り		耐熱度 (℃)	熱伝導率 (W/m·K)	熱膨張率 10^{-6}/K
花崗岩	2.65	0.35	147	14	5.4	51	570	2.1	7.0
安山岩	2.50	2.5	98	8.3	4.4	—	1,000	1.7	8.0
粘板岩	2.70	—	69	69	—	67	1,000	—	—
砂岩（軟）	2.00	11.0	44	6.9	2.5	17	1,000	0.8	8.0
凝灰岩（軟）	1.50	17.2	8.8	3.4	0.8	—	1,000	0.8	8.0
石灰岩	2.70	0.5~5.0	49	—	—	30	600	2.1	5.0
大理石	2.70	0.30	118	11	5.4	76	600	2.3	7.0
軽石（軟）	0.78	—	2.9	—	—	6.9	—	0.9	—

写真5.10 エフロレセンス

表5.3 修繕を要する年数(A.A.Julien)

岩 石		戸外寿命（年）
砂 岩	粗粒	5~15
	細粒	20~50
	微粒	100~200
苦土質大理石	粗粒	40
	細粒	60~80
大理石		50~100
花崗岩		75~200
石灰岩		20~40

注）ニューヨーク市内
（日本ではもっと短い）建築材料用教材より

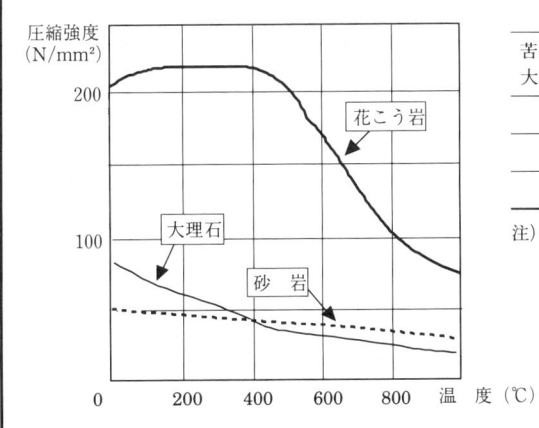

図5.1 石材の温度と強度の例[2]

5.4 採石と加工

(1) 採　石

わが国で現在多く利用される石材は，花崗岩と大理石であるが，5.1節で述べたように大半が輸入されている．大理石はイタリア産が圧倒的に多く，次いで，ギリシア，フィリピン，スペイン産である．山口県での生産量はわずかである．また花崗岩は，韓国，中国，インド産が多いが，その他にもヨーロッパや南米各地から輸入されている．

採石方法は，石の性質に応じて異なり，①花崗岩は硬いが，熱に弱いので，ガスバーナーの火力で岩から周囲を切断され（ジェットバーナー方式），爆薬で下部を浮かせて切り出す（写真5.11）．また，②大理石は，軟らかいので，広い採石現場では，ワイヤーソーで擦り切る方法（ワイヤーソー方式），③狭い現場では，ドリルや鋼くさびと爆薬を併用して（ジャックハンマー方式）切り出す．④さらに軟らかい堆積岩は，チェーンソーで切り出す（チェーンソー方式）．

(2) 加　工

原石は，加工工場で，目的に応じて，角石に（写真5.12），あるいは，2～5cm厚の板石材に（写真5.13）切断され，さらに表面仕上げされ，伝統的なくつ石や間知石（けんち石）（図5.2），あるいは建築用仕上げ材となる．

表面仕上げには次の方法がある．

　ⓐ **粗面仕上げ**：粗面仕上げには，大鋸等のひき痕を残すひき肌と，工具の叩き痕を残す叩きがあり，叩きは伝統的な方法で，図5.3に示す道具が用いられ，こぶ出し，びしゃん叩き，小叩き，割肌等がある．

　ⓑ **研磨仕上げ**：目の細かいサンダーや砥石で磨き，光沢を出すもので，仕上げの種類には，粗磨き，水磨き，本磨きがある．また本磨きには，艶消しと艶ありがある（写真5.14）．

　ⓒ **ジェットバーナー仕上げ**：花崗岩の場合，平滑仕上げの後，ジェットバーナーで，加熱後水で急冷し，表面の石英長石を剥離させて細かい凹凸を持たせて仕上げる場合と，さらに後で化繊ポリッシャーなどで少し滑らかにする場合がある．

　ⓓ **サンドブラスト仕上げ**；あるいはショットブラスト仕上げ：砂や鉄砂などを高圧で，吹き付けて凹凸をつくる．

5.4 採石と加工

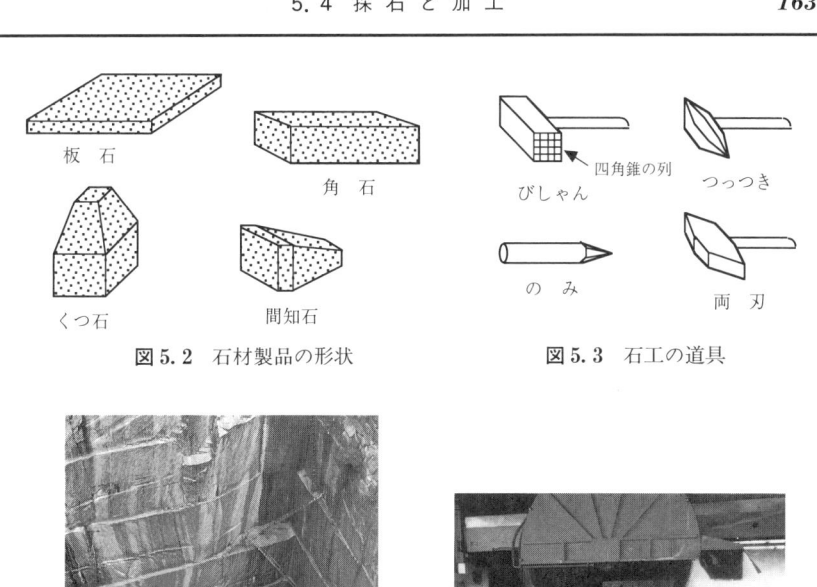

図 5.2 石材製品の形状
- 板石
- 角石
- くつ石
- 間知石

図 5.3 石工の道具
- びしゃん（四角錐の列）
- つっつき
- のみ
- 両刃

写真 5.11 採石場（花崗岩，岡山県北木島）

写真 5.12 切断

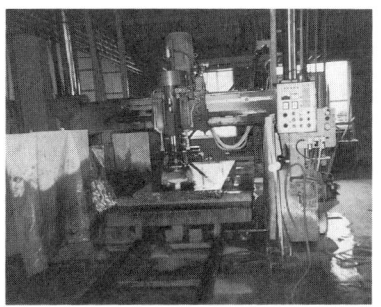

写真 5.13 板材（大理石，山口）

写真 5.14 研磨（大理石，山口）

5.5 石　工　事

　建築に使用される場合の石工事には，構造材として積み重ねる積み石工法と，仕上げ材として鉄筋コンクリート材などに張り付ける張り石工法がある．

　積み石工法は，伝統的に石造建築に用いられたてきたもので，これには簡単な接合金物（**だぼ，かすがい**）とモルタル（**とろ**）を用いて積み重ねたものである．だぼは，接触する石材の両側に孔を掘り，差し込んで石材がずれないようにするもので，これには木製，銅製，鉄製などが使用されてきた．

　わが国のような地震国では，耐震性を持たせるため鉄筋とモルタルなどで補強する必要があり，これを補強石造という．凝灰岩，砂岩，石英粗面岩などの軟い石は，鉄筋補強のための溝加工などが容易で利用し易い．

　しかし，石造建築は，わが国では，伝統的な蔵や住宅のような小規模なものに使用されている程度である．

　一方，**張り石工法**は，美しく高価な石材を薄く切断した板材（最近では20～30 mm程度のものも使用される）を，内外壁や床に用いるもので幅広く使用されている（写真5.15, 16）．これには，湿式工法と乾式工法がある．

　湿式工法は，躯体コンクリートへの差し筋を利用しこれに縦横筋を配して，金物（**引き金物**，だぼ，かすがいなど，図5.4（a））を用い，これにモルタル（とろ）を充填し固定する方法である．これには，石材の裏面全体にとろを充填する方法（全とろ工法）と石材周辺のみ帯状にとろを充填する方法（帯とろ工法）がある．外部からの圧力の大きい外壁や床には全とろ工法が用いられる．

　この湿式工法は，モルタルを用いるため，エフロレセンスによる白華現象の恐れがあることや，施工に熟練とモルタル硬化のための時間を要するので，最近では，モルタルを用いず受け金物によって固定する**乾式工法**が増えてきている（図5.4（b））．この金物は，外壁用には，ステンレス鋼が使用される．

　また，プレキャストコンクリート部材の打設時に石材を伏せて並べ，この上からコンクリートを打設し，一体化させる方法（石先付けプレキャストコンクリートパネル工法：GPC工法，図5.4（c））も増えてきている．さらに，板材をスチールフレームで補強した，石張りカーテンウォール工法も開発されている．

5.5 石工事

写真 5.15 乾式工法の例（内外部で50種類の石材，梅田シティービル，1993）

写真 5.16 GPC工法の例（花崗岩，都庁舎，1990）

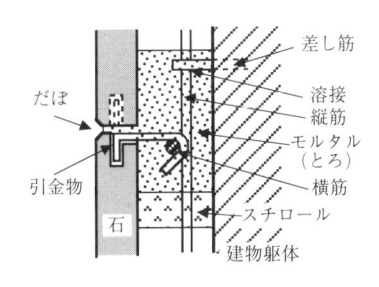

(a) 湿式工法（帯とろ工法）

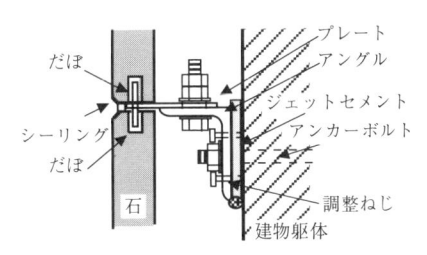

(b) 乾式工法

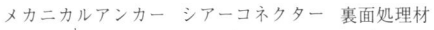

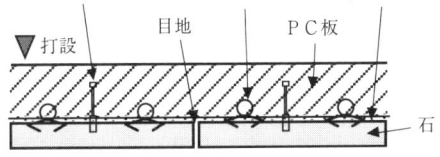

(c) GPC工法

図 5.4 石張りの工法

第6章 セラミックス

6.1 セラミックスと建築

セラミックス（**Ceramics**）という言葉は，ギリシア語のKerameus（陶工），あるいは，Keramos（陶製品，陶材料）が語源であるが，現在では，土器や陶器だけでなく，「非金属材料を用いて高温化学により製造したもの」をいい，ガラスやセメントなどの窯業製品も含んだ総称として用いられている．

セラミックスの歴史は古く，表6.1に示すようにアメリカ大陸や中近東アジアでBC 13000年前の遺跡から儀式用品や食器に用いられた陶器（土器）が発見されている．これらは，800℃以下の窯で焼かれた強度の低いものであった．

タイルは，BC 3000年に釉薬を用いたものがエジプトのピラミッド内に用いられており，BC 10～5世紀にはメソポタミアで広く使用され，6世紀以後のイスラム文化圏の拡大とともにヨーロッパやアジアに普及した．そして近代になって，建築の外装にも多く使用されようになった．

また，れんがは，もともと泥を天日で乾燥して作った日干しれんがが，西アジアや西欧において使われており，BC 3000年位前から現在のように，焼成されるようになり，アーチ構造の技術とともに発展した．写真6.1は古代ローマの都市の遺跡であるが，壁の表面部分がれんがで内部がコンクリート造でできている．現在でもれんがはヨーロッパの住宅などに多く用いられている．

東洋においても，磁器の発祥地として有名な中国の景徳鎮をはじめ陶磁器の歴史は古く，建築用としては，BC 4～2世紀頃に，せん（磚）と呼ばれる陶器製の板状，あるいはれんが状のものが，壁や，床の装飾に用いられている．

わが国においては，6世紀に朝鮮半島を通じて，製陶技術が伝わり，寺院用の瓦の製造が始まり，江戸時代に一般の住宅にも瓦屋根が普及した．そして，明治の文明開化時代に，洋風れんが造建物のためのタイルやれんが，衛生陶器の製造が始まり全国に普及した．

れんが造建物は，1923年の関東大地震の際に大被害に遭って以来，急減したが，その意匠性は捨て難く，外装用張り付けれんがとして用いられている．

近年では，高度な窯業技術により，ガラス繊維やロックウールが作られ，さらに，次節に示すような新しいセラミックス類が開発されている．

写真 6.1 れんがとコンクリート（古代ローマの都市，フォロロマーノ，ローマ，1 世紀以前）

表 6.1 セラミックスの歴史

	陶磁器，タイル，瓦，れんが	ガラス，セメント，新素材
BC 13000	焼成土器（中近東アジア，アメリカ）	
5000	焼成れんが（中近東アジア）	
4000	釉薬陶器（エジプト，ペルシャ，中国）	
3000		焼成軽量骨材使用（中国）
2600	青色釉タイル（エジプト，ピラミッド内）	
1100	瓦（中国）	
1000		ガラス使用（エジプト，ピラミッド内）
	弥生式土器	
900	タイル普及（メソポタミアで宮殿）	
300	中国でせん	
AC		セメントが土木工事に使用される（古代ローマ）
550	白磁器生産（中国），景徳鎮時代開始	
600	瓦技術日本へ	
	タイルがイスラム建築に多用される	
	1228 日本で陶器生産（瀬戸）	
	1616 有田で磁器生産	
	1674 桟瓦発明（日本）	1824 ポルトランドセメント発明
	1870 ニューヨークでテラコッタ流行	
		1880 炭素繊維製法特許
		1880 バイヤー法発見（アルミナ合成）
	1895 日本でれんが製造	1891 炭化珪素の合成（米，アチソン）
	1900 日本でタイル量産	1900 人造コランダム，ルビーの合成
		1935 グラスウール生産
		1960 PAN 系炭素繊維の発明
		フロート法による板ガラス生産
		1970 年代 ロックウール生産

6.2 セラミックスの特徴と種類

(1) セラミックスの特徴

第3章の図3.1のシリカ（ケイ酸）質，アルミナ質，石灰質の鉱物3成分の三角座標で分かるように，陶磁器やれんがなどのセラミックス製品は，ほとんどがシリカ質とアルミナ質で構成されている．その原料である粘土は，一般に800℃以上に加熱すると，エネルギー的に安定しょうとして，図6.1のように，表面積が小さくなるよう内部組織（粒子の構成形態や結晶組織）が変化する．その結果，粒子間の結合力を増し緻密で硬い結晶になる．これを**焼結**といい，この過程を**焼成**という．すなわち，セラミックスは，**粘土のような無機質の微粒子 → → 成形 → → 焼成**のプロセスにより製造される．

なお，この焼成には，高温をつくる技術が必要で，セラミックスの発展は，図6.2のように，高温技術の歴史でもある．

セラミックスは，次のような長所を有する．①耐熱性，化学抵抗性，耐候性に優れている．②硬く圧縮強度が高い．③耐熱性，電気絶縁性がある．

一方，短所としては，①脆く加工が困難である．②寒冷地で使用する場合，内部の水分が凍結し，ひび割れや破壊などの被害が生じる恐れがある．しかし，強度が高ければ破壊しにくく，また吸水率が低いほどよい．なおれんがの場合，ある程度吸水されても空隙量が大きければ，水分の凍結膨張が空隙で緩和され被害が小さい．③れんがや目地モルタルにより，**エフロレセンス**（**efflorescence**）の恐れがある．

(2) セラミックスの種類

セラミックスには，図6.3のように多くのものがある．大別すると，陶磁器類，れんが，近代窯業製品であるセメント，ロックウールなどのクラシックセラミックスと，純粋な非金属の微粉末原料を焼成して得られる**ニューセラミックス**がある．ニューセラミックスは，その原料が純粋高精度かつ超微紛末に製造されることから**ファインセラミックス**（**fine ceramics**）とも呼ばれる新素材である．まだ，安価に量産するための製造法など開発の余地があるももの，シリカタイル，アルミナ繊維，炭素繊維などが，すでに高性能耐熱材料，軽量高硬度高強度材料，光学材料，あるいは電子部品材料として普及し始めている．

なお，ニューセラミックスについては，6.9節に述べる．

6.2 セラミックスの特徴と種類　　169

図 6.1　焼　結

図 6.2　セラミックス類の焼成温度

図 6.3　セラミックスの種類と原料

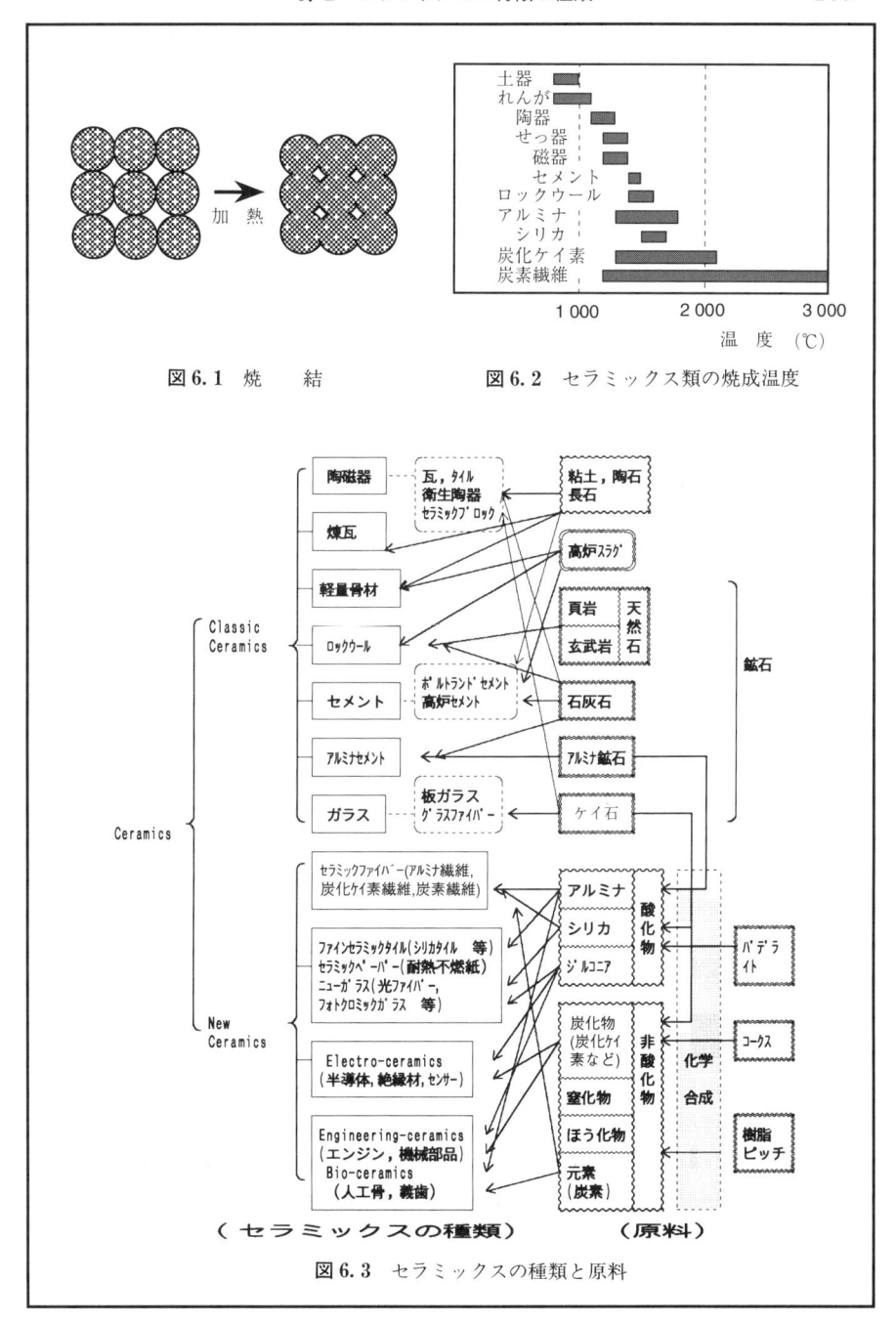

6.3 陶磁器の製造（その1）

(1) 陶磁器類の分類

陶磁器粘土は，元来，天然掘削した粘土や陶石を単独あるいは複数を混合して用いられ，その粘土の性質や製法などにより，一般には，表6.2のように，①**土器**　②**陶器**　③**せっ器**（炻器）　④**磁器**の四つに分類される．ただし，JIS では，吸水率の違いにより分類しており，それぞれの吸水率は表6.2のようになる．

(2) 陶磁器のきじ（素地）

陶磁器の原料には，天然掘削された粘土，陶石，ケイ石，長石，石灰石などが，図6.4 ように調合される．粘土は，岩石がが風化し，堆積したもので，わが国で有名な天然の陶器用粘土には，瀬戸地方で採取されるがいろめ（蛙目）粘土がある．さらにこれに有機物が混入し腐食したものは，木節（きぶし）粘土と呼ばれ特に良質である．陶石は，岩石が，長期間熱と水の作用を受け分解し，硬い土のようになったもので，その構成鉱物の内，カオリナイトとメタハロイサイトは，特に可塑性が大きく，原料に適しており，この成分が大半であるものは，中国の有名な景徳鎮郊外の産出地の山の名称から，**カオリン**（高嶺）と呼ばれる．一般の粘土の成分の割合は，表6.3のようである．

陶磁器を構成する材料を**きじ**（**素地**）というが，現在の建築材料製品には，①陶器質，せっ器質，あるいは磁器質など目的に合わせた材質，②焼成時の変形が小さく緻密な材質の安定焼成，③経済性のための低火度温(1,200℃程度)，などが考慮され，次のような3成分の鉱物が微粉砕され調合される（図6.4）．

- ⓐ **骨格部分**：製品を形成するもので，高耐火性，耐久性のあるシリカ質成分．粘土，陶石，ケイ石に含まれる．これをを多くすると気孔質になる．
- ⓑ **成形成分**：成形のための可塑性，乾燥硬化強度を有する粘土質成分．良質の粘土や陶石が用いられる．
- ⓒ **焼結成分**：溶融しガラス質を形成する長石成分および石灰質成分．長石，絹雲母（セリサイト），石灰石が用いられ，ガラス相を増やす．

また，衛生陶器のように大きいものには，成形をしやすくし，熱による収縮変化を押さえるため，**シャモット**を適当に混ぜる．シャモットには，素焼き時に失敗した製品などが，0.2～4 mm 程度の大きさに粉砕され再利用される．

表 6.2 陶磁器の種類と特徴

		特 徴	焼成温度	吸水性 (吸水率)	主な用途	伝統的 な産地
土 器 Earthenware		石灰質，鉄分などが多い 低級粘土を使用 強度，硬度ともに小	1,000℃ 以下	透水性大 吸水大	れんが 土管	
陶 器 Earthen- ware (Pottery)	粘土 陶器	不透明，多孔質 土味が出し易い	1,100～ 1,300℃	吸水率22 ％以下 透水，吸水 するので施 釉が必要	普通れんが，瓦 セラミックブロック	瀬戸 淡路島 島根 常滑 能登
	硬質 陶器	別名：石灰陶器 石灰石を10～15％入れ る不透明，白色	1,100～ 1,200℃		内装タイル 衛生陶器	
炻 器 (せっき) Stoneware		不透明で，硬い． 施釉や絵付けしない． 土味が出せ，装飾性有り	1,200℃ ～ 1,350℃	吸水率 5％以下 透水しない	外装タイル 建築用れんが セラミックブロック	信楽 備前
磁 器 Porcelain		素地は，白色，透光性， 緻密でガラス質に近い 緻密な絵付けに適する	1,250℃ ～ 1,350℃	吸水率 1％以下 透水しない	食器，衛生陶器 モザイクタイル 外装タイル 床タイル	瀬戸 有田 常滑

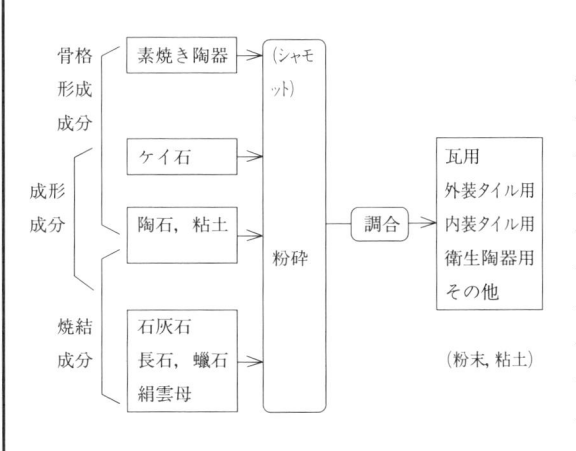

表 6.3 粘土の成分[1]

成 分	割合（％）
ケイ酸 SiO_2	70～55
アルミナ Al_2O_3	20～15
酸化鉄 Fe_2O_3	13～1
酸化ソーダ Na_2O	3～0
石灰 CaO	3～0
酸化カリ K_2O	2～0
マグネシア MgO	2～0
酸化チタン TiO	1～0

図 6.4 陶磁器材料の調合

骨格形成成分：素焼き陶器 →（シャモット）

成形成分：ケイ石、陶石，粘土

焼結成分：石灰石、長石、蠟石、絹雲母

→ 粉砕 → 調合 →（粉末，粘土）→ 瓦用／外装タイル用／内装タイル用／衛生陶器用／その他

6.4 陶磁器の製造（その2）

陶磁器製品の製造は，一般に，図6.5のような工程で行われる．

（1） 陶磁器の成形

成形には次のような方法がある．①押し出し成形（湿式成形）：軟らかい粘土を型を通して押し出し，適当な長さにカッティングする方法で，煉瓦などに用いられる．②湿式加圧成形法：軟らかく練った粘土を型に入れ加圧成形するもので，瓦や大型タイルなどは押し出し成形により概形をつくった後加圧成形される．③乾式加圧成形：粘土をほとんど乾燥状態で，油圧プレスにより加圧成形する．乾燥や焼成による収縮量が小さく，精度もよく，小型タイルに用いる．④鋳込み成形（図6.6）：液状に近い粘土（泥しょう）を，石膏鋳型に流し込み，適当な時間の経過後，表面に着肉し固まった粘土を鋳型から取り出す．これは，衛生陶器類など空洞や曲面のあるものに用いられる．

（2） 施釉，上絵つけ

陶磁器の素地の表面に彩色と光沢を与え，吸水や透水を防止するために**釉薬**（**うわぐすり**）が用いられる．釉薬は，ガラス質の膜をつくり，また適当な軟化溶融点や収縮量を調整したもので，これには，長石，石英，カオリン，石灰石，ほう砂等の微粉末を調合する．着色するには，これに，表6.4のような元素を含む化合物を加える．焼成後の色は窯の内部の雰囲気が酸素の多い場合（酸化焼成）と少ない場合（還元焼成）で異なる．また，調合により焼成後の光沢の大きいものをブライト釉，光沢の小さいものをマット釉という．

施釉は，成形後に行う場合もあるが，複雑な柄を付けたり施釉による形崩れの恐れのある時には，500〜900℃で一度焼成（**素焼き**）した後に行う．また，上絵付けは，本焼き後に行い量産品の場合は，プリント法などにより行う．

（3） 焼　　成

本焼き焼成は，1,200〜1,400℃の温度で行い，本焼き後，**上絵つけ**をして，もう一度1,000℃以下で焼成する場合もある．

建築材料など量産のための焼成には，図6.7のように，大きいものは長さ100m前後もあるトンネル状の窯（**トンネル窯**）が用いられる．これは重油や，ガスを燃料とし，中を成形乾燥した瓦やタイルを積んだ台車が徐行し，予熱帯，焼成帯，徐冷帯を経て連続的に焼くもので量産に適した経済性のある窯である．

6.4 陶磁器の製造（その2）

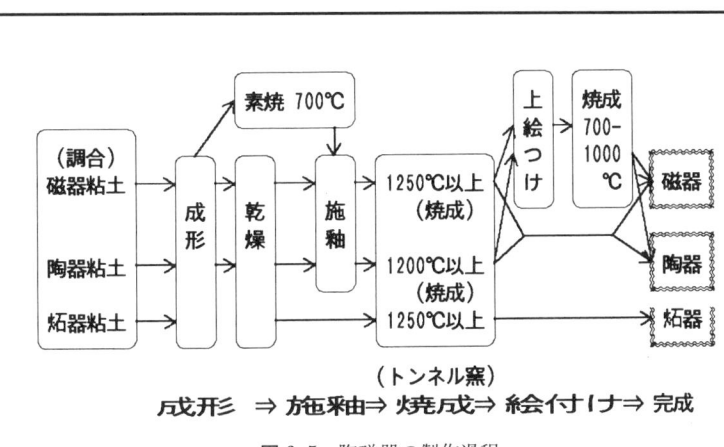

成形 ⇒ 施釉 ⇒ 焼成 ⇒ 絵付け ⇒ 完成

図6.5 陶磁器の製作過程

図6.6 鋳込み成形

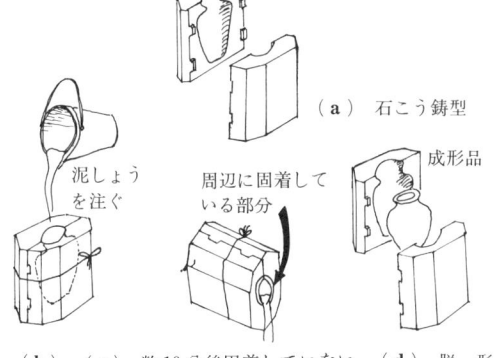

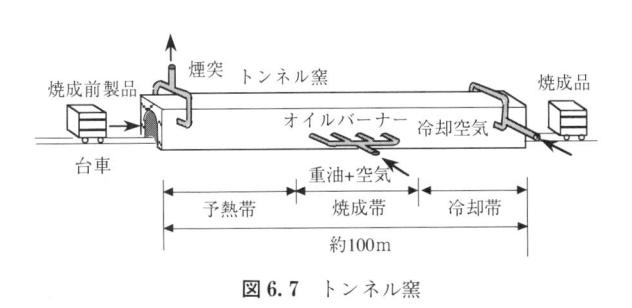

(a) 石こう鋳型
(b) 泥しょうを注ぐ
(c) 数10分後固着していない泥しょうを出す
(d) 脱形
成形品　周辺に固着している部分

表6.4 釉薬の着色元素

元素名	色	
	酸化焼成	還元焼成
鉄 Fe	赤	黒, 青緑
銅 Cu	緑	赤
マンガン Mn	黄褐色	
コバルト Co	青	
ニッケル Ni	褐色	

図6.7 トンネル窯

6.5 陶器瓦 (roofing tile)

陶磁器瓦は，粘土を，押し出し成形により板状にした後，さらに型に入れ瓦形に加圧成形される．施釉するのが一般的であるが，施釉しないで，燻し（いぶし）などにより表面に膜面をつくる伝統的なものもあり，これらには，表6.5のようなものがある．

また，瓦の形状には，図6.8に示すものがよく用いられる．その種類には，大別すると次のものがある．

(a) 和形粘土瓦（**本葺き瓦**，**桟瓦**（さんがわら））

本葺き瓦は，大陸から伝わったもので，現在でも寺社建築に用いられる．また，江戸時代に**桟瓦**が開発され1720年頃より，庶民の家屋にも瓦葺きが許され普及した．写真6.2は，現在の熊本城で，天守閣には，伝統的な本葺き瓦が用いられているが，平屋部分には現在の桟瓦が用いられている．

(b) 洋形粘土瓦（S型桟瓦，スパニッシュ瓦，フレンチ瓦）

洋型粘土瓦には**スパニッシュ瓦**や**フレンチ瓦**がある．

S型桟瓦は，**スパニッシュ瓦**に似せて造ったもので，もともとは三州（愛知県）産である．

また，その葺いた時の，重なる部分を除いた有効な寸法は，[働き長さ]×[働き幅]＝(210〜245)×(240〜275) であるが，その呼称には，3.3 m^2 あたりの必要な枚数（49枚，53枚，64枚など）の数値が用いられる．

さらに，瓦には，図6.9に示した基本形に加えて，軒部，妻部，棟部等，それぞれの部位に応じた形状の「**役物**」と呼ばれる瓦が用いられる．すなわち，軒には，軒瓦，妻には，袖瓦，棟部分には，のし瓦，冠瓦，鬼瓦などがある．

瓦の産地としては，愛知県（三州瓦），淡路島（淡路瓦），島根県（石州瓦），石川県（能登瓦）などが有名である．

瓦の固定には，一般的には，釘類が用いられるので，下地には強固な野地板が必要である．また，防水のための下葺き材として，アスファルトルーフィング材を欠かすことはできない．

また，寒い地方では，吸水性の大きい陶器素地を用いたものや，うわぐすり面に**貫入**（かんにゅう：粘土とうわぐすりの収縮の違いにより生じるひび割れ状のもの）のあるものは，雨等により吸水した水が凍結し，層状はがれや，剥落が生じることがあるので注意が必要である．

6.5 陶器瓦 (roofing tile)

写真 6.2 熊本城（天守閣は本葺き瓦，手前の平屋は和形桟瓦）

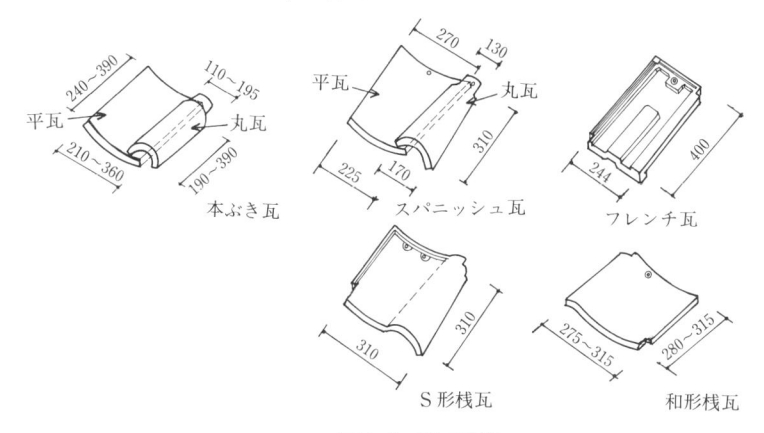

図 6.8 瓦の種類

表 6.5 施釉による瓦の種類

種類	製法
無釉瓦	せっ器質粘土を用い，施釉しない．肌合いに，土味を生かすことができる．焼き締め瓦ともいう．（吸水率 12% 以下）
釉薬瓦	釉薬をかけたもので，色彩が豊富である．
燻し瓦（いぶし）	800〜1,000℃ で，松葉等で燻して表面に不透水の膜を作ったもので，銀色の光沢を持ち格調があり，和風建築に好まれる．吸水率が少し高い（15% 程度）ので寒冷地には注意が必要である．
塩釉瓦	焼成時に岩塩を気化させ，不透水の光沢膜を作る伝統的な方法であるが，生産はされなくなった．

6.6 陶磁器タイル (tile for flooring)

(1) タイルの種類と形状

タイルには，吸水率や強度など用途に応じて，表6.6のような種類がある．また，その形状には，平板状の「平物」の他に，角部や階段用などに用いるL形の「役物」がある．なお，タイルとモルタルとの接着をよくするため，タイル裏面には，凹凸があり，これを，**裏あし**という．

形状の呼称には，①積みれんがのサイズに由来した，図6.9のような伝統的な呼称と，②JIS規格によって定められた，目地中心間隔によるモデュール呼び寸法に基づく，100角 (100 mm)，150角 (150 mm)，200角 (200 mm) などの呼称が用いられている．また，最近では，セラミックス技術の進歩により，60～90 cm角の大きさの大型タイル(大型陶板)や，曲面用に，半径700～2,000 mmの曲げ板タイルなどもつくられている．

また，モザイクタイルなど小さいものは，施工の便を計るため，あらかじめ表面に台紙を張り付けたり，あるいは裏面にメッシュを張って多数のタイルを並べて連結しユニット化したものが用いられる．これは，**ユニットタイル**と呼ばれる．なお，台紙は湿らせると簡単にとれる．

(2) 工法と張り方

タイル張りの工法には，表6.7のように，従来からの湿式工法と最近増えてきている乾式工法がある．湿式工法のタイルの張り付けには，セメント：砂＝1：2～4のモルタルが厚さ3～20 mm程度で用いられる．

年数を経るとタイル自体や壁面の膨張収縮，さらには裏面への浸水などが原因となり剥離することがある．これを防止するには，①適当な目地幅を設けること，②モルタルの付着を良くすること，③伸縮目地（最大5～10 m間隔）を設けることなど，施工に注意を要する．

また，タイルの並べ方には，図6.10のようなものがある．

(3) 建築用テラコッタ (terra-cotta)

テラコッタは，terra（土）と cotta（焼いた）というイタリア語に由来している．これは，立体的なデザインに従い，凹凸や空洞を持ち，大きいものは数枚に分割した石こうなどの吸水性鋳型に粘土を押し込み成形するもので，20世紀初め頃，ニューヨークや，シカゴの高級ビルの外装に多用されたこともある（写真154頁参照）．最近では，分厚く大型のタイルを呼ぶこともある．

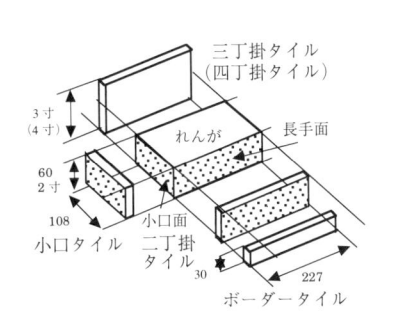

6.6 陶磁器タイル (tile for flooring)

図6.9 れんがの形状を基本としたタイルの呼称

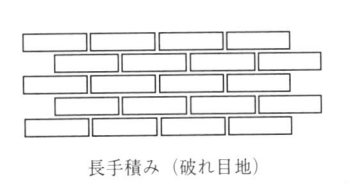

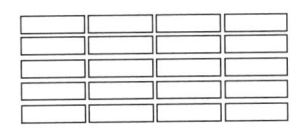

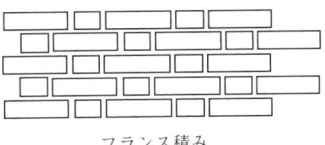

図6.10 タイル張りの例

表6.6 タイルの名称

内装タイル	内装用，吸水率が大きい陶器質
外装タイル	外装用，透水性や吸水率の低いもの
床タイル	床用，摩耗性，吸水率が小さいもの
モザイクタイル	大きさが $50\ cm^2$ 以下の小さいもの
装飾タイル	装飾用
クラフトタイル	手作りなどの高級イメージのもの

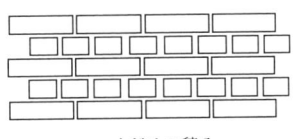

表6.7 タイル張り工法

湿式工法	後張り工法	積み上げ張り工法	タイルの裏面にモルタルを平に載せ，下地面に押しつけるように張り付ける．壁の下部から1段づつ張る．モルタルには混和剤（保水，作業性，接着性の向上のためのもので，合成高分子エマルションや，メチルセルロースなどが用いられる）を使用
		圧着張り工法	上述の混和剤入モルタルをあらかじめ下地面へ塗り付け，タイルを押しつける．小型振動機を用いて押し込む方法は，密着張り工法と呼ばれる．
	型枠先付け工法	タイルをあらかじめ型枠面に配列固定し，コンクリートを打設し，そのまま仕上げとする．
乾式工法	接着工法	接着剤をあらかじめ下地面へ塗り付け，そこへタイルを押しつける．接着剤には，合成ゴム系ラテックス，合成樹脂エマルション，エポキシ樹脂系のものがある．
	金物工法	タイルをはめ込むための特製の突起のついたステンレス下地などを用いて裏足部に特殊な溝のついたタイルを固定する．モルタルを用いないので，省力化でき，エフロレセンスを生じない．

6.7 れ　ん　が

(1) れんがの製造と種類

1節で述べたように，わが国では，れんがは，主として，張り付けれんがとして意匠に用いられる．一方，ヨーロッパなどでは，耐久性，耐火性，断熱効果，施工し易さなどの利点から，写真6.3のようにコンクリート造や木造と併用され，中低層住宅などに普及している．

れんがの大きさは，片手で持ち，今一方の手にこてを持って，モルタルを塗り付けることができることが基本であり，わが国では，図6.11に示すように，900 mm をモデュールとし，その 1/4＝225 mm が長辺の目地間隔となるよう基本形が造られている．また，れんがの製造は，粘土を型を通して角棒状に押し出し，一定の厚みにワイヤーカットする方法により量産される．

また，断面には，表6.8のような，**穴あきれんが**や，**空洞れんが**がある．写真6.4は，現在ヨーロッパで用いられている構造用穴あきれんがである．

なお，れんがの色は，粘土に含まれる酸化鉄の量や焼成時の雰囲気（酸素の多少）により，赤味，褐色，黒味などの微妙な色調を示す．

れんがには，①**建築用セラミックメーソンリーユニット**のうちの**セラミックれんが**，②**普通れんが**，③**耐火れんが**があり，このうち①は，高温焼成（1,000～1,350℃）によりせっ器質にしたもので，表6.8に示すものがあり，高強度で吸水性が少なく，構造用や外装用に用いられる．また，**普通れんが**は，不純物の多い低級粘土を用いて，比較的低い温度（900～1,000℃）で焼成され，低強度で，吸水率も高く，意匠，構造用に用いられる．**耐火れんが**は，高温焼成（1,600～2,000℃）され耐火性があり，炉，煙突などに用いられる．

(2) れんがの積み方

れんがの積み方には，図6.12のようなものがあり，その目地は，縦目地が貫通しない**破れ目地**とする．これは，上部からの荷重を分散させたり，れんががお互いに絡み合い強度を増すのに適している．

(3) ムーブメント

れんが造の壁は，熱や吸水による膨張のため変形や変動が生じ，ひびわれや破壊の原因となる．これを**ムーブメント**（moovement）という．したがって，大壁面などでは 5～10 m 以内の間隔で，**伸縮目地（ムーブメントジョイント）**を設けることが大切である．

6.7 れんが

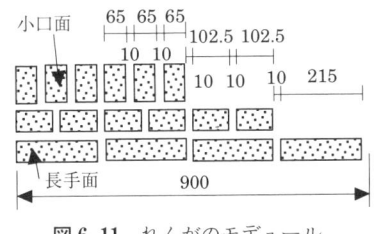

図 6.11 れんがのモデュール

写真 6.3 れんが・コンクリートとの混合構造（ヨーロッパ）

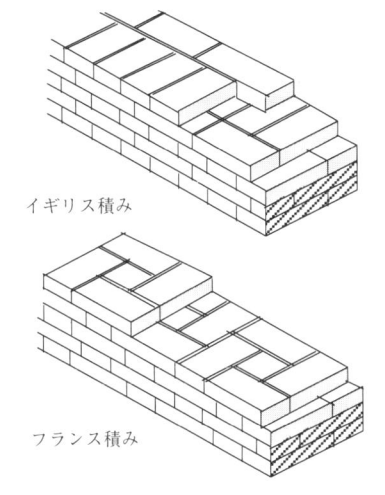

イギリス積み

フランス積み

図 6.12 れんがの積み方

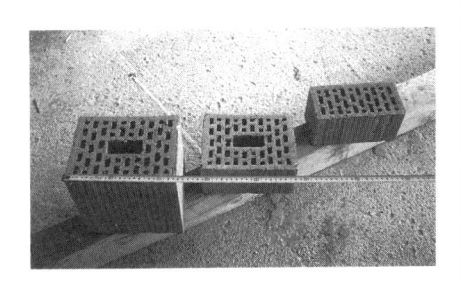

写真 6.4 孔あきれんが（ドイツ）

表 6.8 煉瓦の種類および断面形状の種類[2]

種類	形状					強度区分 (N/mm²)	吸水率 (%)			断面形状の種類
セラミックれんが	基本れんが	標準形	長さ 215	高さ 65	厚さ 102.5	20, 30, 50, 60	10, 12, 14	中実 S	穴による欠損率 20%以下	
		ヨウカン	215	65	45					
		大型	215 290	65, 90, 140	140 215			穴あき P	穴面積 3cm²以下、又は穴短辺径1cm以下	
	異形れんが	隅角，笠，開口部								
普通れんが	2種	長さ×幅×厚さ 210×100×60				15	15	空洞 H	穴面積 3cm²以上、穴短辺径1cm以上	
	3種					20	13			
	4種					30	10			

6.8 セラミックブロック類

（1） セラミックブロック類

　れんが造は，組積造として，大型の機械や，資材を必要としない工法であること，またその意匠的にもよいことなどの利点がある．しかし，従来のれんが造は，構造体として用いようとすると耐震性に問題がある．これらを解決するために開発されたものが，セラミックブロック類で建築用セラミックメーソンリーユニット（JIS A5210）のうち大型のものをいう．これには，図6.13 ような陶器質，またはせっ器質の**空洞セラミックブロック**，3.34節で述べた**RM用ユニット**のセラミックス製のもの（図6.14），あるいは，プレキャストコンクリート（PCa）ユニットにタイル張りしたものなどが中低層建物に用いられている．

　これらは，いずれもブロック空洞部や，目地部に鉄筋とモルタルを入れて補強することにより耐震性を持たせるものであるが，形状や工法の違いがあり，セラミックブロック造，あるいは，RM造（補強組積造，Reinforced Masonry Structure）と呼ばれている．

　これらの利点は，①耐火建築であること，②そのままで，内外装仕上げとなり仕上げが不要であること，③大型の材料の運搬に不便な場所での施工に便利であることなどである．

　セラミックブロックの大きさは，目地間隔 333×167 mm を標準タイプとし，その半長，半高などもある．さらに配筋のため基本ブロックの他に横筋用ブロックがある．また，厚さは，12, 15, 19 cm のものがある．また，強度的には，セラミックれんがと同じである．

　なお，第6章に共通していえることとして，れんが造やセラミックブロック造，あるいは，タイル仕上げの外壁部では，雨水等により，低温焼成したれんがやタイル，またその目地モルタルの中の水溶性塩類（K, Na, Ca の硫酸塩や炭酸塩など）が溶けて出て，白い結晶物となり壁面を汚し外観を損なうことがある（写真6.5）．これを，**エフロレセンス**（**efflorescence**），あるいは，白華という．その対策として，以下のことが大切である．①れんがや目地に雨水が滲みこまないよう施工したり，②目地モルタルのセメント量を減らす．③できるだけ水溶性塩類の少ない素材を用いる．

6.8 セラミックブロック類

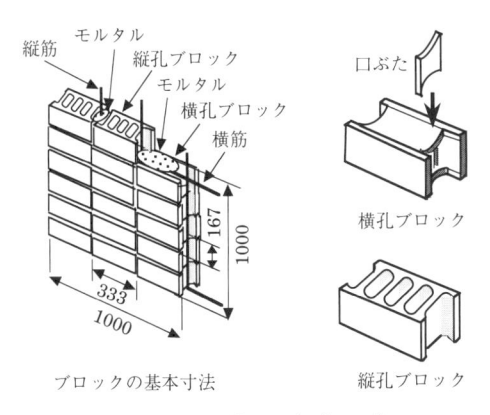

図 6.13 セラミックブロック

(ブロックの基本寸法／横孔ブロック／縦孔ブロック)

縦筋／モルタル／縦孔ブロック／モルタル／横孔ブロック／横筋／口ぶた

333、167、1000、1000

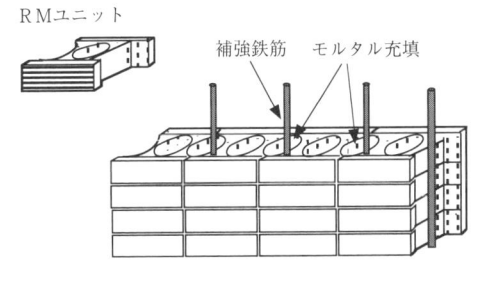

図 6.14 RM造

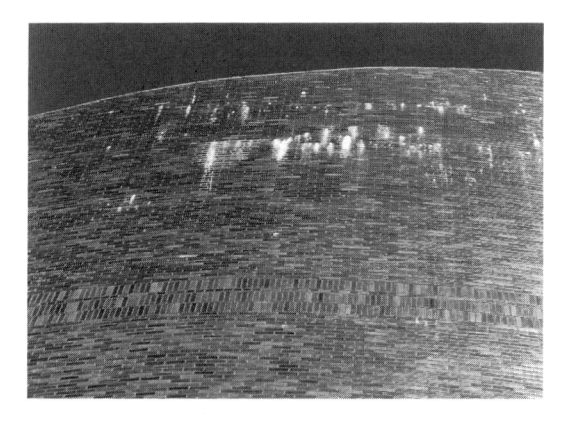

RMユニット／補強鉄筋／モルタル充填

写真 6.5 タイル張りモルタルによるエフロレセンス

6.9 ニューセラミックス

最近,天然の材料では不可能な,軽量,高強度,高耐火性,高耐久性などの優れた性能を有するニューセラミックスが開発実用化されてきている.

その原料は,陶磁器用の原料粉末に比べはるかに,超高純度,かつ超微粉末でかつ均一な粒形であることが重要で,これを用いたセラミックス類は,fine ceramics と呼ばれる.

原料の製造方法は,①純粋な鉱物の結晶から直接粉末化してつくることもあるが,たいていは,②化学的な反応等を応用して合成製造される.

ニューセラミックスの利用形態は幅広いが建築用としては,繊維類(Tufty-wind New Fiber Mesh)として網状や束状に加工され使用されることが多い.

セラミックス繊維は,鋼繊維と比較すると,いずれも①軽量(**炭素繊維**:密度 $1.3 \sim 2.0\,\mathrm{g/cm^3}$,その他のセラミックス繊維:密度 $2.2 \sim 3.5\,\mathrm{g/cm^3}$),②高強度で,③またさびないことや④耐熱性がある.また,図 6.15 に示すように,鋼繊維に対し,⑤強度や弾性係数は,セラミックス繊維が優れたものが多いが,⑥一般に靭性面では劣る.

セラミックス繊維は,写真 6.6 (a) の例のように,自動成形機で網状あるいは束状に編まれた形状で,これを**フィーラー**(feeler)として,プラスチック(ポリエステル樹脂,エポキシ樹脂,フッ素樹脂,塩化ビニル樹脂等)や,コンクリート,あるいはアルミニウム等の金属を**マトリックス**(matrix)とする複合材料として利用される.その例には,表 6.9 のようなものがある.

また,セラミックスの複合材料は,さびない(耐久性)ことや,電磁気に反応しないことなどから,PC 板,海洋構造物等の補強筋や,超電導輸送機用走行梁の PC 緊張材としての応用が期待されている.

その中でガラス繊維とともに,鉄筋の代用などに実用化されている**炭素繊維**(写真 6.6 (b))には,次のような種類がある.

> **ポリアクリロニトル(PAN)系**:ポリアクリロニトルを繊維化し,不燃化処理した後,無酸素で,1,000℃ で蒸し焼きにする.
> 高性能であるが高価で,航空,スポーツ用などに用いられる.
> **ピッチ系**:ピッチを繊維化した後 PAN 系と同様にしてつくる.
> 建築用などに幅広く用いられている.
> **レーヨン系**:レーヨンを用いてつくる.

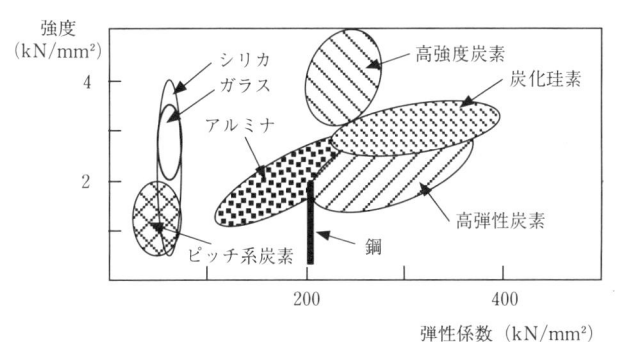

6.9 ニューセラミックス

図 6.15 各種繊維の強度と弾性係数

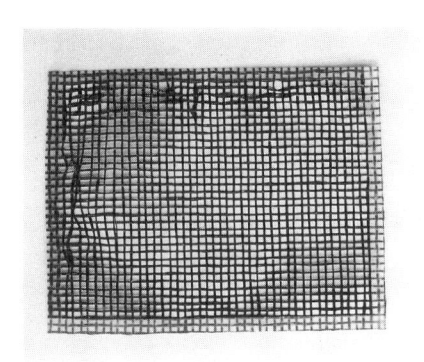

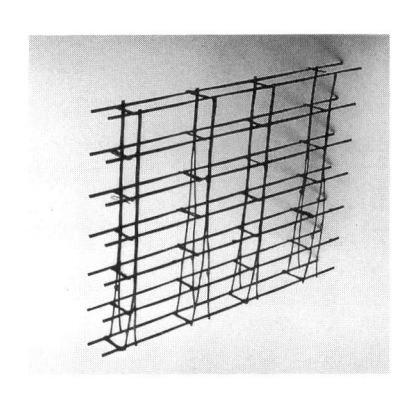

（a） 繊維クロス　　　　　（b） FRC 用補強筋

写真 6.6 カーボン繊維加工品

表 6.9 セラミックス繊維を用いた複合材料の例

名　称（略称）	フィラー	マトリックス
Glass-Fiber Reinforced Plastics（GFRP）	ガラス繊維	ポリエステル樹脂
Glass-Fiber Reinforced Concrete（GFRC）		コンクリート
Carbon-Fiber Reinforced Plastics（CFRP）	カーボン繊維	ポリエステル樹脂
Carbon-Fiber Reinforced Concrete（CFRC）		コンクリート
Si-C Fiber Reinforced Metal（SCFRM）	炭化珪素繊維	アルミニウム
Alumina-Fiber Reinforced Plastics（AFRP）	アルミナ繊維	ポリエステル樹脂
Alumina-Fiber Reinforced Metal（AFRM）		アルミニウム
Membrane Material（膜材料）	ガラス繊維	四フッ化エチレン樹脂 塩化ビニル樹脂

第7章 ガ ラ ス

7.1 ガラスと建築

　ガラスの起源は一般に紀元前数千年のメソポタミア，エジプトであると言われている．ガラス器は当初砂質粘土で内型をつくり，その外側を溶けたガラスで覆って固化した後，内型をくずしてつくったり，雌型に溶解ガラスを入れ，雄型をあてて成型するなどの方法で一つ一つ製造していたといわれている．ローマ帝国時代にガラスを風船のように膨らませて成形する吹きガラスの技法が発明され大量生産が可能となった．この頃にガラス窓が初めて出現したと言われている．ポンペイの「広場浴場」の円天井には二つの小さな窓に230×540 mm の板ガラスが使われていた．その後，建築用板ガラスを量産化するための製造法として，7世紀頃シリア人により**クラウン法**（図7.1 (a)）が発明された．これは，溶融したガラスに鉄パイプで空気を注入して膨らませた後，もう一本の鉄棒で他方を受け，AB 部分を切断する．同部分を再加熱した後，この鉄棒を高速回転し，遠心力により直径1m程度の平板を得るというものである．そして，18世紀後半からの産業革命により，ソーダ灰の新製造法，蓄熱式加熱法が発明され，板ガラスの製法も手吹き円筒法が中心となり，品質の良いものがつくられるようになった．**手吹き円筒法**は図7.1 (b) のように溶融した材料を円筒状に吹き，その両端を切り放し円筒を縦割して広げるというものであった．20世紀に入ると，機械吹き円筒法，材料を溶融させた後機械的に引き抜いて板状に成型する板引法などが開発され，大量生産が可能となった．現在では一次製品の製造法として，次節で示す**フロート法，ロールアウト法**などが使用されている．

　日本で最初に板ガラスを使用したのは 1688～1703 年（元禄）の伊達綱宗で，江戸品川の居宅の障子に板ガラスがはめ込まれていたと言われている．日本における板ガラス工業の発達は遅く，明治維新後に設立された品川硝子製造所が最初であるが，技術が未熟であったため数多くの失敗を重ねてきた．日本で本格的に板ガラスを国産化し始めたのは旭硝子が設立されてからのことである．その後数々の技術革新によりガラスの製造技術は飛躍的に進歩し，現在生産量では世界第4位，品質や品種の多様性においては各国の群を抜いている．

7.1 ガラスと建築

表 7.1 ガラスの歴史

年　代	世　界	日　本
BC 3000 頃	ガラスの起源（メソポタミヤ，エジプト，シリア）	
BC 300～AD 200 頃		日本最古のガラス（勾玉，管玉）が使用された．
BC 30～AD 395 頃	吹きガラス技法（ローマ帝国） ローマン・グラス 住宅にガラス窓が使用される．	
AD 200 頃		ガラスの製造開始
100～500	パルチア・ササン・グラス	
600～700	シリア人クラウン法を開発 建築用板ガラスの大量生産可能となる．	
600～900	ビサンチン・グラス	
700～1100	イスラム・グラス	
1400～1600	ベネツィア・グラス	
1507	ダル・ガロ兄弟が水銀を用いたガラス鏡を発明（ベニス）	
1549		フランシスコ・ザビエルがガラスの鏡や遠めがねを伝えた．
1570 頃		西洋のガラス製造法が伝わる．
1688～1703		板ガラスが住宅の窓に初めて使用された．
1790	ガラスの原料ソーダ灰製造法発見（仏）	
1800 頃	板ガラス工業が独立 手吹き円筒法板ガラス製造の中心となる	
1876		官営品川硝子製造所設立
1902	ラバーズ式機械吹き円筒法（米）	
1907		旭硝子設立 本格的な板ガラス工業の始まり
1913	フルコール法（垂直式板引法，ベルギー）	
1916	コルバーン法（水平式板引法，米）	
1922	連続ロール法（ロールアウト法，米）	
1952	フロート法（英）	

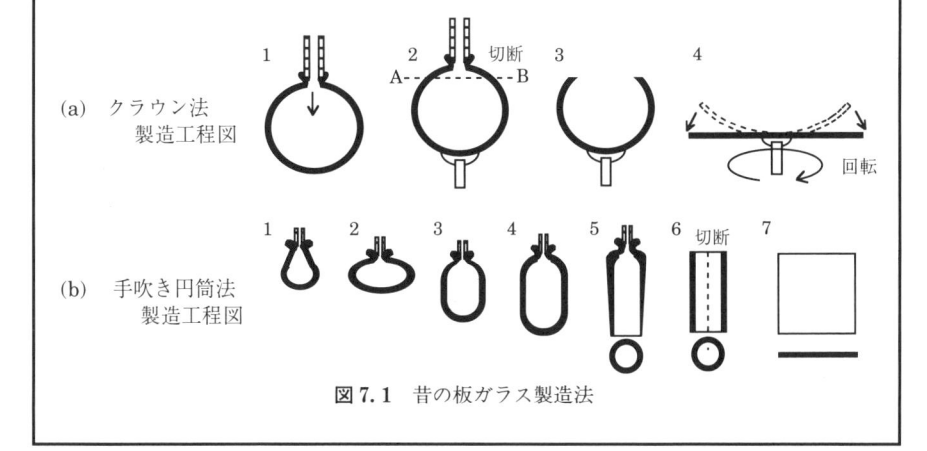

(a) クラウン法 製造工程図

(b) 手吹き円筒法 製造工程図

図 7.1 昔の板ガラス製造法

7.2 板ガラスの製法と性質

板ガラスはフロート板ガラス，型板ガラス，みがき板ガラスに大きく分類される．板ガラスの主原料およびその割合を表7.2に示す．その他に補助原料として着色用に酸化鉄，酸化ニッケル，酸化コバルトなどがあり，これらは熱線吸収板ガラスなどの生産に使用されている．これらの原料を1,500～1,600℃の熱により溶解すると，しだいに澄み切った均質なガラス素地となる．そしてこれを成型に適した粘度になるまで温度操作した後，主に以下の二つの方法（図7.2）で成型する．まず，①フロート法は溶解したガラスを溶融した金属（錫など）の上に浮かばせながら流す製板方法で，平面精度が高く，自然のままの平滑面となる．②ロールアウト法は2本の水冷ロールの間に溶解したガラスを通して製板する方法であり，ロールを用いてガラスに模様を入れる型板ガラスや中間部に金網を入れる網入り板ガラスなどの製造に使用される．このように成型した後は徐冷窯で徐冷し，残留ひずみを取り去った後，洗浄して乾燥し，所定の寸法に切断して出荷する．また，**みがき板ガラス**はロールアウト法により製板し徐冷した後，片面ずつまたは両面同時に研磨したものである．

表7.3に板ガラスの一般的性質を示す．板ガラスの特徴としては，①平滑で美しく，光沢がある，②光や熱をよく透過する，③耐候性がある，④遮音性にはやや欠ける，⑤脆く，衝撃に弱い．

ガラスはその原料，組成および製造方法（高温処理）からセメントなどと同様に広義のセラミックス材料とみなすこともできる．ガラスには表7.2に示す成分中珪素（Si）が最も多く含まれており，それがガラスの性質に大きな影響を与えているものと考えられる．ガラスは高温域においてSiO_2の網状結合体がランダムな配列をなしているが，徐冷すると結晶化せずにそのまま固化する．そのためガラスは結晶面のない均一等方性の材料となっており，光線の吸収が少なく，内部に光線を反射する界面もないので透明な材料となっている．しかし，界面のない等方性材料であるため，亀裂の進展に対する抵抗力は弱く，引張力を受ける場合かなり低い応力で破壊に至る（表7.3）．したがって引張応力と圧縮応力とで構成される曲げ応力に対する抵抗力も弱く，板ガラスの面外方向に加えられる力に対しては極めて弱い．

このためガラス表面の見かけ上の引張強度を上昇させた強化ガラスなども開発されている．

7.2 板ガラスの製法と性質

表 7.2 板ガラスの原料

原料	調合比
けい砂	43.3%
ソーダ灰（炭酸ナトリウム）	10.8%
ぼう硝（硫酸ナトリウム）	0.9%
長石	1.1%
石灰石	2.5%
苦灰石	9.8%
ガラス屑	31.6%

表 7.3 板ガラスの一般的性質

屈折率	約 1.52
反射率	垂直入射：約 8％（片面反射：約 4％）
比熱	795 J/kg·K （0〜50℃）
線膨張率	約 9×10^{-6}/℃（常温〜350℃）
熱伝導率	0.79 W/m·K
軟化温度	720〜730℃
密度	約 2.5 g/cm^3
モース硬度*	約 6.5 度
ヤング率	73,500 N/mm^2
ポアソン比	0.25
引張(曲げ)強度	約 50 Mpa（平均値）
圧縮強度	600〜1,200 Mpa
耐候性	変化なし

＊モースかたさ：ダイヤモンドを 10 とした硬度の指標

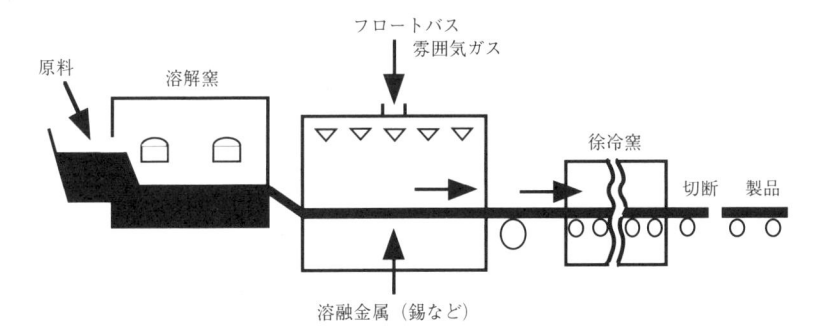

(a) フロート法

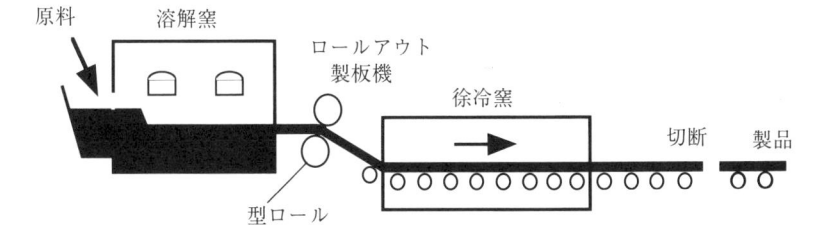

(b) ロールアウト法

図 7.2 現在の板ガラス製造法

7.3 建築用板ガラス(その1)

(1) フロート板ガラス

フロート板ガラスはフロート法により製板された高級透明板ガラスで,一般建築物,高層建築物,店舗,住宅などの内外装用および二次製品の材料として使われており,応用範囲が最も広い.その特徴は,透明で高い平面精度を有しているため採光性,透視性に優れていることである.板厚は 2〜19 mm までの間で 10 種類あり,最大寸法 10 m×3 m 厚さ 19 mm のものがある.また,フロート板ガラスの片面を珪砂や金属ブラシでこすって艶を消し不透明に加工したすり板ガラス(写真 7.2)も市販されており,視線をさえぎるための間仕切り,住宅用窓などに使用されている.

(2) 型板ガラス

型板ガラスはロールアウト法による製板時に,下ロールに彫刻した模様を板ガラスに刻み込んだもので,光を拡散させると共に視野をさえぎる機能を持っている(写真 7.3).その特徴としては装飾性,光の拡散によるソフトな明るさの確保,プライバシーの保護などがあげられる.このため主に住宅や一般建築物の窓,間仕切りなどの室内建具として使用される.板厚は薄型で 2.2 mm,厚型で 4.6 mm がある.

(3) 強化ガラス

強化ガラスは板ガラスを強化炉で約 700℃ まで加熱した後,両面に空気を一様に吹き付けて均一に急冷すると表面が先に固化し,板ガラス表面に圧縮層が形成される.普通の板ガラスに面外方向の力が加わると,曲げモーメントにより引張応力を生じ簡単に割れてしまう.ところがこの圧縮層をつくっておくと,図 7.3 に示すようにこの引張応力を小さくすることができ,引張に弱いというガラスの欠点を補うことができる.強化ガラスの特徴は,①普通の板ガラスに比べて,3〜5 倍の破壊強度があり,次節写真 7.4 のように万一破損しても破片が細粒状になり破片による負傷事故が減少する,②急激な温度変化に対しては普通の板ガラスに比べて数倍の耐熱性がある,などである.そのため,主な用途として学校,住宅,一般建築物の窓,玄関ドア,ガラステーブル,ショーケース,ガラスフェンス,階段の手摺りなどがあげられる.

7.3 建築用板ガラス（その1）

写真7.1 フロート板ガラス
（東京全日空ホテル）

写真7.2 すり板ガラス

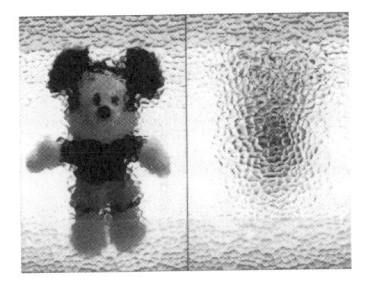

対象物との距離　　0 cm　　　50 cm

写真7.3 型板ガラス

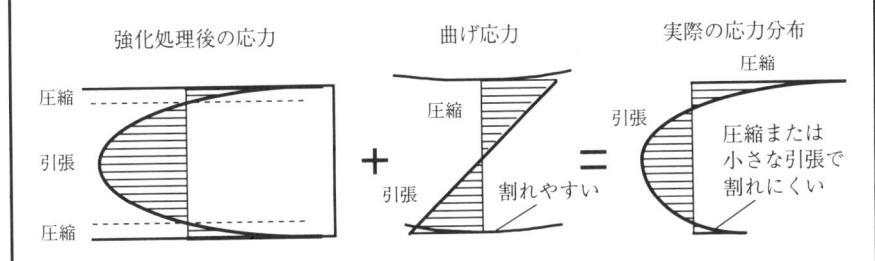

強化処理後の応力　　　　曲げ応力　　　　　実際の応力分布

圧縮　　　　　　　　　　圧縮　　　　　　　　　　　　圧縮
引張　　　　　　＋　　　　　　　　　＝　　引張　　圧縮または
　　　　　　　　　　　　引張　　割れやすい　　　　小さな引張で
圧縮　　　　　　　　　　　　　　　　　　　　　　　割れにくい

図7.3 強化ガラス内の応力分布

7.4 建築用板ガラス（その2）

　写真7.4は各種板ガラスの破壊状況を示している．フロート板ガラスの破片は大きく危険である．強化ガラスは飛散するがその破片は小さい．線入り板ガラス，合わせガラスは破壊後の飛散を完全に防止していることが分かる．

(1) 網入り板ガラス，線入り板ガラス（図7.4）

　網入り板ガラスはロールアウト法製板時にガラスに金網を挿入したもので，みが（磨）き板ガラスと型板ガラスがある．これは火災時，開口部からの延焼，類焼を防ぐ効果があり，乙種防火戸として使用できる．また，割れた場合でもガラスの破片は飛散しにくく，傷害の危険が少ない．金網は格子状（角形），ひし形のものなどがあり，板厚は6.8，10 mmの2種類がある．主な用途は防火戸の他，危険物を取り扱う建築物の窓，ベランダなど破壊して落下する恐れのある箇所などである．類似の製品として，**線入板ガラス**がある．これは金属線を平行に挿入したもので，板ガラス本来の美しさに加え，空間にキラリと輝く金属線がアクセントになっている．飛散防止などの効果は期待できるが，乙種防火用としては使用できない．主な用途として，一般建築物の内外装用ショーウィンドー，防煙垂壁（スモークカーテン）その他飛散防止を必要とする場所があげられる．

(2) 合わせガラス（図7.4）

　合わせガラスは2枚のフロート板ガラスの間に透明で強靱な中間膜（ポリビニルブチラールなど）をはさんで接着したもので，割れにくく安全性が高い．その特徴は，①割れても中間膜により破片の飛散や脱落が防止される，②強靱な中間膜のため，進入や盗難の防止に効果がある，③中間膜は紫外線をカットする機能を有しているなどである．主な用途は高層建築物の窓，トップライト，ショーウィンドー，飛散防止，紫外線遮蔽が要求される窓などである．

(3) 複層ガラス

　複層ガラスは2枚のガラスを一定間隔に保持し，乾燥空気を密封したもので（図7.4），単板ガラスの2倍以上の断熱効果を有し冷暖房負荷を軽減できる．その上，室内外の温度差が著しい場合でも，結露を防ぎ透視性が確保される．また，防音性能を高めるため，異なる厚さのガラスを使用し，中間層に特殊ガスを封入したものもある．主な用途は病院，コンピュータ室，冷凍ショーケース，ピアノ室，図書館など恒温恒湿，防音を必要とする箇所である．

7.4 建築用板ガラス（その2）

強化ガラス	5mm フロート板ガラス
6.8mm 線入板ガラス	6mm 合わせガラス

写真 7.4 板ガラスの破壊状況

(a) 網入板ガラス(菱形ワイヤ)

(b) 線入板ガラス

(c) 合わせガラス
 - 板ガラス
 - 中間膜（ポリビニールブチラール）

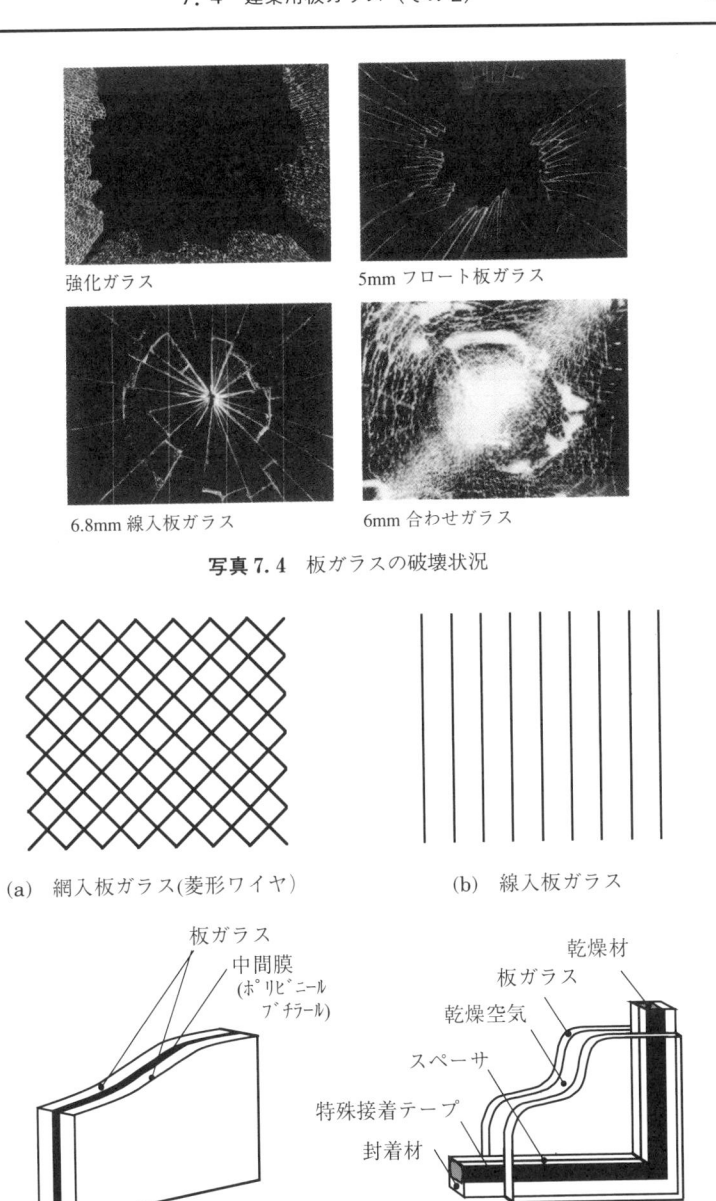

(d) 複層ガラス
 - 乾燥材
 - 板ガラス
 - 乾燥空気
 - スペーサ
 - 特殊接着テープ
 - 封着材

図 7.4 各種板ガラス

7.5 建築用板ガラス（その３）

表7.4に建築物に使用される主な板ガラスの性能と代表的な使用箇所を示す．

（１） 熱線吸収ガラス

熱線吸収ガラスは通常のガラスの原料に微量の鉄，ニッケル，コバルトなどの金属を加えて着色したフロート板ガラスである．透明な板ガラスに比べ，より多く太陽のエネルギーを吸収し，赤外線，可視光線，紫外線などの透過を抑える性能を持っている．その特徴として，①太陽エネルギーの透過率は50〜60％であり，夏季の冷房負荷を軽減する，②外光のまぶしさを和らげる，③紫外線による家具，商品などの変色，退色を防ぐ，などがあげられる．その主な用途は一般建築物や高層建築物の窓，ガラススクリーン，ショーケースなどがあげられる．

（２） 熱線反射ガラス

熱線反射ガラスはフロート板ガラスの表面に反射率の高い金属酸化物の膜を焼き付けたもので，太陽の放射エネルギーの40〜60％程度を透過するので冷房負荷を軽減することができる．建物内部には適度の可視光線を取り入れ，落ち着いた室内環境を確保することができる．また外面は鏡面に近いため，周囲の景色を鮮やかに映し出し，視覚的にも美しい建物を造ることができる．その反面，他の板ガラスより光線の表面反射率が高く汚れが目立つので，入念なメインテナンスが必要である．用途は一般建築物，高層建築物の外装用であり，曲面部にも曲げガラスとして使用される．この他にガラス表面に特殊金属膜をコーティングした高性能熱線反射ガラスもあり，太陽エネルギーの透過率は10〜30％である．また複層ガラスの素材に熱線反射ガラスを用いる場合もある．

（３） その他の板ガラス製品

その他の板ガラス製品として以下のものがある．まず，**カラーガラス**はフロート板ガラスの片面に特殊塗料を焼き付けた内装用壁材である．次に，装飾用ガラスには**色型板ガラス**，板ガラスの表面に絵柄を特殊焼付けした**ステンドグラス風板ガラス**，中間膜に多色多模様のプリントフィルムを挟み込んだ合わせガラスなど種々のものがある．**鏡**は平面精度の高いフロート板ガラスを素材とし，銀膜の上に銅メッキを施し，その上に特殊塗装を施してつくられている．通常の無色の鏡の他に，色を付けたり模様を施したインテリヤ用素材もある．

7.5 建築用板ガラス(その3)

表7.4 板ガラスの性能と使用箇所

種類	性能 遮光透視性	性能 遮光不透視性	性能 防眩性	省エネルギー 日射遮蔽	省エネルギー 断熱結露防止	省エネルギー 冷暖房負荷軽減	安全 飛散防止性	安全 耐衝撃性	安全 耐貫通性	安全 防火性	安全 防犯性	安全 防音性	装飾 色彩	装飾 デザイン性	切断加工性	使用箇所 屋根	使用箇所 トップライト	使用箇所 窓	使用箇所 カーテンウォール	使用箇所 出入口	使用箇所 ファサード	使用箇所 フェンス	使用箇所 天井	使用箇所 建具	使用箇所 間仕切	使用箇所 防煙壁	使用箇所 家具	使用箇所 什器	使用箇所 照明器具	その他
フロート板ガラス	○														○	○	○	○		○			○	○		○	○			
すり板ガラス		○												○				○	○					○	○			○		
型板ガラス		○												○	○															
網入板ガラス 型板		○					△		△					△	△	○	○	○							○					乙種防火戸
網入板ガラス 磨板	△						△	△	△					△	△	○	○	○							○					乙種防火戸
線入板ガラス 型板		○					△		△					△	△			○							○					
線入板ガラス 磨板	△						△	△	△					△	△			○							○					
熱線吸収ガラス	△		○	○		○							○					○	○											
熱線反射ガラス			○	○									○					○	○											
複層ガラス					○	○						△						○	○											
強化ガラス								○										○	○	○		○		○			○	○		
合わせガラス							○	○	○		○	○						○	○	○		○		○			○			水槽

○ 優れている   △ 普通

写真7.5 熱線反射ガラス
(Kobeファッション研究所)

写真7.6 ステンドグラス風板ガラス

7.6 板ガラスの施工法

(1) カーテンウォール及び一般サッシ

図7.5にシーリング材によるカーテンウォール工法及びグレイジングガスケットを使用した一般サッシの施工方法を示す．日本では多発する地震により建物各層で変形を生じるため，そのままではガラスが早期に破壊しやすい．このため外枠とガラスとの間にクリアランスをつくることにより変形を吸収し，窓ガラスが早期に破壊することを防止している．

(2) 吊り構法

大板ガラスの上部を特殊なクランプを用いてカーテンのように吊り下げる．すなわち，ガラスの自重は構造体に結合しているクランプで吊り下げ，風圧などの横力に対しては上下枠で支持する．このため，建物の変位に対してガラスは十分な追従性を持つ．同構法はビルの玄関ホール，ショールームなど2階分以上の大きな寸法のガラススクリーンの施工によく利用される．ガラススクリーンの施工例を写真7.7に示す．また，防煙垂壁（スモークカーテン）も吊り構法の一種であると考えられる．防煙垂壁は建築基準法施工令で規定されている排煙設備の重要な一部であり，不燃材としなければいけない．また，これは天井部に取り付けられるため視野を妨げないよう網入り板ガラスや線入り板ガラスなどを天井部より吊り下げる方法が採られている．

(3) その他の構法

まず，**SSG構法**（Structural Sealant Glazing System）はガラスをシーリング材で内側の支持枠に接着して保持する方法である．ガラスを支持する辺の数により1辺，2辺，3辺，4辺SSGという．同構法を用いるとサッシ部材が外部から見えないので，意匠的な面から好まれているが，ガラスを接着剤で支持するため長期間使用に対する不安は残る．このため，シーリング材を保護するためにもガラスは高性能熱線反射ガラスを使用することが望ましい．

次に，**DPG構法**（Dot Point Glazing System）は強化ガラス板の4隅に穴を明けボルト形の特殊金物を挿入してガラスを固定する方法である（写真7.8）．同構法はガラスに対する種々の力をうまく逃がすためにガラスと金物の接合点や取り付け金物に色々な形態とノウハウがある．これらはいずれも現在使用され始めた構法であり，今後さらに普及するものと思われる．

7.6 板ガラスの施工法

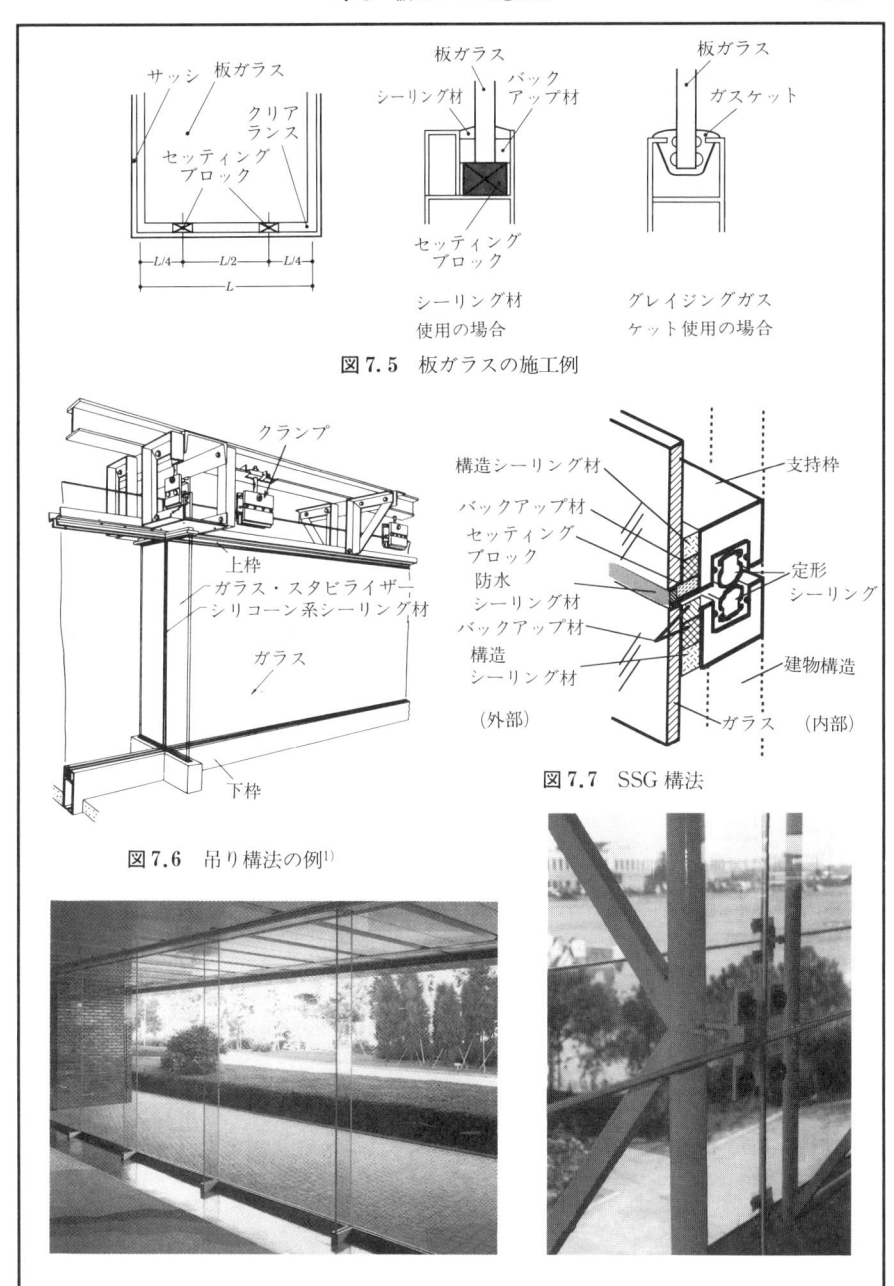

図 7.5 板ガラスの施工例

図 7.6 吊り構法の例[1]

図 7.7 SSG 構法

写真 7.7 ガラススクリーン（吊り構法）

写真 7.8 DPG 構法

7.7 その他のガラス製品

（1） ガラスブロック

ガラスブロックは板ガラスと同様ソーダ石灰ガラスに属する．溶解したガラスはプレスマシンでプレス成型され箱型ガラス片がまずつくられる．この箱型ガラス片2個を高温で加熱溶着すると，ガラスブロックとなる．その他に円筒形のものもある．このガラスブロックが冷えて常温になると内部は0.3気圧程度になるため，断熱性や遮音性を有する．また，優れた耐火・防火性能を有する．ガラスブロックの種類は透光透視型，透光不透視型，透過光に方向性を持たせた指向性型，金属酸化物皮膜を焼き付けコーティングした熱線反射型などがあり，ガラスブロックの側面に白色の他，8種類の色を塗布したものや，内面を透明塗料で着色したものもある．その他に40～50 mm厚の一枚板として製造されているプリズムガラスもある．これらは，外周壁，間仕切り，トップライトなど建築の中で光が要求されるあらゆる場所に使用することができる．また，場合によっては床材としても使用される．

（2） ガ ラ ス 繊 維

グラスウールはごく細い短繊維を交錯させ，熱硬化性樹脂を結合材としてフェルト状に加工したものである．これは無機質であるため不燃であり，熱伝導率が小さく，細い繊維が音のエネルギーを吸収するため，断熱材，吸音材として使用される．これは軽量の上，はさみで簡単に切断できるので，作業能率がよい．主に一般住宅，オフィス，工場などの断熱，防音用に用いられる．また，**ガラス長繊維**は直径 $5〜24\mu$ のフィラメント状繊維であり，これに表面処理剤を塗布しながら集束し，よりや製織などの加工をして各種の製品をつくる．これらは特に樹脂との複合基材として使用され，FRP（ガラス繊維強化プラスチック）などの原料となる．ガラス長繊維の特徴は特殊鋼に匹敵する引張強度を有し，耐熱性，耐薬品性，電気絶縁性に優れていることである．

（3） 結晶化ガラス建材

結晶化ガラス建材は特殊組成の原料をロールアウト法によりパネル状の原ガラスとした後に，1,100℃で再加熱し，微細結晶を折出させたものでガラスの特質と自然石の外観を持つ内外装材である．特徴は耐久性，耐候性を持ち軽量で曲げ強度が高いことである．

7.7 その他のガラス製品

(a) 透光透視型

(b) 透光不透視型

(c) 熱線反射型　　(d) プリズムガラス

写真 7.9　各種ガラスブロック

写真 7.10　ガラスブロック施工例

第8章　高分子材料

8.1　高分子材料と建築

　物質は分子により構成されているが，その分子量が非常に大きく，10^4以上のものを高分子材料と呼んでいる．このうち天然に得られる天然高分子材料以外のものを合成高分子材料といい，これらは建築材料として数多く使われている．合成高分子材料はその他にも我々の身の回りの色々なところに使用されていて，**高分子材料**なしでは現代社会は成立し得ないほどである．人類は昔から天然の高分子材料を利用してきた．衣料に用いられる木綿，麻，絹，羊毛などはその代表例であるが，その他にも木材，皮革，ゴム，アスファルト，雲母，アスベストなど種々の材料がある．当時，人類はこれらをそのまま利用していた．19世紀に入るとこれらを加工して利用する方法が開発され，例えば綿や紙，木材などからセルロイド，綿火薬，パルプ，再生繊維（レーヨン）などが製造されることとなる．これは天然高分子材料を原料として加工したものであるため，半合成高分子材料と呼ばれる．純合成化学的に初めて製造された高分子材料はベークライトである．1907年ベークランドはフェノールとホルマリンからベークライトを製造することに成功した．また，それより少し遅れて世界最初の合成ゴム（メチルゴム）が1916年ドイツで発明された．その後，わずか100年足らずの間に続々と新しい合成高分子材料が開発されてきている（表8.1）．合成高分子材料は低分子化合物（**モノマー**）を重合または縮合反応により結合したものである．ここで，**重合**と言うのはモノマー同士を単に連続的に結合したものであり，**縮合**というのはモノマー同士を結合する際にその一部がH_2Oとして失われるものをいう．いずれにしても分子量の大きい化学物質となるので，高分子（**ポリマー**）という名前が付けられている．高分子材料は，天然，合成を含めて建築における応用範囲は広い．しかし，これらも最後には廃棄物として処理されることとなる．都市ごみ系廃棄物は種々の樹脂や異物が混ざっていることが多いので，他のごみと一緒に焼却されるか不燃物として分別回収して埋め立てるかのいずれかである．一方，産業系廃棄物は異物混入の機会が少ないので，都市ごみ系よりは再生利用が進んでいると言われているが，それでも十分な対応がなされているとは言い難い現状である．

8.1 高分子材料と建築

表 8.1　高分子材料の歴史

年　代	歴史的な記録
BC 10000 以前	養蚕・製糸（中国）
BC 8000 以前	世界最古の麻織物発見（スイス）
BC 5000 頃	ミイラ埋葬用に綿布使用（ペルー）
BC 4000～3000	浴場の防水、道路の舗装，ミイラの防腐剤としてアスファルト使用（メソポタミア，エジプト） 世界最古の紙パピルス（エジプト）
BC 3000 頃	毛織物（バビロニア）
BC 100 頃	紙の製造技術発明（後漢）
700	和紙の製造（日本）
1493	コロンブス，ゴムを発見
1839	生ゴム加硫法発明（米）
1868	セルロイド（半合成高分子，米）
1890	パルプ（半合成高分子）
1907	ベークライト発明（米）
1914	アルキド樹脂工業化（米）
1916	メチルゴム発明（独）
1922	尿素樹脂工業化（独）
1931	ポリ塩化ビニール樹脂工業化（独）
1935	メラミン樹脂工業化（独，スイス）
1938	ナイロン発明（米），ポリエチレン工業化（英）
1939	ポリウレタン工業化（独）
1942	フッ素樹脂工業化（米）
1943	エポキシ樹脂工業化（スイス，米）
1948	ABS 樹脂工業化（米）
1957	ポリプロピレン工業化（伊，独，米）

写真 8.1　テフロン膜屋根の出雲ドーム
　　　　（写真提供鹿島）

8.2 プラスチック材料の性質

プラスチック材料を大別すると**熱可塑性樹脂**と**熱硬化性樹脂**に分類される．熱可塑性樹脂は加熱すると，軟らかくなって可塑性を示し，最後には溶け始める．ポリエチレン，ポリプロピレン，ポリスチレン，ポリ塩化ビニール，酢酸ビニール，ABS樹脂，アクリル樹脂，ポリカーボネート等はこの熱可塑性樹脂である．一方，ベークライトなどのように成形後は加熱しても可塑性を示さないものもある．これを熱硬化性樹脂と呼ぶ．フェノール樹脂，ユリア樹脂，メラミン樹脂，エポキシ樹脂，シリコン樹脂，ポリポリエステル等は熱硬化性樹脂に属する．熱可塑性樹脂は図8.1 (a) のようにモノマーが線状に連結したものであり（線状ポリマー），線状ポリマー同士は弱い分子間力で結び付いているため，これらは比較的自由に運動し得る．このため，熱を加えるとこれらの運動が激しくなり固体から溶解してしまうのである．一方，熱硬化性樹脂はこのような線状ポリマーを成形時にさらに結合し，図8.1 (b) のように網状の結合状態（網状ポリマー）にしてしまうので，分子間の結合力が強く，熱を加えても溶融しない．このため，熱硬化性樹脂は熱可塑性樹脂に比べ，耐熱性，靭性に優れているが，成形工程中に化学反応の進行が必要であるため，成形サイクルが長時間（3～10分程度）となり生産性の点で不利である．現在，日本におけるプラスチックの生産は熱可塑性が約80%，熱硬化性が約20%と言われている．前者のうちポリエチレン，ポリ塩化ビニール，ポリスチレン，ポリプロピレンの4樹脂が全体の約70%以上を占めている．建築材料として使用される材料の成形法や特徴，主な使用方法を表8.2に示す．これらは種類によりその性質が異なるが，代表的な特性を列記すると以下の通りである．

①軽量である上に強度が大きい．②耐久性が大きく，電気，熱絶縁性に優れている．③成形加工が容易である．④延性が大きい．一方，⑤金属に比べ耐熱性に劣り，火災時や長期間使用すると有害物質を発生する場合もある．

プラスチックは可塑材，充填材，補強材，硬化材，着色材，安定材などを配合することにより性質を改善する．可塑材は　高分子材料に可塑性を与え，成形を容易にするとともに，粘り強さと柔軟性を与える効果がある．充填剤は高分子材料の強度や各種性質の改善のために使用される．このうちガラス繊維などのように強度を上げることを主目的としたものを補強材という．

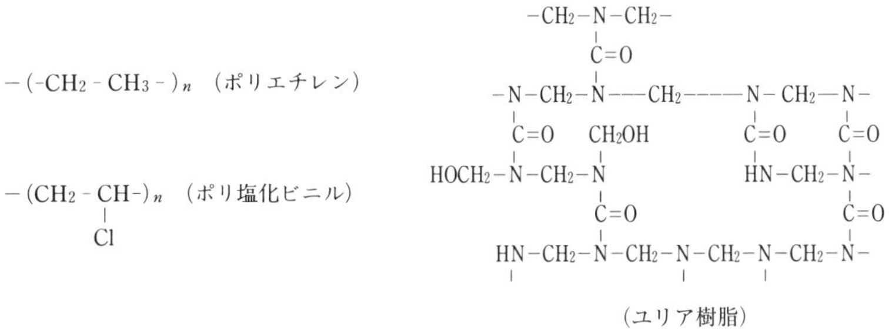

8.2 プラスチック材料の性質

$-(-CH_2-CH_3-)_n$ （ポリエチレン）

$-(CH_2-CH-)_n$ （ポリ塩化ビニル）
　　　|
　　　Cl

(b) 網状ポリマー (ユリア樹脂)

(a) 線状ポリマー

図 8.1　ポリマーの構造

表 8.2　プラスチックの性質およびその用途[1]

種類		物理的性質				主な用途
		密度 (g/cm^3) (25℃)	引張強度 (Mpa)	伸び (％)	弾性係数 $(10^2 N/mm^2)$	
熱可塑性樹脂	ポリ酢酸ビニル	1.18～1.20	19.6～39.2	20～60	9.8～14.7	塗料，接着剤
	ポリ塩化ビニル	1.30～1.40	34.3～61.7	2.0～4.0	24.5～41.2	フィルム，ルーフィング，床用タイル・シート，化粧板，パイプ，発泡品，採光板，塗料
	ポリエチレン	0.92～0.93	6.9～38.2	150～650	0.98～12.7	フィルム，ルーフィング，パイプ，発泡品
	ポリスチレン	1.04～1.07	20.6～61.7	1.0～3.6	27.4～41.2	フィルム，発泡品，採光板
	ポリアミド	1.09～1.14	48.0～82.3	20～320	9.8～30.4	フィルム，発泡品
熱硬化性樹脂	アクリル樹脂	1.18～1.19	41.2～75.5	2～10	20.6～34.3	FRP，採光板，塗膜防水材，セメント用混和剤
	フェノール樹脂	1.25～1.30	48.0～68.6	1.0～1.5	51.9～86.2	FRP，発泡品，塗料，接着剤
	ユリア樹脂	1.47～1.52	41.2～89.2	0.5～1.0	79.4～109.8	発泡品，塗料，接着剤
	メラミン樹脂	1.47～1.52	48.0～89.2	0.6～1.9	68.6～102.9	化粧板，塗料，接着剤
	エポキシ樹脂	1.11～1.40	27.4～83.3	1～70	29.4～49.0	FRP，発泡品，塗料，接着剤，塗膜防水材，防食ライニング材，セメント用混和剤
	不飽和ポリエステル樹脂	1.53～1.57	41.2～68.6	0.5～5	20.6～44.1	フィルム，化粧板，FRP，採光板，塗料，接着剤，塗床材，塗膜防水材，防食ライニング材
	ウレタン樹脂	1.00～1.30	29.4～73.5	100～600	0.98～68.6	発泡品，塗料，接着剤，塗床材，塗膜防水材

8.3 熱可塑性プラスチック

（1） ポリ塩化ビニール樹脂

ポリ塩化ビニールは塩ビとも呼ばれている．それ自体は透明で耐候性も良く，やや難燃性であるが焼却すると有毒ガスを出す．可塑材の量により物性が大幅に変化し，硬質と軟質に分けられる．硬質塩化ビニールはパイプ，継ぎ手，電話機，電気用ソケット，水道管，波板，雨樋，壁紙，高断熱サッシ窓など広く使用されている．また，軟質塩化ビニールも室内床材，防水ルーフィング，使い捨て包装材などに使用されている．塗料にも使用される．

（2） ポリエチレン樹脂

合成高分子材料の中でポリエチレンの生産量が最も多い．これは商品を包む包装用フィルム，ポリバケツなど日用品の多くが，ポリエチレンで製造されていることから容易に理解されよう．その他にルーフィング，パイプ，容器類，シート，表面コーティング材，電線の被覆などに用いられている．

（3） ポリプロピレン樹脂

これは比重が0.91とプラスチック中で最軽量であり，耐水性，耐薬品性，電気絶縁性に優れた材料であるが，衝撃には弱い．建築用途は少ない．

（4） ポリスチレン樹脂，ABS樹脂

第2次大戦中に生産されたスチレン・ブタジエンゴムの技術を基礎として製造され始めた．無味，無臭で着色が容易であり，一般用，耐衝撃性，発泡用などの種類がある．ポリスチレン発泡材は発泡スチロールとも言われ，断熱材，防振包装材などに使用されている．ABS（アクリロニトリルブタジエンスチレン）樹脂は耐衝撃性，耐薬品性に優れた樹脂であり，家電製品など広く使用されている．

（5） アクリル樹脂（メタクリル樹脂）

アクリル系樹脂の中でもメタクリル樹脂は透光性が高く，軽量で，耐候性，耐薬品性，力学的性質にも優れているので，ガラスの代用品としてこれまで広く用いられている．また，板，管などの成形品があり，照明器具やトップライトの材料として利用されている．アクリル系樹脂は塗料としても利用されている．

（6） ポリカーボネート

優れた透明性，耐衝撃性および耐候性を有し，ガラスに代って，アーケード，トップライトなどに使用されている．比重は1.2である．

8.3 熱可塑性プラスチック

表8.3 熱可塑性樹脂の特性

種　類	物　性	熱特性燃焼性	電気特性	化学的性質
ポリエチレン (PE)	密度<1 g/cm³ 結晶性	熱変形温度低 燃焼	高周波絶縁性優 電気絶縁性大	耐薬品性大
ポリ塩化ビニール (PVC)	密度1.23～1.45 g/cm³ 軟質, 硬質	熱変形温度 89℃(硬質)	電気絶縁性良	耐溶剤, 耐油性強
ポリプロピレン (PP)	密度<1 g/cm³ 結晶性 PEより硬い	熱変形温度溶融温度PEより大	高周波絶縁性良	耐薬品性PEより大
ポリスチレン (PS)	密度1.04～1.07 g/cm³ 非結晶性	熱変形温度 90～105℃ 燃焼	高周波絶縁性良 電気絶縁性良	有機溶剤に溶け易く, 酸, アルカリに耐える
ABS樹脂 (ABS)	密度1.03～1.07 g/cm³ 硬質, 非晶性	熱変形温度は普通	電気絶縁性良	溶剤に溶け, 酸, アルカリに耐える
メタクリル樹脂	密度1.18～1.19 g/cm³ 硬質, 透明	熱変形温度 80～120℃	電気絶縁性良	同　上
ポリカーボネート (PC)	密度1.20～1.40 g/cm³ 衝撃に強い	熱変形温度 135～155℃	同　上	耐溶剤性が悪い

写真8.2 アクリル樹脂を用いた水族館遊歩道
(写真提供フジタ)

8.4 熱硬化性プラスチック

(1) フェノール樹脂

フェノール樹脂は耐燃性, 耐水性, 電気絶縁性は良いが, 成形に時間がかかり生産性が劣る. このため, ポリ塩化ビニールなどが開発されると, 日用品の分野から姿を消した. 現在は外装用化粧合板, 塗料接着剤などに利用されている.

(2) メラミン樹脂

メラミン樹脂成形物は樹脂成形品中で最も表面硬度が大きく, 美しい光沢を有し着色も自由である. しかも, 耐熱性, 耐炎性, 耐薬品性, 耐水性に優れているが, 衝撃には弱い. このため, 内装用化粧板の表面塗布材, 接着剤などとして使用されている.

(3) 尿素 (ユリア) 樹脂

尿素樹脂は熱硬化性樹脂中生産量は最も多く, 常温硬化型木材用接着剤として多量に消費されている. また, 日用成形品としては食器やお盆などが多い.

(4) 不飽和ポリエステル樹脂

不飽和ポリエステル樹脂は, ガラス繊維などを強化材に使用した成形品 (FRP) として使用されることが多い. FRPは軽量で強度が高く, 耐久性があり透光性がある. このため, 波板, 平板として工場, 倉庫などの屋根, 天窓, 温室の覆い, 間仕切りなどに, 浴槽, 浄化槽, 設備ユニットなどの大型成形品として使用されている. その他にも塗料, 接着剤として使用されている.

(5) エポキシ樹脂

エポキシ樹脂は, 熱硬化性樹脂の中でも接着性, 耐湿性, 耐水性, 耐薬品性に優れている. また, 硬化材の種類も豊富で, その組合せにより色々な特性が得られる. エポキシ樹脂は強力な接着力を有するので, 接着剤, プラスチックモルタルの結合材, シーリング材, 塗料などに使用されている.

(6) ポリウレタン樹脂

ポリウレタン樹脂は, 発泡材である硬質, 軟質ウレタンフォームとして, 家具のクッション材, 断熱材に, 合成ゴムとしてタイヤ, バンパーなどに, その他塗料, 接着剤, 防水材, 床材など広く利用されている.

(7) シリコーン樹脂

シリコーン樹脂は耐熱性, 耐薬品性, 電気絶縁性に優れ, 防水材, 耐候塗料, 目地シールなどに利用されている.

表8.4 熱硬化性樹脂の特性

種類	物性	熱特性燃焼性	電気特性	化学的特質
ユリア樹脂（UP）	密度 1.45 g/cm^3	耐熱性 77℃ 難燃性	電気絶縁性良 耐アーク性大	耐薬品性強
メラミン樹脂（MF）	密度 1.5 g/cm^3	耐熱性 99℃ 難燃性	電気絶縁性良 耐アーク性大	耐薬品性強
フェノール樹脂（PF）	密度 1.37〜1.65 g/cm^3	耐熱性は充填材により異なる 難燃性	電気絶縁性強	耐溶剤性
不飽和ポリエステル樹脂（UP）	樹脂密度 1.2 g/cm^3	FRPは耐熱性強	電気絶縁性良	耐薬品性大 酸，アルカリに弱い
エポキシ樹脂（EP）	密度 注型用 1.8 g/cm^3 成形用 1.2 g/cm^3	耐熱性は充填材により異なる 難燃性	電気絶縁性大	耐薬品性強
ポリウレタン樹脂（PUR）	密度 1.2 g/cm^3	同上	同上	耐油性強
シリコーン樹脂（SI）	密度 1.15〜1.5 g/cm^3	不燃性	電気絶縁性良	耐薬品性良

写真 8.3 ポリエステル樹脂製の浴槽

8.5 合成繊維

(1) 汎用三大合成繊維およびビニロン

(a) ポリアミド繊維（ナイロン）

ナイロンは1935年米国のカローザスが発明した世界初の合成繊維である．ナイロン-6,6，ナイロン-6が代表的で，数字はポリアミド主鎖の繰返し構造単位中の炭素原子の数を示している（図8.2）．この繊維は強靭で高い弾性回復率と耐摩耗性，優れた耐水性，染色性があり，衣料分野，漁網，室内用カーペット，カーテン，人工芝，屋根膜，シート類などに用いられている．

(b) ポリエステル繊維（テトロン）

この繊維はテレフタル酸とエチレングリコールより作られるポリエチレンテレフタレートである．1941年英国ウィンフィールドらにより発見された．この繊維の特徴は①ヤング率が大きくしわになりにくい，②ナイロンのように黄変性（黄ばむこと）がない，③他の繊維との混紡性に富むなどである．衣料としては吸湿性に乏しいので肌着には向かないが広く使われている．またビデオ用フィルム，飲料用ボトル，屋根膜，シート類にも使用されている．

(c) アクリル繊維

この繊維の主成分はアクリロニトリルであり，種々の割合で含まれている．この繊維の特徴は柔らかく，ウールに似た感触である．また，染色性，耐光性があり衣料，寝具室内カーペットなどのインテリア材料にも用いられている．

(d) ポリビニルアルコール繊維（ビニロン）

ビニロンは三大合成繊維に次いでよく用いられる．耐久性，機械的性質に優れているので，帆布などの他にモルタルのひび割れ防止補強材にも用いられる．

(2) 高強度高弾性率合成繊維

高強度高弾性率合成繊維としては**超高延伸ポリエチレン**，**アラミド繊維**，**炭素繊維**などがある．アラミド繊維（商品名：ケブラー）は，融点が350℃以上で，優れた強度を持つ．航空機部材の補強用繊維，防弾チョッキなどに用いられている．炭素繊維はセルロースフィラメントなどを焼成炭化させて製造する．これは高純度の炭素からなり，平面的な網状分子構造を持つ結晶性繊維である．1,000℃以上の耐熱性を示し，4,900 Mpa程度の強度を有する．高価なため航空機部材やゴルフクラブ，釣竿などに用いられていたが，最近では鉄筋コンクリート用補強筋等として利用するような研究も行われている．

8.5 合成繊維

$$HOOC-(CH_2)_4-COOH + H_2-(CH_2)-NH_2 \longrightarrow$$
アジピン酸　　　　　　　　ヘキサメチレンジアミン

$$-[OC-\underbrace{(CH_2)_4-CONH}_{炭素6個}-\underbrace{(CH_2)_6-NH}_{炭素6個}]- + H_2O$$

ナイロン-6,6

$$\begin{bmatrix}-CONH-\\(CH_2)_5\end{bmatrix} \longrightarrow -[OC-\underbrace{(CH_2)_5}_{炭素6個}-NH]_n-$$
ε-カプロラクタム

ナイロン-6

図 8.2 ナイロンの合成

表 8.5 高性能高分子材料の強度およびヤング係数

材料	引張強度 (Mpa)			ヤング係数 (10^3N/mm²)		
	理論値	実験最高値	実用材料値	理論値	実験最高値	実用材料値
超高延伸ポリエチレン	26,460〜34,300	4,900	392〜490	180〜290	120	3〜8.5
アラミド繊維	29,988〜39,984	4,018	3,626	182	153	124
炭素繊維	179,928	5,586	2,548〜4,998	1,020	700	400

写真 8.4 炭素繊維

8.6 ゴ　　ム

天然ゴムは南アメリカでインカ時代から使用されていたと言われている．西洋文明とゴムとの出会いはコロンブスがハイチ島でインディアンの子供がゴムボールで遊んでいるのを見たのが最初であると言われている．当初，ゴムの木はアマゾン川流域でのみ生育しており，ブラジル政府は苗木の持ち出しを禁止していたことや，自動車の発明によりゴムの需要が増大してきたことにより，19世紀ごろから天然ゴムの供給は慢性的に不足していた．このため，化学的に合成してつくられる**合成ゴム**の研究は当時からドイツ，アメリカなどで盛んに行われていた．1916年，メチルゴムがドイツで発明されたのを皮切りに，ブタジエンゴム，クロロプレンゴムなど多くの種類の合成ゴムが開発された．図8.3にゴムの種類を示す．ゴムの最大の特徴は大きな変形状態まで弾性を維持できるということである．表8.6は各種ゴムの特徴と主な用途を示している．

(1) 天 然 ゴ ム

ゴムの木より採取した樹液を固めて製造される．精製された生ゴムは比重0.913で無色透明の弾性体である．その弾性特性は優れており，現在でも総生産高の約1/3を占めている．加熱すると130〜140℃で軟化し，200℃付近から分解を始める．また10℃以下で硬化が始まり，0℃付近では弾性がなくなる．その上，耐久性に難点があるため，建築材料として使用される機会は少ない．

(2) 合 成 ゴ ム

表8.6中ブチルゴムはイソブチレンを主材としたイソプレンとの共重合体である．クロロプレンゴムはクロロプレンの単独重合体で，ネオプレンゴム（商品名）とも呼ばれる．スチレンブタジエンゴムはスチレンとブタジエンとの共重合体で，合成ゴム生産量の約半分を占めている最も一般的な合成ゴムである．スチレンを23.5%含むものが普通である．5℃付近で重合させて得られるものをコールドラバーと呼び，強度，加工性に富む．また，スチレン成分が多くなるほど硬くなり靴底やゴムタイルなど耐摩耗性が要求される用途に用いられる（ハイスチレンゴム）．ウレタンゴムはポリエステルポリオールなどとジイソシアネートとの反応により得られる．条件により軟質から硬質のものまで製造が可能である．エチレンプロピレンゴムはエチレンとプロピレンより生成する．

8.6 ゴム

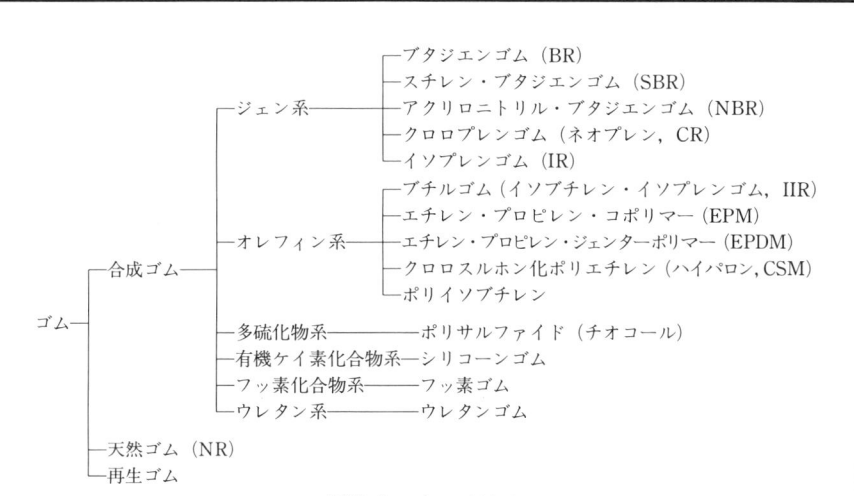

```
ゴム ─┬─ 合成ゴム ─┬─ ジエン系 ─┬─ ブタジエンゴム（BR）
      │            │            ├─ スチレン・ブタジエンゴム（SBR）
      │            │            ├─ アクリロニトリル・ブタジエンゴム（NBR）
      │            │            ├─ クロロプレンゴム（ネオプレン，CR）
      │            │            └─ イソプレンゴム（IR）
      │            ├─ オレフィン系 ─┬─ ブチルゴム（イソブチレン・イソプレンゴム，IIR）
      │            │              ├─ エチレン・プロピレン・コポリマー（EPM）
      │            │              ├─ エチレン・プロピレン・ジエンターポリマー（EPDM）
      │            │              ├─ クロロスルホン化ポリエチレン（ハイパロン，CSM）
      │            │              └─ ポリイソブチレン
      │            ├─ 多硫化物系 ──── ポリサルファイド（チオコール）
      │            ├─ 有機ケイ素化合物系 ─ シリコーンゴム
      │            ├─ フッ素化合物系 ──── フッ素ゴム
      │            └─ ウレタン系 ───── ウレタンゴム
      ├─ 天然ゴム（NR）
      └─ 再生ゴム
```

図 8.3 ゴムの種類[2]

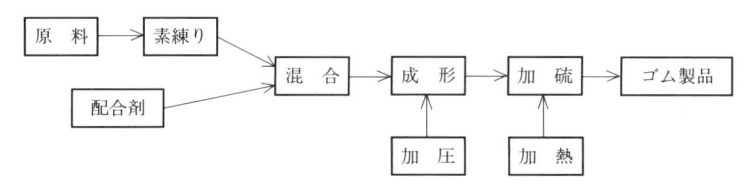

```
原料 → 素練り ┐
              ├→ 混合 → 成形 → 加硫 → ゴム製品
配合剤 ───────┘         ↑      ↑
                       加圧    加熱
```

図 8.4 ゴム製品の製造工程[3]

表 8.6 各種ゴムの特徴と主な用途

種類	特徴	主な用途
天然ゴム	加工性に優れる．	床タイル，シート，発泡品
ブチルゴム	老化性，耐熱性，耐候性，耐オゾン性に優れる．	ルーフィング，塗料，シーリング材，接着材
クロロプレンゴム	耐候性，耐オゾン性，耐熱性に優れる．	防水層，接着剤，ガスケット，被覆ゴム，塗料，シーリング材
スチレンブタジエンゴム	耐候性，耐摩耗性，耐老化性に優れる．	シーリング材，塗料，接着材，床タイル，シート
ウレタンゴム	クッション性，断熱性，耐候性，耐薬品性に優れる．	目地コーキング材，防水材，窓枠，塗床材
エチレンプロピレンゴム	耐候性，耐熱性，耐オゾン性に優れる．	ルーフィング

8.7 アスファルト

アスファルトはアスファルト基の原油が蒸発，酸化，重合などしてできた瀝青質のものであり，天然および石油アスファルトがある．しかし，現在は石油アスファルトがアスファルト使用量の大部分を占めている．これらは茶褐色または黒色で，常温においては不揮発性で変質しにくいが，加熱すると流動的となる．水に溶解しないので，防水材料として用いられる．

（1） **アスファルトの一般的性質**

表8.7にアスファルトの物理的性質を示す．また，アスファルト品質の分類を行うために，決められた形状，重量の針が5秒間にアスファルト表面より貫入する深さで定義される**針入度**を用いている．アスファルトは一般に粘度が高く，浸透性に乏しい．また，感温性が小さく（温度変化に鈍感で）高弾力性を有している．

（2） **石油アスファルト**

（a） **ストレートアスファルト**

原油を常圧蒸留した残留重質油から更に潤滑油成分を減圧蒸留した残りの重質油で，針入度を調節したものをストレートアスファルトという．針入度40以下のストレートアスファルトは工業用に，40を越えるものは主に道路舗装に用いられるが，建築用としてはアスファルトルーフィングにも使用される．

（b） **ブローンアスファルト**

減圧蒸留した残りの重質油へ250℃前後の温度で空気を吹き込み，脱水，重合，縮合反応を起こさせ硬くしたアスファルトである．表8.8にストレートとブローンの性質の違いをまとめて示した．ブローンアスファルトはストレートアスファルトに比べ，針入度が小さく弾力性に富み感温性が小さい．ブローンアスファルトは建築アスファルト防水材料，防錆塗料などとして広く使用されている．

（c） **アスファルトコンパウンド**

ブローンアスファルトの耐熱性，耐久性，接着性などを改良するため，動植物性油脂などを混入したものをいい，より高性能な防水材料である．

建築物防水層として必要な性能に改善したものを**防水工事用アスファルト**という．

8.7 アスファルト

```
                    ┌─ 無機物含有量が ──── アスファルタイト    (用途)
                    │   5%以下のもの                          塗料・接着剤
        ┌ 天然アスファルト ┤
        │           └─ 無機物含有量が ──┬ ロックアスファルト   舗装
        │               5%以上のもの    └ レーキアスファルト   舗装・ライニング
アスファルト ┤
        │           ┌ ストレート ──┬ 常圧または減圧蒸留    舗装・ルーフィング
        │           │ アスファルト │ による残留物
        │           │             └ 溶剤抽出アスファルト
        └ 石油アスファルト ┤ [添加物] ──┬ アスファルトコンパウンド   防水用
                        │           └ ポリマー改質アスファルト   防水用・ルーフィング用
                        │                                    舗装
                        └ ブローン ──┬ ブローンアスファルト       防水用・ルーフィング用
                          アスファルト └ 触媒ブローンアスファルト
```

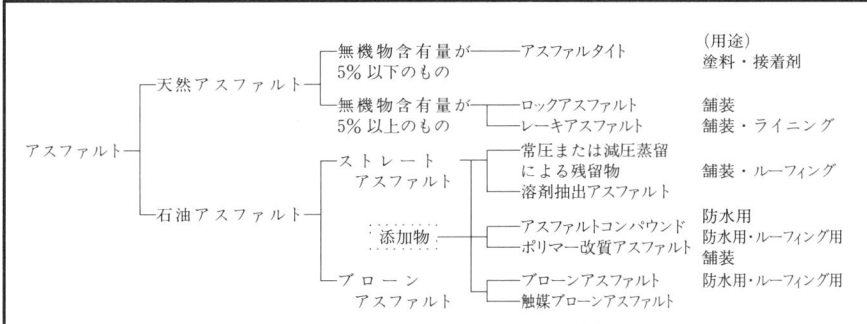

図 8.5 アスファルトの種類と用途[4]

表 8.7 アスファルトの一般的性質[5]

項 目		ストレートアスファルト	ブローンアスファルト
軟化点（環球法） ℃		41	98
針入度（25℃, 100 g, 5 s） 1/10 mm		90	20
伸 度（25℃, 5 cm/min） cm		150 以上	3.2
密 度（g/cm³） (15)		1.03	1.05
平均体積膨張係数 1/℃	15～66℃	0.00063	0.00063
	15～232℃	0.00068	0.00068
比熱 J/kg·K	4.4℃	1.67	1.63
	93℃	1.97	1.93
	202℃	2.34	2.30
熱伝導率（27℃） W/m·K		0.156	0.156
透気係数（25～35℃） g/cm·h·mmHg	水蒸気	3.0～9.3	6.0～11.5
	酸 素	—	0.4
吸水率（アルミニウム上 0.25 mm パネル上厚において） %	50 週	—	1.5～10
	100 週	—	2.5～16.5
表面張力 ×10⁻⁶ N/mm²	25℃	34	32
	100℃	27	28

表 8.8 ストレートとブローンアスファルトの特徴

区分 性状	ストレートアスファルト	ブローンアスファルト
軟 化 点	低い	高い
感 温 性	大	小
伸 度	大	小
コロイド性	ゾル型	ゲル型
耐 熱 性	小	大
耐 寒 性	きわめて小	小
接 着 性	大	小
凝 集 性	小	大
可 塑 性	小	大
湿 潤 性	大	小
乳 化 性	良	不良
しみ出し性	小	大

機能材料編

第 9 章　防　水　材　料
第10章　断　熱　材　料
第11章　防火材料，耐火材料
第12章　音　響　材　料

写真①　メンブレン防水（低層部陸屋根）と葺き材（2層部勾配屋根）

写真② 天井裏の断熱材
　　　（グラスウールを銀色の
　　　フィルムで包んだもの）

写真③ モルタル大壁内の断熱材
　　　（グラスウールを防湿性
　　　フィルムで包んだもの）

写真④ 台所出口上部の耐火下地材
　　　（石綿セメント板）

第9章 防水材料

9.1 材料中における水分の挙動

(1) 水分の移動

材料中の水分の移動は，液体（水）あるいは気体（湿気）の状態で行われる．図9.1にその概要を示す．湿気が材料中を一方から他方へ移動する場合を透湿，留まる場合を吸湿という．同様に水分が移動する場合を透水，留まる場合を吸水という．そのメカニズムは**毛細管現象**や**拡散現象**によって説明できる．

(2) 吸湿性

材料を一定の温度および湿度の空気中に長く置くと，一定の水分を取り込み平衡状態に達する．その時の含有水分を材料の平衡水分といい，乾燥重量に対する百分率を**平衡含水率**という．平衡含水率は相対湿度の高いほど，温度の低いほど大きい．図9.2にヒノキの吸湿・脱湿現象のヒステリシス曲線を示し，図9.3に各種材料の平衡含水率を示す．吸湿性の大きさは，繊維＝木材＞セメントペースト＞コンクリート＞日本壁＞タイルの順となる．

(3) 吸水性

気孔質材料では，材料中の気泡あるいは細胞中に水分が侵入し，一般に吸水率が大きくなる．この場合，気孔の分布や気孔の連続性によって吸水率は著しく相違する．例えば，独立気孔の発泡ガラスでは0％，連続気孔の木材では100％を越える吸水率を示す．またコンクリートポンプ工法での骨材の吸水や風圧を受ける壁面漏水など**圧力吸水**の影響を受けやすい材料・部材もある．

(4) 結露現象

図9.4に示すように，ある温度でその中に含まれる水蒸気で飽和された空気が，その露点より低い温度の材料に触れると，凝縮してその表面に水滴を作る．この現象を**結露**という．結露は通常冬季に室内の壁面などに発生するが，最近のように湿度が高く密閉された室内が多くなり，壁面温度が低下していると春秋期でも発生する．建物の結露は，**表面結露**と**内部結露**に分けられる．表面結露とは水蒸気が水滴に変わって壁面や窓の表面に付着する現象をいう．内部結露とは室内外の水蒸気圧差によって移動する水蒸気が壁体内の低温部分で結露する現象をいう．断熱材を用いた結露対策の一例を図9.5に示す．

9.1 材料中における水分の挙動

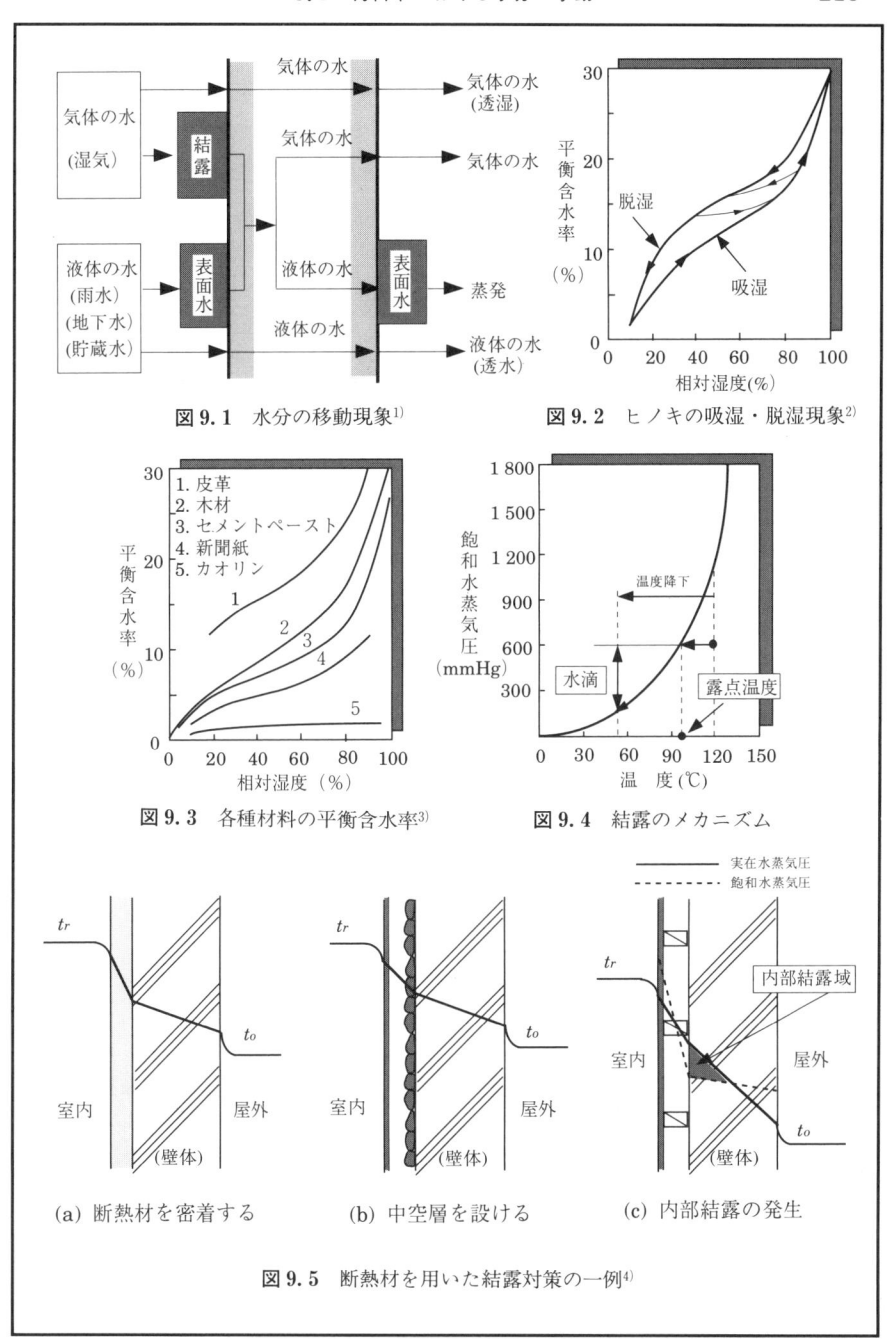

図 9.1 水分の移動現象[1]

図 9.2 ヒノキの吸湿・脱湿現象[2]

図 9.3 各種材料の平衡含水率[3]
1. 皮革
2. 木材
3. セメントペースト
4. 新聞紙
5. カオリン

図 9.4 結露のメカニズム

(a) 断熱材を密着する (b) 中空層を設ける (c) 内部結露の発生

図 9.5 断熱材を用いた結露対策の一例[4]

9.2　材料に及ぼす含有水分の影響

（1）　強度に及ぼす影響

通常材料強度は乾燥すると，すなわち含水率が小さくなるにつれて大きくなる傾向を示す．長時間水中養生をしたコンクリートの場合，乾燥させると，①乾燥による密度の増大，②静水圧による内部引張応力の減少，などにより圧縮強度は10数％の強度上昇を起こす．また乾燥に伴う表面収縮によって断面内に応力勾配を生じ，曲げ強度は著しく低下する．木材の場合，図9.6に示すように乾燥収縮による寸法変化が大きいため**繊維飽和点**以下（含水率約30％）の強度上昇が著しい．

（2）　容積変化に及ぼす影響

木材・セラミックスのような気孔質材料は，吸水すれば膨張し，乾燥すれば収縮する．図9.7にはセラミックス系材料の**吸水膨張**の傾向を示したが，セメントペーストの膨張はかなり大きい．またモルタルは貧調合ほど小さく，れんがは更に小さい．木材は，図9.8に示すように繊維飽和点以下の収縮量が特に大きいため，乾燥による変形・ひび割れが著しい．図9.9にはコンクリートの重量減少率と収縮率の関係を示した．それによると初期材令では乾燥とともに急激に収縮する．その後安定域を経て長期材令におけるコンクリートの乾燥収縮と同じ現象を示す．一般に乾燥速度が速いほど乾燥収縮は大きい．

（3）　熱伝導率に及ぼす影響

一般に気孔質材料が湿った状態に置かれると**熱伝導率**は大きくなる．すなわち乾燥した木材やコンクリートなどの熱伝導率はかなり小さいが，湿潤状態になれば，気孔の空隙部が熱伝導率の大きい水分によって満たされ，熱伝導率が増大することになる．

（4）　耐久性に及ぼす影響

耐久性の向上には，各種材料を乾燥状態に置き，水で濡らさないことが重要である．木材の劣化は微生物による腐朽とシロアリによる食害によって起こり，含水率が30～60％のとき最も活発である．金属の腐食は水分を介して**局部電池**の作用によって進行する．コンクリートは乾湿の繰り返しに伴う容積変化や含有水分の凍結融解による繰り返し応力により次第に組織が緩みはじめる．また有機系接着剤の多くは水分によって軟化する．

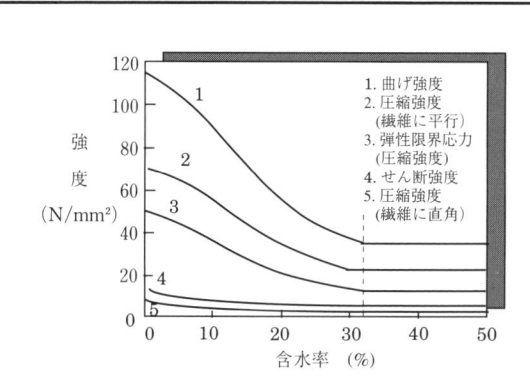

9.2 材料に及ぼす含有水分の影響

図 9.6 木材の乾燥に伴う強度上昇[5]

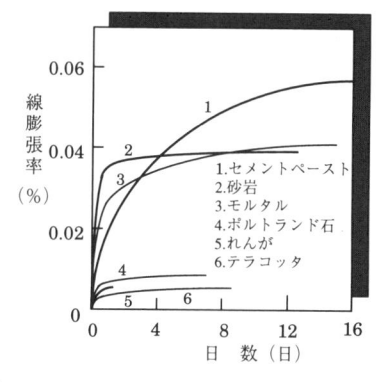

1. 曲げ強度
2. 圧縮強度（繊維に平行）
3. 弾性限界応力（圧縮強度）
4. せん断強度
5. 圧縮強度（繊維に直角）

図 9.7 吸水膨張[6]

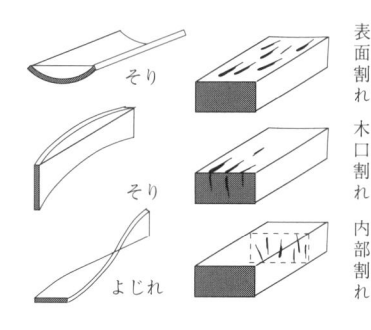

1. セメントペースト
2. 砂岩
3. モルタル
4. ポルトランド石
5. れんが
6. テラコッタ

図 9.8 乾燥による変形・ひび割れ

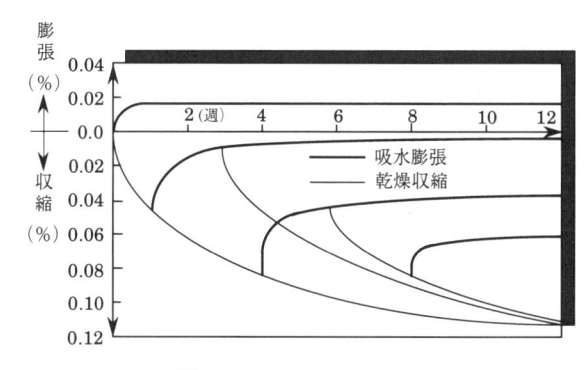

そり / そり / よじれ

表面割れ / 木口割れ / 内部割れ

図 9.9 コンクリートの乾燥収縮率

9.3 メンブレン防水（その1）

（1） メンブレン防水とは

屋根や床において水の移動を阻止するために不透水層を形成する膜を**メンブレン防水層**という．表9.1に示すようにアスファルト防水・シート防水・塗膜防水が代表的なものである．メンブレン防水には，①十分な透水抵抗性，②メンブレンの連続性，③耐機械的損傷性，④耐化学的劣化性などの性質が要求される．

（2） アスファルト防水

1） 工　　法

アスファルト防水は，常温では固形状態であるアスファルトを現場で加熱溶融し，液状になった状態でアスファルトルーフィング類を下地面に張り付け，積層して防水層を形成する．個々のルーフィングの耐久性・耐候性は十分ではないが，数枚を張り重ねることによって防水効果を上げる工法を**熱工法**という．また，加熱溶融を必要としないで，常温でも液状の特殊アスファルトを用いて，アスファルトルーフィング類を積層していく場合と，工場で特殊アスファルトルーフィング類を製造し，現場で接着剤やルーフィングの粘着層などによって下地に張り付けて防水層を形成する工法を**冷工法**という．ルーフィングの張り付け方法には，下地全面に溶融アスファルトを張り付ける方法とスポット的あるいは線状に流して部分的に下地に張り付ける方法がある．前者を**密着工法**，後者を**絶縁工法**という．

2） 材　　料

ⓐ **プライマー**：プライマーには下地に塗布してアスファルト防水層の接着をよくさせるための**アスファルトプライマー**とALCパネル等の下地に膨れ防止に用いるタールエポキシ系などの特殊プライマーがある．

ⓑ **アスファルト**：防水工事用アスファルトはJISに表9.2のように規定されている．1種は地下構造物に，2〜4種は屋上防水に用いられる．特に3種は寒冷地用である．

ⓒ **アスファルトルーフィング類**：ルーフィング類には，アスファルトフェルト・アスファルトルーフィング・砂付きルーフィング・網状ルーフィング・ストレッチルーフィングなどがあり，その品質規格を表9.3に示す．

9.3 メンブレン防水（その1）

表 9.1 防水工法の種類

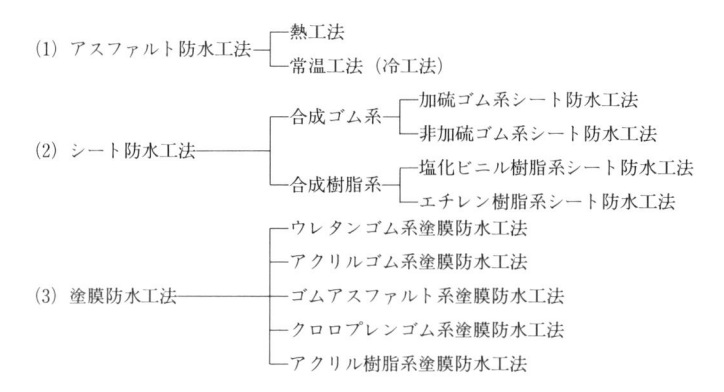

- (1) アスファルト防水工法
  - 熱工法
  - 常温工法（冷工法）
- (2) シート防水工法
  - 合成ゴム系
    - 加硫ゴム系シート防水工法
    - 非加硫ゴム系シート防水工法
  - 合成樹脂系
    - 塩化ビニル樹脂系シート防水工法
    - エチレン樹脂系シート防水工法
- (3) 塗膜防水工法
  - ウレタンゴム系塗膜防水工法
  - アクリルゴム系塗膜防水工法
  - ゴムアスファルト系塗膜防水工法
  - クロロプレンゴム系塗膜防水工法
  - アクリル樹脂系塗膜防水工法

表 9.2 防水工事用アスファルトの種類と品質（JIS K 2207）

種　類	1種	2種	3種	4種
軟化点（℃）	85 以上	90 以上	100 以上	95 以上
針入度(25℃, 100 g, 5 scc)	25～45	20～40	20～40	30～50
針入度指数	3.5 以上	4 以上	5 以上	6 以上
蒸発量（％）	1 以下	1 以下	1 以下	1 以下
引火点（℃）	250 以上	270 以上	280 以上	280 以上

表 9.3 アスファルトフェルトおよびアスファルトルーフィング類の種類と品質[7]

種　類		アスファルトフェルト 430 g/m²品 650 g/m²品	アスファルトルーフィング 940 g/m²品 1500 g/m²品	砂付ルーフィング 3500 g/m²	網状アスファルトルーフィング（合成繊維品）
JIS 番号		JIS A 6005	JIS A 6005	JIS A 6005	JIS A 6012
製品の幅（cm）		100 以上	100 以上	100 以上	100 以上
製品の単位面積質量（g/m²）		870 以上	1940 以上	3500 以上	180 以上
アスファルトの含浸率（％）		150 以上	150 以上	150 以上	120 以上
引張強さ（N）（10 mm 幅あたり）	長さ方向	40 以上	40 以上(50)	50 以上	30 以上
	幅方向	20 以上	20 以上(25)	25 以上	30 以上
備　考			（　）は 1500 g/m²品	—	芯材に、綿，麻を用いたものあり

9.4 メンブレン防水（その2）

（1） 合成高分子ルーフィング防水（シート防水）

1） 工　　法

この工法は合成ゴムや合成樹脂を主原料とし，単層で耐久性・耐候性などを有し，ルーフィングを現場で接着剤などを用いて，下地に張り付けていく工法である．その特徴は，アスファルト防水に比べ伸び能力が大きく，常温施工ができることであるが，シートは 0.8～2.0 mm と薄いため下地に平滑度が必要になる．一般に露出防水用として用いられる．

2） 材　　料

シートについては表 9.4 に示す．その代表的材料は，①感温性が小さく，耐疲労性がよい加硫ゴム系シート，②シート相互間の接着がよい非加硫ゴム系シート，③シート相互間の溶剤溶着・熱融着がよく，露出状態で軽歩行が可能な塩化ビニール系シート，④シート相互間の熱融着がよいエチレン樹脂系シートなどが上げられる．またプライマーと接着剤には合成ゴム系や合成樹脂系の有機溶剤タイプが多く，蒸発速度が早いので短時間に接着強度が発現する．

（2） 塗　膜　防　水

1） 工　　法

塗膜防水とは，液状の合成ゴムや**合成樹脂エマルション**または溶液を下地に塗布または吹付けることによって規定の厚さの防水層を形成していく工法である．この工法は，液状の樹脂エマルションを塗布するため複雑な形状の場所でもシームレスな防水層を構成することができるが，密着工法のため下地のひび割れなどの大きな変形（**下地ムーブメント**）に追従しにくいという特徴がある．

2） 材　　料

主原料の種類は多く，1液タイプと2液タイプのものがある．それらの代表的なものは，①主剤と硬化剤の2成分からなる一般的な塗膜防水であるウレタンゴム系材料，②アクリレートを主原料とする非加硫のエマルションであるアクリルゴム系材料，③クロロプレンを主原料とする溶液形のクロロプレンゴム系材料，④アスファルトとゴムを主原料とするエマルションであるゴムアスファルト系材料などがあげられる．塗膜防水材料はほとんどが，刷毛塗りまたは鏝塗りによって何回か重ね塗りをしていく方法が中心である．

9.4 メンブレン防水（その2）

表9.4 シート防水用ルーフィングの種類と特性[8]

系統	種類	特性
加硫ゴム系（1種）	ブチルゴム	使用部位，施工地域の気温の影響を受けることなく使用できる．
	ブチルゴムエチレンプロピンターポリマー	ルーフィング相互の接着性の悪いものもあり，感圧形の接着剤を付けたものが多い．オゾン劣化少．
	クロロプレンゴム	オゾン劣化少．自己消炎性である．
非加硫ポリイソブチレン系（2種）	ポリイソブチレン	40℃以上で変形大となるため，高温作用のある場所での使用はさける．屋根防水では押え保護層が必要．
非加硫ブチルゴム系（3種）	ブチルゴム系	引張強度小．ルーフィング相互の接着性良好．
ポリ塩化ビニル系（4種）	ポリ塩化ビニル	低温下では硬直化する性質あり．自己消炎性あり．
アクリル樹脂系（5種）	アクリル樹脂	下地のひびわれに対する抵抗性小．接着性は良好．

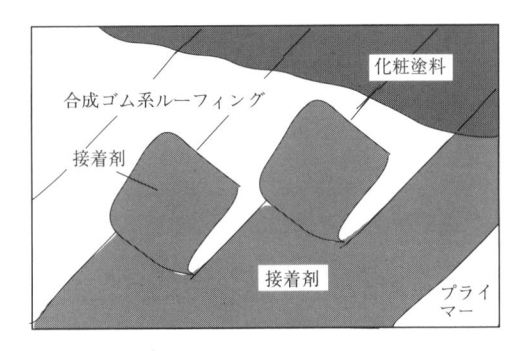

図9.10 合成ゴム系シート防水

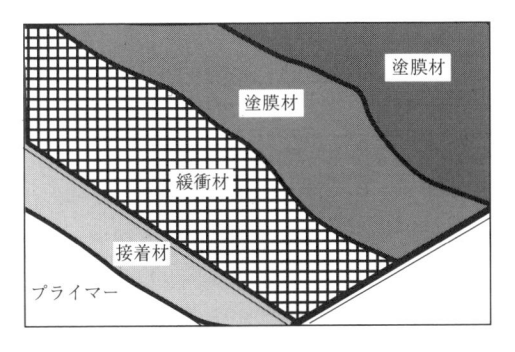

図9.11 塗膜防水

9.5 その他の防水

(1) モルタル防水
1) 工　　法
モルタル防水とは，セメントモルタルの水密性を高めるために各種の混和剤(**防水剤**)を混入し，湿潤状態の下地面に2～3層に分けて塗り付ける工法である．これは下地ムーブメントへの追従性に難点があるので，その下地も現場打ちコンクリートに限定して使用される．モルタル調合を表9.6に示す．

2) 材　　料
モルタル防水材料の種類は多く，その性質も種々に異なっている．現在最も一般的に使用されている材料は，①塩化カルシウム系，②合成高分子系，③けい酸ソーダ系，④脂肪酸系などであり，その特徴を表9.5に示す．

(2) シーリング防水
1) 工　　法
シーリング防水とは，計画的に作った目地部分に，合成ゴム系・合成樹脂系などのシール材を充填し，目地部分の水密性や気密性などの性能を持たせる工法である．この工法の特徴は線によって防水層を形成することにある．

2) 材　　料
シーリング材は製品形態によって**不定形シーリング**と**定形シーリング**に大別される．不定形シーリング材は，充填箇所(目地)の断面寸法が一定でない場合に，充填材料との接着をよくするために用いる不定形品である．これには目地の寸法変化が10～20%という大きい場合に用いられる弾性シーリング材と，目地の寸法変化が5%以下の場合に用いられるガラスパテや油性コーキング材がある．弾性シーリング材は主にALC板などの目地に用いられ，ガラスパテや油性コーキング材はサッシ回りなどに用いられる．定形シーリング材は，サッシのガラス取付けなど充填箇所の断面寸法がほぼ一定である場合に，目地材料に密着させる成形品である．これには，各種の断面形状でゴム状弾性を持つ**ガスケット**と，円形断面などで非弾性形の**ひも状シーリング材**がある．押出成形されたガスケットの断面形状を図9.12に示す．ひも状シーリング材は大きな圧縮力を受けないと接合材料に密着せず，主にカーテンウオールの接合部に用いられる．建築用シーリング材の種類を図9.13に示す．

9.5 その他の防水

表9.5 防水剤の種類とその防水作用

(全防連-防水施工法より)

防水剤の種類	防水作用	備考
塩化カルシウム	急結効果による初期の防水作用を期待する。 多少凝結が早い。	早強性がある。 鋼材の腐食性があるので、防錆剤を入れる。
けい酸ソーダ	$Ca(OH)_2$ と結合して不溶性けい酸、石灰水和物となり、組織をち密にする。	密な結晶体(水ガラス)を防水層として生成する。 凝結がはやまる。 微量の金属塩を添加してあるものが多い。
脂肪酸系 脂肪酸アルミ 脂肪酸カルシウム 金属石けん	セメントが硬化するときに、加水分解によって生ずる水酸化石灰と結合して、水を寄せつけない。(発水作用)	
合成高分子	ゴムラテックスおよび樹脂エマルジョン等の合成高分子材混入。被膜の生成。充てん作用。	エマルジョンタイプ 水溶液タイプ } あり。

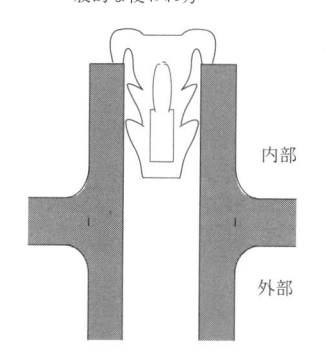

表9.6 モルタル調合

工程	塗装(MM)	セメント:砂(質量比)
1	1～3	1:0.5～1
2	7～9	1:2～2.5
3	10	1:3
上塗りが外部で露出の場合		1:3

図9.12 ひも型ガスケットの例

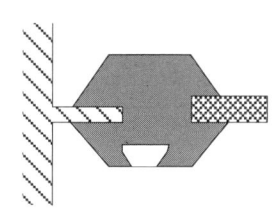

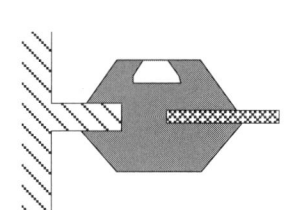

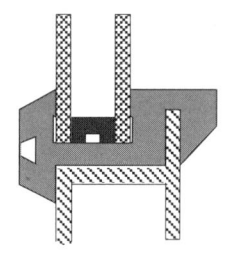

図9.13 ジッパー型ガスケットの例 (建築防水ハンドブック)

第10章　断　熱　材　料

10.1　材料の熱的性質

（1）　比 熱・熱 容 量

物質の温度を上げるために必要とするエネルギーを**熱容量**というが，熱容量は一般に比熱（J/g・C）で表される．比熱によって物質に同じ熱量を与えても温度上昇は異なる．例えば，鉄は0.11，コンクリートは約0.2，木材は約0.3である．また全熱容量は比熱×質量×温度（J）で表される．

（2）　熱伝導率と温度伝導率

熱伝導の大小は分子密度に関係するが，一般に，固体＞液体＞気体の順である．物体内の単位面積（m²）を単位時間（h）に通過する熱量 q（J）は，温度勾配 $d\theta/dx$ に比例し，次のように示される．

$$q = -\lambda \cdot d\theta/dx \tag{10.1}$$

ここに比例定数 λ は**熱伝導率**と呼ばれ，その逆数は**熱伝導抵抗**という．熱伝導率は材料に固有の値を持つが，その値が大きいほど熱を良く伝える．種々の物質の熱伝導率を表10.1に示す．例えば，コンクリートの熱伝導率は1.4～1.6，銅は320である．また，温度伝導の大きさを示す量として**温度伝導率** χ を用いるが，その値 χ は，$\chi = \lambda/c$ のように表され，熱伝導率 λ に比例し，熱容積 c に反比例する．温度伝導率 χ が小さいほど温度変化は遅い．

（3）　熱 貫 流 率

壁や床のように両側に温度差があると熱は高い方から低い方へ流れる．これを熱貫流という．この材料の面積 A を時間 t に通過する貫流熱量 Q は，

$$Q = K(\theta_0 - \theta_i) A t \quad (J) \tag{10.2}$$

で表される．ここで，K：**熱貫流率**，θ_0，θ_i：材料内外面の空気温度を示す．また熱貫流率の逆数を**熱貫流抵抗**といい，図10.1に示すように壁面の空気層の熱伝達率の影響を受ける．数層から構成される熱貫流抵抗の一般式は，

$$k = \frac{1}{\alpha_1} + \sum \frac{d_i}{\lambda_i} + \frac{1}{\alpha_2} \tag{10.3}$$

で表される．ここで，α_1，α_2：壁体表面の熱伝達率（$\alpha_1 = Q/\{(\theta_1 - \theta_2) \cdot t \cdot A\}$，$d_i$：壁体の i 層の厚さ，λ_i：i 層の熱伝導率を示す．

10.1 材料の熱的性質

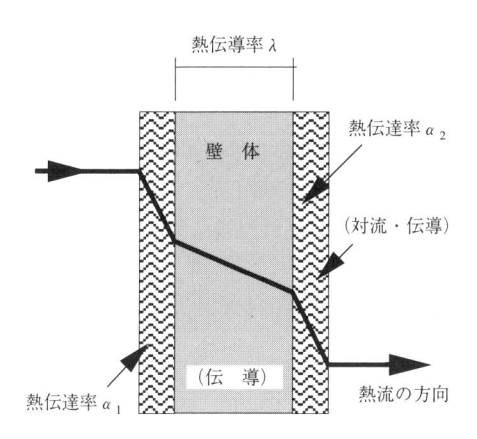

図 10.1 壁体の熱の伝わり方

表 10.1 主要建築材料の熱定数（宮野秋彦，渡辺要，西藤一郎らの資料による）

区 分	材 料	熱伝導率 (W/m·k)		密 度 (g/cm³)	比 熱 (J/g℃)
		20℃乾燥	20℃気乾		
金 属	鋼 銅 アルミニウム	55 372 209	55 372 209	7.85 8.90 2.70	0.50 0.39 0.92
石 材	花こう岩 砂岩	3.3 —	3.3 1.9	2.75 2.23	0.80 0.75
ガラス	板ガラス ガラスブロック	0.79 0.45	0.79 0.45	2.54 2.49	0.80 —
コンクリート	コンクリート ALC モルタル 土壁（仕上げ）	1.9 0.17 1.4 0.58	2.0 0.21 1.4 0.67	2.31 0.48 2.11 1.28	0.88 — 1.1 0.88
木 材	杉 ラワン 合板	0.11 0.15 0.10〜0.013	0.13 0.17 0.12〜0.15	0.33 0.47 0.47〜0.57	1.3 1.3 2.0
ボード類	せっこうボード 木毛セメント板 軟質繊維板	0.11 0.10 0.043〜0.060	0.21 0.15 0.072〜0.106	0.86 0.42 0.24〜0.68	1.1 1.5 —
断熱材	ロックウール グラスウール 硬質発泡ポリエステル ポリウレタンフォーム	0.044〜0.048 0.031〜0.043 0.060 0.035〜0.060	0.038〜0.041 0.030〜0.037 0.052 0.03〜0.05	0.20〜0.30 0.12〜0.20 0.066 0.025〜0.035	0.84 0.84 — —

10.2　材料の断熱性に及ぼす影響要因

（1）　熱伝導率と形状

熱伝導率は，各材料に固有の値を示す材料定数であり，材料の断熱性を示す最も基本的な値である．熱伝導率は，それを構成する材料と気体の熱伝導率，固体の形状および容積比が分かれば推定できる．形状的には繊維質系と多孔質系に大別できる．また材料の断熱性は材料の厚さに反比例する．

（2）　含水率の影響

含水率は熱伝導率に最も影響を及ぼす要因の一つであるが，熱伝導率は材料の絶乾時で最小になり，含水率の増大とともに大きくなる．断熱材は内部に空気を大量に含んでおり，それが水や氷に置換されれば見掛けの熱伝導率は増大する．また高温側で蒸発した水が低温側で凝結し，大量の潜熱を放出すれば，凝結水は**毛細管現象**で再び高温側に移動し熱エネルギーを与えられるという循環現象すなわち**ヒートポンプ効果**を示す．これらが断熱性低下の原因となる．

（3）　材料の表面状態

材料の貫流熱量は材料表面に生じる対流現象に影響される．この場合材料表面が粗面であるほど**対流現象**に追随しにくい空気層ができ，同一材料であっても表面が粗面であるほど熱伝達が少なく，断熱性を高めることになる．また屋根面などが高温になると輻射が支配的となり，その防止には熱線に対して反射率の大きなアルミ箔の使用が有力である．最近の断熱材にはアルミ蒸着のプラスチックフィルムが併用され，**輻射熱**および湿気の遮断に効果を上げている．

（4）　材料密度（**かさ密度**）

図 10.3 のように一般に材料密度が大きくなり，かさ密度が大きくなると，熱伝導は大きくなる傾向がある．しかし断熱材では図 10.4 に示すように逆傾向を示すこともある．繊維質系ではかさ密度の大きいものが断熱性がよく，多孔質系では独立気泡で微細かつ均一なものほど熱伝導率は小さい．かさ密度の小さいものは気泡が大きく，輻射・対流により熱伝導率は大きくなることもある．

（5）　温度の影響

建築用断熱材の使用範囲内では，図 10.5 に示すように温度と熱伝導率はおおよそ比例関係にある．ここで温度とは断熱材の高温と低温の平均値をさす．

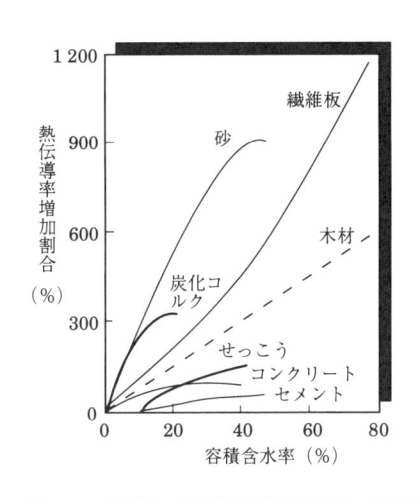

10.2 材料の断熱性に及ぼす影響要因

図 10.2 材料の含水量と熱伝導率との関係[1]

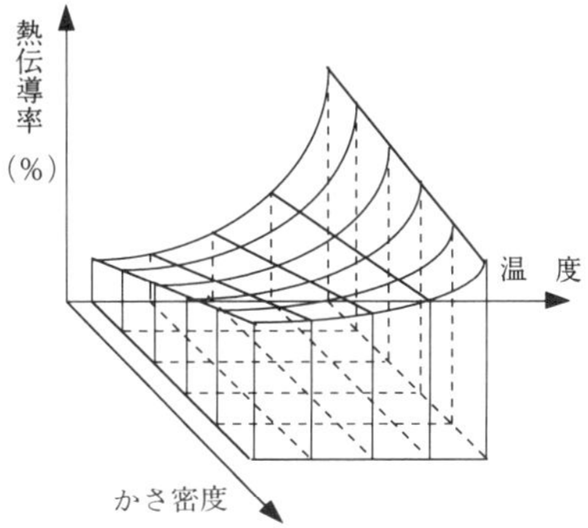

図 10.3 熱伝導率とかさ密度，温度[2]

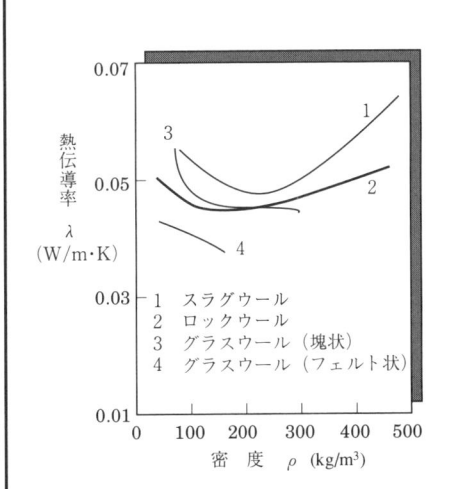

図 10.4 無機繊維材料の密度と熱伝導率との関係[3]

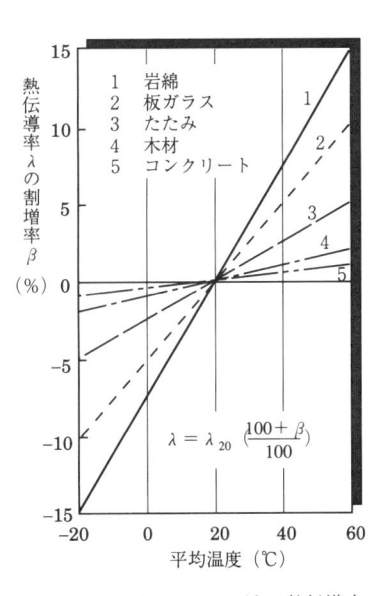

1　スラグウール
2　ロックウール
3　グラスウール（塊状）
4　グラスウール（フェルト状）

図 10.5 材料の平均温度と熱伝導率の割増の関係

1　岩綿
2　板ガラス
3　たたみ
4　木材
5　コンクリート

$$\lambda = \lambda_{20}\left(\frac{100+\beta}{100}\right)$$

λ_{20}：平均温度 20℃ における熱伝導率

10.3 断熱材料

(1) 分類
断熱材には無機質系と有機質系など種々のものがあり，形状的には繊維質系と多孔質系に分けられる．その分類を表10.2に示す．

(2) 無機質系断熱材
1) グラスウール

溶融ガラスを吹付法・遠心力法などにより数 μm の細い繊維にしたもので，板状，マット状，フェルト状のほかバラ詰め充填式などで用いられる．住宅用断熱材の主流を占めるが，一般に結露水により断熱性が大幅に低下するので，防湿性の高いシートで包む状態で使用する．

2) ロックウール

本来，安山岩・玄武岩が原料であるが，最近は各種スラグに石灰岩を加え，高温溶融し，遠心力・圧縮空気でより細い繊維状にしたものである．製品の用途はグラスウールと同様であるが，**鉄骨耐火被覆用吹付材**にも用いられる．

3) けい酸カルシウム板

けい酸質粉末，石灰，補強繊維を主原料とし，オートクレーブ養生により板状または円筒状に成形したものである．耐熱性と耐破損性に優れていることから鉄骨耐火被覆に用いられる．その最高使用温度は 650℃ と 1,000℃ とがある．

(3) 有機質系断熱材
1) 軟質繊維板

植物繊維を主原料として蒸煮により解繊し，密度が 0.4 未満のものをいう．製品は板状に成形したもので，断熱材としての用途はすべて建築向けであり，A級（木材チップ）とB級（綿くず・稲藁・粗製パルプなど）に分けられる．

2) ポリスチレンフォーム

自消性のポリスチレンを球状の発泡体に生成し，板状または円筒状に成形したもので，**発泡プラスチック**の中で最も代表的なものの一つである．

3) 硬質ウレタンフォーム

ポリオールなどを発泡したもので，独立気泡のため断熱性は高い．板状および円筒状製品と現場発泡式があり，コンクリートへの適用が多い．

10.3 断熱材料

表 10.2 建築用断熱材の分類

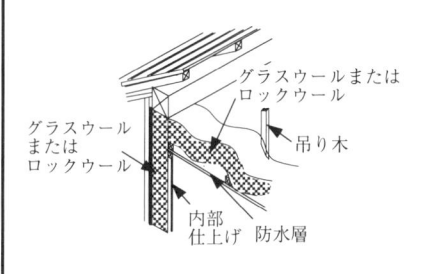

材質＼形状	繊維質（ボード，フェルト，バラ詰め）	多孔質(ボード，バラ詰め，現場発泡)		その他
		連通気泡	独立気泡	
無機質	グラスウール ロックウール セラミックファイバー	パーライト板 珪カル板 （珪藻土）	気泡コンクリート （ALC） 泡ガラス	（ロールコア） （ハニカムコア） （アルミニウム反射板）
有機質	セルロースファイバー 軟質繊維板 （牛毛フェルト）	炭化コルク （おがくず） （もみ殻）	発泡プラスチック ポリスチレン ポリウレタン ポリエチレン 尿素フォーム フェノールフォーム	

(a) 木造建築物：天井／外壁

(b) 鉄筋コンクリート構造物：外壁／開口部

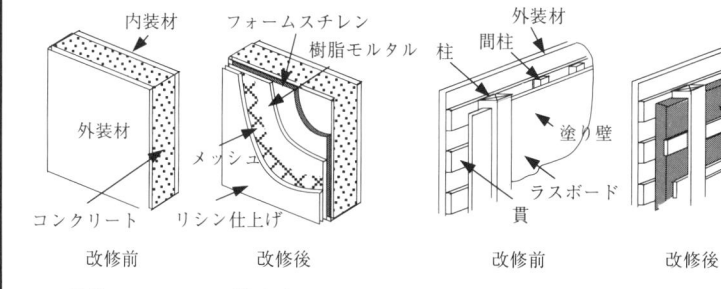

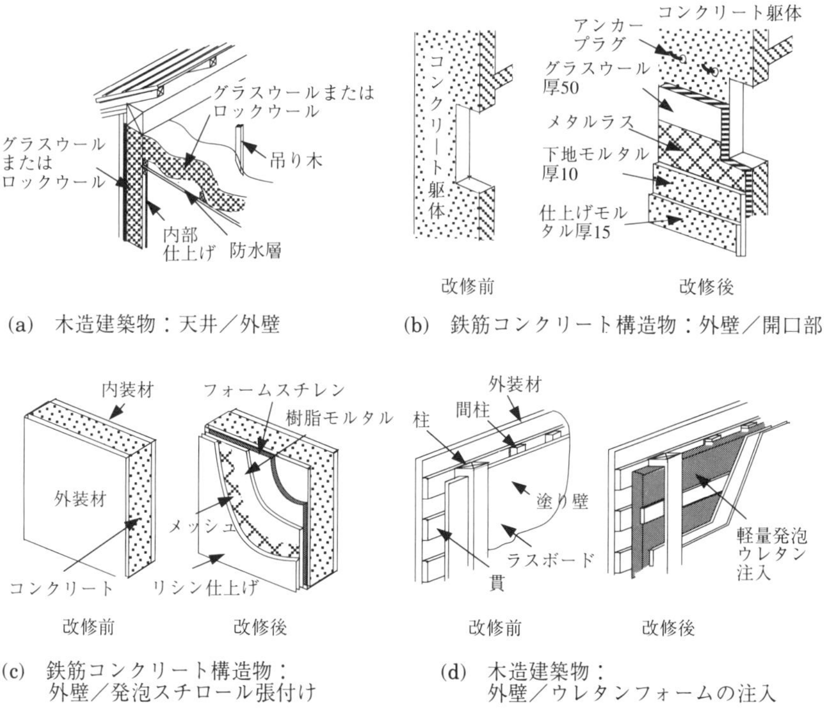

(c) 鉄筋コンクリート構造物：
外壁／発泡スチロール張付け

(d) 木造建築物：
外壁／ウレタンフォームの注入

図 10.6 断熱工法実例[4]

第11章　防火材料，耐火材料

11.1 建築火災

（1） 火災現象

火災現象は，建築防火の立場から①初期防火，②避難の安全，③倒壊防止，④類焼防止の4段階に分けられる．また建築火災は，出火直後の火災初期段階から，燃焼に伴って発生する可燃性ガスが徐々に蓄積される火災成長期を経て，火災が急激に拡大し**フラッシュオーバ現象**を起こして火災最盛期に至る．建築火災で重要なのは，出火後火災最盛期までの時間と火災最盛期の継続時間および火災初期の発生ガスをどのように抑止するかにある．そのため材料の火災特性は重要であり，図11.1に火災の進展過程と材料の火災特性との関係を示す．

（2） 材料の火災特性

1） 燃焼性（発熱性・着火性）

材料の発熱性は，燃焼進展性状や発煙性などに大きな影響を及ぼす．その指標には単位重量の材料が完全燃焼したときに発生する熱量すなわち「発熱量」が用いられ，発熱量は加熱条件や給気条件に依存する．また火災性状の予測などには，発熱量よりも発熱速度の方が燃焼特性値として用いられる．表11.1には各材料の発熱量を，図11.2には放射熱と材料の発熱速度の関係を示す．

材料の着火性を表す指標には**引火温度**と**発火温度**とがあるが，実際には着火性試験によって求まる着火時間によって評価される．

2） 発煙性・発ガス性

火災時には，出火による温度上昇や発煙，また酸素の急激な減少や有毒ガス（一酸化炭素 CO，塩化水素 HCl，シアン化水素 HCN，アンモニア NH_3 など）の発生などを生じる．しかしこれらは加熱条件によって大きく異なる．**発煙性**は防火材料の表面試験で，**発ガス性**はガス有毒性試験で評価している．

3） 高温力学特性

材料は加熱されると，各種の強度や弾性係数等が低下し，含有水分の蒸発による収縮・熱応力による部材変形などを生じる．これらの性状は構造体の耐火性を支配する重要な要素となる．

11.1 建築火災

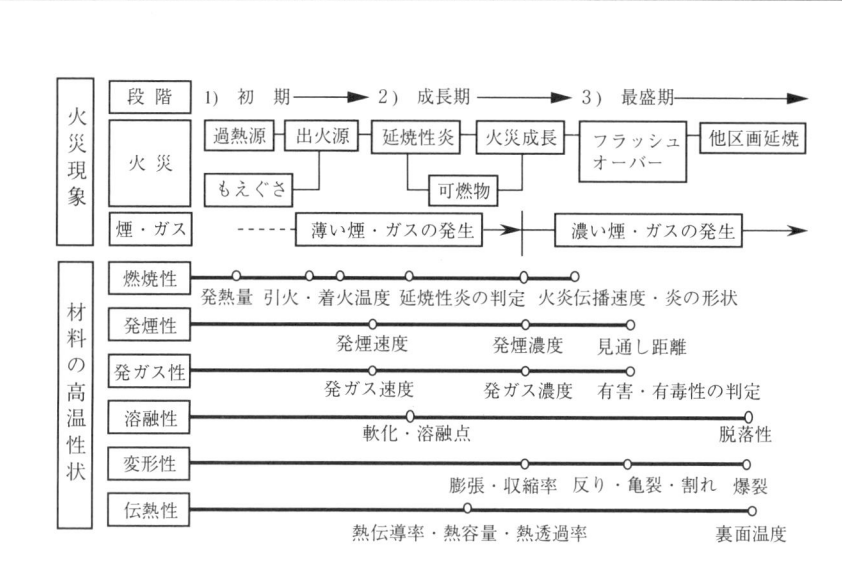

図 11.1 火災の進展過程と材料の火災特性[1]

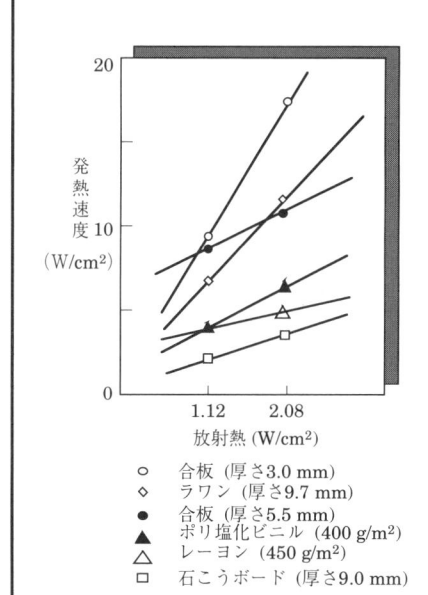

図 11.2 各材料の発熱速度[2]

○ 合板（厚さ 3.0 mm）
◇ ラワン（厚さ 9.7 mm）
● 合板（厚さ 5.5 mm）
▲ ポリ塩化ビニル（400 g/m²）
△ レーヨン（450 g/m²）
□ 石こうボード（厚さ 9.0 mm）

表 11.1 各材料の発熱量[3]

材　料	発熱量 ($\times 10^6$ J/kg)
杉板（密度 0.45 g/cm³）	18.9
合板（密度 0.50 g/cm³）	18.8
石こうボード（紙あり）	6.28
（紙なし）	4.19
木毛セメント板	31.4〜53.6
塩化ビニルタイル	
（塩ビ 30%）	193
（塩ビ 10%）	151
アスファルトタイル	173
ゴムタイル	159
リノリウムタイル	213

11.2 材料の燃焼特性

(1) 燃焼とは

燃焼は，急激な酸化反応によって発熱し，その熱によって酸化された物質が発光する現象である．この燃焼が起こるには**燃焼の3要素**と言われる可燃性物質，酸素，点火エネルギーの存在が必要である．

1) 引火温度・発火温度

可燃性物質に口火を与え加熱すると，熱分解による生成ガスと酸素との混合気体が瞬間的に火を引いて燃える現象を引火といい，その温度を**引火温度**という．さらに加熱すると酸化反応が進行し，混合気体の発熱速度が放熱速度を上回ると燃焼が起き，この時の温度を**発火温度**（発火点）という．

2) 燃焼温度

急激な酸化反応による発熱量は非常に大きいので，大半は燃焼生成物に取り込まれ，気体生成物の温度が上昇する．そのうち肉眼で見えるものを炎といい，燃焼温度とは燃焼反応の完了した直後の高温の気体生成物の温度をいう．

3) 火災危険温度

火災は，火口から無炎着火・発炎着火・出火・火盛り・焼け落ち・鎮火の順に経過する．この中で無炎着火している部分に空気の補給があると速やかに発炎し，火災の危険信号を発する．この時の状態を**火災危険温度**とみなす．

(2) 各材料の燃焼

1) 木材の燃焼

木材は図11.1に示すような順序で燃焼するが，100℃程度から熱分解を生じ，260℃近くになると活発になり口火があると引火する．口火のない状態でも450℃前後で発火する．そこで木材では260℃をもって火災危険温度とする．表11.2，表11.3には，木材の引火温度・発火温度を示す．

2) プラスチックの燃焼

プラスチックは熱分解によって速やかに気体となるが，その燃焼性は分解ガスの種類や量に支配される．ポリ塩化ビニルやユリア樹脂はハロゲンや窒素を多量に含むため発煙が少なく自己消火性を示す．ポリスチレン系などは炭素を多く含むため燃焼のとき黒煙を伴う．一般にプラスチック材料の発煙量が多いのは**熱分解速度**が大きいことにある．表11.4はプラスチックの引火・発火温度を示す．

11.2 材料の燃焼特性

表 11.2 木材の引火温度[4]

樹　種	引火温度 (℃)
スギ	240
ヒノキ	253
シガ	253
アカマツ	263
カラフトカラマツ	271
エゾマツ	262
トドマツ	253
ケヤキ	264
カツラ	270
ブナ	272
シラカバ	263
キリ	264

表 11.3 木材の発火温度[5]

樹　種	見掛けの密度 (g/cm^3)	発火温度 (℃)
アカガシ	0.97	441
シゲ	0.86	447
ケヤキ	0.76	426
クリ	0.68	460
トネリコ	0.67	416
ヤマザクラ	0.66	430
シラカバ	0.66	438
ハイマツ	0.53	445
カシラ	0.50	455
シガ	0.46	445
アカマツ	0.42	430
エゾマツ	0.42	437

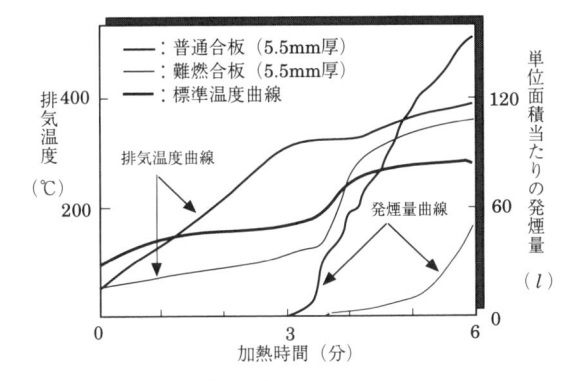

図 11.3 普通合板と難燃合板の難燃特性

表 11.4 プラスチックの引火・発火温度

プラスチック名	引火温度(℃)	発火温度(℃)
ポリスチレン	370	495
ポリエチレン	340	350
エチルセルロース	290	296
ポリアミド（ナイロン）	420	424
スチレンアクリルニトリル	366	455
スチレンメチルメタクリレート	338	486
塩化ビニル	530	530
ウレタンフォーム（ポリエーテル）	310	415
ポリエステルガラス繊維	398	486
フェノール樹脂，紙	—	429
メラミン，ガラス繊維	475	623

〔S.L.Modorsky：J.Polymer Science による〕

11.3 防火材料

(1) 防火試験方法
1) 内装材料の難燃性試験
仕上材およびその工法の火災初期の難燃性を評価する試験には**表面試験**と**基材試験**とがある．表面試験の加熱方法を図11.4に示すが，①裏面に有害ひび割れを生じず，②加熱終了後30秒以上残炎がない，などの条件を満たしたもので，排気温度および発煙量により難燃性の程度を3段階に区分する．

2) 木造部分の防火試験
部材と同じ構成の試験体を図11.5に示す3本の**加熱曲線**のいずれかで加熱し，試験体の変形・裏面炭化・破壊・脱落・発炎・残炎など，所定の条件の満足度に応じて1級加熱合格などの3段階の判定を行う．

(2) 耐火構造・防火構造と材料
建築基準法では，耐火構造や防火構造などの規定があり，その構造や仕上げに用いる材料には火災に対して安全な性能が要求され，以下の3つがある．

1) 不燃材料
通常の火災を受けても①20分間燃焼しない，②有害な変形・溶融がない，③避難上有害なガスが生じない材料で，コンクリート，鉄鋼，陶磁器類，ガラス，スレート，アルミニウム，繊維混入けい酸カルシウム板，漆喰などがある．

2) 準不燃材料
通常の火災を受けても10分間は不燃材料と同等の性能を有するもので，木毛セメント板，木片セメント板，石膏ボードなどがある．

3) 難燃材料
通常の火災を受けても5分間は不燃材料と同等の性能を有するもので，難燃合板，難燃繊維板，ガラス繊維混入FRP板などがある．

(3) 防火工法
防火工法は木造建築の延焼防止構造として開発された日本特有の工法で，ラスモルタル塗り・しっくい塗り・サイディング張りなど，一定の防火性能を有するものをいう．これには乾式工法と湿式工法とがあり，その概要を図11.6に示す．

11.3 防火材料

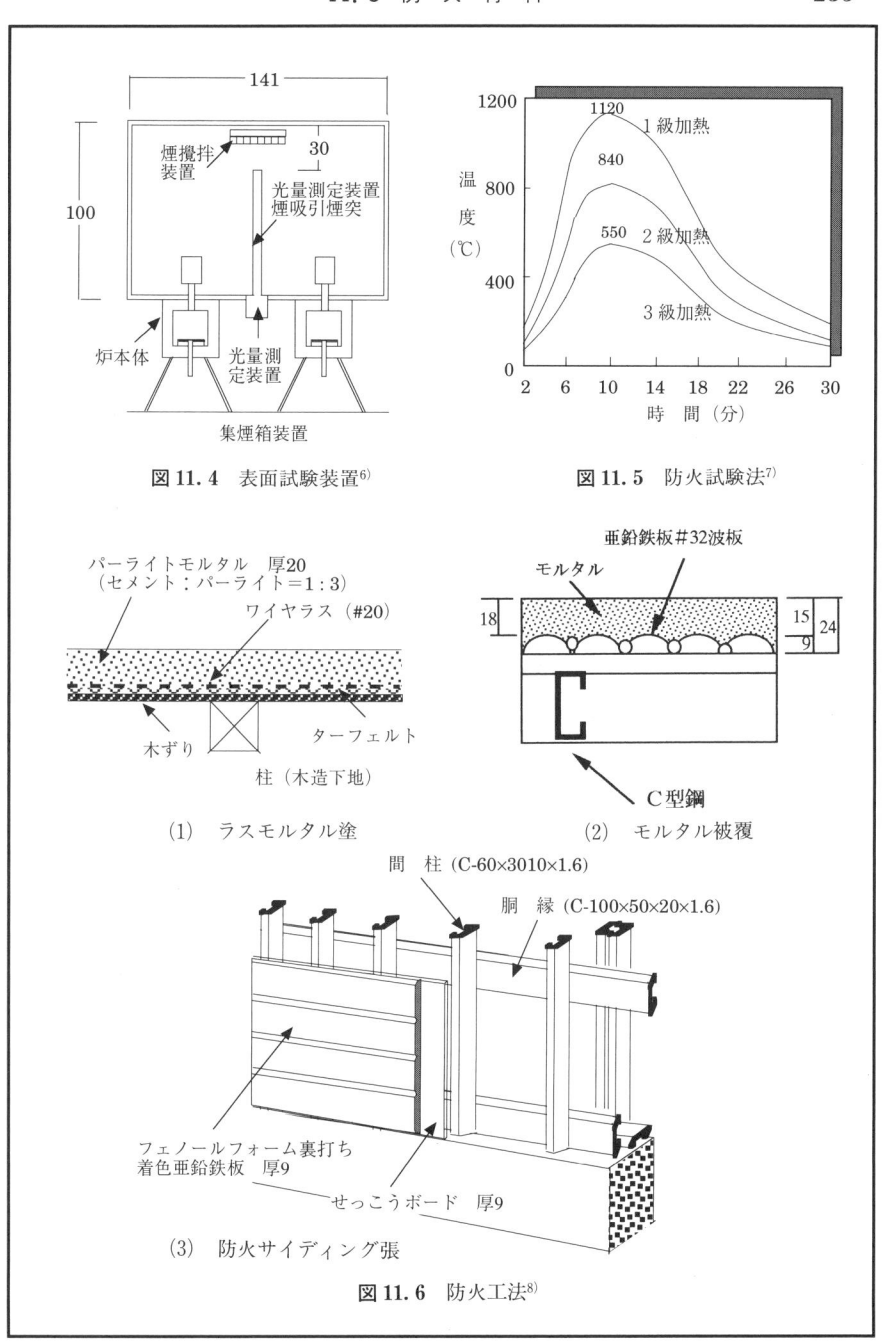

図 11.4 表面試験装置[6]

図 11.5 防火試験法[7]

(1) ラスモルタル塗

(2) モルタル被覆

(3) 防火サイディング張

図 11.6 防火工法[8]

11.4 耐 火 材 料

(1) 耐 火 試 験 方 法

耐火試験方法とは壁・柱・はり・床など構造部分の耐火性能を調べる試験であり，火災を想定した条件で建築構造部分と同じ構成の試験体を加熱炉に設置し，図11.7に示すような曲線に添って加熱し，30分耐火から3時間耐火までの耐火性能を評価する．その評価基準は，①構造耐力上，有害と考えられる変形・破壊や火炎を通すようなひび割れを生じない，②裏面温度が260℃を越えない，③加熱終了後10分以上火炎が残らない，などである．

(2) 耐 火 材 料

耐火材料とは，一般に**耐火被覆材料**を意味する．この耐火材料には，①まず不燃性であること，②しかも高温加熱時にも強度低下を起こさず，③膨張・収縮などによる変形・ひび割れを生じない．④また高温加熱時の断熱性に優れていること，などの耐火性能が必要である．

耐火被覆材料のほとんどは無機質系材料で構成され，成形板・鉱物繊維・モルタル・プラスター・コンクリートに分けられる．成形板の代表的なものはけい酸カルシウム板である．鉱物繊維には石灰とけい酸からなる鉱物を繊維化した吹付ロックウールが主流である．また耐火被覆としてのモルタル・プラスターにはひび割れ防止や断熱性の向上のためひる石やパーライトなどの軽量骨材が用いられる．コンクリートには軽量で断熱性に優れた軽量コンクリートや気泡コンクリート・ALC板などが用いられている．

(3) 耐 火 構 法

耐火被覆をした柱・はりなどの構造で一定の耐火性能を有するものを耐火構造という．その耐火性能には工法や目地処理方法を含む構造全体と部位別の性能として評価される2通りがある．

耐火構法とは，耐火被覆を施す時に用いられる構法を意味する．耐火構法と耐火材料の組合せを表11.5に示す．それによると各種の耐火構法が用いられるが，大規模な鋼構造物では施工性が良く，工事費が安価である吹付構法や張付構法が一般的に採用されている．それらの概要を図11.8に示す．

11.4 耐火材料

表 11.5 耐火構法の特徴[9]

打込構法	・養生，足場，型枠が必要で手間と時間がかかる． ・仕上げ，被覆厚さの確保が容易・重量が大 ・耐水性が大 ・目地がないので耐火上有利 ・材料自体は安い．
左官構法	・下地作業が複雑，養生が必要で手間と時間がかかる． ・施工技術が高度 ・被覆材が仕上げを兼ねる． ・被覆厚さの確保に注意 ・層間変位には比較的追随できる． ・目地がないので耐火上有利 ・ひびわれが発生しやすい． ・材料費は安いが施工費は高い．
吹付構法	・施工は速いが，特殊機械を要する． ・材料の飛散・ロスが多い． ・養生が必要 ・被覆厚さの確保と剥離に注意 ・表面仕上げが必要なところでは不利 ・複雑な部分の施工に有利・層間変位に対して最も有利 ・目地がないので耐火上有利 ・最も軽量 ・動力・用水費がかかる．
張付構法	・施工は比較的容易で速い． ・仕上げが容易 ・被覆厚さの精度がよい． ・耐火上，目地処理に注意 ・軽量な材料が多いが，耐水性・耐衝撃性に注意 ・PCa板などは層間変位に対して不利 ・欠けやすく，傷がつきやすい． ・材料費は高いが，施工費は比較的安い．
メンブレン構法	・施工は容易で速い． ・軽量である． ・適用部位が限られる． ・被覆材が仕上げを兼ねる． ・耐水性，耐衝撃性に劣る． ・火災時の変形に注意 ・耐火上，照明・換気装置などの取付けに注意
プレハブ構法	・施工速度は速い． ・被覆の精度は最良 ・耐火上，接合部の施工に注意 ・部材費は高いが，施工費は安い．

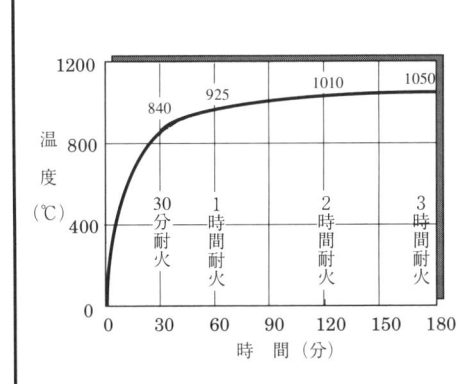

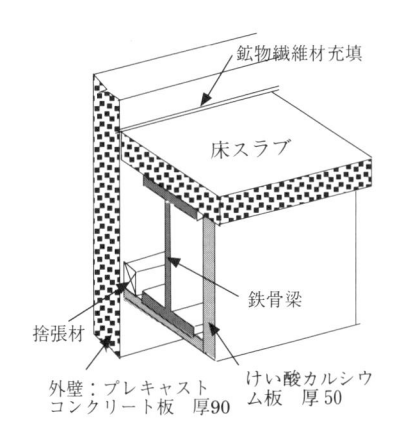

図 11.7 建築構造部分の耐火試験方法[10]

図 11.8 合成被覆構法[11]
（梁 3 時間耐火）

第12章 音響材料

12.1 音の特性

(1) 音の強さ

音は物体中を疎密波として伝わる振動として表現される．**音の強さ**は，進行方向に垂直な単位断面を単位時間に通過する運動エネルギーで定義され，音の強さ I は $I = \rho c a^2 \omega^2 / 2$ (W/m²) で示される．ここで ρ：空気密度，c：音速，a：粒子振動の半振幅，$\omega : 2\pi f$（円振動数）である．音の強さのレベル IL は，最弱可聴音の強さ $I_0 = 10^{-12}$ (W/m²) を基準に，$IL = 10 \log I/I_0$ (dB) として表される．単位はデシベル dB である．その概要を図 12.1 に示す．

(2) 音の大きさ

人間の可聴音は周波数 16～20,000 Hz であるが，音の強さが同じでも周波数が違えば**音の大きさ**は異なって聞こえる．音の大きさは音の強さとの関係で表す方法として周波数 1 kHz の音の強さ（dB）を基準にして感覚的レベルで評価した値で示す．単位はホーン phon を用いる．その概要を図 12.2 に示す．

(3) 音の性質

音波は，音の高低を示す波動の振動数，音の強さを示す振幅，および音色を示す**波形の3要素**で構成される．また，図 12.3 に示すように，入射音は一部は表面で反射され他は侵入する．その一部は内部で吸収され残りが透過する．

1) 反射・屈折

図 12.4 に示すように，音が空気中から壁に入射すれば，**反射・屈折現象**を生じる．すなわち入射角 α = 反射角 β に等しく，屈折率は $\sin \alpha / \sin \gamma = C_\alpha / C_\gamma$（$C_\alpha$, C_γ = それぞれの音速）の関係がある．また反射面の凸凹の寸法が波長に比べて十分小さければ，凸凹がない場合と同様に作用する．

2) 吸収

吸収とは，音のエネルギーが各種エネルギーに変化し，音波が減衰する現象をさし，その大きさは材料の種類や材料の構成によって相違する．また音源から X m だけ離れた音の強さ I は，音源の音の強さ I_S，吸収係数を α とすれば，$I = I_S \exp(-2\alpha X)$ となる．ここで吸収係数 α は，振動数 f の 2 乗に比例し，音速 C の 3 乗，密度 ρ に逆比例する．

12.1 音の特性

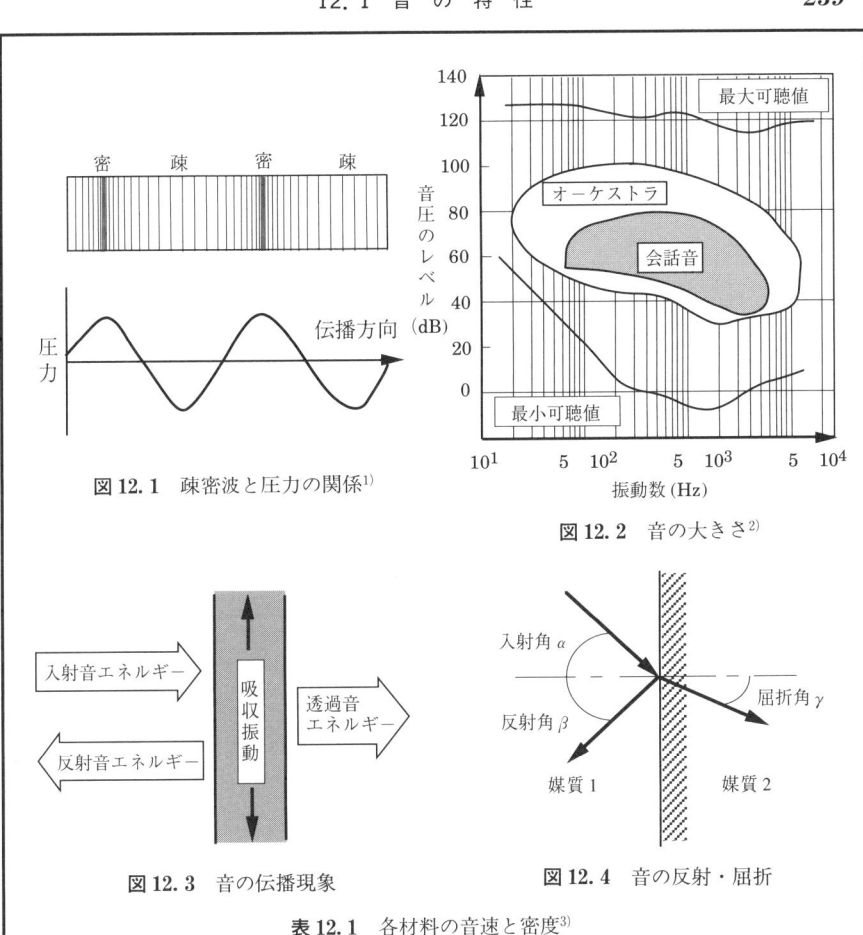

図 12.1 疎密波と圧力の関係[1]

図 12.2 音の大きさ[2]

図 12.3 音の伝播現象

図 12.4 音の反射・屈折

表 12.1 各材料の音速と密度[3]

材 料	音速 (m/sec)	密度 (kg/m³)
空気（1気圧 20 C）	343.5	1,205
水	1,460	1,000
ゴ ム	35～230	1,010～1,250
木 材	3,300	400～700
コンクリート	3,500～5,000	2,000～2,600
ガラス	4,000～5,000	2,500～5,000
大理石	3,800	2,600
鉄	5,000	7,850

12.2 吸音材料

(1) 吸音特性

材料の吸音特性は, 図12.5に示すように音の反射, 吸収, 透過の現象を通して推定され, 入射エネルギー I_i に対する入射エネルギーと反射エネルギー I_r の差の割合, すなわち, **吸音率** $\alpha = (I_i - I_r)/I_i$ で表される. 吸音率 $\alpha = 1$ の場合完全吸音材料というが, 各材料の吸音性は単にその材料の表面性状, 材質, 厚さによって決まるのではなく, 入射音の周波数, 入射角, 材料の取付け方法, 空気層を含めた材料の構成状態によって変化する.

(2) 吸音機構と吸音材料

吸音機構はつぎの三つに分けられる. その概要を表12.2および図12.5に示す.

1) 多孔質材料

多孔質材料や繊維質材料のような通気性のある材料の吸音性は**表面反射率**を小さくすることであり, そのため表面積が大きく微細で連続した空隙を多量に含んでいることが重要である. これに音波が入射した場合, 反射回数が多くなり材料内部の空気振動によって粘性摩擦が生じ, 音のエネルギーが熱のエネルギーに変換されて吸音する. この吸音は高音域すなわち周波数の大きいほど吸音効果が大きい. 多孔質材料には発泡ウレタンやバーミキュライトがあり, 繊維質材料にはロックウールやグラスウールがある.

2) 板(膜)状材料

板状または薄膜状の材料では裏面に空気層があれば音圧によって強制振動を生じ, 振動エネルギーが熱に変換されて吸音効果を示す. 一般的な板状材では吸音のピークは300 Hz以下の低音域であり, 最大吸収率は**共振周波数**のところにある. その効果は20～30%程度である. 硬質板材には合板, 石こうボードなどがあり, 多孔質材には軟質繊維板や吸音テックスがある. 膜材料にはビニールシートやカーテンなどの織物・紙などがある.

3) 孔あき板材料

石こうボードなどに適当な大きさや形状の貫通孔を一定間隔に設け, **スリット構造**を表面仕上とした吸音構造を孔あき板構造という. その吸音効果は音の周波数や孔の大きさ・形状, 裏面の空気層の厚さと繊維質吸音材の充填状態によって変化する.

12.2 吸音材料

表 12.2 吸音機構[4]

種類	例 図	吸音特性	主な材料	備 考
多孔質材料	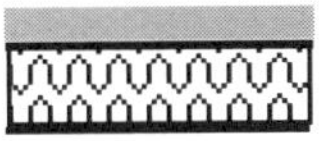	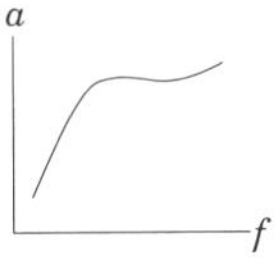 a-f 曲線(高周波で高い)	グラスウール ロックウール 吹付材料 フエルト 木毛セメント板	厚さ 密度 表面処理 背後空気層
板状(膜)材料	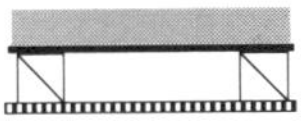	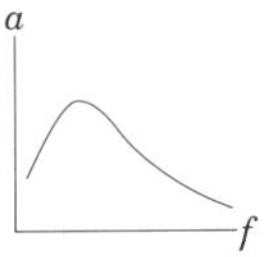 a-f 曲線(低周波ピーク)	合板やハードボードなどの板状材料	板厚さ 面密度 背後空気層 下地材料
孔あき板	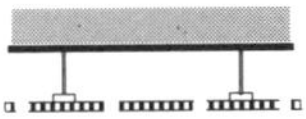	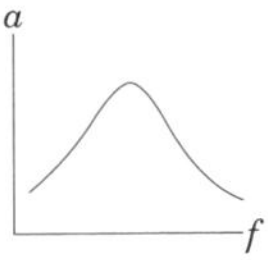 a-f 曲線(中周波ピーク)	孔あき石こうボード 孔あき合板など板状材料に孔を開けたもの	板厚さ 孔寸法 背後空気層 下地材料

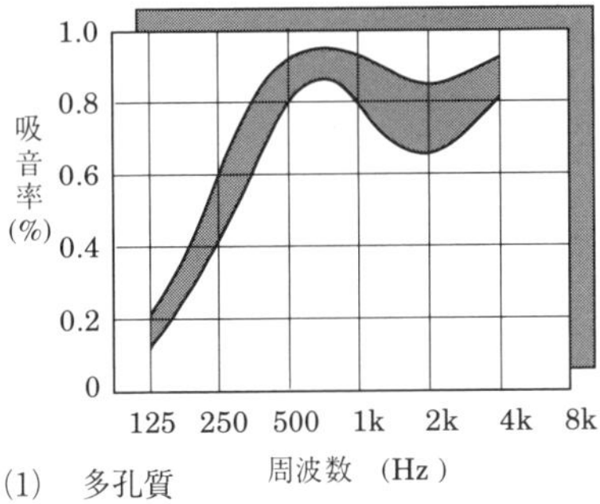

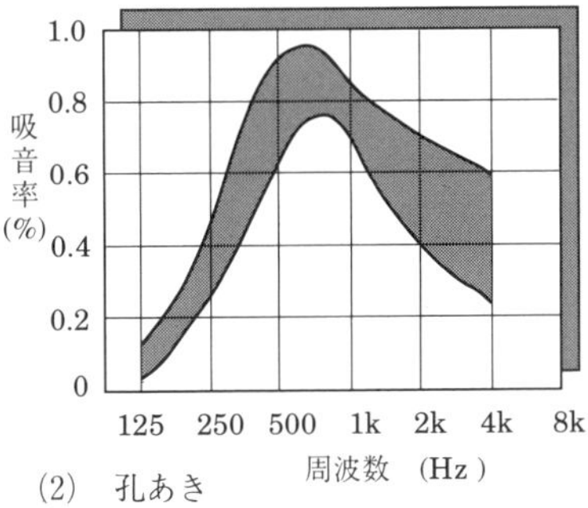

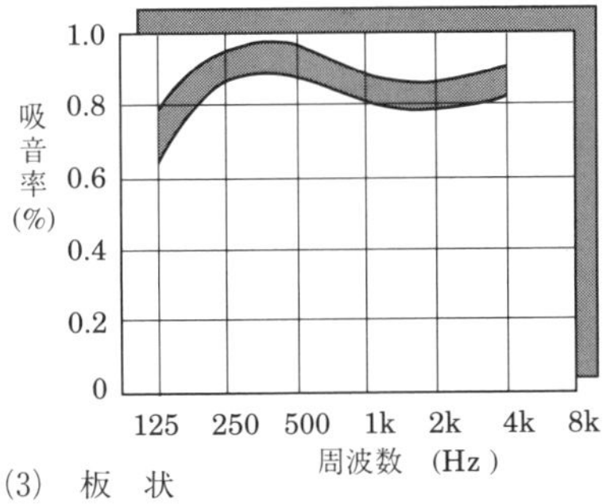

(1) 多孔質 　周波数 (Hz)

(2) 孔あき 　周波数 (Hz)

(3) 板状 　周波数 (Hz)

図 12.5 各材料の吸音特性

12.3 遮音材料と床衝撃音対策

(1) 遮音特性

材料の**遮音特性**は，音の入射エネルギー I_i に対する透過エネルギー I_t の割合を表す透過率 τ で示される．しかし建築材料では透過率の逆数を dB で表した**透過損失 TL**，すなわち $TL = 10 \log (1/\tau)$ が用いられ，この値が大きいほど遮音性能が優れていることを意味する．遮音性は壁体の材料特性だけでなくその組合わせや壁体の構造によって大きく変化する．

(2) 遮音材料

1) **一重壁**：コンクリートやガラスなど均質な単一材料で構成される一重壁の遮音性能は**質量法則**に依存し，図 12.7 に示すように音の共鳴現象である**コインシデンス効果**による透過損失の低下を除けば材料の面密度によって決まる．

2) **二重壁**：二重壁では遮音性能を上げるためには表裏の板材をできるだけ独立させ，その間隔を 10 cm 以上とすれば有効である．また二重壁内に多孔質の吸音材を入れると広い周波数にわたって遮音効果が期待できる．各種のサンドイッチ構造をなす板材を複合板といい，一種の二重壁とみなすことができる簡単な間仕切りや扉に用いられる．

3) **窓**：窓は二重ガラスとするのが良い．窓の遮音性能は，低音域ではガラスの厚さ，高音域ではサッシの気密性によって決まる．

(3) 床衝撃音とは（図 12.8）

建物の床上での歩行や跳躍・物体の落下による衝撃は，床に振動を与え，大きな衝撃音を発生する．**床衝撃音**には重量衝撃源と軽量衝撃源とがあるが，騒音の形成は発生音と表面仕上材や床構造などスラブ全体の剛性に影響される．

(4) 床衝撃音対策（図 12.9）

床衝撃音の低減方法は次の三つに基本的に分けられる．

1) **衝撃源の特性を変化させる方法**……柔らかい表面仕上材により衝撃力を小さくし，**軽量衝撃音**に対して効果的である．

2) **衝撃のエネルギーを構造体に伝えにくくする方法**……浮き床工法やグラスウールなどを緩衝材にした浮き床層をさし，**重量衝撃音**に効果的である．

3) **衝撃に対して床を振動させにくくする方法**……床スラブの重量を大きくし，剛性を高めると衝撃に対して床スラブは振動しにくくなる．

12.3 遮音材料と床衝撃音対策

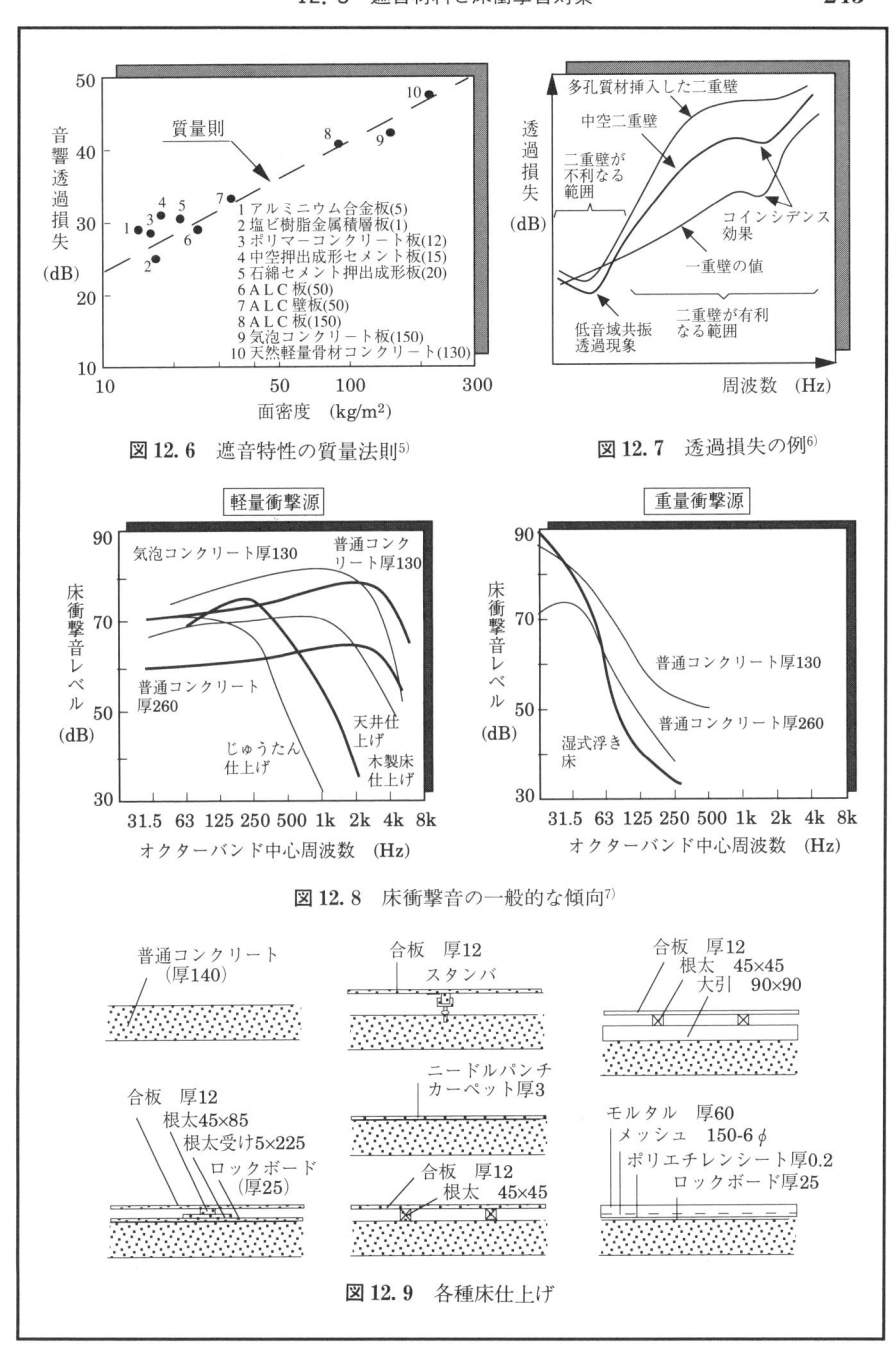

図 12.6 遮音特性の質量法則[5]

1 アルミニウム合金板(5)
2 塩ビ樹脂金属積層板(1)
3 ポリマーコンクリート板(12)
4 中空押出成形セメント板(15)
5 石綿セメント押出成形板(20)
6 ALC板(50)
7 ALC壁板(50)
8 ALC板(150)
9 気泡コンクリート板(150)
10 天然軽量骨材コンクリート(130)

図 12.7 透過損失の例[6]

図 12.8 床衝撃音の一般的な傾向[7]

図 12.9 各種床仕上げ

仕上げ材料編

第13章　建築の仕上げ
第14章　屋　根　材　料
第15章　外壁仕上げ材料
第16章　天井，内壁仕上げ材料
第17章　床仕上げ材料
第18章　塗　装　材　料
第19章　接　合　材　料

写真①　ノイシュヴァンシュタイン城
（ドイツ，19世紀）

写真②

写真は，1900年始め頃の宮殿の建設途中のもので，同一建物内に全く同じ部屋が2つつくられる予定であったものが，一方のみ完成したものである（左：未完成，右：完成）．れんが造が大理石仕上げにより生まれ変わる姿が見学できる．
（ドイツ，バイエルン州ヘレンキムゼー城）

第13章 建築の仕上げ

13.1 仕上材料について

（1） 内外装の仕上げの構成

建築の内外装は，**下地材**，**補助材**，**仕上材**で構成され，例えば，図13.1を木造住宅の屋根葺きの例で示すと，野地板を下地材とし，その上に，補助材として，アスファルトルーフィングで下葺きし，防水性能を補う．そして，仕上材である瓦や金属板で葺くのが一般的である．

下地材は，仕上げの目的や建物の構造に応じて，仕上材を固定するものである．また，補助材は，機能材ともいわれ，断熱や防水など仕上材の性能を向上させるためのもので，一般に，下地材と仕上材の間に使用される．

また，これらは，接着剤や金物などの接合材料でお互いが接合されている．

ただし，最近では，施工の合理化を目的として，鋼板に発泡スチレンを接着した断熱鋼板のように補助材と仕上げ材を複合させたり，次節で述べるように複数の材料をサンドイッチ状に重ね下地材と仕上材の複数の機能を持たせた材料も増えている．

仕上材には，視覚的な快適性，耐久性，吸音などの目的に応じて，塗装や凹凸などの化粧が施されている．

これらの材料は，近年のように技術開発や，社会環境の変化の速い時代には，次々と新材料が開発され新商品に取り替えられていくものである．ここでは，新材料に目を向けながら，現在用いられている主な仕上材料について述べる．

（2） 仕上げ材料に要求される性能

内外装用材料には，全体としては次のようなことが大切である．
1) 美　観
2) 用途や施工に必要な，適度の硬さと強度
3) 積載荷重，地震力，暴風に対する構造強度
4) 強度以外の物理的性能（耐火，耐候，耐水，遮音，透光，耐薬品等）
5) 加工性，運搬性など，施工のしやすさ
6) 経済性　7) 耐久性，メインテナンス性　8) 健康，快適さ

このうち，4) の性能について，図13.2に，使用部位別に示す．

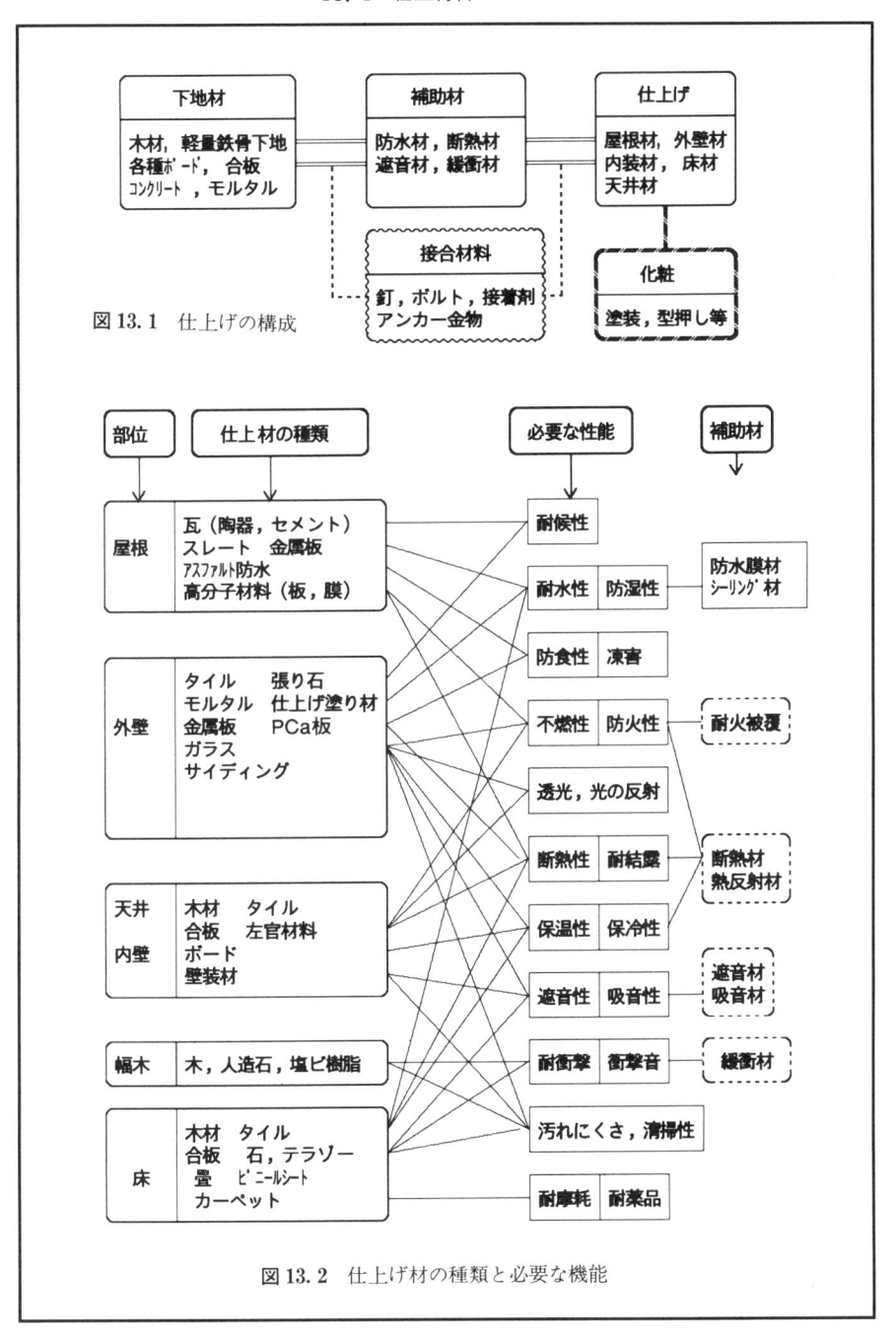

13.1 仕上材料について

```
┌─────────────┐    ┌─────────────┐    ┌─────────────┐
│   下地材    │════│   補助材    │════│   仕上げ    │
│木材,軽量鉄骨下地│    │防水材,断熱材 │    │屋根材,外壁材 │
│各種ボード,合板 │    │遮音材,緩衝材 │    │内装材,床材  │
│コンクリート,モルタル│    │             │    │天井材       │
└─────────────┘    └─────────────┘    └─────────────┘
          ╎              ╎                    ╎
          ╎    ┌─────────────┐                ╎
          ╎    │  接合材料   │                ╎
          └╌╌╌╌│釘,ボルト,接着剤│╌╌╌╌╌╌╌╌╌╌╌    ║
               │アンカー金物  │             ┌─────────┐
               └─────────────┘             │  化粧   │
                                           │塗装,型押し等│
                                           └─────────┘
```

図 13.1　仕上げの構成

図 13.2　仕上げ材の種類と必要な機能

部位	仕上材の種類	必要な性能	補助材
屋根	瓦（陶器,セメント）、スレート　金属板、アスファルト防水、高分子材料（板,膜）	耐候性 / 耐水性　防湿性 / 防食性　凍害	防水膜材　シーリング材
外壁	タイル　張り石、モルタル　仕上げ塗り材、金属板　PCa板、ガラス、サイディング	不燃性　防火性 / 透光,光の反射	耐火被覆
天井 内壁	木材　タイル、合板　左官材料、ボード、壁装材	断熱性　耐結露 / 保温性　保冷性 / 遮音性　吸音性	断熱材　熱反射材 / 遮音材　吸音材
幅木	木,人造石,塩ビ樹脂	耐衝撃　衝撃音	緩衝材
床	木材　タイル、合板　石,テラゾー、畳　ビニールシート、カーペット	汚れにくさ,清掃性 / 耐摩耗　耐薬品	

13.2 仕上材料の形態について

(1) 複合材料化

1章でも述べたように，材料のもつ性能を向上させ，多くの機能を持たせるために，複数の材料を合体構成したり，気泡を混入したものが用いられる．これを複合材料といい，図 13.3 のようなさまざまなものが製造されている．**複合材料**は，プラスチックやセメントなど（**マトリックス**：matrix）に繊維類（**補強材**：reinforcement, **フィーラー**：feeler）を混入し，脆い材料の強度を補ったり，木粉，タルク，気泡（foam）を混入したものが一般に用いられている．

なお，補強のための繊維類には，次のようなものが用いられている．

①天然有機繊維：麻，木質 ②人工有機繊維：ビニロン繊維 ③セラミックス系：ガラス繊維，カーボン繊維 ④金属：ステンレス線，スチールファイバー

(2) 複合板，複合シート，複合パネル

材料の多機能化と施工の省力化のために，複数の材料を重ね合わせたものがあり，これには，①複合材料による板（複合板）などを積層合体した**サンドイッチ板**（図 13.4）や，②軟らかい高分子材料，あるいは，複合材料を積層した**サンドイッチシート**がある．これらの板やシートは，次に挙げる**心材**と，片面あるいは両面に張られる**表面材**とで構成される．

心材
- ①繊維類，ゴム類
- ②多孔質材（スチレンフォーム，ウレタンフォーム，塩ビフォーム，ALC 板）
- ③ハニカム材（ペーパーハニカム，アルミハニカム）
- ④波形材（波形繊維強化セメント板）

表面材
- ①繊維強化セメント板
- ②化粧合板
- ③金属板
- ④プラスチック板
- ⑤紙

心材は表面材に，①接着あるいは，②一体積層されたり，③注入発泡により充填される．

また，仕上げ材と下地材を組合せ，壁パネルや床パネルのように部材化した**複合パネル**も多く用いられている．写真 13.1 は，石材を張り，窓サッシまで組み込んだ大型の外壁パネル（カーテンウオール）である．

このような材料の複合パネル化は，施工現場での省力化などの要求に応じ，今後一層普及するものと考えられる．

13.2 仕上材料の形態について

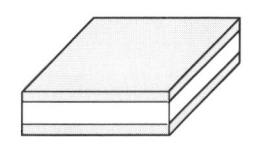

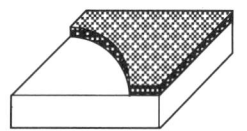

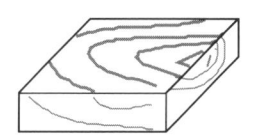

(a) 張り合わせたもの
　　［合板］

(b) 被覆したもの
　　［樹脂化粧板、塩ビ鋼板］

(c) 木材などを含浸強化したもの
　　［WPC］

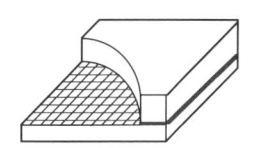

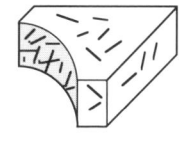

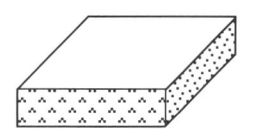

(d) 一体積層固化したもの
　　［FRP、スレート、網入りガラス］

(e) 繊維を分散固化したもの
　　［GRC、SFC、ロックウール製品］

(f) 発泡し気孔を含むもの
　　［ALC板、スチレンボード、フォームラバー］

図 13.3 複合材料の種類

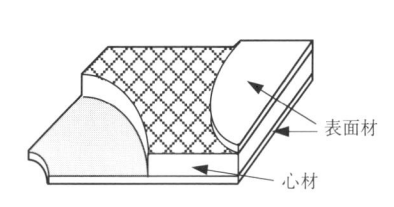

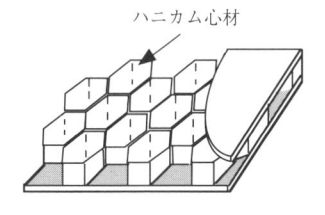

表面材
心材
ハニカム心材

図 13.4 サンドイッチ板

写真 13.1 カーテンウォールの取付（都庁舎）

第14章 屋根材料

14.1 屋根材料に要求される条件と屋根材料の種類

(1) 屋根に必要な条件

屋根材料には,次のような機能と性能が必要である.
1) 水密性,水はけが良い(保水性が小さい)こと
2) 耐候性(直射日光,風雨,厳しい高低温,凍結に対して)
3) 耐火性,防火性
4) 軽量,かつ作業のための十分な強度と剛性
5) 外観の美しさ,都市計画上の統一性

(2) 屋根仕上げ材の種類及びその特徴

屋根仕上げは,一般に,次の3つで構成される.
1) 仕上げ材を固定補強する下地材
2) 断熱や防水のための補助材(**下葺材**)
3) 屋根仕上げ材(**屋根葺材**)

その仕上げは次のように分類できる.
(a) 葺き材を用いる.(b) 防水層を造る.(c) その他(膜構造など).

屋根仕上げ材の種類には,表14.1のようなものがあり,個々の主な性能と特徴を表中に示す.

葺き材としては,瓦類や金属板類,石綿スレート,高分子材料板などがよく用いられている.

また,コンクリート陸屋根の防水層としては,高分子系のシート類,アスファルト系のルーフィング材,塗膜が用いられる.

なお,植物系のこけら板,樹皮,かや等は,近年では,特殊な建物や,古建築の改修などで再現されるのみである.

また,天然石系では,薄い板状に割れる性質を持った硬質粘板岩などがスレートと呼ばれ用いられる.これらは,重く,施工費も高価となるので現在では高級建築にのみ用いられている.

なお,屋根勾配は,暴風時や豪雨時の防水に対して,葺き材の種類や葺き方により限界があり,その最低の勾配を,表14.1の中に示す.

14.1 屋根材料に要求される条件と屋根材料の種類

写真 14.1 ヨーロッパ中世の瓦屋根の家並(ローテンブルク,ドイツ)

表 14.1 屋根仕上げ材の種類

◎:優　○:良　△:やや不利　×:不利

原料による分類		主な材料名	性能および特徴							屋根下限勾配値
			耐候性	耐風	防火	遮音性	断熱性	施工価格	重量	
葺き材	植物系	わら,かや,こけら板,樹皮	×	—	×	○	◎	—	○	3/10
	天然石系	粘板岩(天然スレート)	◎	○	◎	○	△	×	×	4.5/10
	セメント系	セメント瓦,コンクリート瓦 化粧セメント板	○	△	◎	○	△	○	△	3/10〜4/10
	繊維強化セメント	スレート(波形)	○	○	◎	○	△	○	○	3/100
		住宅屋根用化粧スレート	○	○	◎	○	△	○	○	3/100
	金属系	亜鉛めっき鋼板類	△	△	◎	×	×	○	◎	1/10
		銅板,ステンレス板 アルミニウム合金板	○	○	◎	×	×	△	◎	1/10
	粘土系	和瓦,洋瓦	◎	○	◎	○	○	○	△	4/10
	合成高分子系	硬質塩化ビニル板	△	×	×	△	△	◎	◎	3/10
	アスファルト系	アスファルトシングル	○	○	×	○	○	○	○	3/10
屋根防水	合成高分子系	高分子シート	△	○	×	○	△	○	◎	1/100
		塗膜防水	△	○	×	×	×	○	◎	—
	アスファルト系	アスファルト防水陸屋根	○	○	◎	◎	◎	○	×	1/100
他	合成高分子系	膜製品	○	△	×	○	△	△	◎	—

14.2 陶器瓦およびセメント系瓦

(1) 陶器瓦葺き

陶器瓦は，他の屋根葺材に比べ高価ではあるが，伝統的な意匠性や長期間変色や退色しないことなどの長所があり住宅に多用されている．その性質や製法については，6章に述べた通りである．

(2) セメント系瓦など

セメント系瓦には，プレスセメント瓦，コンクリート瓦がある．その形状は，さまざまで，和風形状，洋風（ヨーロピアン）形状，あるいは，新形状のものなどがある．また，板状のものに化粧セメント板がある．これらは，陶器瓦に比べ安価であるが，長期間後の変色や色あせが避けられない．

また，これらの瓦類の葺き方は，陶器瓦と同様であるが，役もの瓦などは，施工しやすくしたり，軽量化するなど工夫されているものも多い．

これらの形状を図14.1に示す

(a) プレスセメント瓦

これは，第2次大戦後の物資不足時に，陶器瓦と同形状のものが，モルタルを用いて安価に量産され普及したものである．従来の石綿スレートに比べ厚いので，厚型スレートとも呼ばれる．図14.2に示すように，セメントと砂を1：2の割合とし，適当な水を加え，油圧プレスで加圧成形し，オートクレーブ養生後に高分子樹脂塗料で表面化粧する．

(b) コンクリート瓦

これは，ヨーロッパで開発されたもので，図14.2のように，押し出し成形による製法によるものである．セメントと砂の割合が1：3で，水量を少なくし，超高圧で押し出し，半乾式成形される．着色は，基材であるモルタルに顔料を加える場合（スルーカラー）と，押し出し成形時にスラリー着色する場合とがある．また，養生後に塗料を吹き付けるものもある．なお，成形後の養生時間を短縮し，工場での生産性を上げるため，オートクレーブ養生を行う．

(c) 化粧セメント板

これは，無機質繊維を使用しないものの，住宅屋根用化粧スレートと同型（約30cm×60〜90cm）のもので，葺き方も同様であるが，スレートより少し厚くなり不利の分，凹凸を付けて高級イメージ化したものが多い．

14.2 陶器瓦およびセメント系瓦

(a) プレスセメント瓦

和形　　S形　　ヨーロッピアン形　　平形

(b) コンクリート瓦　　(c) 化粧セメント板

両桟棟　　棟巴　　のし　　けらば

(d) 役物瓦類

図 14.1 セメント系屋根材

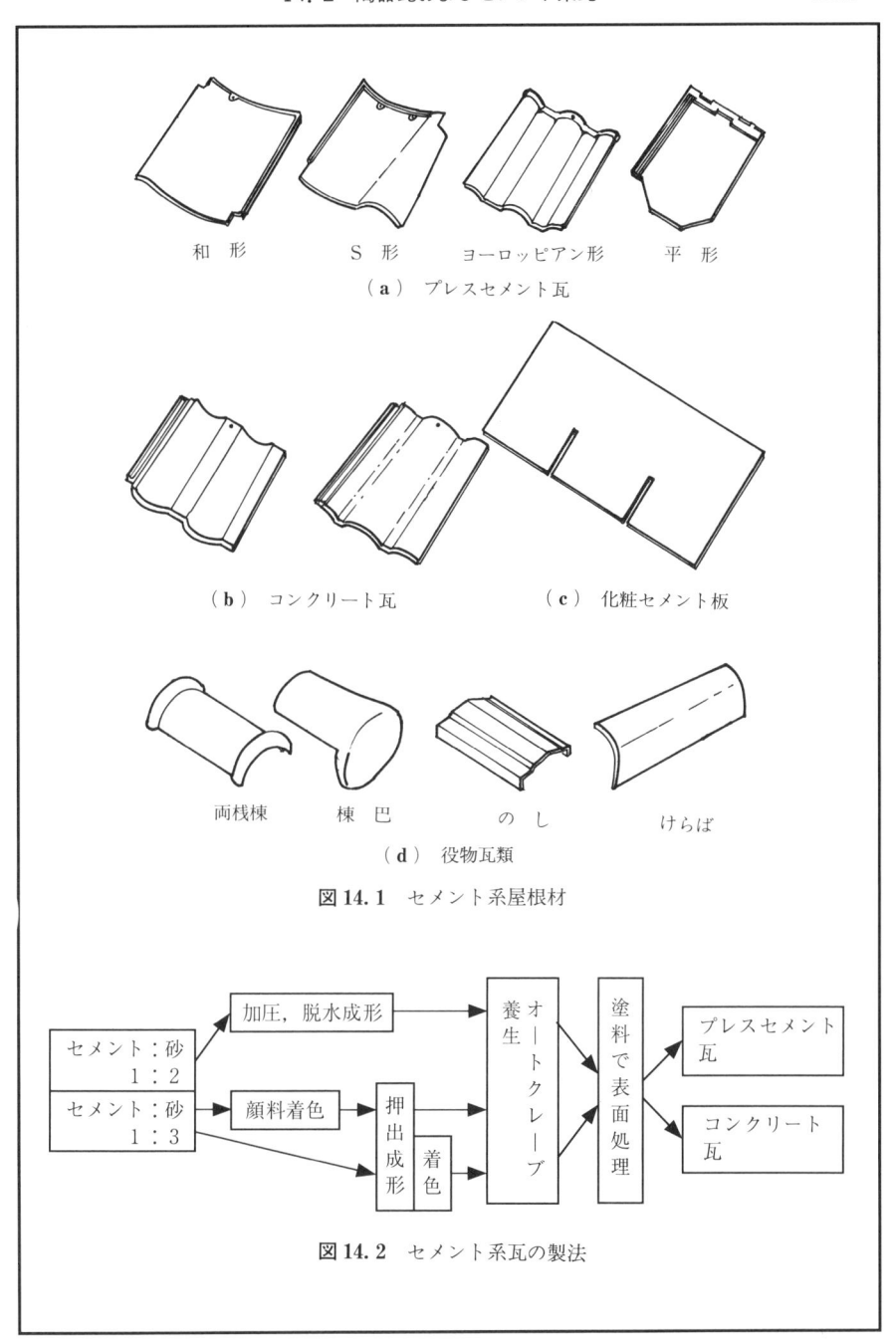

図 14.2 セメント系瓦の製法

14.3 屋根に用いられるスレート

（1） 混入する無機質繊維

セメントは，割れやすいので，繊維で強化する．1990年頃までは，この繊維に石綿（写真14.2）が使用されていたが，呼吸器に入ると人体に害があることが明らかとなり使用が禁止された．これに代わり代替繊維として，ガラス繊維，ビニロン繊維，パルプなどが用いられているが，石綿と同等の経済性と性能の確保は困難であり，代替鉱物の開発などが行われている．

ガラス繊維は，溶融したガラスを遠心力や高圧空気を吹きつけ，細い繊維状にしたものである．まだ高価であることが難点であるが，耐火性，耐久性，など多くの長所がある．

またビニロン繊維，パルプなどの繊維は，耐久性，強度などに難点がある．

これらをセメントに混入したものは，16.6節に述べる繊維補強セメント板（Fiber-cement flat sheets）とよばれる．

（2） スレート（波形）

スレート（波形，JIS A5430）は，セメントに無機質繊維を混入して補強し，波形に成形したものである．図14.4に示すように大波と小波がある．また，屋根の各部に応じた役物（棟用，袖用，軒用）がある．

セメントという経済的な原料で製造され，ガラス繊維などの良質な繊維を使用したものは，難燃性，耐久性，耐水性，遮音性，断熱性，強靭性，軽量，不透水性など多くの長所がある．

製造には，図14.3に示すように，セメントと繊維と水を練り混ぜ，金網ですき取り圧縮成形した後，オートクレーブ養生を行う．

（3） 住宅屋根用化粧スレート

住宅屋根用化粧スレート（JIS A5423）は，スレートに塗装化粧したもので，平形屋根用スレートと波形屋根用スレートがある．特に陶器瓦に比べ軽量であるなど，前述したスレート（波形）と同様に多くの長所がある．その形状は，多様であるが，平形屋根用スレートの形状の一例と葺き方を図14.4に示す．

製法には，金網ですき取り圧縮成形した後，オートクレーブ養生，塗装を行う方法と，湿った原料をロールプレス成形した常温養生，表面塗装仕上げ，オートクレーブ養生する方法がある．

14.3 石綿スレート

写真14.2 石綿
（現在は使用禁止）

クリソタイル　　アモサイト　　ブルー

無機質繊維セメント → 加水 → 練り混ぜ → スラリー状 → すき取り → 一定厚 → 圧搾成形 → オートクレーブ養生

図14.3 スレート（波形）の製法

スレート（波形）
厚さ 6.3mm

大波　幅 950mm×長さ 1820～2420mm
　　　山のピッチ 130mm×山の高さ 35mm 以上
小波　幅 720mm×長さ 1820～2420mm
　　　山のピッチ 63.5mm×山の高さ 155mm 以上

〈波形スレート〉

900
400

平形住宅屋根用スレート

平形屋根用スレート：長さ 350～500mm,
　　　　　　　　　　幅 600～1050mm
波形屋根用スレート：長さ 350～600mm,
　　　　　　　　　　幅 950～1050mm

厚さ 4.5～6.5mm
〈住宅屋根用化粧スレート〉

波形屋根用スレート

図14.4 屋根用スレートの種類

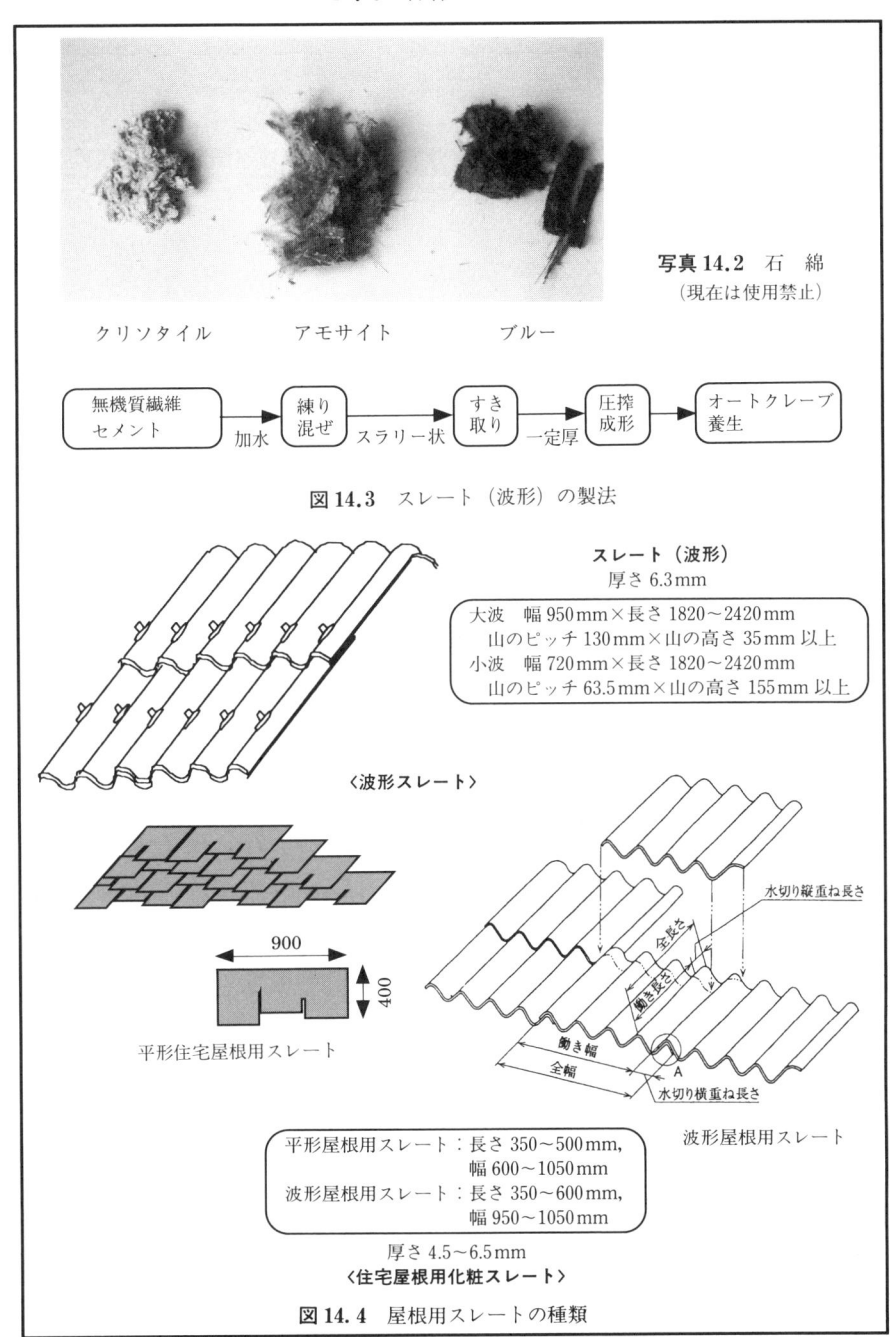

14.4 金属板（その1）

（1）金属板屋根葺材について

金属板は，凍結せず，連続性があるので，積雪地方の屋根に適し，また，軽量であるので，大スパン構造の屋根に用いられている．さらに，屋根勾配や形状が自由にできるので，デザイン上都合のよい材料でもある．

現在では，伝統的に用いられてきた銅板に代わり，長尺の薄板鋼板に亜鉛めっき（鍍金）したものが多用されている．さらに，ステンレス鋼板やアルミニウム合金板，チタン板などの金属板は，鋼板に比べ高価ではあるが，加工技術や溶接技術が進歩したことや，メインテナンス性の良いことから使用さるようになった．

（2）亜鉛めっき（鍍金）鋼板

屋根葺に用いられる**亜鉛めっき鋼板**類は，鋼板に電気法，あるいは溶融どぶ漬け法により亜鉛めっきしたもので，とたん板とも呼ばれる．そのめっきの厚さは，普通 0.01～0.1 mm で，この亜鉛の皮膜が，犠牲防食作用により，耐食性を示す．なお，電気めっきによるものは，どぶ漬けめっきによるものより皮膜が薄い．

形状には，①長尺シート，②定尺板，③波板，④**折れ板**（図14.5），⑤**横葺き用プレス瓦**（瓦形，スレート形，シングル形のものがある）がある．また板厚は，長尺シートなどでは，0.35～0.5 mm，折れ板類では，0.6 mm 以上のものが用いられる．

なお，亜鉛めっき鋼板は，経済性，軽量などの利点があるが，反面，①酸にはあまり強くないので，長期の耐久性が必要な場合は，塗装や塩化ビニル樹脂膜のコーティングが必要である．また，②雨音が大きいことや，③太陽輻射熱に対する断熱性に乏しいことなどの短所がある．そこで，最近では，これらの遮音や断熱性能を補うために，補助材を張り合わせた制振鋼板や断熱鋼板などが開発されている．

亜鉛めっき鋼板類の種類と特徴を，表14.2に示す．

（3）高耐久性圧延鋼材

3章で述べたように，**高耐久性圧延鋼材**は，鋼に，Ni, Cu, Cr を調合したもので，耐久性，溶接性，加工性に優れている．

14.4 金属板(その1)

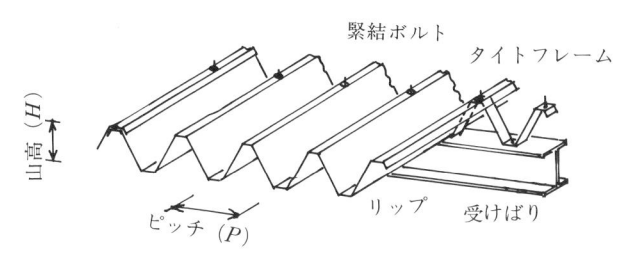

$H \times P = 65 \times 150$ mm～200×450 mm
板厚:0.6～1.2 mm

図 14.5 波板と折れ板

表 14.2 亜鉛めっき鋼板の種類

種　類	特徴など
溶融亜鉛めっき鋼板	●溶融亜鉛の中に漬けめっきするので,亜鉛膜の厚さが大きく,耐候性が大きい.
電気亜鉛めっき鋼板	●電気めっき法である. ●亜鉛の付着量が少ないので内装向き,外装の場合には塗装が必要
溶融亜鉛-5%アルミニウム合金めっき鋼板	●耐食性が大きい(亜鉛めっき鋼板の2～3倍の性能) ●急角度の折り曲げ加工が可能.●焼き付け塗装したものもある
塗装溶融亜鉛めっき鋼板	●カラー亜鉛鉄板あるいは,カラー鉄板と呼ばれる ●溶融亜鉛鋼板に着色樹脂塗料を工場で焼き付けたもの
断熱亜鉛めっき鋼板	●不燃,耐火を目的とし,亜鉛めっき鋼板に発泡プラスチック断熱材や,無機質の耐火断熱材(石膏フォーム,ガラス繊維シート,ロックウールフェルト,セラミックファイバーシート)などを,厚さ2～10 mm接着したもの
フッ素樹脂塗装溶融亜鉛めっき鋼板	●フッ素樹脂(フッ化ビリニデン)を工場焼き付け塗装したもの,またはフッ化ビニフィルムを接着させたもの ●耐食性,耐候性に優れ,塗装効果は半永久的 ●耐摩耗性があり,雪と粘着しないので,多雪地域で有効である.
ポリ塩化ビニル樹脂金属積層板(塩ビ鋼板)	●製造方法には,次の3通りある.①塩化ビニル樹脂のプラスチゾルを塗装焼付けする.②塩化ビニル樹脂のフィルムを接着剤で張り合わせる(エンボス模様が多い)③塩化ビニル塗料をカーテンフローコーターで塗装焼付けする　●耐食性,耐候性に優れる　●塗膜が軟らかく傷がつき易い
無機繊維シート樹脂被覆鋼板	●アクリル樹脂に無機繊維を混入し塗装被覆したもの ●耐酸被覆鋼板とも言われる
制振塗装亜鉛めっき鋼板	●雨音防止のため,薄い鋼板の間に合成樹脂薄膜を挟んだもの

14.5 金属板（その2）

（1）銅板

銅板は，加工が容易なため，屋根葺きだけでなく，庇，窓周辺の水切りなど複雑な形状の箇所にも用いられる．厚さは，0.2～0.5 mm 程度である．また，多年かかって生じた錆は，美しい青緑色を呈し，**緑青（ろくしょう）**と呼ばれる．しかし，これには，時間がかかることや，都会などの硫酸に汚れた大気中では，黒色の酸化銅を生成するので，あらかじめ表面を化学処理し，人工的に緑青色に発色させた商品もある．

（2）ステンレス鋼板

ステンレス鋼は，耐久性に優れ，その鏡状の表面が放射熱を反射するなどの長所があるが，一方，他の金属に比べ，接合のための加工が難しい．しかし，最近になって，シーム溶接による薄板溶接技術の進歩により用いられるようになった（写真 14.3 は使用例である）．板厚は，0.35～0.5 mm のものが用いられる．また，表面化粧をしたものに塗装ステンレス鋼板，銅めっきステンレス鋼板，表面処理化学発色ステンレス鋼板などがある．

（3）アルミニウム合金板

アルミニウムには優れた耐食性があるが，そのままでは，屋根材としての強度が不足なため，マンガン（Mn）やマグネシウム（Mg）を加えた合金が用いられる．板の厚さは，一般に 0.35～0.5 mm 程度である．また，①軽量で，②加工性に富み，③放射熱を反射することなどの利点があるが，他の金属（鉄，銅，黄銅など）に電食されるので，絶縁する必要がある．また，これにアクリル樹脂，ウレタン樹脂塗料を焼き付け塗装した塗装アルミニウム合金板や，化学発色させた表面処理アルミニウム合金板がある．写真 14.4 はその使用例である．

（4）チタン板

チタン板は，銀灰色が美しく，①軽量（密度は鉄の 60％），②温度変化などによる伸縮小，③耐食性大など多くの性能面で優れている．しかし，高価で加工性に難がある．これは，海岸等で腐食が激く，メインテナンスが困難な場合に適する．

（5）葺き方について

金属板の葺き方には，図 14.6 のようなものがある．

14.5 金属板（その2）

写真 14.3 ステンレス板葺き
（幕張メッセ体育館）

写真 14.4 アルミニウム合金板
（広島現代美術館）

[銅板平板]

200～500
立平板葺き　吊子

200×400－600
こはぜ掛け
吊子
一文字葺き

[亜鉛めっき鋼板]

波板葺き　200～400

360
瓦棒葺き（心木なし）　吊子

折れ板葺き

横葺き

[金属プレス瓦]

横葺き

[ステンレス板]

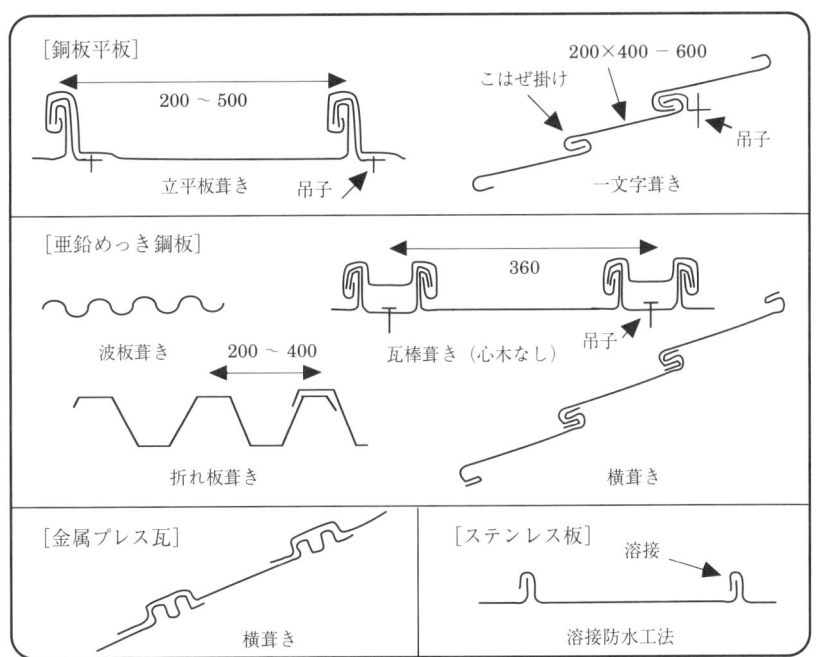

溶接
溶接防水工法

図 14.6 金属板の葺き方

14.6 高分子材料

写真14.5～7のような高分子材料の板や膜製品は，①透光性を有しながら，②ガラスに比べ軽量，③曲面屋根が可能という特徴を生かして，アーケード，テラス屋根，膜構造などに用いられている．

（1） 合 成 樹 脂 板
（a） 硬質塩化ビニル平板および波板

塩化ビニル樹脂を原料とし，①金網無し，②金網入り，または，ガラス繊維入りのものがある．屋根材には波板がよく用いられる．密度は $1.4\,\mathrm{g/cm^3}$ 程度である．

（b） メタクリル樹脂板

メタクリル酸エステル系樹脂を原料とし，ガラス並の透明度で，密度は，$1.2\,\mathrm{g/cm^3}$ と小さい．有機ガラスと称され，ガラスの代用品として，アーケード屋根などに用いられる．着色も容易で耐候性がある．

（c） ガラス繊維強化ポリエステル波板

強化プラスチック用液状不飽和ポリエステル樹脂をガラス繊維で強化したもので，耐熱性，耐衝撃性がある．

（d） ポリカーボネート板

炭酸エステル系樹脂で，透光性もよく，強度は，ガラス並である．しかも，変形能力が大きいため，ガラスに比べ極めて耐衝撃性に優れ，曲げ加工も容易である．また，密度は，ガラスの1/2程度（$=1.2\,\mathrm{g/cm^3}$）と軽く，耐熱性，耐酸性，耐久性がある．準難燃材である．

（2） 膜 材 料

膜材料は，化繊などの基布を合成樹脂の中に浸して，不透水膜に作られる．

基布には，①ポリアミド系合成樹脂繊維布（ナイロン），②ポリエステル合成樹脂繊維布（テトロン），③ポリビニルアルコール系合成樹脂繊維布（ビニロン），④ガラス繊維布が用いられる．また，樹脂には合成ゴム，塩化ビニル樹脂，四フッ化エチレン樹脂（テフロン）が用いられ，このうち，四フッ化エチレン樹脂は，耐候性，防炎性能に優れ，ガラス繊維布を基布とした膜材料は，体育館，野球場などの大スパン構造物に使われている．なお，その重量は，$1.3\,\mathrm{kg/m^2}$ 程度である．その製法は図14.7のような浸漬法による．

14.6 高分子材料

(a) (b)

写真 14.5 ポリカーボネート板屋根の例

写真 14.6 メタクリル板屋根（オリンピックスタジアム，ミュンヘン，1972）

写真 14.7 四フッ化エチレン樹脂コーティングガラス繊維織布膜構造（東京ドーム）

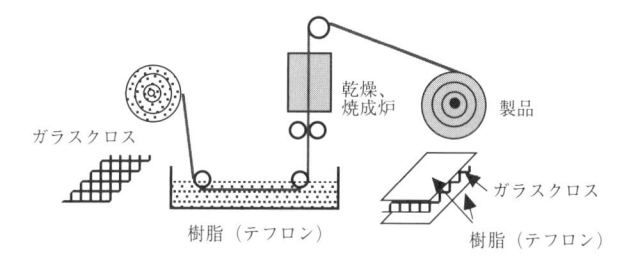

図 14.7 浸漬法による膜材料の製法の例
（四フッ化エチレン樹脂コーティングガラス繊維織布）

14.7 アスファルトシングルとアスファルト防水材

アスファルト製品を用いた屋根材料には，固形仕上げ製品（アスファルトシングルなど），防水下葺材料（アスファルトルーフィングなど），メンブレン防水材料（9章で述べる）がある．

（1） アスファルトシングル

これは，米国で開発されたもので，厚手の原紙にアスファルトを浸透させ，表裏をブローンアスファルトで被覆し，さらに，砂などの鉱物粒子を密着させ，お互いに融着しないようにするとともに，化粧性を持たせたものである．形状は図14.8のようにデザイン性を持たせたさまざまのものがある．

その特徴には，①施工が簡単で，②軽量でまた風に強く，③曲面勾配屋根に適用できることなどがある．

また，合成樹脂と無機物で構成した層を加え不燃性を持たせた，**不燃シングル**も普及している．使用例を，図14.9に示す．

（2） アスファルトルーフィングおよびアスファルトフェルト下葺

これは，瓦や金属板葺の下葺として用いられ，次のものがある．

ⓐ **アスファルトルーフィング**：アスファルトルーフィング用原紙に浸透用アスファルトを浸透させ，その表面に塗覆用アスファルトを塗布し，鉱物質粉末を散布したものを幅1m，長さ21mのロール状に巻き取ったものである．

ⓑ **アスファルトフェルト**：ルーフィング原紙にアスファルトを含浸させ，過剰のアスファルトを除去し，幅1m，長さ42mのロール状に巻き取ったもの．

これらの製品には，9章の表9.3のものがある．

（3） アスファルト防水屋根

コンクリート陸屋根の防水については，アスファルトを熱で溶かしたり（熱工法アスファルト防水），または溶剤で溶かし（常温工法アスファルト防水）て，各種ルーフィング材を挟みながら数層重ねて密着し防水層とする方法（図14.10）がよく用いられる．その表面仕上げには，次のような方法がある．

1) 膨れ防止の押さえコンクリートの上を防水モルタル等で仕上げる

2) ストレッチルーフィングなどの片面に砂を密着させた砂付きアスファルトルーフィングを仕上げ材として用いる．

14.7 アスファルトシングルとアスファルト防水材

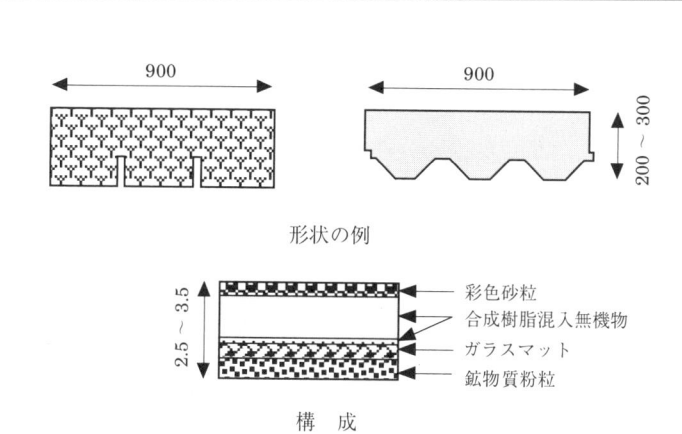

図 14.8 不燃シングルの形状と断面構成

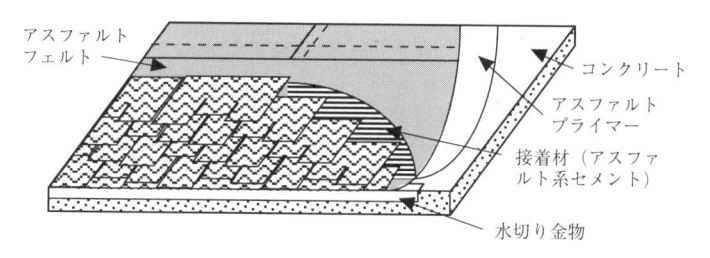

図 14.9 コンクリート下地のアスファルトシングル葺

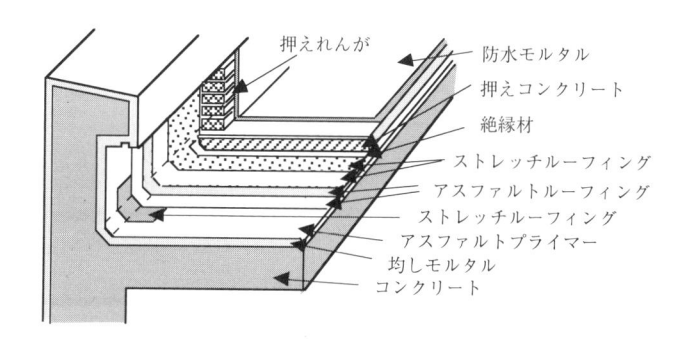

図 14.10 アスファルト防水層押え工法の例

第15章　外壁仕上げ材料

15.1　外壁仕上げ材料の種類

（1）　外壁仕上げ材料の種類
外壁仕上げには，屋根と同様に耐候性，耐水性，防火性などの性能に加えて，美観も重要である．主な外壁仕上げ材料の種類とその特徴，および適用構造を表15.1に示す．

（2）　木造などの外壁仕上げ
わが国では，伝統的な和風木造建物の減少に伴い，伝統的な材料である板張りや左官仕上げ土壁も減り，最近では，①モルタル塗り仕上げ，②ボード類，③サイディング，④ALC板などに代わってきている．

写真15.1のようなヨーロッパで伝統的に普及している**石灰モルタル**は，石灰と砂を混ぜて用いるもので，仕上げ材やれんが目地材として使用されている．

（3）　コンクリート系構造物
コンクリート系構造物は，①コンクリート打ち放し，②モルタル塗り，仕上げ塗り仕上げ，③タイル仕上げ，④石材張りが一般的である．

（4）　鉄骨構造の仕上げ
鉄骨の軽量形鋼の胴縁を下地とした場合，①金属板張り，②石綿スレート板などのボード類③サイディング張り（15.3節）が一般的である．

外壁用の金属板には，14章の「屋根材料」で述べたものの他に，④**ほうろう鋼板**パネルがある．これは，鋼板に陶器用釉薬を，800〜900℃で融着させたもので，軽量で耐候性があり，大曲面板も可能で，タイル風の意匠性がある．

また，高層ビルなどの外壁には，⑤**カーテンウォール**が一般的である．これは，現場での省労力化，工期短縮などの施工性に優れ，複雑な意匠性や高品質化を計ることができる．（写真13.1）このパネルには，タイル，石材，金属板，仕上げ塗りなどの仕上げが施されてる．また，その建物への取付けは，構造体との変形に追従できるスライドファスナーなどにより余裕のある方法で固定をする．

さらに，⑥外壁面にガラスを張った，**グレージング構法**も多くなっている．（7.6参照）

15.1 外壁仕上げ材料の種類

写真15.1 ヨーロッパの伝統的な仕上げ（ドイツ）

表15.1 主な外壁仕上げの種類

◎：優　○：良　△：不利

原料による分類	材料名	性能および特徴							適用構造		
		耐候性	防火	遮音性	断熱性	価格	重量	耐水性	木造	RC系	鉄骨系
木質系	板 耐水合板（下見板）	△	△	○	◎	◎	○	△	☆		
	硬質繊維板	△	△	△	◎	○	○	△	☆		☆
セメント系	プレキャストコンクリート ALC板，GRC板	◎	◎	◎	△	○	△	◎	☆	☆	☆
	セメントモルタル	◎	◎	◎	△	◎	○	◎	☆	☆	
	波形石綿スレート，フレキシブル板，サイディング	◎	◎	○	△	◎	○	◎	☆		☆
	石綿セメントケイ酸カルシウムサイディング	○	◎	○	△	○	○	◎	☆		☆
金属系	亜鉛鉄板類 ほうろう鋼板	△	◎	△	△	○	◎	◎			☆
	ステンレス板 アルミニウム合金板	◎	◎	△	△	△	◎	◎			☆
天然石系	天然石	◎	◎	◎	△	△	△	◎		☆	☆
粘土系	タイル，普通れんが	◎	◎	◎	△	△	△	◎	☆	☆	☆
ガラス	ガラス	◎	△	△	△	○	○	◎			☆
石膏系	石膏サイディング	○	◎	○	◎	◎	○	○	☆		

15.2 モルタル

（1） モルタルについて

モルタルは，基本的にはポルトランドセメントと砂を混ぜたもので，仕上げ材としてだけでなく，タイル張りの下地やコンクリート面の均しなどに幅広く用いられる．また，建築基準法施行令に，木造住宅を防火構造とする方法の一つとして，「外壁をモルタル壁とし，ラス下地で，モルタル塗り厚 20 mm 以上の大壁構造とする」ことが規定されており，広く普及している．モルタルは，セメントと砂を，質量比 1：3～1：2 の割合で調合し，これに，収縮ひび割れ防止，接着力の増強，作業性の向上などのために，混和材を加える．

調合材料にはエフロレセンスの原因となる可溶性塩類を含まないものを用いることが重要である．また，タイル張り下地，吹き付け下地など用途に応じて調合した既調合材料（**薄塗り用セメントモルタル材**）が普及している．

（2） モルタル壁の仕上げ方法

モルタル壁の仕上げには，最終的な仕上げの場合とタイル張りや，表 15.2 のような塗装のための下地仕上げの場合がある．

（3） 木造のモルタル壁の下地

木造モルタル下地には，次のようなものがある．

1） 鋼製金網下地

下地のことを英語で**ラス**（lath）というが，日本では一般に表 15.3 に挙げる鋼製金網下地のことをいう．ラスは，①安価で取扱いが容易で②モルタルの施工性が良いという長所があるが，一方では，③剛性が小さく，ひび割れ発生防止の効果は小さいことや，④モルタルの被り厚の小さい箇所で，ラスに錆が発生して，耐久性に影響するという短所がある．

ラス下地は，図 15.1 に示すように，次のように構成される．

- ⓐ **下地板**：木ずり 12×80 の杉又は檜板，又は，モルタル下地用加工合板．
- ⓑ **防水用下地アスファルトフェルト**：下地板にステープルや釘で取付ける．
- ⓒ **ラス**：下地板にステープルや釘で取付ける（写真 15.2 に施工の状況を示す）．

2） ボード下地

木毛セメント板，木片セメント板などのボード類も下地として用いられる．

15.2 モルタル

表 15.2 モルタル下地用仕上げの種類

仕上げの種類	用途など
刷毛(はけ)引仕上	硬化の初期に刷毛引きし粗面を作り仕上げ塗りや塗装の下地とする
こて仕上	金こてまたは木こてを用いて仕上げ，塗装下地などになる．
櫛引き仕上	他の左官仕上げの下地となる

表 15.3 鋼製金網（ラス）下地の種類

ワイヤラス	細い鉄線を網状に編んだもの，またこれに少し太い鉄線を格子状に通したもの
メタルラス	圧延薄板を一定間隔に切れ目をいれ，引き延ばしひし形網状にしたもの
ラスシート（角波亜鉛鉄板ラス）	角波形の亜鉛メッキ鉄板の上面にメタルラスをスポット溶接したもので，下地板，防水層を兼ねることができる

写真 15.2 モルタル塗り

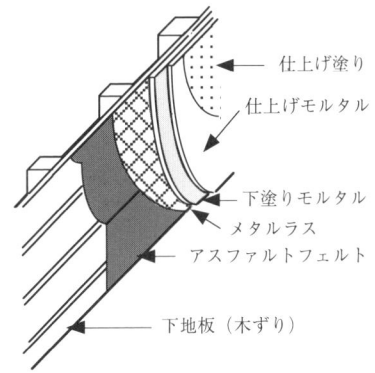

図 15.1 モルタル壁

15.3 ボードおよびサイディング

（1）ボード

外装用ボードには，**スレート**がよく用いられてきた．スレートは，14.3節で述べたようにセメントに，無機質繊維で補強したボードで，耐火性，経済性など多くの長所を有する．しかし，最近では，石綿が健康に害があるという危惧からこれに代わり，耐アルカリガラス繊維や，合成高分子繊維が補強繊維として用いられている．外装に用いられるスレートには，14章で述べた波形スレートの他に次のものがある．

（a）フレキシブル板

繊維を多くし，高圧成形したもので，強度が大きく，加工性も良い．下地への固定は，頭の大きい釘，木ネジ，タッピングネジによる．

（b）軟質フレキシブル板

吸水率が少し高く，主として各種の化粧合板加工用基材として用いられる．

これらのボードは，適度の水分を含むので，寒冷地では，凍害の恐れがあり，防水処理（シーラー塗装など）が必要である．

ボードの納まりは，図15.2のように，ボードの接合部に，接合と化粧を兼ねた**ジョイナー**や，防水のための水切りジョイナーが用いられる．

（c）サンドイッチ板

外壁などに用いられるサンドイッチ板には，**スレート・木毛セメント合成板**があり，これは，16.6節で述べる木毛セメント板を断熱吸音材として，心材または裏面材とし，その両面または片面に平板スレートを接着した合成板で，総厚さは，25～40mmである．

また，心材に，ケイ酸カルシウム板，硬質ウレタンフォーム，スタイロフォーム，合成ゴムシートなどを用いたものもある．

（2）サイディング

サイディング（ボード）（Siding Board）は，建築物の外装に張り付ける板状の製品で，張り方により，横張り用，縦張り用がある．板は張り方に応じて，端部の継ぎ部分にしゃくりなどの加工がしてある．さらに，その表面には，塗装や木目模様の凹凸などの化粧加工がしてある．これには，表15.4のようなものがある．

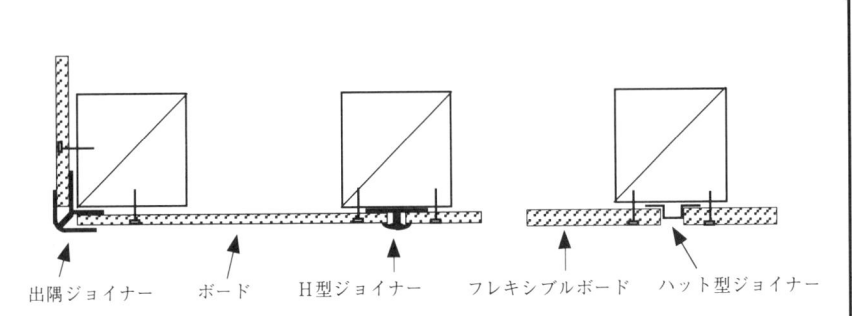

15.3 ボードおよびサイディング

（平面詳細図）

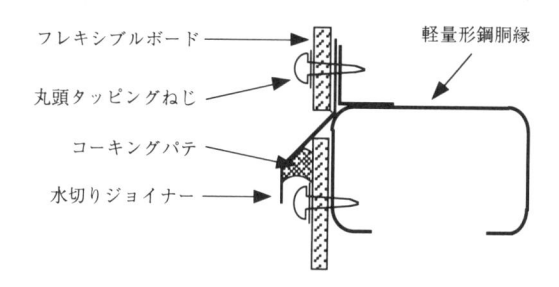

出隅ジョイナー　ボード　H型ジョイナー　フレキシブルボード　ハット型ジョイナー

（立面詳細図）

フレキシブルボード　軽量形鋼胴縁　丸頭タッピングねじ　コーキングパテ　水切りジョイナー

図 15.2　ジョイナーと水切り

表 15.4　サイディング材の種類

セメント系サイディング	スレート系	■主原料がセメント無機質混和材 ■加圧ロール成形によるものと，押し出し成形（厚物の場合）によるものがある
	セメントけい酸カルシウム板系	■原料が石灰，けい酸質原料のボード
石こう系サイディング	スラグ・石こうボード系	■主原料がスラグ，石こうによるボード
	石こう複合金属サイディング	■鋼板（着色亜鉛鉄板，塩化ビニル鋼板）と石こうボード（9 mm，12 mm 厚）を複合した製品で割れにくく意匠性があるもの
硬質繊維板		■外装用硬質繊維板と呼ばれる ■表面を平滑，又は，型押しなどの化粧をし防水処理をする

15.4 仕上塗材（その1）

（1） 仕上塗材（Wall coating）について

最近の仕上塗材は，施工の際にスラリー状に調整した材料を空気圧コンプレッサーによる吹付ガンを用いて吹き付けることが多いので，吹付材と呼ばれてきた（写真15.3）．しかし，吹き付け時の塗料の飛散防止のための養生に経費がかかるので，最近では，ローラ塗り用のものが開発され，合わせて，**仕上塗材**と呼ばれている．

この材料は，モルタルや，コンクリート壁面の化粧性の向上だけでなく，伸長性に富む合成樹脂を用いるので，モルタルのひび割れに追従し，表面ひび割れを補い構造体の耐久性向上のためによく用いられている．

わが国の仕上塗材は，1965年頃，セメントリシン仕上げがドイツより輸入されたのが始まりである．**リシン（Lithin）** は，当時の天然産の水硬性ケイ酸石灰を主成分とした壁塗り材料の呼び名である．しかし，現在では，さまざまな合成樹脂が使用されており，表面に光沢があり，吹付タイルとも呼ばれ普及している．さらに，最近では，シリコン樹脂や，フッ素樹脂のように半永久的な耐久性を有する樹脂が開発され，コスト高ではあるが，補修の困難な超高層ビルなどに用いられるようになっている．

仕上塗材が多用されているのは，次の理由による．

①品質の良い高分子材料の開発による耐久性，防水性の向上．②仕上がりパターンが多様で，化粧性がある．③左官仕上げに比べ作業能率が良い．④リニューアルなど再仕上げがしやすい．⑤コストが比較的安い．

（2） 仕上塗材の構成と種類

仕上塗材は，次のものから構成されている．

ⓐ **結合材（binder）**：硬さを出すためのもので，主結合材と補助結合材がある．
ⓑ **骨材**：仕上げ面を砂壁状，繊維状などの変化をつけるためのもの
ⓒ **充塡材**：仕上げ厚さや，立体的な凹凸に必要な肉盛りのためのもの
ⓓ **着色顔料，および，性能向上のための混和材（防水材など）**

仕上塗材の種類ごとの構成材と特徴を，表15.5に示す．

15.4 仕上塗材(その1)

表 15.5 仕上塗材の種類

素材の種類	主結合材	補助結合材	骨材	充填材	耐水性	耐火性	耐候性	耐汚染	弾力性	耐久性
セメント系	白色ポルトランドセメント ポルトランドセメント	ドロマイトプラスター 消石灰 混和用ポリマーディスパージョン	ケイ砂 寒水砂*			○				
合成樹脂エマルション系	アクリル系, 酢酸ビニルなどの合成樹脂エマルション	合成樹脂エマルション	ケイ砂, 色砂, 寒水砂*, 陶磁器砕粒, 軽石, パーライト, ひる石, 繊維粉	重炭酸カルシウム ケイ藻土, ケイ石粉, クレーなど	○		○			
反応硬化型合成樹脂エマルション	エポキシ樹脂	ポルトランドセメント			○			○		
珪酸質(シリカ)系	シリカゾルおよびアルカリシリケート水溶液	合成樹脂エマルション	ケイ砂, 寒水砂*		○		○			
合成樹脂溶液系	アクリル系, 酢酸ビニル系, 合成ゴム系, ポリエステル系溶剤溶液	左記の溶剤溶液	パーライト, 寒水石, ケイ砂				○	○		
水溶性樹脂系	セルロース誘導体, ポバールなどの水溶性樹脂, 合成樹脂エマルション, シリカゾル		寒水石, ケイ砂 色砂, 軽石 繊維材料(パルプ,綿)		○			○		

*大理石の一種で白色結晶質

写真 15.3 吹き付け作業

15.5 仕上塗材（その2）

（1） 仕上塗材の種類と仕上げの表面状態

仕上げ表面の凹凸模様は，吹付塗りの場合には，材料の粘度，吹付ガンの口径，吹き付け圧力により変化させる．また，ローラー塗りの場合には，ローラーの使い方により変化させる．これによって，図15.3のような多様な化粧を実現できる．また，仕上塗材には，以下の四つの種類がある．

（a） **薄付け仕上塗材**

仕上げ厚さが3mm程度以下の凹凸模様に仕上げるもので，通称吹付リシンと呼ばれる．用途により，①外装薄塗り材，②内装薄塗り材がある．仕上げの表面状態は骨材の種類やその有無により，①砂壁状あるいは，②スキン状などがある．

（b） **厚付け仕上塗材**

原則として単層で厚さ4～10mm程度の凹凸模様に仕上げるもので，仕上げ面をこてで押さえたり，模様付けをして，①スタッコ状や，②凹凸の変化の大きい立体模様をつくる．通称スタッコと呼ばれる．

（c） **複層仕上塗材**

主材と上塗り材の2層に分けて1～5mmの厚さに吹き付け，複雑な凹凸模様を持たせ，さらに，凸部をこてやローラーで，押さえた仕上げもよく用いられる．通称吹付タイルと呼ばれる．

（d） **マスチック仕上塗材**

特殊なローラーで，厚づけし，凹凸模様を残す．吹き付けでないので，塗料が飛散しないという利点がある．合成樹脂エマルション系のものとポリマーセメント系のものがある．

（e） **軽量骨材仕上塗材**

軽量骨材を合成樹脂エマルションを用いて結合し，天井などに吹き付ける．

（2） 下地の調整と処理の材料

仕上げ塗りは，塗料の付着性能の向上のために下地の調整と処理が必要である．一般には，合成樹脂シーラー，合成樹脂パテ，セメント系下地調整材，ポリマーセメントモルタルなどの下地処理材で下塗りされる．図15.4にモルタル下地の場合の例を示す．

15.5 仕上塗材（その2）

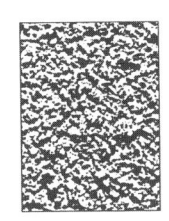

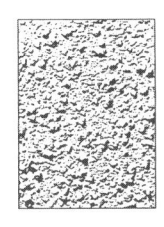

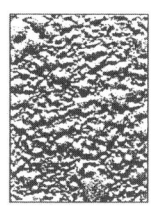

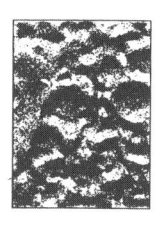

薄付け仕上げ（砂壁状）

クレータ模様
凸部押え黄色仕上
複層仕上げ

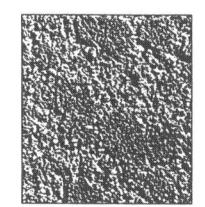

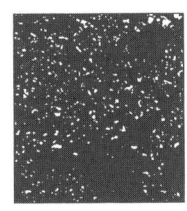

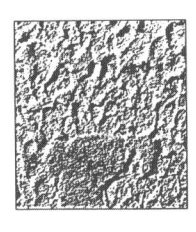

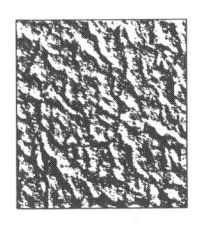

厚付け仕上げ（スタッコ状凸部押さえ）

マスチック塗り（ローラー仕上げ）

図 15.3　仕上塗材の仕上げの種類

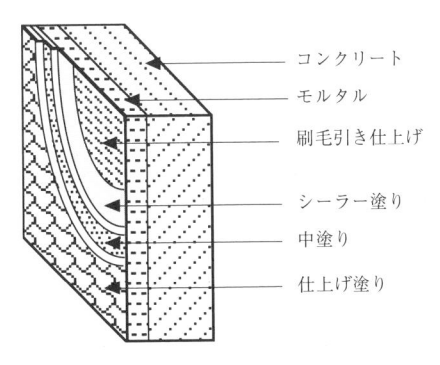

コンクリート
モルタル
刷毛引き仕上げ
シーラー塗り
中塗り
仕上げ塗り

図 15.4　仕上げ塗りの例

第 16 章　天井，内壁仕上げ材料

16.1　天井，内壁仕上げ材の種類

内装は図16.1のように，天井材，回り縁，壁材，幅木，床材で構成され，天井や内壁の仕上げには，表16.1のようなものが用いられる．

(1) 木材，タイル，石材

木材は幅広く用いられるがこれについては第2章に示す．また，石材はロビーの壁，床によく用いられ，タイルは，床，壁，化粧室，浴室などの水回り部分の仕上げに欠かせない．これについては，第5章，第6章に示す．

(2) 左 官 材 料

わが国では，古くより建物の壁や塀に土をよく利用しており，漆喰壁（37頁 図2.24参照）が普及した．左官とは本来，土壁塗りの職人のことである．

一方，西洋では，焼石こう（半水石こう）が，170～190℃程度の低温で容易に焼成出来るので，エジプトのピラミッド時代から用いられている．また，消石灰（Plaster）も古くから使用され，左官のことを，Plastererという．また，ヨーロッパでは，砂と石灰を混ぜた石灰モルタルが普及している．これは，漆喰壁より強度が大きい．

最近では，これらの伝統的な材料に，15章で述べたセメントモルタルを加えたものを左官材料という．

左官には，熟練した技術と幅広い材料の知識が必要であり，しかも重労働であるため技能者不足になっている．これを解消するための，既調合材料や，ボード下地材が多く開発されている．それでも，左官仕上げは減り，ボード類やビニルクロスを代表とする壁装材による仕上げに変わりつつある．

(3) ボ ー ド 類

天井や内壁用のボード類には，さまざまなものが開発され，化粧性，吸音性に優れたものが多い．また，ボード類は壁装材の下地材としても用いられる．

(4) 壁 装 材

ビニルクロスは，施工が簡単で，経済的で，しかも結露によるシミが生じないことなどの長所があり普及している．しかも，最近では，高級な左官仕上げや，布などを模したものも開発され意匠性も増している．

16.1 天井，内壁仕上げ材の種類

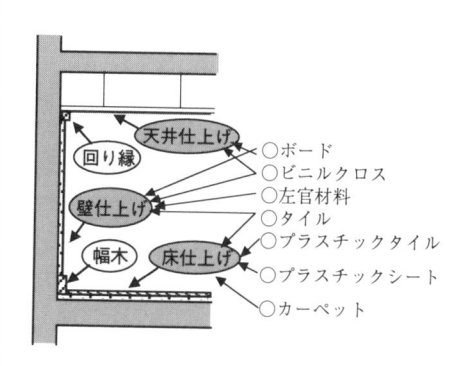

図16.1 内装材料

写真16.1 住宅内装の例
天井：クロス張り，壁：板張り
床：合板フローリング，
建具：ビニルクロス張り

表16.1 天井，内壁仕上げ材の種類
◎：優　○：良　△：やや不利　×：不利

種類		材料名	耐湿性	防火性	遮音性	断熱性	施工価格	重量
木材		木材，化粧合板，難燃合板	○	×	○	○	○	○
石材		大理石，御影石	◎	◎	◎	△	×	×
粘土系		タイル	◎	◎	○	○	△	△
左官材料		漆喰，土，石こうプラスター　ドロマイトプラスター	○	◎	○	△	◎	△
		セメントモルタル	◎	◎	◎	△	○	×
		繊維壁	×	×	×	△	○	◎
ボード	木質系	繊維板，パーティクルボード	×	×	×	○	○	○
	セメント系	石綿スレート板　木毛セメント板，木片セメント板	○	◎	○	△	○	△
	石こう系	石こうボード	×	◎	○	△	◎	○
	高分子系	合成樹脂板（プラスチックボード）	◎	×	△	○	○	◎
壁装材（クロス類）		クロス（繊維布）	×	×	×	×	◎	◎
		ビニルクロス	◎	×	×	×	◎	◎
		紙	×	×	×	×	◎	◎

16.2　左官材料（その1）

左官仕上げ材料には，表16.2のようなものがあるが，ここでは，壁に用いられるものについて述べる．

（1）土壁，砂壁

土壁は，日本で普及してきたが，これは，土という材料が身近に入手でき，耐火性，遮音性，断熱性等の多くの長所による．また，最近では，土や漆喰の持つ室内の湿度調節能力に対して改めて関心が寄せられている．

下地には，**小舞土壁**が一般的に用いられてきた．これは，2.11節の図2.24に示したように，竹で作った**小舞**に，短く裁断したわらなどを混ぜた粘土（荒壁土）を塗り込み，乾燥のための期間をおきながら，むら直し，中塗り，仕上げ塗り（上塗り）の順に仕上げを行うものである．

上塗材は，表面化粧用の色土と砂を混合し，水，糊材，すさを加えて練ったものである．色土を用いたものには，地方によって多くの種類があるが，京都地方の**聚楽**（じゅらく）**壁**は有名である．また，**大津壁**は，色土に消石灰を混ぜたもので，消石灰の性質である気硬性硬化により強固となり光沢がある．

糊材は，膠着性を持たせるために，また，**すさ**（つなぎ材）は硬化収縮によるひび割れ防止のために用いられ，これらには図16.2のようなものがある．

砂壁は，色砂や砕石などの天然石や人造石を，糊液や合成樹脂の接着材で，下地の中塗り面に塗り，仕上げるものである．

（2）しっくい（漆喰），ドロマイトプラスター

しっくいは，左官用消石灰とも呼ばれ，図16.3のように，石灰石（lime）（$CaCO_3$）または，貝殻を焼いて製造される．これは，塗り付け後，空気中の二酸化炭素と反応して硬化する**気硬性**で，気硬反応進行中の6ヵ月間は，水に触れないようにする．また，硬化収縮ひび割れを押さえるためすさを用いる．

ドロマイトプラスターは，マグネシア塩を含む石灰石の一種である苦灰石（dolomite）（$CaCO_3 + MgCO_3$）を焼成して作られる．苦灰石は，その成分が（CaO 42% 以上，MgO 20% 以上，CO_2 15% 以下）で，栃木県の南部地方で産出する．また，図16.3に示すように気硬性である．ドロマイトプラスターは，自体に粘りがあるので糊を必要としない．しかし，収縮が大きくひび割れが生じやすいのですさが必要で，グラスファイバーを混入するものもある．

16.2 左官材料（その1）

表16.2 左官仕上げ材料の種類

用途	仕上げ名	固結材の種類	下地の種類
伝統的和風壁	土もの砂壁	色土	小舞土壁
	大津壁	色土, 石灰	よしず
	漆喰壁	石灰	小舞土壁, モルタル
	砂壁	糊, 接着剤	小舞土壁, モルタル
和洋壁	石灰モルタル	石灰	れんが, モルタル
	ドロマイトプラスター	ドロマイト	木摺, 木毛セメント
	石こうプラスター	半水石こう	ラスボード, モルタル
壁装材	繊維壁	糊, 接着剤	すべての下地材料

のり（糊）
- 米糊, こんにゃく糊：以前用いられた
- 海草糊…布海苔, ぎんなん草など
- 角又（つのまた）：海草類を工場で粉末加工したもの
- 化学糊…ポリビニルアルコール, メチルセルロースなど

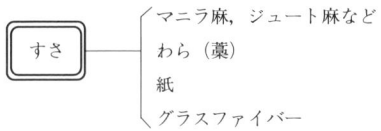

すさ
- マニラ麻, ジュート麻など
- わら（藁）
- 紙
- グラスファイバー

図16.2 のりとすさの種類

消石灰

[製造] 石灰石($CaCO_3$)を900〜1,200℃で焼く ⇒ 酸化カルシウム(CaO) ⇒ 加水または湿空中で自然消化させる ⇒ 水酸化カルシウム（消石灰）[$Ca(OH)_2$]

[硬化] $Ca(OH)_2 + CO_2 \rightarrow CaCO_3 + H_2O$ （気硬性）

ドロマイトプラスター

[製造] 苦灰石 $\begin{pmatrix} CaCO_3 \\ MgCO_3 \end{pmatrix}$ を1,100℃で焼成く ⇒ $\begin{pmatrix} 酸化カルシウム（CaO）\\ マグネシア（MgO） \end{pmatrix}$

⇒ 加水または自然消化させる ⇒ $\begin{pmatrix} 水酸化カルシウム（Ca(OH)_2）\\ 水酸化マグネシウム（Mg(OH)_2） \end{pmatrix}$ ⇒ 粉砕

[硬化]
$Ca(OH)_2 + CO_2 \rightarrow CaCO_3 + H_2O$ （気硬性）
$Mg(OH)_2 + CO_2 \rightarrow MgCO_3 + H_2O$

図16.3 石灰系左官材料の製造と硬化反応

16.3 左官材料(その2)

(1) 石こう (gypsum) について

原料となる二水石こう($CaSO_4 \cdot 2H_2O$)には,天然石こうと,石油石炭の排煙の脱硫や化学製品の副生成物である副生石こうがある.日本では,後者が大半である.図16.4に示すように二水石こうを焼成してつくられた半水石こうを微粉砕したものは,β型石こうとよばれ,**石こうプラスター**などに用いられる.一方,オートクレーブ中で,湿式加熱をして製造されるものはα型あるいは硬質石こうと呼ばれ,強度も高く石こうパネルやセルフレベリング材として用いられている.

なお,硬化反応は図16.4に示すような,水と反応して二水石こうに戻る水硬性である.

また,原料を高温で焼いてつくった無水石こう($CaSO_4$)を用いたものは,緩硬性(4時間後から凝結開始)であるが強度が高く,キーンスセメントと呼ばれる.さらに,石こうは酸性のため錆に注意を要する.

(2) 石こうプラスター

石こうプラスターは,石こうラスボード(写真16.2,表16.8参照)のような省力の下地が開発され,また硬化が速いことなど施工性に優れており,さらにじゅ楽壁などの土もの壁を模した既調合のものが開発され多用されるようになった.石こうプラスターは,無収縮硬化するので収縮ひび割れの恐れがなくすさの必要がない.また,火災時には結合水が分解し熱を奪うので耐火性がある.なお,製造以後3カ月以上経ったものは,風化により硬化速度が速くなったり,硬化時に膨張するなどの障害が出てくるので注意が必要である.わが国の既調合の石こうプラスターには,次のものがある.

(a) ボード用石こうプラスター:接着力を増強し,非石灰系の混和材を調合したもので,石こうラスボードに適し,広く普及している.仕上げは,6mm程度の下塗り後,1.5mm程度の上塗りをする.

(b) 混合石こうプラスター:作業のための可塑性を増すための消石灰,ドロマイトプラスターなどを30〜50%以上,また,硬化時間を3時間前後に調節するため凝結遅延材数%を既調合し,水を加えるだけで使用できるようにしたものである.図16.5に施工例を示す.

(3) 左官仕上げの比較

上述した左官仕上げのうち主なものの特徴の比較を表16.3に示す.

16.3 左官材料(その2)

石こう

[製造] 二水石こう($CaSO_4 \cdot 2H_2O$)を170~190℃で焼く ⇒
　　　　⇒ 焼き石こう(半水石こう)($CaSO_4 \cdot 1/2 H_2O$) ⇒ 微粉砕
[硬化] $CaSO_4 \cdot 1/2 H_2O + 3/2 H_2O \rightarrow CaSO_4 \cdot 2H_2O$　　(水硬性)

図16.4 石こう材料の製造と硬化反応

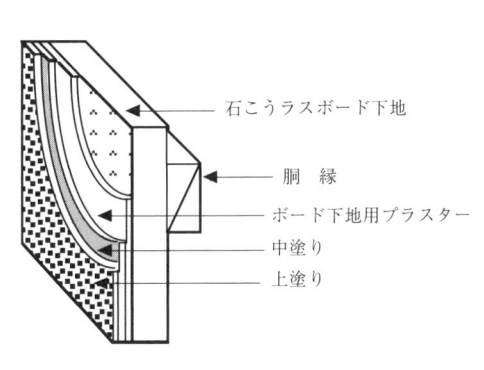

図16.5 石こうプラスター壁　　写真16.2 石こうラスボード

表16.3 各種左官仕上げの比較

	硬化性	硬化速度	のり	すさ	堅牢性	硬化収縮	性質	色
モルタル塗り	水硬性	4週	不要	不要	大	大	アルカリ性	灰
漆喰塗り	気硬性	6ヶ月	必要	必要	小	小	アルカリ性	白
石こうプラスター塗り	水硬性	3時間	不要	不要	中	無	酸性	白
ドロマイトプラスター塗り	気硬性	数カ月	不要	必要	中	やや大	アルカリ性	白
マグネシアセメント塗り*	気硬性	数カ月	不要	必要	大	やや大	アルカリ性	白

* 17.2節参照

16.4 ボードについて

わが国では，ボード（**board**）は，新しく開発された複合材料による板類のことをいい，従来の木材の板に代り，新建材と呼ばれ幅広く普及している．その物理的性能は用途によっては木材を上回るものが多い．

（1） ボードの構成材料と製法

ボードの製造は，以下の材料を組合せ成形して図16.6のように，つくられる．

① **基本原料**：木質繊維，ロックウール（p.228 参照），石こうなど．
② **結合材料**：セメント，石こう，接着剤など．
③ **強化材料**：綿屑，紙，グラスファイバー，高分子材料の繊維．

また，その成形には，①積層，②抄造（しょうぞう：すくこと），③流し込み，④押し出し成形などが用いられる．

これらのボードは，主な構成材料から，繊維板，セメント系ボード，石こう系ボードなどとも呼ばれている．また，最近では人体への悪影響から，石綿に代り，ロックウールやガラス繊維，高分子繊維などが用いられている．

（2） ボード類の表面化粧および表面加工について

さらに，仕上げ用ボード類は，その表面に各種の化粧が施され，**化粧板**あるいは，**化粧ボード**と呼ばれている．

化粧ボードの化粧方法の種類には，表16.4のようなものがある．

（3） 不燃，耐火性についての規格

11章で述べたように，ボード類には，不燃性能，耐火性能，人体に有害なホルムアルデヒド放出量の度合いにより不燃材，準不燃材，難燃材の規定があり，試験の結果，建設大臣によって認定される．

（4） ボードの形状

ボード類の寸法は，基本的には，910 mm×1,820 mm であるが，製品によっては，幅が 300 mm，450 mm，600 mm のもの，長さが 2,730 mm，2,420 mm のものもある．

（5） ボードの耐力

木造建物では，ボード類が構造材に釘や接着剤で十分固定された場合，耐力壁としての効果が期待できる．

16.4 ボードについて

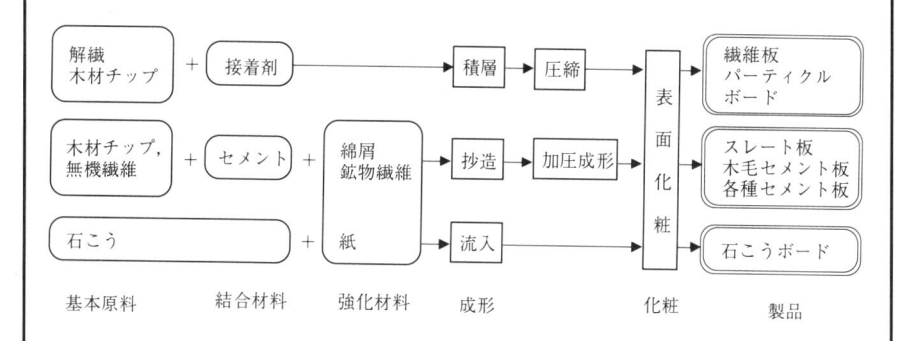

図16.6 ボードの原料と製法

基本原料: 解繊木材チップ / 木材チップ,無機繊維 / 石こう
結合材料: 接着剤 / セメント
強化材料: 綿屑鉱物繊維 / 紙
成形: 積層→圧縮 / 抄造→加圧成形 / 流入
化粧: 表面化粧
製品: 繊維板・パーティクルボード / スレート板・木毛セメント板・各種セメント板 / 石こうボード

表16.4 ボードの表面加工の種類

表面加工の種類	
表面加工 (凹凸,穴あけ)	天井や壁の吸音効果のため,次のような加工を施す ①表面に模様を型押しや,みぞなどの機械加工で凹凸にする ②直径5～8 mmの穴を,12～20 mmピッチであける
オーバレイ	プリント板の原板の表面に合成樹脂塗料を印刷塗装し,過熱,光照射などによって硬化させたもの 熱硬化性樹脂オーバレイ板●メラミン樹脂,ポリエステル樹脂,フェノール樹脂などの熱硬化性樹脂を用いたもの 熱可塑性樹脂オーバレイ板●塩化ビニール樹脂などの熱可塑性樹脂を使用
塗装	メラミン樹脂,ポリエステル樹脂,フェノール樹脂などの合成樹脂塗料を焼き付けまたは光照射などにより硬化させたもの
プリント	樹脂厚が0.1 mm以上のプラスチック塗料を,表面に印刷する
単板オーバレイ	化粧単板を接着したもの
プラスチックオーバレイ	合成樹脂シートまたはフィルムを接着したもの
化粧板ばり板	プラスチック板またはプラスチック化粧板張り板をボード類の表面に張り合わせたもの

16.5 繊維板(ファイバーボード),パーティクルボード

(1) 繊維板(fiber board)

繊維板の製法は,木材の20 mm内外のチップ(主にラワンや針葉樹)を解繊し,乾式方法(繊維を空気で拡散させて成形する)または,湿式方法(水を使って繊維を成形する)で製造する.この製法の違いにより,両面が平滑なものと片面が編み目のものがある.また,接着剤を添加し硬化させる方法と無添加による方法があり,接着剤には,フェノール樹脂系,ユリア・メラミン共縮合樹脂系,ユリア樹脂系の3種類が用いられる.

繊維板は,その密度の大きさにより,**硬質繊維板**,**中質繊維板**,**軟質繊維板**に分けられ,表16.5に示すようなさまざまな種類のものがある.**硬質繊維板**は,主に下地,外装用に用いる.また,写真16.3は,よく普及している**吸音用軟質繊維板**である.

繊維板には一般的に次のような特徴がある.
1) 材質が均質である.
2) 釘打ち,切断などの加工性が大である.
3) 保温性がある.
4) 湿度による膨張変形が大きい.

(2) パーティクルボード(particle board, chip board)

木材の小片は,パーティクルあるいは,チップと呼ばれ,その形状により,チップ,フレーク,ウェハー(削片の形状が大きい),ストランド(削片の繊維方向を揃えて配列し強度に方向性がある)などがある.これらの原料には,小径材,製材廃材,解体廃材なども利用されるので省資源的な材料である.

パーティクルボードは,上記の原料に,接着剤を吹き付け,成形熱圧してつくられる.板厚は8~40 mmである.接着剤には,ユリア樹脂系(家具,ステレオキャビネット),ユリア・メラミン樹脂系およびフェノール樹脂系(建築床下地板,屋根下地板等)が用いられる.また 種類には,表16.6のようなものがある.

性質は,木材と比べると,次のようである.
1) 厚さ方向の湿度による膨張が大きい.
2) 強度,剛性などは合板より劣る.
3) 密度は,0.5~0.9 g/cm^{3}程度で同じくらいある.

16.5 繊維板（ファイバーボード），パーティクルボード

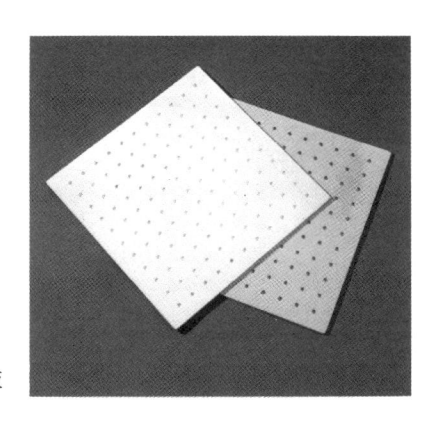

写真 16.3 穴あき軟質繊維板

表 16.5 繊維板の種類

分　類	密　度	種　類	性　質
硬質繊維板 (Hard Board) ハードボード	0.8 以上	●化粧硬質繊維板：表面を化粧をしたもの ●穴あき硬質繊維板	耐摩耗性，耐衝撃性，遮音性，断熱性など比較的良好．
中質繊維板 (Medium Density Fiberboard) MDF	0.4 〜 0.8	●普通中質繊維板 ●難燃中質繊維板：難燃2級と難燃3級がある	木口面が緻密で枠材，家具に用いられる．
軟質繊維板 (Insulation Board) インシュレーションボード	0.4 未満	●A級インシュレーションボード：原料は木材チップ　用途：屋根，床下地，天井仕上 ●B級インシュレーションボード：原料：綿屑，稲藁，パルプ屑，鋸屑：用途：屋根，床の断熱材 ●外壁下地用シージングインシュレーションボード：アスファルト処理し耐水性を増したもの ●吸音用軟質繊維板：A級インシュレーションボードに穴あき加工したもの （穴は5mm径，ピッチ13mm程度） ●タタミボード：畳床用で密度が小さい．	主に建物の保温を目的として形成した板．

表 16.6 パーティクルボードの種類

普通 パーティクル ボード	素地パーティクルボード	表面・裏面が素地のままのもの
	単板張りパーティクルボード	表面・裏面に単板を張ったもの
	含浸紙張りパーティクルボード	表面・裏面に合成樹脂含浸紙を張ったもの
難燃パーティクルボード	●難燃2級，難燃3級がある	
化粧パーティクルボード		

16.6 セメント系ボード

セメント系ボードは，14.3節に述べたように，施工性や経済性など，多くの長所があり，内外装仕上げ用，あるいは，耐火構造，防火構造下地材として普及している．その種類には，繊維強化セメント板と，木質系セメント板がある．主な材料を表16.7に示す．

(1) ス レ ー ト

スレートの製法と特徴は，14章，15章に述べたが，その種類は，吸水性が小さく，比重が大きい性能の順に，フレキシブル板，軟質フレキシブル板，平板，軟質板に区分されている．厚さは4～8mmである．**フレキシブル板**は高い強度と弾力性を有し，釘のじか打ちや，切断加工が容易で，耐火性の必要な内壁に用いられる．**軟質フレキシブル板**は，化粧加工用の不燃基材として合板と複合して内装材として用いられる．**軟質板**は，さらに，特殊繊維を配合したものである．

(2) けい酸カルシウム板（けいカル板）

板状に成形してオートクレーブ養生したもので，不燃性，軽量，加工性大，かつ温度湿度で変形しない．化粧加工したものを化粧けいカル板という．厚さはタイプ2は5～12mm，タイプ3は12～70mmである．

(3) 押し出し成形セメント板

セメントと無機質繊維（ロックウールなど）を混合し中空板状に押し出し成形したもので，剛性が高く，床材に使用される．

(4) 木毛セメント板，木片セメント板

木毛セメント板は，大正末期の関東大震災の復興資材として導入された経済的な建材で，木毛（木材を繊維方向に長さ20cm以上に切断し，細く削ったもの）を，セメントと混練りし，厚さ15～50mmに圧縮成形した板である（写真16.4）．耐火性に加え表面に凹凸があり断熱性，吸音性もあるので，野地板，天井，床下地などの，耐火構造もしくは防火構造の構造部分に使用される．

なお，木毛は，セメントの硬化不良の原因となるので，塩化カルシウムや塩化マグネシウム液で処理される．これが雨水等で溶出すると鋼材を腐食させる．

木片セメント板は，長さ30mm以下の薄い木片を混入したものである．また，パルプやスラグなどを混入したパルプセメント板がある．

16.6 セメント系ボード

写真 16.4 木毛セメント板

表 16.7 セメント系ボードの種類

種類		主原料	種類等		厚さ (mm)	特徴, 用途
繊維強化セメント板（JIS A 5430）	スレート	セメント, 石綿以外の繊維, 混和材料	波板（大波, 小波）		6.3	密度約1.6（g/cm³）屋根および外壁用
			フレキシブル板		3～8	密度約1.6（g/cm³）内装および外装用
			軟質フレキシブル板		3～6	密度約1.6（g/cm³）内装および外装用
			平板		5, 6	密度約1.5（g/cm³）内装および外装用
			軟質板		4	密度約1.3（g/cm³）内装および外装用
	けい酸カルシウム板	石灰質原料, けい酸質原料, 石綿以外の繊維, 混和材料, セメント	タイプ2	1.0けい酸カルシウム板	5～12	密度0.9～1.3（g/cm³）内装用
				0.8けい酸カルシウム板		密度0.6～0.9（g/cm³）内装用
			タイプ3	0.5けい酸カルシウム板	12～70	密度0.35～0.70（g/cm³）耐火被覆用
				0.2けい酸カルシウム板		密度0.15～0.35（g/cm³）耐火被覆用
	スラグ石こう板	セメント, スラグ, 石こう, 石綿以外の繊維, 混和材料	0.8スラグ石こう板		5～12	密度0.6～0.9（g/cm³）内装用
			1.0スラグ石こう板			密度0.9～1.0（g/cm³）内装または外装用
			1.4スラグ石こう板			密度1.2以上（g/cm³）内装または外装用
押し出し成形セメント板		セメント 無機繊維	厚さ, 50～60mmで中空に押し出し成形したもの.			遮音性, 耐火性 用途：床板
木質系セメント板	木毛セメント板	セメント 木毛（繊維方向に長さ20cm以上に切断したもの）	難燃木毛セメント板 配合割合 セメント60％以上 木毛40％以下 断熱木毛セメント板 セメント55％以上 木毛45％以下			密度0.5～0.6g/cm³（特徴, 用途を本文に示す）
	木片セメント板	セメント 木片（長さ30mm以下 幅2～3mm 厚さ0.3～0.5mm）	硬質木片セメント板 比重0.8以上 普通木片セメント板 比重0.5～0.8 木片セメント鉄筋補強板 木片セメントモルタル仕上げ補強板			耐火性, 断熱性 加工性, 吸音性 用途：屋根野地, 内壁, 外壁, 天井
	パルプセメント板	セメント, 古紙, パルプ スラグ粉末	普通板 化粧板			密度0.8～1.0g/cm³ 衝撃性, 加工性 用途：内壁, 天井

16.7 石こう系ボード

16.3で述べたように石こうは,耐火性に富むので,石こう系のボードは,①耐火性の必要な部分や,鉄骨構造の耐火被覆材として用いられる.また②経済性に富み,③変形が小さく,④加工容易で,⑤遮音性があるため,内壁,天井などの仕上げ材や,下地材として幅広く用いられる.

(1) 石こうボード

石こうボードは,焼き石こう(天然石こう,化学石こうなどの石こうを処理した半水石こう)を水で練り,スラリーをつくり,これを芯としてその両面および長さ方向の側面をボード用原紙(再生紙を用いる)で被覆し,成形した板で,厚さ9, 12, 15 mmのものがある.

石こうボードには,上記の石こうの特徴の他に,次のような性質がある.

1) 曲げ強さは,ボード長さ方向が幅方向に較べ2～3倍強い.
2) 熱伝導率はコンクリートの1/6～1/7である.
3) 吸湿すると強度,剛性とも低下する.
4) 柔らかく脆いので,固定には,釘やタッピングネジが用いられることが多いが,その付近で破損の恐れがある.また,接着剤も用いられる.

石こうボード類には,その他にも表16.8のようなものがある.

(2) その他のボード類

(a) ボード

内装材は,耐火性を要求されることが多く,木材に代わって耐火性を有するボード類が開発されており,表16.9のようなものがある.

このうち,写真16.5は,天井用の**ロックウール化粧吸音板**である.

(b) 吸音用穴あきアルミニウムパネル

これは,穴径0.8～6 mm,ピッチ1.5～11.6 mmの多孔アルミニウム板で,大きさ300～600 mm角である.裏打ち材と併用し用いられ,これには,ロックウール吸音材やグラスウール吸音材が用いられる.

これは,防火性の必要な天井材に用いられる.

16.7 石こう系ボード

表 16.8 石こうボード

石こうボード	（本文中に示す）
化粧用石こうボード	表面化粧したもの（塗装，吹き付け，化粧紙）内壁，天井に用いる．
吸音用穴あき石こうボード	直径 6～13 mm の孔を開け，背面にロックウール，グラスウールなどの吸音材を入れ，吸音性能を構成する．
（無機繊維）強化石こうボード	無機繊維材料（ガラス繊維，ロックウールなど）を強化材として加えたもの．火災時にひび割れや脱落を生じにくく耐火間仕切りとして使用が増えている．
シージング(sheathing)石こうボード	防湿性の原紙で被覆したもので，石こうに防水材を加え耐水性を増すが完全ではなく，主として台所，浴室，外壁の下地用
石こうラスボード	混和材料（ガラス繊維，ロックウール，パルプ，パーライト，ひる石など）を加えた石こうプラスターの下地用．表面に型押し（深さ5 mm 程度）をし，塗り材の付着に適するようにしたもの（写真16.2）

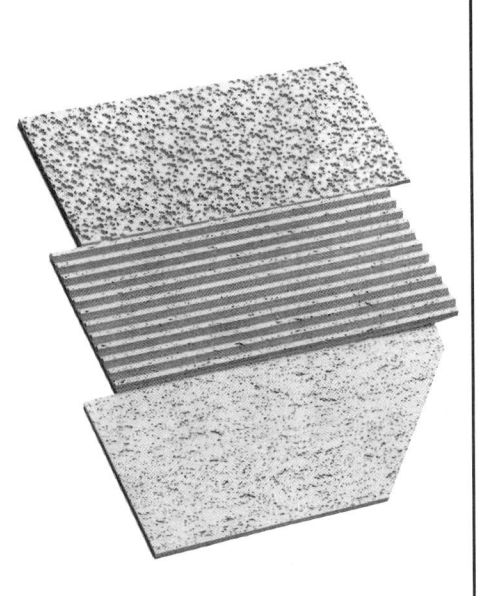

写真 16.5 ロックウール化粧吸音板

表 16.9 その他のボード類

種　類	結合材	補強材，製法，性質など
炭酸マグネシウム板 (JIS A 6701)	炭酸マグネシウム 50% 以上	●炭酸マグネシウム，繊維質材料および混和材料をスラリー状にして板状に抄造，加熱成形し，乾燥した後，プライマー処理を施す
ロックウールシージング板 (JIS A 5451)	耐水性のある熱硬化性樹脂	●ロックウールを，板状に抄造成形し，乾燥，熱硬化させたもの ●断熱，防火などを目的として主に建物の内外装下地材として用いる
ロックウール化粧吸音板 (JIS A 6307)	有機ポリマー	●ロックウールを主原料　●天井仕上げ用 ●不燃性，断熱性，吸音性大 ●表面仕上げ（灰華石状，凹凸状，多孔穴あき状）

16.8 壁装材

(1) 壁装材

壁装材は，壁や天井の合板やボード類の下地に，接着剤で張り付けるもので，これには次のような種類がある．

> **壁　紙**：紙に絵柄をプリントしたもので，西洋では伝統的な方法である．
> **布系クロス**：織物，編み物の裏に紙を接着したもの．
> **ビニルクロス**：普通ビニル，発泡ビニル，チップビニルのものがある．プリント模様，エンボス加工，砂壁状など多種の表面仕上げがある．
> **無機質クロス**：ガラス繊維クロス，アルミなどの金属箔など．
> **木質系クロス**：コルクを薄くスライスしたものなど．

このうち，ビニル系のものは，①経済性があり，②耐水性があり，結露などによる汚れがなく，③幅広い意匠性を有し，④施工が容易であることなどの利点があり，多く使用されている．

なお，クロスの選択に当たっては，次のような配慮が必要である．
1) 防火性能を確認する(防火処理をしたり，難燃材料を用いたものなど)．
2) 紙や，布の場合は特に結露によるシミの可能性がある．
3) かび，汚れ，吸湿性など環境に応じたものとする（かび防止処理クロス等）．
4) 紙や布の場合は特に下地材，シーラー，パテ，あるいは接着剤と反応して，色むらの恐れがある．

下地には，石こうボードがよく用いられ，写真16.6にその施工状況を示す．
さらに，壁装材では，端部や，ジョイント部の納まりについて，美観上，工夫が必要である．その例を図16.7に示す．
また，施工の状況を写真16.7に示す．

(2) 繊維壁および軽量骨材仕上げ材料

これらは，有機質，無機質の繊維状，あるいは粒状のパルプ，綿，合成繊維，パーライト，バーミキュライトなどをのり材を用いて，こてあるいは，吹き付けにより接着するもので，水のかからない内装部分に用いられる．
また，既調合され，水を加えるだけにしたものが普及しており，簡単に施工できる．

16.8 壁装材

図16.7 クロス仕上げの納まり

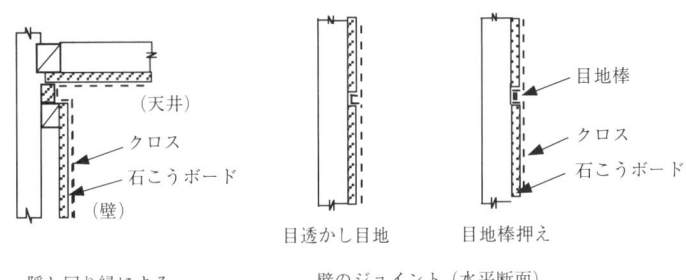

隠し回り縁による壁と天井のジョイント

壁のジョイント（水平断面）
目透かし目地　　目地棒押え

写真16.6 下地石こうボード張り

(a) 継目合せ（右）
(b) のりつけ（下）
(c) 端部押え（右下）

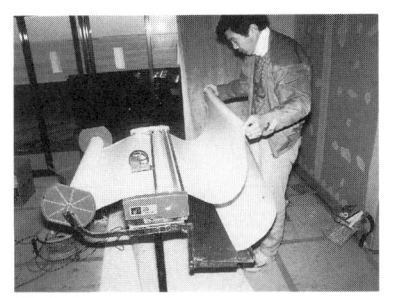

写真16.7 ビニルクロス張り

第17章　床仕上げ材料

17.1　床仕上げ材料の種類

　床仕上材には，材料の中で最も過酷な条件が要求される．すなわち，①耐摩耗性，②耐水性，③緩衝性，④衝撃音が小さいこと，⑤断熱性，⑥床スラブの収縮ひび割れなどに伸縮対応できること，⑦メインテナンス性などである．また，⑧装飾性も大切な条件である．

　その種類には，図17.1のようなさまざまなのものがあるが，この章では，前章までに述べなかったものについて説明する．

（1）　**プラスチック系床材料**

　これには，プラスチックタイルとプラスチックシートがある．**プラスチックタイル**は，厚さ2〜3 mm，300×300 mmの大きさで，**プラスチックシート**類は，厚さ1.5〜3 mm程度で，幅90〜200 cm，長さ10〜30 mのものをロール状に巻いてある．

　塩化ビニル樹脂を原料としたものが主で，①耐衝撃性，②伸縮性，③施工の容易性，④装飾性，⑤交換などのメインテナンスが容易など，利点が多いので多用されている．しかし，⑥ビニル床材はタバコの火に弱いので使用場所には注意が必要である．

　ビニル床シート類は，一般に，酢酸ビニル系エマルションの接着剤で接着する．また，継ぎ目は，同一材質の溶接棒で，溶融接合することもできる．

（2）　**油脂系の床材**

　油脂系の床材料としては，リノリウムが有名である．リノリウムは，あまに油と桐油を加熱混合酸化させ，リノリウムセメントをつくり，これに，充填材としてコルク粉，木粉，炭酸カルシウム，滑石，陶石，顔料などを加え，成形したものである．**リノリウムタイル**は，コンクリート床などに，ゴム系，アスファルト系などの接着剤で接着する．この材料は，①耐摩耗性が大きく，②施工が容易で，③またタバコの火に強い，④劣化すると脆くなるが，交換等のメインテナンスも容易であることもなどから普及した．

（3）　**アスファルトタイルおよびアスファルトブロック**

　さらに表17.1のようなアスファルトを原料としたものがある．

17.1 床仕上げ材料の種類

```
                          ┌─ 木材 ─── フローリング，合板
                          ├─ 石材 ─── 石
                 ┌─ 床仕上材 ─┼─ セラミックス ─── タイル
                 │           ├─ プラスチック ─── プラスチックタイル，プラスチックシート
                 │           ├─ 油脂 ─── リノリウムタイル
        床材料 ──┤           ├─ アスファルト ─── アスファルトタイル
                 │           └─ 塗り床材料 ─── 人造石，テラゾー
                 ├─ 敷物 ─── カーペット，畳
                 ├─ 金属系二重床
                 └─ 幅木 ─── 木，塩化ビニル，人造石，タイル
```

図 17.1 床材料の種類

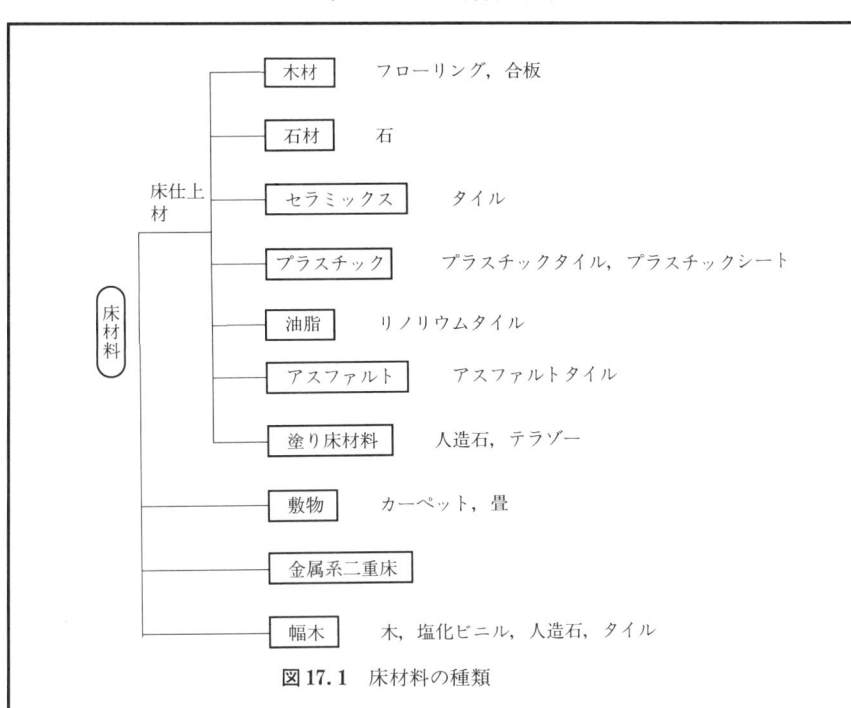

表 17.1 高分子系床仕上げ材料一覧表

材 質	種 類	特徴など
プラスチック系	ビニル床タイル（塩化ビニル樹脂）	●寸法：300×300，厚さ2〜3 mm ●耐薬品性，耐油性，耐摩耗性 ●タバコの火に弱い
	ビニル床シート（塩化ビニル樹脂）	●単体，織布積層，フェルト積層，繊維以外の材料積層などがある．●耐久性，施工性がよい
	積層ビニル系シート	●表面層が透明な塩ビ層，中間に，印刷模様された塩ビスポンジ，裏面がアスベストなどの3層構造の構成
	ゴムタイル	●原料：合成ゴム ●弾力性大，耐油性小．
	ゴムシート	●弾力性，伸縮性
	レジンテラゾー	●大理石砕石，人工マーブルをエポキシ樹脂，ポリエステル樹脂で固めたもの
油脂系	リノリウムタイル	●耐摩耗性，タバコの火抵抗あり ●厚さ1.7〜6 mm 大きさ 300×300
	リノリウムシート	●リノリウムタイル参照
アスファルト系	アスファルトタイル	●アスファルトとギルソナイトまたは，クロマン樹脂に，石粉，顔料等を混ぜる
	アスファルトブロック	●4章参照 ●骨材（砂，石粉など）とアスファルトおよび顔料を原料とし，高温プレス成形したもの．●耐摩耗性，耐久性あり，厚さ20〜50 mm

17.2 塗り床およびセルフレベリング材

塗り床には，表 17.2 のようなものがある．

（1） 化粧用硬質骨材入り塗り

（a） 人 造 石 塗 り

これは，天然石（御影石，蛇紋岩など）や 5 mm 以下の人造砕石，色砂（これらを**種石**という）を骨材としたカラーセメントモルタルを塗り，①その表面が完全に硬化しないうちに，表面を洗い出したり，②硬化後に研ぎ出したり，③叩き仕上げをして種石を見せ化粧とするものである．

（b） テ ラ ゾ ー

これは，種石として大理石や蛇紋岩を用い，研ぎ出しにより大理石風に見せるもので，現在では，一般に工場で板状に生産され，床用大型タイルや，壁仕上げ板，幅木，棚板，縁石などの内装に用いられる．

（2） モルタル塗りとセルフレベリング材

コンクリート床の下地均しや基礎上端の均しは，これまで，モルタルこて仕上げが一般的であったが，最近では，高流動性の材料を流すだけで，平滑かつ水平な床面を形成する**セルフレベリング（Self-leveling）材**が開発され，施工能率が良いので普及してきており（写真 17.1）流し床とも呼ばれる．ただし，使用する場合には，吸水防止，接着強化のためのシーラー塗りが必要である．

（a） 石こう系セルフレベリング材

これは，α 型石こうに硬化遅延材，高流動化剤，砂を混合したものに，水を加えて流すもので，①硬化が速く，施工能率が上がる．一方で，②耐水性に乏しく，③石こうが弱酸性であるため，鉄部の錆対策が必要である．

（b） セメント系セルフレベリング材

ポルトランドセメントに，高流動化剤，分散材，砂，膨張材を混合したもので，これに，水を加えて流す．石こう系のものに比べ耐水性がある．

（3） 伝統的な塗り床

わが国の伝統的な床仕上げに，**マグネシアセメント塗り床**がある．これは，マグネサイト（$MgCO_3$）を原料とし，塩化マグネシウムを加えて練ったものである．また，**三和土**（たたき）は，粘土質の土と砂利と石灰の 3 種の原料を混ぜ，叩いて締め固めるものである．

17.2 塗り床およびセルフレベリング材

写真17.1 セルフレベリング材の施工
(小野田セメント㈱パンフレットより)

表17.2 塗り床仕上げ材料一覧表

材 質	種 類	特徴など
モルタルセメント系	モルタル系塗り床	●耐薬品性，耐摩耗性がある．
	セルフレベリング塗り床材	●高流動化材で，床下地用
	人造石塗り床	●セメントモルタルと種石
	テラゾー塗り床	●白色セメントに大理石，蛇紋岩，花崗岩を粉砕したものを混ぜ，硬化後，研磨し表面層を大理石風にする
合成樹脂系	弾性ウレタン樹脂塗り床材	●適度の弾性があり，耐摩耗性，吸湿性がある． ●用途：マンション，学校，病院の廊下，部屋など
	エポキシ樹脂塗り床材	●耐摩耗性，耐薬品性　●倉庫，駐車場，化学工場
	ポリエステル樹脂塗り床	●耐酸性に特に優れる．
石こう系	セルフレベリング塗り床材	●高流動化材　●弱酸性のため鉄部の錆対策が必要
アスファルト系	アスファルトモルタル塗り床材	●アスファルト，砕石，砂，石粉を混ぜ，130℃で敷き均す
その他	マグネシアセメント塗り床材	●マグネサイトから製造するマグネシアセメントと塩化マグネシウム

17.3 カーペット

カーペットは，アラビアなど西南アジアのものが，古くから有名であるが，これは，パイル糸（毛房糸）をひとつひとつ結び付けて手織りするので，製作に膨大な時間がかかるため高価となり普及品には向かないものである．

19世紀になって，伝統的なビロード織りを絨毯（じゅうたん）に応用したウィルトン織りが発明され，20世紀の産業革命により機械織りされるようになり，これが発展し量産が可能になった．その中で，アキスミンスター織りは有名である．しかし，まだ高価なものであった．現在，最も多く生産され，普及してしているカーペットは，**タフテッドカーペット**（tufted carpet）と呼ばれ，高速度で機械生産ができるものである(図17.2)．これは，図17.3のように，平織り布（**基布**）に太い撚り綿糸を「刺す」ことにより，ループをつくり，毛房（**パイル**）づくりをし（tufting），基布裏面をラテックスなどで固め，パイルが抜けないようにしたものである．この方法は，もともとは，19世紀末に米国の女性が，刺繍の手法で始め，ベッドカバーや，衣類に用いたものでこれが機械化されたものである．さらに，当時開発された合成ゴムを裏面を固める材料とし，安価で，耐久性のある合成繊維やレーヨンなどの繊維を用いて，1945年に今のようなカーペットがつくられるようになった．

基布の密度は，4～7本/cmで，カーペットの最大幅は6mのものまでつくられている．タフテッドカーペットの種類には，①合繊の短繊維を有刺針で刺し固め，裏面より，ラテックスで固めたものと，②合繊の糸を房状に基布に植え込み，裏面に合成ゴムで，2番目の基布を接着するものがある．

また，パイルには，織ったままのリング形のもの（ループパイル）とループをカットして切りそろえたもの（カットパイル）がある．

繊維には，電子機器や化繊衣類への害に対し，帯電防止処理をしたり，高層建築や，劇場の火災に対し，難燃処理や防炎処理をしたものも用いられている．

また，カーペットをビニル系やゴム系材料と積層し，弾力性を持たせ(図17.4)，さらにタイル（500 mm×500 mm）状にして，意匠上，色や織り形の組合せ模様を可能したものがあり，**カーペットタイル**と呼ばれる．

なお，カーペットのジョイントには，接着テープ類が，また，床面への固定はグリッパーや接着テープ類が用いられる．納まりの例を図17.5に示す．

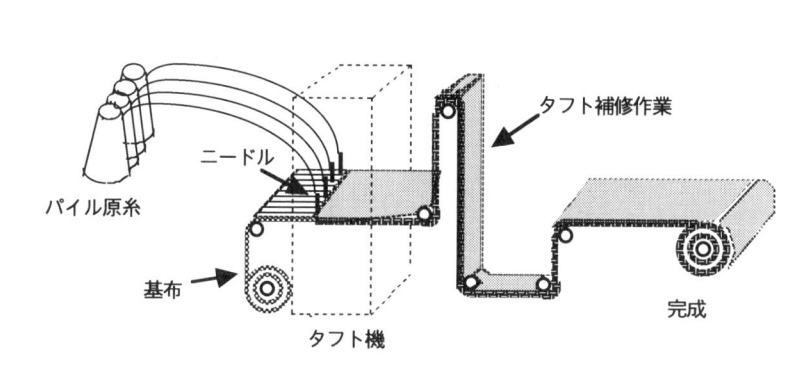

図 17.2　タフテッドカーペットの製造

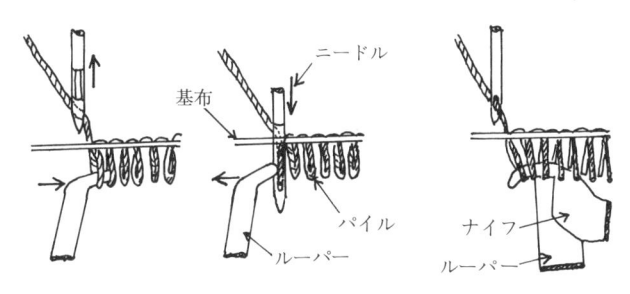

(a) ループパイルの作り方　　(b) カットパイルの作り方

図 17.3　タフテッドカーペトの作り方

図 17.4　カーペットタイル

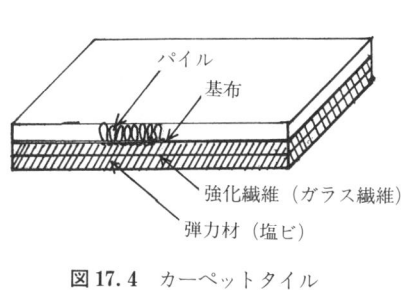

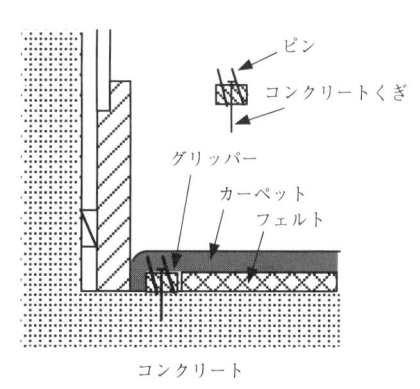

図 17.5　カーペットの床への固定の例

17.4 畳

（1） 畳

畳は，吸湿性，弾力性，断熱性などにすぐれ，わが国の高温多湿で裸足の生活に適した伝統的な敷物である．

畳は，従来より，稲わら（藁）を圧縮して作った**畳床（たたみどこ）**に，い草で編んだ**畳表（たたみおもて）**を張り，布で**畳縁（たたみべり）**を縫いつけたものである．しかし最近では，畳床材料に，図17.6のような生産性，耐湿性，軽量化を目的としたわら以外の新材料が用いられている．

畳床には，次のような種類がある．

① **稲わら畳床**：わらを圧縮し縫い合わせたもの

② **ポリスチレンフォームサンドウィッチ稲わら畳床**：合成樹脂発泡板と稲わらを主な材料として製造したもの．

③ **インシュレーションファイバーボードサンドイッチ畳床**：タタミボードと稲わらを主な材料としたもの．

④ **建材畳床**：タタミボードを主な材料として製造したもの．

また，畳表は，い草を縦糸で織ったもので，い草は，伝統的には岡山県，広島県のものが，備後表（びんごおもて）や，備前表として有名であるが，現在では，熊本県や福岡県の生産量が多い．また，畳表は，使用して古くなると裏返して使用する．

なお，基本的な畳の寸法は，地方独特の伝統的な居室の寸法により決まるもので，（柱間隔）−{（柱幅）÷（並ぶ枚数（2）+1=3）} が基本となる．その基本的な寸法には，表17.3のようなものが有名である．実際には，居室の実寸に合せてつくられる．

（2） 金属系二重床

インテリジェントビルの床などには表17.4の二重床が用いられる．

（3） 幅　　木

幅木の役割は，壁脚部を，掃除具などによる損傷や汚れから守るだけでなく，デザイン上においても大切なもので，①木製，②人造石，③モルタル塗装仕上げ，④タイル，⑤塩化ビニル（ソフト幅木），⑥金属板のものがある．　図17.7にその納まり図を示す．

17.4 畳

表 17.3 畳の寸法

名称	寸法	採用地方など
関東間 または いなか間	88×176 cm×55	伝統的には名古屋以東のものであったが，現在の住宅の多くは，この寸法に対応しており全国的に普及している．
京間	95.5×191 cm×55	西日本地方で伝統的なもの
中間	91×182 cm×55	中京，東北地方に多い．
団地間	85×170 cm前後	戦後の団地アパートの居室寸法から生まれた．

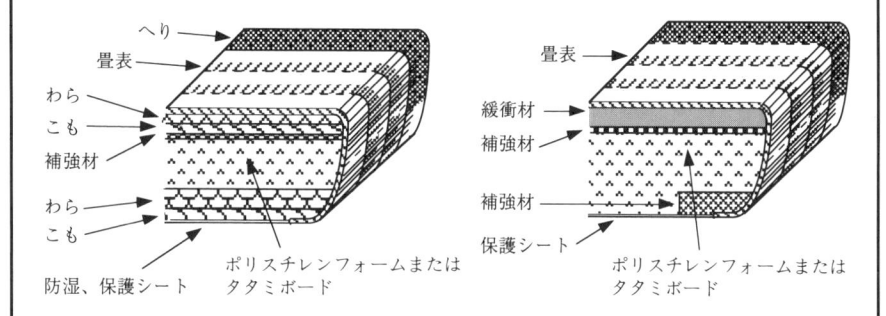

図 17.6 現在の畳の断面

表 17.4 金属系二重床

アルミニウム合金複合板	●フリーアクセス床として，OA 機器フロアに用いる
スチール系複合板	●システム床：床構造，断熱材，仕上げ材と一体化

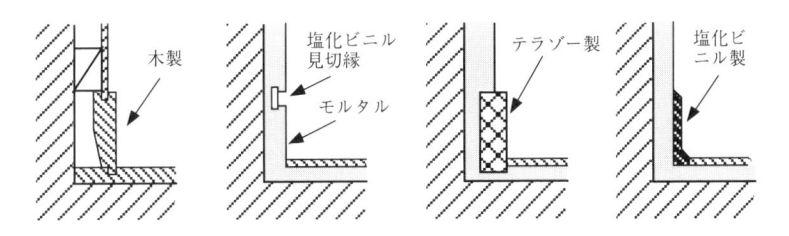

図 17.7 幅木の例

第18章 塗装材料

18.1 塗料について

（1） 塗装の目的

塗料は，図18.1のように幅広い分野で用いられるが，その目的は，表面に皮膜を形成することにより，次のような効果をあげることである．

①外観の装飾：色彩，光沢，模様を付ける．②遮断と保護：防水，防湿，日光遮断，防錆，防腐　③性能の改善：防火，防かび，耐薬品性，汚れ防止，清掃性の改善．

（2） 塗料の構成

塗料は，図18.2のように，基本的に次の3つから構成されている．

① **塗膜構成部分**：さまざまな油脂や合成樹脂が用いられ，塗膜の艶，形および特性を与える．また，塗膜の特性や塗装作業性などを改善するための補助添加剤を加える．これには，①酸化促進剤としての乾燥剤……リサージ，鉛丹，二酸化マンガンなど，②可塑性を増すための可塑剤，③沈澱防止剤がある．

② **顔料**：着色，錆止めなどの目的のために加えるもので18.5節に示す．

③ **溶剤**：塗装に適当な濃さに溶かす揮発性の液体で，**シンナー**（thinner）と呼ばれる．溶剤には次のものがある．①油性系塗料用シンナー（ペイントシンナー）：ミネラルスピリット（脂肪族炭化水素）を主成分とするもの．②ラッカー用シンナー：エステル，ケトン，アルコール，芳香族炭化水素を主成分とするもの．③合成樹脂塗料用シンナー：塗料の構成成分に応じたもの．

また，図18.3に示すように，顔料を分散させる前の油脂や合成樹脂の液体を**展色材**（vehicle）といい，着色顔料を加えないクリヤーな状態の塗料が**ワニス**（Varnish）や**クリヤーラッカー**である．展色剤に着色顔料を加えたものは，ラッカーの場合，**ラッカーエナメル**，油性系の場合は，**油ペイント**，または**油性エナメルペイント**と呼ばれる．さらに，缶をあけるとすぐに使用できるよう作業性も考慮し調合したものを**調合ペイント**という．

さらに，顔料を溶剤に溶かし，木材の着色に用いる**オイルステイン**（Oil Stain）や，木材に浸透し，その強度や耐久性を向上させるためのもの（**WPステイン**（Wood Preservative Stain））がある．

18.1 塗料について

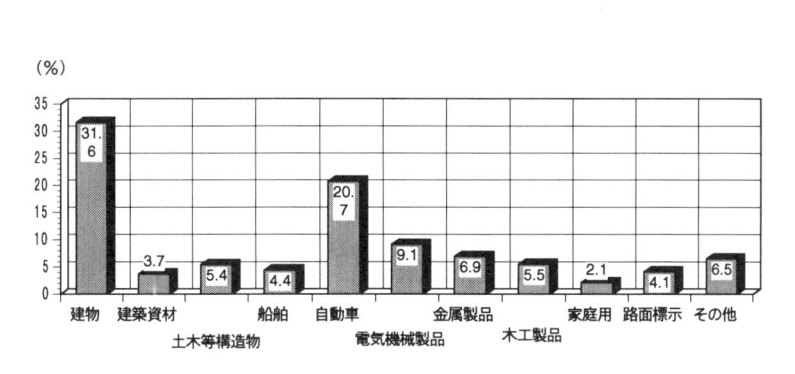

図 18.1 日本の塗料の需要

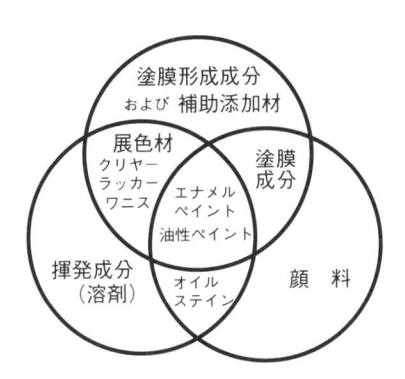

(建物 31.6、建築資材 3.7、土木等構造物 5.4、船舶 4.4、自動車 20.7、電気機械製品 9.1、金属製品 6.9、木工製品 5.5、家庭用 2.1、路面標示 4.1、その他 6.5)

図 18.2 塗料の構成

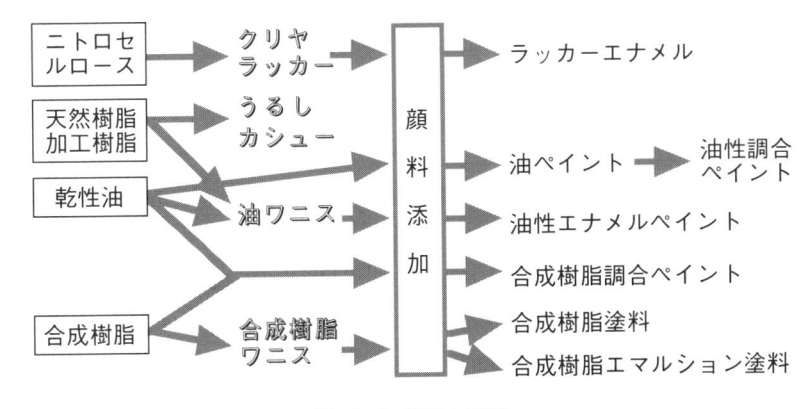

(塗膜形成成分および補助添加材、展色材（クリヤーラッカー、ワニス）、塗膜成分、エナメルペイント、油性ペイント、揮発成分（溶剤）、オイルステイン、顔料)

図 18.3 塗料の種類

- ニトロセルロース → クリヤラッカー → 顔料添加 → ラッカーエナメル
- 天然樹脂・加工樹脂 → うるし、カシュー
- 乾性油 → 油ワニス → 油ペイント → 油性調合ペイント
- → 油性エナメルペイント
- → 合成樹脂調合ペイント
- 合成樹脂 → 合成樹脂ワニス → 合成樹脂塗料
- → 合成樹脂エマルション塗料

18.2 展色材の種類と塗料

（1） 展 色 材
　展色材を構成する樹脂類には，①油性系樹脂，②合成樹脂，③ニトロセルロース，④天然樹脂があり，最近では性能の良い合成樹脂のものが主流である．

（2） 油性系展色材を用いた塗料
　油性系展色材は，自然乾燥で空気に触れ酸化して光沢のある膜を形成する性質のある油脂が用いられ，これには，次のものがある．①乾性脂肪油（あまに油，桐油など），②半乾性油（大豆油，魚油など），③ボイル油（①②の乾性油に乾燥材を混ぜ，加熱処理をして乾燥性を高めたもの）

　これに顔料などを加え調合したものが**油性調合ペイント**で，他の塗料に比べ，硬化時間が大きい．

　なお，**アルミニウムペイント**は，アルミニウム粉と混合し，銀色のもので，熱線の反射，防水塗装に用いられる．

（3） 天然樹脂展色剤を用いた塗料
　天然樹脂系展色材には，表18.1中に示すようなものが伝統的に使用されており，現在では，高級木材（銘木）の仕上げの他に工芸品や伝統的高級家具に多く用いられている．

（4） 合成樹脂系展色材を用いた塗料
　合成樹脂系展色材を用いた**合成樹脂塗料**は，現在最もよく用いられ，表18.2のように多くの種類が開発されている．

　また，合成樹脂に油脂を加えたものもあり，油脂の方を多く加えたものは長油性と呼ばれ，耐水性や耐候性に優れている．これには，長油性フタル酸樹脂塗料や，スパーワニスなどがある．

　さらに，コンクリートに浸透して水を反発させ吸水を防止するもの（アクリル樹脂系など）もある．

　一般の合成樹脂塗料は溶剤性であるが，合成樹脂を顔料とともに水に分散させた水溶性のもの（水系塗料）があり，これを**合成樹脂エマルションペイント**という．エマルション（emulsion）とは，本来混じり合わない性質を持つ樹脂と水を乳化という方法で一体化させたものである．この塗料は，耐水性，耐久性の点で劣るものもあるが，セメント系や木質系下地によくなじみ，**水性ペイント**とも呼ばれる．

18.2 展色材の種類と塗料

表 18.1 油性系展色材および天然樹脂展色材の塗料

種類	原料，用途など
油ワニス 油性エナメルペイント	松脂やコーパルを乾性油と加熱重合させ，シンナーで薄めたもの．顔料を加えたものが油性エナメルペイントや，アルミニウムペイントである．
ラッカー ラッカーエナメル	ニトロセルロースなどの繊維素を用いたもので，自然乾燥で，短時間に塗膜形成する．
セラックニス 白ラックニス	ラック虫の排出物を精製したもので，木材部の透明塗装に用いる．やに止め，下地調整に用いる．また，白ラックは，セラックを漂白したもの．
カシュー樹脂塗料	カシューナッツに含まれる樹脂から精製合成する．光沢に優れ，強靭な塗膜が得られるので高級家具等に用いられる．
漆	漆樹の皮からの分泌液を精製したもので，透明または不透明な皮膜を形成する．工芸品などに用いられる．

表 18.2 合成樹脂系展色材の種類

	展色材	塗料の種類	特徴など
溶剤系	ポリエステル樹脂	スパーワニス	桐油を用いた長油性のもので耐水性がある．
	長油性フタル酸樹脂	合成樹脂調合ペイント	フタル酸樹脂は，アルキド樹脂ともいう．塗膜の耐久性が優れている．防食性がある．
	中油性フタル酸樹脂	フタル酸樹脂ワニス フタル酸樹脂エナメル	液状酸化乾燥性の塗料で，自然乾燥硬化する耐候性に優れ，外部塗装に用いる．
	塩化ビニル樹脂	塩化ビニル樹脂ワニス 塩化ビニル樹脂エナメル	塗膜は難燃性，膜厚が薄い．弱酸，弱アルカリに耐え，コンクリート仕上げ用
	アクリル樹脂	アクリル樹脂ワニス アクリル樹脂エナメル	比較的な短時間で，透明な塗膜を形成する．耐候性が優れ，セメント系の外装用に用いるアクリルラッカーと呼ばれ多用されている．
	シリコン樹脂	シリコン系樹脂塗料	耐熱性（煙突，ダクト等），耐候性良好．
	ポリウレタン樹脂	ポリウレタン塗料	2液形と1液形があり，多くの性能に優れる．
	エポキシ樹脂	エポキシ樹脂塗料	紫外線に対して，白亜化する弱点がある．防食性，硬度などの性能に優れる．
	塩化ゴム樹脂	塩化ゴム塗料	乾きが速く，耐水性，耐薬品性．
	フッ素樹脂	フッ素樹脂塗料	耐候性，耐薬品性に優れ，高層ビル，大橋梁に使用
水系塗料	酢酸ビニル樹脂 アクリル樹脂 各種水溶性樹脂	酢酸ビニルエマルション塗料 アクリル樹脂エマルション塗料 各種水溶性樹脂塗料	一般に耐候性，耐水性，耐アルカリ性に富むので外部用．酢酸ビニル系とSBRラテックス系は耐水性，耐アルカリ性が劣るので内部用．

18.3 塗装および塗膜形成のメカニズム

（1） 塗装の方法

塗装は，写真18.1の道具を用いて，①刷毛（はけ）塗り，②ローラー塗り，③スプレーガンを用いたスプレー塗り，により行われる．また，量産される塗装亜鉛鉄板，ボード類，アルミ建材などの塗装は，工場で行われる．

塗装の手順は，図18.4のように，下地処理塗装から仕上げ塗装まで数段階にわたる．さらに，上塗りでは，数回塗り重ねることが多い．これは，1回塗りの塗膜厚さは，25～35/1,000 mm で，塗装時や乾燥時に，塗膜に微少なピンホールが生じ，外気と素地が通じるので，重ね塗りにより，遮断性を発揮させるためである．

（2） 塗膜形成のメカニズム

塗料は，**乾燥硬化**により塗膜が形成されるが，そのメカニズムは展色材の種類によりさまざまで次のようなタイプがある．

（a） 自然乾燥硬化

溶剤が蒸発して固まる（乾燥時間：1～2時間）．（塩化ビニル樹脂エナメル，ラッカーエナメルなど）．

（b） 酸化乾燥硬化

展色材が空気中で，酸化し固化する．乾燥時間は15～20時間と長い（油性調合ペイント，油ワニス，フタル酸樹脂，アルキド樹脂など）．

（c） 重合反応硬化

塗装前に硬化剤を添加し，化学重合反応により硬化させる．2液性塗料と言われる（乾燥時間：0.5～1時間）．（ポリウレタン樹脂塗料，エポキシ樹脂塗料，常温硬化型フッ素樹脂塗料など）．

（d） 加熱重合硬化

塗装後，120～300℃ に加熱し重合反応により硬化させるもので，焼き付け塗装と呼ばれ工場で行われる．塗装膜が硬く，付着性や艶などに優れている（乾燥時間は短い）．（焼き付けアクリル樹脂塗料，アミノアルキド樹脂塗料，フッ素樹脂塗料など）．

（e） 融着乾燥硬化

エマルションの水または溶剤が蒸発し，樹脂粒子が，融合して固化する（合成樹脂エマルションペイント）．なお乾燥硬化時間を表18.3中に示す．

18.3 塗装および塗膜形成のメカニズム

```
         ┌─────────────────────────────────┐
         │ パテや研磨により素地の表面を平滑に調製する │
         └─────────────────────────────────┘
                          ↓
   ┌──────┐  [下地処理：鉄，亜鉛，アルミニウムの腐食防止および，密着性を増し付着力向上]
   │ 前塗り │    化成処理：工場塗装の場合に採用され，クロム酸塩，燐酸塩が用いられる
   └──────┘    エッチングプライマー：現場及び工場での塗装の場合用いられる．
        ↓
   ┌──────┐
   │ 磨き │
   └──────┘
        ↓
   ┌──────┐  [素地との付着性や，仕上げむら，防錆，コンクリート表面シール，吸込防止]
   │ 下塗り │    シーラー：コンクリート表面などのアルカリ性素地の表面をシールするため
   └──────┘          また，石こうボード，ALC板の吸い込み止め，付着性向上のため
               プライマー：仕上げ塗料に応じた錆止め用の塗料
               錆止めペイント：腐食防止
               ウッドシーラー：木部クリヤラッカー仕上げの下塗りに用いる
               目止め剤：仕上げ面の穴を埋める（砥の粉など）
        ↓
   ┌──────┐
   │ 磨き │
   └──────┘
        ↓
   ┌──────┐  [塗装面の調整]
   │ 中塗り │    サフェーサー：面を平滑かつ，肉持ち感のあるようにする．
   └──────┘    サンディングシーラー：木部の平滑さを得るため，研磨可能な塗料
        ↓
   ┌──────┐  [仕上げ塗装]
   │ 上塗り │    目的の皮膜を作る．
   └──────┘
```

図 18.4　塗装の段階

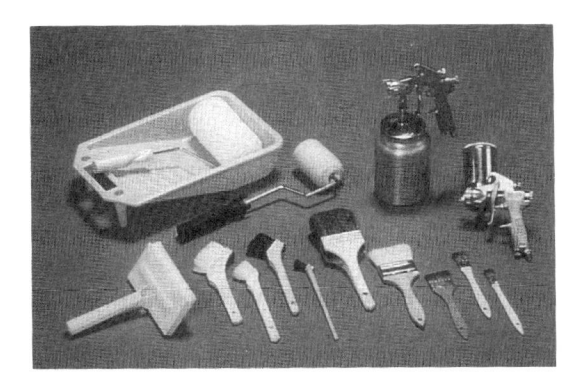

写真 18.1　塗装用具

18.4　仕上げ塗料の種類および耐久性

（1）　仕上げ塗料の種類

仕上げ塗料には，使用目的，塗装現場の状況などに応じて多様なものがあり，建築に用いられる主な仕上げ塗料の種類，性質，用途を，表18.3に示す．

なお，**多彩模様塗料**は，液状またはゲル状の2色以上の色の粒が懸濁したもので1回の塗装で色散らし模様ができるものである．

（2）　塗　装　記　号

なお，設計図書に記入される塗装材料の略号は，JASS 18による命名法が一般的で，その記号が表18.3中に示されている．また，その付け方を表18.4に示す．

（3）　塗料の耐久性

塗料は，過酷な気象条件下ほど劣化が激しい．それは次の原因による．

1）　高温下での軟化の繰り返しに伴う劣化．
2）　付着面での水蒸気の膨れ現象による剥離と割れ．
3）　太陽紫外線による化学変化等．

その結果，**チョーキング**（**白亜化**），変色，退色，光沢の後退，膨れ，割れなどが生じる．

なお，塗料の退化，劣化は，厳しい気象条件下での暴露試験や，実験室でのシミュレーション試験により確認されている．

耐用年限は，一般に，合成樹脂調合塗料で，3～5年，その他一般のもので，5～10年である．

しかし，最近開発された，フッ素系樹脂塗料や，アクリルシリコン系樹脂塗料では，20年以上と言われており，再塗装などメインテナンスの困難な高層ビル外装や，大型構造物に用いられている．

フッ素樹脂は，紫外線に侵されにくい分子構造を形成し，また，汚れの原因となるゴミが付着しにくくする作用がある．これまでは高温焼き付け塗装で用いられてきたが，最近，常温型も開発され，建築物の外部仕上げ材として普及してきている．ただし，硬化時間が大きいので，その間の養生に注意が必要である．

18.4 仕上げ塗料の種類および耐久性

表18.3 建築物の内外装によく用いられる塗料の種類[1]

◎：良　○：可　△：注意　×：不可　-：使用されない

塗料の名称	塗装記号 JASS	乾燥時間 20℃	付着性	耐摩耗性	耐水性	耐アルカリ	耐酸性	耐候性	鉄	アルミ	亜鉛メッキ	コンクリート	木	主な用途
スパーワニス（油ワニス）	OC	10	○	○	○	×	△	△	-	-	-	-	◎	建具，ベニヤ板
クリヤラッカー	CL	1	○	○	△	△	△	△	-	-	-	-	◎	家具，内装木部
1液形ウレタン樹脂ワニス	①-UC	5	○	○	○	△	○	○	-	-	-	-	◎	床，階段，ローカ
油性調合ペイント	OP	20	○	△	○	×	△	○	◎	-	○	-	◎	一般
合成樹脂調合ペイント	SOP	10	○	○	○	×	○	◎	◎	△	○	-	◎	一般
アルミニウムペイント	ALP	10	○	△	○	△	○	◎	◎	○	○	-	◎	屋根
フタル酸樹脂エナメル	FE	6	○	○	○	×	○	◎	◎	-	○	-	◎	家具，建具
塩化ビニル樹脂エナメル	VE	1	○	○	◎	◎	◎	○	○	-	-	◎	◎	浴室の天井，壁
アクリル樹脂エナメル	AE	2	○	○	◎	○	◎	◎	◎	○	◎	◎	◎	一般
アクリル樹脂ワニス	AC	2	○	○	◎	○	◎	◎	-	△	-	◎	◎	コンクリート生地仕上
アクリルシリコン樹脂塗料		10	◎	◎	◎	◎	◎	◎	◎	◎	◎	◎	-	外部仕上，アルミ
2液形ウレタン樹脂エナメル	②-UE	10	◎	◎	◎	○	○	◎	◎	○	○	○	◎	プラント，鋼構造
2液形ウレタン樹脂ワニス	②-UC	10	◎	◎	◎	○	○	◎	-	-	-	◎	◎	コンクリート生地仕上
2液形エポキシ樹脂エナメル	②-XE	10	◎	◎	◎	◎	◎	○	◎	○	○	◎	◎	耐薬品塗装
2液形常乾フッソ樹脂エナメル	②-FUE	24	◎	◎	◎	◎	◎	◎	◎	◎	◎	-	◎	外部仕上，アルミニウム
フッ素樹脂ワニス	②-FUC	20	◎	◎	◎	◎	◎	◎	-	-	-	◎	◎	コンクリート生地仕上
塩化ゴム系エナメル	CE	2	○	○	◎	◎	◎	○	○	-	-	△	-	プラント
多彩模様塗料1	MP-I	24	○	△	○	△	△	△	○	-	-	-	◎	内部，耐水性小
多彩模様塗料2	MP-II	24	○	△	◎	○	◎	◎	-	-	-	◎	-	コンクリート生地仕上
合成樹脂エマルションペイント	EP-I	1	○	○	○	○	○	○	-	-	-	◎	○	外部コンクリート
合成樹脂エマルションペイント	EP-II	1	○	○	○	○	×	○	-	-	-	◎	○	内部一般
艶有り合成樹脂エマルションペイント	G-EP	1	○	○	○	○	△	○	-	-	-	◎	○	内部仕上げ

表18.4 塗装材料の略号の付け方

[命名法：■-●▲　例：②-XE（2液形エポキシ樹脂エナメル）]

■種類	略号	●ビヒクルの種類	略号	●ビヒクルの種類	略号	▲塗料の形態	略号
1液形	①	塩化ビニル Vinyl chloride	V	油性 Oil	O	クリヤー Clear	C
2液形	②	塩化ゴム Chlorinated Rubber	C	ラッカー Lacquer	L	ペイント Paint	P
厚膜形	H	ウレタン Poly urethane	U	アクリル Acrylic	A	エナメル Enamel	E
有光沢	G	アミノアルキド Aminoalkyd	M	フタル酸 Phthalic	F	ステイン Stain	S
焼き付け	B	フッ素 Fluoropolymer	FU	エポキシ Epoxy	X		
多彩	M	合成樹脂調合 Synthetic	SO	シリコーン Silicone	S	▲JIS種別	
粉体	P	合成樹脂エマルション Synthetic Resin Emulsion	E			耐熱	H
変性タール	T	アルミニウム Alminium	AL			1種	I
						2種	II

18.5 顔料および下塗り塗料

（1）顔料

建築仕上げ用塗料に使用される顔料には，その目的に応じて，表18.5に挙げるようなものがある．

（2）下塗り

下塗りは，表18.6，図18.5の例に示すように下地材料の種類に応じて異なる．

（a）木材の下地用塗料

木材の下地処理には，主として素地の表面を平滑するため次のものが用いられる．

①着色材（各種ステイン材など），②木材表面の導管などの小穴や凹部を埋めて，塗面の平滑仕上げのための，**サンディングシーラー**塗り，③上塗り塗料の吸い込みを少なくする**目止め材**塗り，④木材との付着性向上のための木部下塗り用調合白ペイントや**ウッドシーラー**塗り

（b）金属の下地用塗料

金属の場合は，主に，錆止めや，素地との付着力の向上などのため以下の塗料が用いられる．

①**錆止め塗料**は，合成樹脂展色材に，錆止め顔料を加えたもので，これには，油性オイル**プライマー**（金属の地肌塗り用，油性パテ下地修正塗り用），油性**サフェーサー**，錆止めペイントなどがある．また，②**エッチングプライマー**（etching plimer）は，燐酸，または燐酸とクロム酸塩の顔料を含み，生地の金属と反応し，付着性を向上させ，さらに，ジンククロメート（亜鉛黄）顔料を加え錆止めを兼ねるものである．さらに，③金属との付着性の向上のための樹脂も用いられ，これにはポリ塩化ビニル樹脂プライマーやエポキシ樹脂プライマーなどがある．

（c）セメント系，石こう系下地の下塗り塗料

セメント系の下地に直接油性塗料を塗ると塗料がセメント中のアルカリ成分により分離して汚くなるので，その下地には，アルカリを押さえるための**シーラー**を下塗りする．

またセメント系下地や，石こう系下地の場合，塗り面の吸い込みや色むらを防ぐため吸い込み止めシーラーを用いる．これらには，エポキシ樹脂シーラー，合成樹脂エマルションシーラーが用いられる．

18.5 顔料および下塗り塗料

表 18.5 塗料の顔料

有色顔料	①白色：亜鉛華，チタン白など　②赤色：べんがら，トルイジンなど　③黄色：クロム鉛，黄土など　④青色：紺青，コバルトなど　⑤緑色：酸化クロムなど　⑥黒色：カーボン，グラファイトなど
体質顔料	被覆，隠ぺいを目的とする アルミニウム，炭酸カルシウム，硫酸バリュウム，タルク
錆止め顔料	①鉛丹（四酸化鉛（Pb_3O_4），赤色で，光明丹という商品名の原料），②亜酸化鉛，③クロム酸塩，④シアナミド鉛，⑤ジンクロメートなど，⑥亜鉛粉末
防火の顔料	不燃性で，火災時の熱により①ガスを発生したり，②酸素遮断作用のある溶融物，発泡質の断熱層を生成するもので，防火作用を発揮する
特殊なもの	亜酸化銅（汚れ防止），硫化亜鉛（蛍光顔料）

表 18.6 塗装の仕上げ例

段階	木部 クリヤラッカー仕上げ	鉄部 ラッカーエナメル仕上げ	モルタル壁面 エマルションペイント仕上げ
1	着色 （オイルステイン）	前塗り （エッチングプライマー）	下塗り（プライマーまたはエマルションシーラー）
2	下塗り （ウッドシーラー）	下塗り （油性プライマー）	拾いパテ，拾い塗り （エマルションペイント）
3	目止め （目止め剤）	拾いパテ （油性パテ）	上塗り（2回塗り） エマルションペイント （トップコート）
4	中塗り（2回塗り） （サンディングシーラー）	中塗り（2回塗り） （油性サフェーサー）	
5	上塗り（2回塗り） クリヤラッカー （トップコート）	上塗り（4回塗り） ラッカーエナメル （トップコート）	

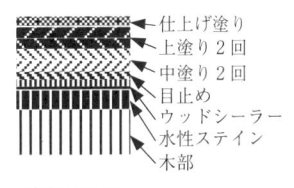

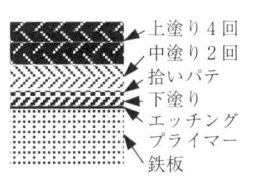

木部クリヤ
ラッカー仕上げ
- 仕上げ塗り
- 上塗り2回
- 中塗り2回
- 目止め
- ウッドシーラー
- 水性ステイン
- 木部

鉄部ラッカー
エナメル仕上げ
- 上塗り4回
- 中塗り2回
- 拾いパテ
- 下塗り
- エッチング
  プライマー
- 鉄板

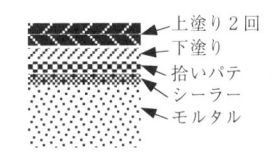

モルタル合成樹脂
エマルション仕上げ
- 上塗り2回
- 下塗り
- 拾いパテ
- シーラー
- モルタル

図 18.5 塗装仕上げの例

第19章 接合材料

19.1 接合材料

（1） 接合の方法と接合材料の種類
下地材，構造材，仕上げ材の取付け方法には，以下のものがある．
- ⓐ **接合金物類**……屋根葺材，ボード，木材
- ⓑ **接着剤**…………高分子材料，クロス類，木材
- ⓒ **モルタル**………陶磁器タイル類，石材
- ⓓ **ガスケット，構造シーラント**……ガラス（7章参照）
- ⓔ **溶着**……………鋼材の溶接，はんだ付け，プラスチックシートの溶着

（2） 接合金物
接合金物には，以下のようなものがあり，その種類は膨大な数になる．
①構造用：木構造用の釘類，羽子板金物，かすがい，枠組み工法用金物，あるいは，鉄骨構造に用いられる普通ボルト，高力ボルト，アンカーボルトなどがある．
②仕上材用：釘や木ネジなどの他に，下地の性質に応じて考案されたさまざまな金物がある．その一例を図19.1に示す．

（3） 接着剤
近年の合成高分子科学の発達により，合成樹脂や，合成ゴムを主原料とする高性能の接着剤が開発され，仕上げ材の接着に多用されるようになっている．その主な接着剤とその用途について，表19.1に示す．

水系型の接着剤は，引火の危険性がなく，安全性，作業性に優れるが，水の蒸発の必要があるため低温での使用はできない．一方，溶剤系のものは，一般的に水系のものより耐水性に優れるが，使用時に火気や換気に注意が必要である．

反応型は，主剤と硬化剤との2液を混合して用いるものが一般的で，接着できる領域が広く，耐水性，接着強度など多くの点で優れたものが多い．

澱粉系のものは，クロスや紙類の接着に用いられるが，防かび剤，防腐剤などを配合したものである．

ポリマーセメントは，セメントモルタルに合成樹脂エマルションやゴムラテックスを配合し，モルタルの接着力を強化したものである．

19.1 接合材料

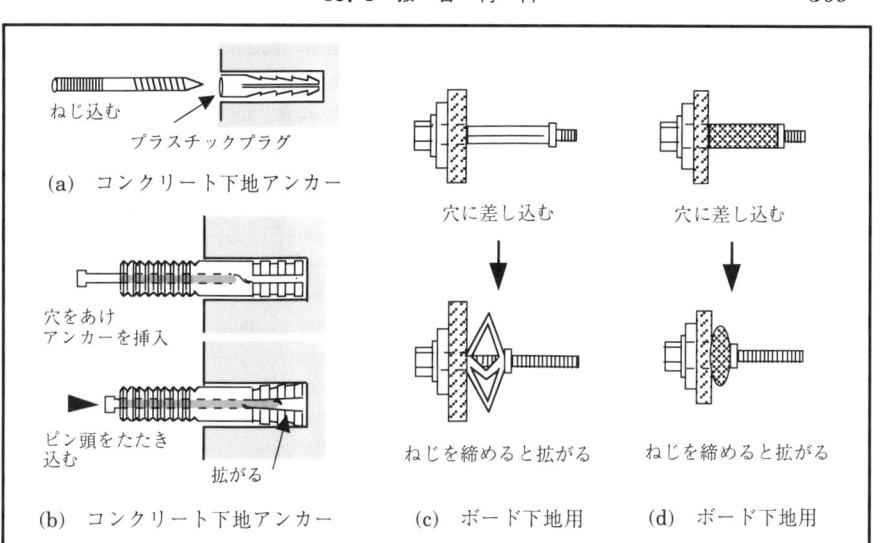

図 19.1　下地に応じた接合金物の例
(a) コンクリート下地アンカー
(b) コンクリート下地アンカー
(c) ボード下地用
(d) ボード下地用

表 19.1　主な接着剤と用途[1]

接着剤の種類			床仕上げ	床下張り	壁天井	コンクリート・石	断熱材	接着金物	埋込み金物	ノンスリップ	外壁補修	陶磁器タイル	硬質塩ビ	軟質塩ビ
水系型	エマルション系	酢酸ビニル樹脂系	○		○	○								
		アクリル樹脂系	○									○		
		エチレン酢酸ビニル共重合樹脂系										○		
	ラテックス系	ゴム系ラテックス	○									○		
溶剤型	合成ゴム系	クロロプレンゴム系	○		○	○	○		○					
		ニトリルゴム系	○				○							○
		スチレンブタジエンゴム		○		○	○							
	酢酸ビニル樹脂系		○		○	○	○			○				
	アクリル樹脂系		○											
	塩化ビニル樹脂系		○									○		
反応型	エポキシ樹脂系		○		○	○		○	○			○		
	エポキシ変成合成ゴム系ラテックス											○		
	ウレタン樹脂系		○											
	ポリエステル樹脂系										○			
	第2世代アクリル樹脂系									○				
	シリコーン樹脂系									○				
でん粉系					○									
ポリマーセメント系												○	○	

19.2 シーリング材

シーリング材は、①各種の部材間の接合部や、隙間（目地）に充填あるいは、装着して、隙間に水密性と気密性を得るための材料、または、ガラスなどの固定の働きを有するための材料をいう。

シーリング材は、②気密性を有するだけでなく、③目地のさまざまなムーブメントに追従する必要があるので、常に弾力性に富み、④部材との密着性が良いこと、⑤さらに、耐久性に優れていることが重要である。

また、材料の形態には、施工時にペースト状で不定形のものと、ゴムなどの弾性定型のものがあるが、前者は狭い意味でシーリング材と呼ばれているもので、また、後者は、ガラスのガスケットや、カーテンウォールの目地に用いる特殊断面の紐状成形目地材（定形シーリング材）等である。

現在では、シーリング材の大半は合成樹脂であるが、油脂などの天然樹脂と鉱物質充填材を混ぜて製造されるものは、油性コーキング材（あるいは単に、**コーキング材**）と呼ばれ以前から使用されてきた。

（a） 不定形シーリング材

これには、表19.2のようなものがあり被着体に応じて選ばれ使用される。
また使用例を図19.2、図19.3に示す。
また、シーリング材の使用には、次のものがセットで併用される。

プライマー：構成部材（被接着体）とシーリング材の接着性の向上のために接着面に塗布されるものでその主成分は、シーリング材と同様に合成樹脂である。

バックアップ材：シーリング材の充填深さを調整し、一定の充填箇所を確保するためのもの。ポリエチレン発泡体、合成ゴム製ビードなどが用いられる。

ボンドブレーカー：シーリング材が目地の両側面のみに接着し、底部には接着しないようにして、長期間の繰り返しムーブメントに追従し耐久性を維持するためのものである。ポリエチレンテープなどが用いられる。

（b） 定形シーリング材（建築用ガスケット）

これには、グレージングガスケット、気密ガスケット、目地ガスケットがあり、合成ゴムを主原料とし、中空のものと中空でないものがある。

また、発泡ウレタン、合成ゴム、塩化ビニルを主原料とした発泡体ガスケットがある。これらの例を図19.2に示す。

19.2 シーリング材

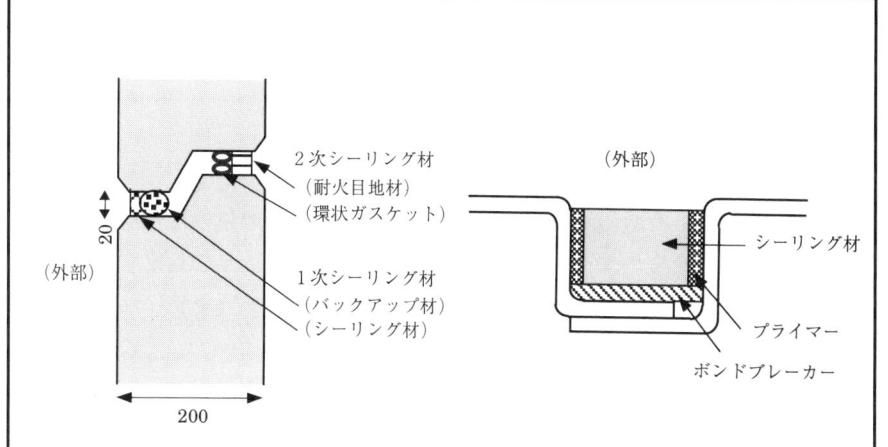

図19.2 PCカーテンウォールの継目の例

図19.3 パネル継目の例

表19.2 主な不定形シーリング材の種類と適性
○優れる　△使用時の場合による　×不適

成分形	硬化機構	樹脂の種類		耐候性	ムーブメントに対する適応性	汚れ難さ	体積などの物性変化の少さ	接着などの適性							その他の特徴
								金属カーテンウォール	コンクリート・PC	ガラスまわり	石材・タイル張り目地	ALC板	ボード類	仕上げ塗り材	
2成分形	反応硬化	シリコーン系		○	○	△	○	○	○	○	×	△	△	×	高価
		変成シリコーン系		○	○	○	○	○	○	×	○	○	○	○	
		ポリサルファロイド系		△	△	△	△	○	○	○	○	○	○	○	実績多い
		アクリルウレタン系		△	○	△	△	○	○	×	○	○	○	○	
		ポリウレタン系		△	○	△	△	○	○	×	○	○	○	○	
1成分形	湿気硬化	シリコーン系		○	○	△	○	○	○	○	×	△	△	×	高価
		変成シリコーン系		○	○	○	○	○	○	×	○	○	○	○	
		ポリウレタン系		△	○	△	△	○	○	×	○	○	○	○	
	乾燥硬化	エマルションアクリル系		×	△	△	×	△	△	×	△	○	○	○	未硬化時雨に溶ける
	非硬化	油性コーキング		×	×	△	×	△	△	×	△	△	△	○	安価

* JIS A5758 では，上記の硬化機構や主成分による区分の他に，さらに耐久性試験の温度（70〜100℃）と目地幅の拡大・縮小率（5〜30％％）の条件により7区分される．

付章　免震材料

付.1　免震材料とは

　日本は世界でも有数の地震国である．そのため，日本の建物は世界でも一番高い耐震抵抗力をもつよう設計されている．しかし，1995年の兵庫県南部地震被害にみるように，このような世界最強の建物が大きな被害を受けた．特に，15階建くらいまでの低層から中高層の建物の被害が著しかった．その点これ以上のいわゆる超高層建物の被害はあまりなかった．その理由は，図付.1に示すように建物は高いものほど，層数に比例して周期が長くなり，その結果，地震に対する応答加速度が小さくなるからである．その代わりに大変形を吸収する必要がある．その点，超高層建物は層数が非常に多いので1層当たりは小さくとも全体としては，大変形を吸収することができる．このような事実に立脚して，図付.2に示すように低層から中高層の建物の基礎に**アイソレータ**と**ダンパー**と呼ばれる装置を入れて建物の長周期化を計ったのが免震建物である．このアイソレーターとダンパーのことを**免震材料**と呼んでいる．典型的なアイソレーターである**積層ゴム支承**を図付.3に示す．ドーナツ状の薄いゴム板と薄い鋼板がかわるがわる多層になっているもので，鉛直方向には剛性がきわめて高いが，水平方向には剛性が低く，大変形が可能である．このアイソレーターを用いることによって建物は長周期化して，地震による応答加速度が小さくなるが，アイソレーターのみでは，地震のあとも振動がいつまでも止まらない．そこで，図付.4のように，免震層での水平力と変形の関係が直線ではなく，ループ形状を描くようにダンパーを併用する．これを用いると振動が止まってゆくばかりでなく，より応答加速度も小さくなる．最近の免震建物では，非免震建物の場合に比べ，応答加速度が十分の一くらい（図付.1のAとBの比較）に設計できるようになってきている．このように，**免震構造**の有効性はきわめて顕著なので，地震時の防災拠点となる庁舎，病院，学校は，勿論のこと，マンション，事務所建築，博物館，さらには個人住宅等にも多数採用されてきている．特に免震構造は地震に対する建物構造体の安全性のみならず，建物の中の各種設備や什器の機能の維持も確保してくれるため，採用が兵庫県南部地震以来急増している．また，免震構造が地震に対してきわめて有効なことは実際の多数の地震観測記録からも，次第に明らかになってきている．

付.1 免震材料とは

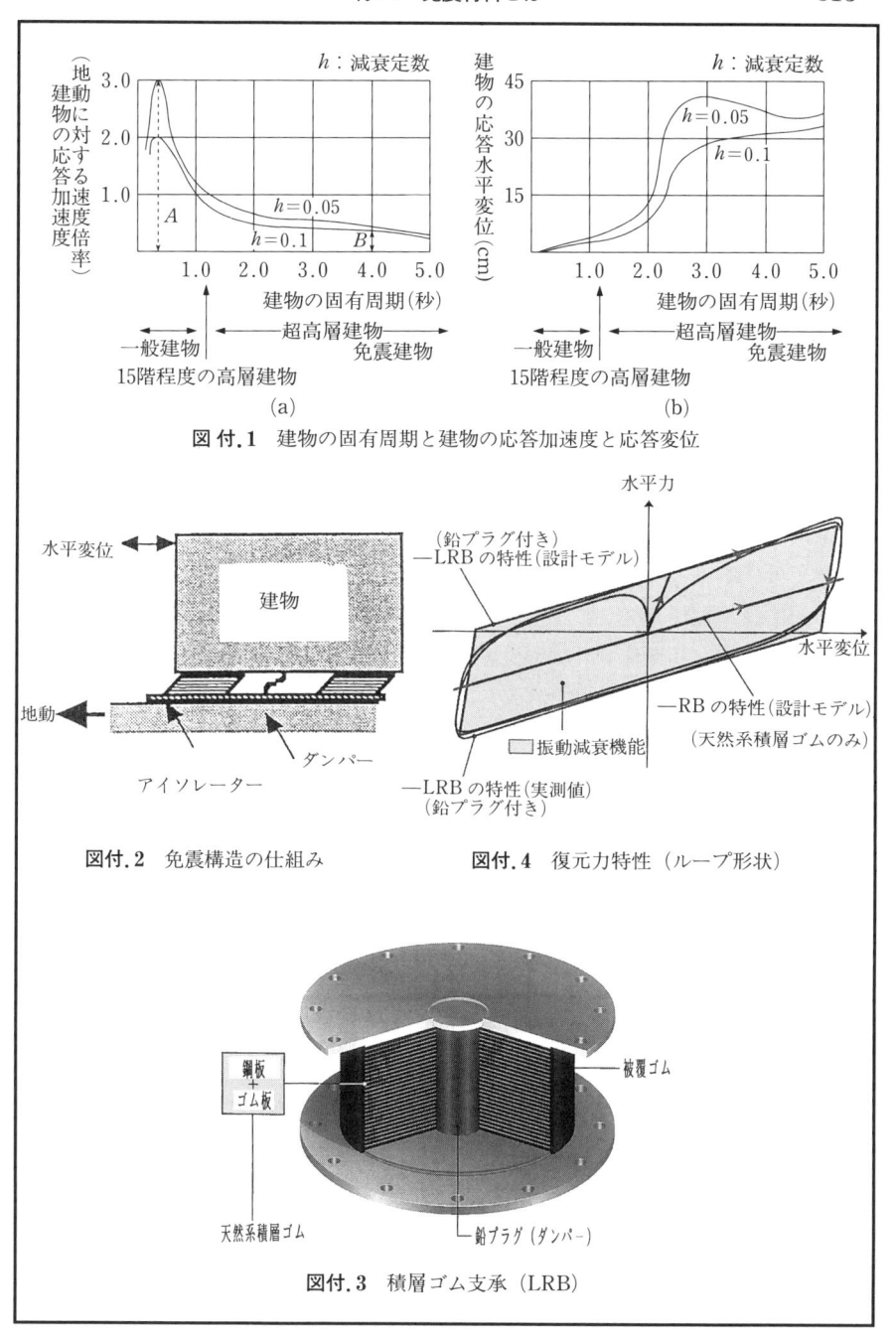

図付.1 建物の固有周期と建物の応答加速度と応答変位

(a) 縦軸: (地動に対する)建物の応答加速度倍率、横軸: 建物の固有周期(秒)、h: 減衰定数

(b) 縦軸: 建物の応答水平変位(cm)、横軸: 建物の固有周期(秒)、h: 減衰定数

一般建物 ← 15階程度の高層建物 → 超高層建物 → 免震建物

図付.2 免震構造の仕組み

水平変位、建物、地動、アイソレーター、ダンパー

図付.4 復元力特性（ループ形状）

水平力、水平変位、LRBの特性(設計モデル)(鉛プラグ付き)、RBの特性(設計モデル)(天然系積層ゴムのみ)、LRBの特性(実測値)(鉛プラグ付き)、振動減衰機能

図付.3 積層ゴム支承（LRB）

鋼板＋ゴム板、被覆ゴム、天然系積層ゴム、鉛プラグ（ダンパー）

付.2 免震材料の種類と主な特徴

(1) アイソレーター

大別してダンパー併合型と分離型に分かれる．以下に代表的なものを示す．

1) **積層ゴム支承**：図付.3に示したタイプで，これも2つに分かれる．

　a．天然系積層ゴム支承：天然のままのゴム板と鋼板の積層ゴム支承のことで，このままでは，図付.4に示すように振動を減衰させる力がない．そのため，ダンパーを併用する必要がある．ダンパーとしては，(2)に述べるように，各種のものがあるが，分離型のものはどのダンパーとの組み合わせも可能である．一方，併合型としては，ドーナツ状の真ん中に鉛棒を挿入して，ダンパーの性能を付与している．併合型を鉛入り積層ゴム支承と呼び，もともとは，外国で開発された Lead Rubber Bearing (LRB) である．

　b．高減衰積層ゴム支承：天然のままのゴム板を用いず，それに化学的変化を与えて，水平力によって変形すると，それ自体で振動を減衰させる能力を有する，すなわちダンパーの能力を内在している一体型の積層ゴム支承である．

2) **弾性すべり支承**：天然系積層ゴムとその下面に装着した摩擦材，並びにそれを受けるステンレス板で構成されたもので，ある変形に達すると静止摩擦が切れ，すべり始めてエネルギー吸収（図付.4のループを描く）を行うものであるが，地震後の残留変形が大きく，積層ゴム支承の補助的使用が多く，軽荷重部分（階段下等）に用いられる．

3) **直交ローラー支承**：図付.5に示す，直交2段の転がり振り子構造を応用した偏心ローラーとレールで構成される支承である．偏心ローラーが振り子作用を行うので，地震後の残留変形が生じない．ただしエネルギー吸収のためにダンパーを併用する．

(2) ダンパー

いずれも地震エネルギーを吸収するためのもので以下に代表的なものを示す．

1) **鉛ダンパー**　鉛棒であるが，上記LRBのように直線のものと図付.6に示す曲線のものがある．いずれも鉛直荷重は負担しない．

2) **鋼材ダンパー**　図付.7に示すような形状をしている．鉛直荷重を負担させないためと，大変形での大きなエネルギー吸収ができるようにしてある．

3) **オイルダンパー**　図付.8に示すように，車両用のショックアブソーバーを大型化したもので速度依存型の減衰機構を持ち，大振幅まで振幅に応じた減衰力が作用する．なお，この種ダンパーは，制震部材にも使用される．

付.2 免震材料とは　　315

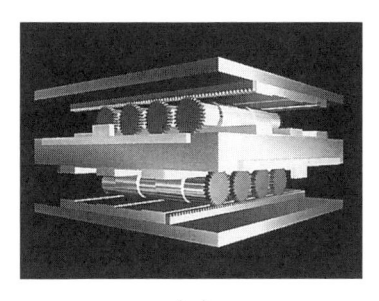

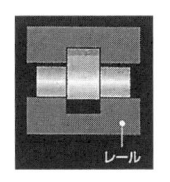

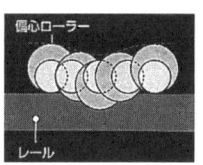

(a)

(b)

図付.5　直交ローラー支承

図付.6　鉛ダンパー

図付.7　鋼材ダンパー

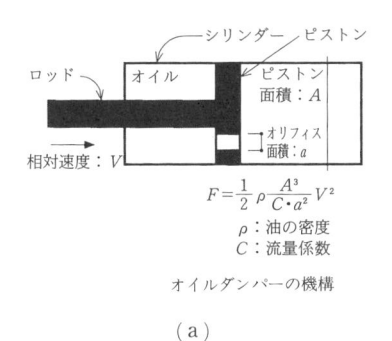

シリンダー　ピストン
ロッド　オイル　ピストン
　　　　　　　面積：A
相対速度：V　　オリフィス
　　　　　　　面積：a

$$F = \frac{1}{2} \rho \frac{A^3}{C \cdot a^2} V^2$$

ρ：油の密度
C：流量係数

オイルダンパーの機構

(a)

(b)

図付.8　オイルダンパー

付録1　建築基準法の骨格

建築基準法（昭和25年政令第201号—平成18年政令第92号による改正）

1. 目　　　的　＜建築物の敷地，構造，設備及び用途に関する最低の基準を定めて，国民の生命，健康及び財産の保護を図り，もって公共の福祉の増進に資することを目的とする．＞
2. 構　　　成

		条番号
第1章	総則	（1—18）
第2章	建築物の敷地，構造及び建築設備	（19—41）
第3章	都市計画区域等における建築物の敷地，構造，建築設備及び用途	（41の2—68の2）
第3章の2	型式適合認定等	（68の10—68の26）
第4章	建築協定	（69—77）
第4章の2	指定資格検定機関等	（77の2—77の57）
第4章の3	建築基準適合判定資格者の登録	（77の58—77の65）
第5章	建築審査会	（78—83）
第6章	雑則	（84—97の5）
第7章	罰則	（98—106）
附則		

3. 内容分類
    1. 制度規定—第1章，第3章の2，第4章〜第7章
        （法の運用に必要な用語の定義，手続き，罰則などを定めた規定）
    2. 単体規定—第2章
        （建築物の構造，防災，衛生等に関する技術的最低基準を規定．全国一律，建築物単位に適用．建築物の用途，構造，規模によって決まる．一般構造，構造強度，防火避難，設備に関する最低基準．）
    3. 集団規定—第3章
        （都市における土地利用の調整と環境保護を図るための都市計画的な建築基準．原則敷地単位．主に都市計画区域内に適用．敷地の立地条件によって決まる．道路，用途地域，建ぺい率，容積率，高さ制限，日影規制，防火地域，都市計画等．）

付録2　建築基準法施行令の構成

建築基準法施行令（昭和25年政令第338号—平成19年政令第49号改正）

		条番号
第1章	総則	(1-18)
第2章	一般構造	(19-35)
第3章	構造強度	(36-106)
第4章	耐火構造，準耐火構造，防火構造，防火区画等	(107-116)
第5章	避難施設等	(116-2—128-3)
第5章の2	特殊構造物等の内装	(128-3-2—129)
第5章の2の2	避難上の安全の検証	(129-2—129-2-2)
第5章の3	主要構造物を木造とすることができる大規模の建築物	(129-3)
第5章の4	建築設備等	(129-2-4—129-15)
第6章	建築物の用途	(130—130-9-5)
第7章	建築物の各部分の高さ等	(130-10—136)
第7章の2	防火地域又は準防火地域内の建築物	(136-2—136-2-3)
第7章の3	地区計画等の区域	(136-2-4—136-2-7)
第7章の4	都市計画区域及び準都市計画区域以外の区域内の建築物の敷地及び構造	(136-2-8)
第7章の5	型式適合認定等	(136-2-9—136-2-11)
第7章の6	指定確認検査機関等	(136-2-12—136-2-14)
第7章の7	建築基準適合判定資格者の登録料	(136-2-15)
第7章の8	工事現場の危害の防止	(136-2-16—136-8)
第7章の9	簡易な構造の建築物に対する制限の緩和	(136-9—136-11)
第8章	既存の建築物に対する制限の緩和等	(137—137-10)
第9章	工作物	(138—144-2-4)
第10章	雑則	(144-3—149)
	附則	

付録3　建築関連法規リスト

建築関連法規

1．消防法
2．都市計画法
3．建築士法
4．建築業法
5．労働安全衛生法
6．優良建築物促進関係法
　6.1　建築物の耐震改修の促進に関する法律（耐震改修促進法）　　　　　　　　　　　　　　（平成7年法律第123号）
　6.2　高齢者，障害者等の移動等の円滑化の促進に関する法律（バリアフリー法）　　　　　（平成18年法律第91号）
　6.3　エネルギーの使用の合理化に関する法律（省エネ法）　　　　　　　　　　　　　　　（昭和54年法律第49号）
7．都市，市街地整備関係法
　7.1　景観法　　　　　　　　　　　　　　（平成16年法律第110号）
　7.2　都市緑地法　　　　　　　　　　　　（平成16年法律第109号）
　7.3　都市再開発法　　　　　　　　　　　（昭和44年法律第38号）
　7.4　密集市街地における防災街区の整備の促進に関する法律（密集市街地整備法）　（平成9年法律第49号）
　7.5　港湾法　　　　　　　　　　　　　　（昭和25年法律第218号）
　7.6　駐車場法　　　　　　　　　　　　　（昭和32年法律第106号）
　7.7　流通業務市街地の整備に関する法律　（昭和41年法律第110号）
　7.8　自転車の安全利用の促進及び自転車等の駐車対策の総合推進に関する法律　（昭和55年法律第87号）
　7.9　土地区画整理法　　　　　　　　　　（昭和29年法律第119号）
　7.10　道路法　　　　　　　　　　　　　 （昭和27年法律第180号）
　7.11　幹線道路の沿道の整備に関する法律　（昭和55年法律第34号）
　7.12　集落地域整備法　　　　　　　　　　（昭和62年法律第63号）
　7.13　国土形成計画法　　　　　　　　　　（平成17年法律第89号）
　7.14　都市再生特別措置法　　　　　　　　（平成14年法律第22号）
　7.15　中心市街地の活性化に関する法律　　（平成10年法律第92号）

8. 住宅，宅地関係法

- 8.1 宅地造成等規制法
- 8.2 住宅の品質確保の促進等に関する法律（品確法） （平成11年法律第81号）
- 8.3 独立行政法人住宅金融支援機構法 （平成17年法律第82号）
- 8.4 建物の区分所有等に関する法律 （昭和37年法律第69号）
- 8.5 マンションの建替えの円滑化等に関する法律（マンション建替法） （平成14年法律第78号）
- 8.6 住生活基本法 （平成18年法律第61号）

9. 環境衛生関係法

- 9.1 水道法 （昭和32年法律第117号）
- 9.2 下水道法 （昭和33年法律第79号）
- 9.3 特定空港周辺航空機騒音対策特別措置法 （昭和53年法律第26号）
- 9.4 建築物における衛生的環境の確保に関する法律（ビル衛生管理法） （昭和45年法律第20号）
- 9.5 廃棄物の処理及び清掃に関する法律（廃棄物処理法） （昭和45年法律第137号）
- 9.6 浄化槽法 （昭和58年法律第43号）
- 9.7 建設工事に係る資材の再資源化等に関する法律（建設リサイクル法） （平成12年法律第104号）

10. その他の関連法規

- 10.1 民法 （明治29年法律第89号）
- 10.2 文化財保護法 （昭和25年法律第214号）
- 10.3 屋外広告物法 （昭和24年法律第189号）
- 10.4 電気，ガスによる災害を防止するための各種法規（高圧ガス保安法―24条，ガス事業法―40条の2，LP法―35の5，38条の2，電気事業法）
- 10.5 各種用途に関する法規（医療法―1条の5，学校教育法―1条，82条の2，83条，児童福祉法―7条，老人福祉法―5条の3，旅館業法―2条，3条，風営法―2条，3条，28条，大店法）

付録4　住宅の品質確保の促進等に関する法律（品確法）の趣旨と住宅性能表示事項

住宅の品質確保の促進等に関する法律（品確法）-平成11年法律第81号

1．住宅の品質確保の促進　2．住宅購入者等の利益の保護，及び3．住宅に係る紛争の迅速かつ適正な解決，を目的として，住宅性能表示制度を定め，指定住宅性能評価機関による住宅性能評価の実施，並びに，指定住宅紛争処理機関によるトラブルの解決が図られ，また，瑕疵担保責任の特例-瑕疵に対する補修，損害賠償の請求について，＜完成引渡しから10年間＞という規定が設けられた．

住宅の品質確保の促進等に関する法律（品確法）—平成11年法律第81号

分類	項目
1．構造の安定	耐震等級（構造躯体の倒壊等防止） 耐震等級（構造躯体の損傷防止） 耐風等級（構造躯体の倒壊等防止及び損壊防止） 耐積雪等級（構造躯体の倒壊等防止及び損傷防止） 地盤又は杭の許容支持力等及びその設定方法 基礎の構造方法及び形式等
2．火災時の安全	感知警報設置等級（自住戸火災時） 感知警報設置等級（他住戸火災時） 避難安全対策（他住戸火災時，共用廊下） 脱出対策（火災時） 耐火等級（延焼のおそれのある部分〔開口部〕） 耐火等級（同上〔開口部以外〕） 耐火等級（界壁及び界床）
3．劣化の軽減	劣化対策等級（構造躯体等）
4．維持管理，更新への配慮	維持管理対策等級（専用配管） 維持管理対策等級（共用配管）
5．温熱環境	省エネルギー対策等級
6．空気環境	ホルムアルデヒド対策（内装及び天井裏） 換気対策（居室の換気対策） 換気対策（局所換気対策） 室内空気中の化学物質の濃度等
7．光，視環境	単純開口率 方位別開口比
8．音環境	重量床衝撃音対策 軽量床衝撃音対策 透過損失等級（界壁） 透過損失等級（外壁開口部）
9．高齢者への配慮	高齢者等配慮対策等級（専用部分） 高齢者等配慮対策等級（共用部分）
10．防犯	開口部の侵入防止対策
11．現況検査による劣化等状況	現況検査による劣化等状況 特定現況検査による劣化等状況（腐朽等，蟻害）

11．は既存住宅（平成14年より適用）のみ．

引用および参考文献

第2章

1) 満久崇麿：木材の乾燥（増補改訂版），p.105，森北出版，1977
2) 農林水産省林業試験場：木材工業ハンドブック，p.298，丸善，1982
3) 日本建築学会：建築学便覧Ⅱ構造，pp.877〜880，1977
4) 建築基準法施行令第89号
5) 日本建築学会：建築材料用教材（1990年改訂版），p.67

第3章

1) 山田順治：わかりやすいセメントとコンクリートの知識，p.4，鹿島出版会，1975
2) 森仁明：コンクリート工学 Vol.16 No.6，p.101，日本コンクリート工学協会，1978（本文献中，表-5を参考にして著者作成）
3) 前出1），p.57
4) 村田二郎，岡田清：最新コンクリート技術選書1，p.88，山海堂，1981
5) 佐藤雅男：特殊セメント（セメント・コンクリート 1991.9），p.7，セメント協会
6) 大岸佐吉，笠井芳夫，岸谷孝一：建築材料工学，p.48，オーム社，1981
7) JIS より，A 6005，A 6012．
8) 岸谷孝一：建築材料ハンドブック，p.53，技報堂出版，1987
9) セメント協会：セメント・コンクリート No.425，p.20，1982.6
10) 友澤史紀：コンクリート工学 Vol.16 No.8，p.93，日本コンクリート工学協会，1978
11) 日本建築学会：建築工事標準仕様書・同解説 JASS 5，p.12，2009
12) 前出10），p.93
13) 前出10），p.92
14) 重倉祐光：コンクリート工学 Vol.16 No.9，p.29，日本コンクリート工学協会，1978
15) 前出11），p.13

16) 小林一輔：コンクリート工学 Vol.26 No.7, p.10, 日本コンクリート工学協会, 1988
17) 西林新蔵：コンクリート工学 Vol.16 No.11, p.74, 日本コンクリート工学協会, 1978
18) 前出11), p.15
19) 前出11), p.10
20) 前出11), p.16
21) 前出11), p.214
22) 前出11), pp.217～220
23) 岡田清，六車熙：コンクリート工学ハンドブック，p.337(執筆担当森田司郎)，朝倉書店, 1984
24) 前出8), p.107
25) 前出8), p.107
26) W.A.Cordon and H.A.Gillespie : AC I Journal. 8. 1963
27) 前出23), p.377
28) Bureau of Reclamation : Concrete Manual, 7 th ed. 1963
29) Portland Cement Association : Design of Concrete Mixture
30) C.C.Wiley : Effect of Temerature on the Strength of Concrete, Engineering Newsrecor, Vol.102, 1928
31) 前出23), p.364
32) JASS 5, 1986, p.280
33) 小野博宣ほか：建築材料-その選択から施工まで-, p.85, 理工図書, 1989
34) 伊東茂富：新編コンクリート工学, p.109, 森北出版, 1977
35) セメント協会収縮専門委員会報告 H-7, 1962
36) JASS 5, 1986, p.114
37) 建設大臣官房技術調査室：コンクリートの耐久性向上技術（塩化物総量規制基準とアルカリ骨材反応対策），p.63, 国土開発技術研究センター, 1986. 10
38) 原田有：建築耐火構法, p.24, 工業調査会, 1973
39) 日本コンクリート工学協会：コンクリート技術の要点'92, p.164, 1992
40) 前出39), p.36

第4章

1) 田中勇：鉄の歴史と科学, p.58, 裳華房, 1988
2) 藤本盛久：鉄骨の構造, p.6, 技報堂出版

Sir William Fairbairn : Researches on the Application of Iron to Building, London, 1857
3) 大橋周三：鉄の文明, p.53, 岩波書店, 1983
4) 高橋, 浅田, 湯川：金属材料学（第3版）, p.6, 森北出版, 1989
5) 田中良平：極限に挑む金属材料, p.28, 工業調査会, 1979
6) 前出5), p.30
7) 日本鋼構造協会：各種構造物の設計とその思想, p.276, 1987
8) R. ヒル（山田, 工藤, 鷲津訳）：塑性学, p.21, 培風館, 1954
9) 吾妻, 今井, 小川ほか：鉄鋼材料, 鋼の特性に及ぼす炭素量の影響図, 朝倉書店
10) 浜住松二郎：輓近鉄鋼および特殊鋼, p.47, 内田老鶴圃, 1944
11) 日本鋼構造協会：日本鋼構造協会誌, Vol.4, No.33, 1968
12) 日本建築学会：建築材料用教材（第5版）, p.72, 1987
13) 鋼材倶楽部鉄鋼製品普及委員会：鋼構造建築物と鋼材, p.105
14) 日本鉄鋼連盟：鉄鋼界報, No.1514, 1990
15) 前出13), p.135
16) 日本建築学会：建築材料用教材（1990年改訂版）, p.38
17) 前出13), p.123
18) 新日鉄技報, 第344号, 1992
19) 日本建築学会：建築学便覧II 構造, p.861, 1977
20) 前出16), p.38
21) 前出16), p.39
22) 前出19), p.865

第5章

1) 日本建築学会：建築工事標準仕様書・同解説 JASS 7 メーソンリー工事, p.299, 石材の性質の概要（浜田稔）
2) 日本建築学会：建築材料用教材（1990年改訂版）, p.6

第6章

1) 素木洋一：建築用セラミック材料, pp.52～54, 技報堂出版, 1973
2) JIS A5210 1994, R1250 1991, 日本規格協会

第7章

1) セントラル硝子株式会社：総合カタログ/板ガラス・関連商品, p.71, 1994

第8章

1) 日本建築学会：建築材料用教材（1990年改訂版），p.43
2) 前出1），p.42
3) 前出1），p.43
4) 前出1），p.44
5) 前出1），p.44

第9章

1) 笠井芳夫：材料科学概説，p.174，彰国社，1977
2) 日本建築学会：建築材料用教材，p.74, 1981
3) 前出1），p.171（原著　内田・亀井・八田）
4) 大岸佐吉，笠井芳夫，岸谷孝一：建築材料工学，p.133，オーム社，1981
5) 前出2），p.76
6) 前出1），p.181（原著　McIntyer）
7) 笠井芳夫，向井毅，大浜嘉彦：建築材料学〈建築技術講座〉，p.240，理工図書，1986
8) 前出7），p.241

第10章

1) 日本建築学会：建築設計資料集成1（環境），p.121，丸善，1978
2) 岸谷孝一：建築材料ハンドブック，p.461，技報堂出版，1987
3) 笠井芳夫，向井毅，大浜嘉彦：建築材料学〈建築技術講座〉，p.249，理工図書，1986
4) 総合技術開発プロジェクト：省エネルギー住宅システムの開発，建設省建築研究所，1982

第11章

1) 岸谷孝一：新訂建築学大系21　建築防火論，p.173，彰国社，1975
2) 日本火災学会：火災便覧，p.741，共立出版，1984
3) 前出2），p.739
4) 前出2），p.742
5) 真島正市ほか：理化学研究所彙報10，火災便覧，p.138
6) 日本火災学会：建築防火教材，p.160，工業調査会，1978
7) JIS A1301 1994，日本規格協会

第12章

1) 笠井芳夫：材料科学概説, p.231, 彰国社, 1977
2) 岸谷孝一：建築材料ハンドブック, p.440, 技報堂出版, 1987
3) 前出1), p.235
4) 井上勝夫：デザイナーのための内外装材チェックリスト, p.70, 彰国社, 1987
5) 建築材料実用マニュアル編集委員会：建築材料実用マニュアル, p.989（執筆 清水実）, 産業調査会, 1991
6) 前出4), p.121, 1995
7) 前出2), p.452

(Entries 8-11 above 第12章:)

8) 岸谷孝一：建築材料ハンドブック, p.484, 技報堂出版, 1987
9) 前出8), p.490
10) JIS A1304 1994, 日本規格協会
11) 井上勝夫：デザイナーのための内外装材チェックリスト, p.126（遊佐秀逸）, 彰国社, 1995

第18章

1) 日本建築学会：建築材料用教材（1990年改訂版）, p.80

第19章

1) 日本接着剤工業会：建築接着工法ハンドブック, p.15, 1987

付 章

1) 嶋津孝之：免震構造のすすめ, MENSHIN 97.8, pp.43～46
2) 日本免震構造協会編：免震構造入門
3) 同　　　　　：免震積層ゴム入門
4) 同　　　　　：はじめての免震構造
5) オイレス工業, 住友ゴム, 昭和電線電機, ブリジストン, 東洋ゴム工業, 三菱重工業, 新日本製鉄など各社のパンフレット

付 録

1) 矢吹茂郎, 田中元雄, 加藤健三：新しい建築法規の手引き, 霞ヶ関出版, 2008
2) 建築知識別冊編集部：建築基準法令｛条文｝ハンドブック, エクスナレッジ, 2001
3) 建築法規研究会：Q&A改正建築基準法, 建築士法, 新日本法規出版, 2007
4) 日本建築学会：建築法規用教材, 丸善, 2008

索　引

あ　行

アイソレーター　312, 314
亜鉛　152
亜鉛めっき鋼板　256
赤味　20
アクリルゴム系材料　220
アクリル樹脂　202
アクリル繊維　206
浅瓦　174
アスファルト　210
アスファルトコンパウンド　210
アスファルトシングル　262
アスファルトタイル　290
アスファルトフェルト　218, 262
アスファルトブロック　290
アスファルト防水　218
アスファルトルーフィング　262
アスファルトルーフィング類　218
厚板　138
圧延　114
圧縮強度　68, 86
厚付け仕上塗材　272
圧力吸水　214
あて　28
孔あき板材料　240
穴あきれんが　178
油ペイント　298
網入り板ガラス　190
網状ルーフィング　218
網ふるい法　48
アリット　44
アルカリ骨材反応　62
アルカリ濃度　98
アルミニウム　148, 150
アルミニウム合金板　258
アルミニウム粉末　106
アルミニウムペイント　300
アルミン酸三石灰　44
合わせガラス　190
アングル　140
イエシロアリ　30
異形ブロック　108

異形棒鋼　144
石綿　254
板（膜）状材料　240
板目　22
一般構造用圧延鋼材　132
一般構造用角形鋼管　132
一般構造用炭素鋼鋼管　132
イナンデータ現象　60
色型板ガラス　192
引火温度　230, 232
インゴット　116
ウィスカー　120
ウェブ　140
薄板　138
薄付け仕上塗材　272
薄塗り用セメントモルタル材　266
打込み型枠　108
ウッドシーラー　306
海砂　62
裏あし　176
ウレタンゴム系材料　220
ウレタン樹脂　204
上絵つけ　172
釉薬（うわぐすり）　172
エッチングプライマー　306
エトリンガイト　44
エネルギー吸収能力　88
エフロレセンス　168, 180
エポキシ樹脂　204
塩害　100
塩化ビニール樹脂　202
塩化物の総量　100
塩基性岩　158
円形鋼管　134
遠心力法　104
延性　122
塩素イオン量　100
塩分　62
追い柾　22
オイルステイン　298
オイルダンパー　314
黄銅　148
応力-ひずみ曲線　90
大津壁　276

押出成形　222
押し出し成形セメント板　284
オートクレーブ養生　84, 102
オートクレーブ養生法　38
音の大きさ　238
音の強さ　238
帯鋼　138
折れ板　256
温度伝導率　224
温度による補正値 T　68

か　行

加圧法　104
下位降伏点　122
階高充填工法　108
外壁用カーテンウォール　106
界面活性剤　64
カオリン　170
化学混和剤量　70
鏡　192
角形鋼管　134
拡散現象　214
花崗岩　158
火災危険温度　32, 232
火山岩　158
荷重速度　82
ガスケット　222
ガス有毒性試験　230
火成岩　158
型板ガラス　188
型枠コンクリートブロック　108
割線弾性係数　92
割裂試験　86
カーテンウォール　108, 194, 264
加熱温度　100
加熱曲線　234
可燃性ガス　230
かぶり厚さ　100
壁紙　288
壁式鉄筋コンクリート造　106
カーペット　294
カーペットタイル　294
カラーガラス　192
ガラス　184
ガラスウール　196
ガラス繊維強化ポリエステル波板　260
ガラス繊維補強コンクリート（GRC）　102
ガラス長繊維　196
ガラスブロック　196

乾式工法　164
乾式方式　42
含水率　24, 58
乾燥硬化　302
乾燥収縮　62, 72
乾燥収縮ひずみ　96
乾燥収縮率　96
乾燥速度　216
寒中コンクリート　84, 102
貫入　174
乾（腐）食　130
顔料　298
木表と木裏　22
幾何学的非均質性　82
気乾状態　24
気孔質材料　216
気硬性　276
気硬性セメント　40
基材試験　234
きじ（素地）　170
きず（欠点）　22
キーストンプレート　142
木取り　22
木の背と腹　22
基布　294
気泡コンクリート　102, 106
気泡コンクリート板　104
起泡作用　64, 66
基本ブロック　108
気密性　242
吸音機構　240
吸音材料　240
吸音特性　240
吸音用穴あきアルミニウムパネル　286
吸音用軟質繊維板　282
吸音率　240
吸湿性　214
吸収　238
吸水性　214
吸水膨張　62, 216
吸水率　58, 58
吸着水　96
強化ガラス　188
凝結　46, 78
凝結促進剤　78
凝結遅延剤　78
共振周波数　240
強度管理材令　70
強度のばらつき　68
強度の標準偏差　68

索　引

局部電池　130, 216
金属の腐食　216
空気量　68, 72, 78
空隙比説　80
空隙率　58, 60
空洞コンクリートブロック　108
空洞セラミックブロック　180
空洞れんが　178
屈折　238
グラウト　108
クラウン法　184
グラスウール　228
繰返し回数　88
クリストバライト　62
クリープ　94
クリープ係数　94
クリープ限度　94
クリープ破壊　94
クリープ破壊曲線　94
クリープひずみ　94
クリヤーラッカー　298
グレージング構法　264
計画調合　68
けい酸カルシウム板　228, 284
軽量形鋼　142
軽量骨材　56, 102
軽量骨材仕上塗材　272
軽量コンクリート　102
軽量衝撃源　242
化粧セメント板　252
化粧板　280
結合水　46
結晶化ガラス建材　196
結露現象　214
毛房（パイル）　294
ケブラー　206
ゲル　46
ゲル空隙比説　80
減水剤　64, 66
建築工事標準仕様書　12
建築用れんが　178
コインシデンス効果　242
硬化　46, 78
硬化不良　78
高強度コンクリート　66
高減衰積層ゴム支承　314
硬材　18
鋼材ダンパー　314
硬質ウレタンフォーム　228
硬質塩化ビニル平板および波板　260

硬質繊維板　282
孔食　130
合成高分子ルーフィング防水　220
合成ゴム　208, 220
合成樹脂エマルション　220
合成樹脂エマルションペイント　300
合成樹脂塗料　300
高性能減水剤　64, 66
構造体コンクリート　70
構造用大断面集成材　34
拘束状態　96
鋼帯　138
高耐久性圧延鋼材　256
高張力鋼　122
合板　34
鋼板　138
降伏応力度　122
降伏値　76
降伏比　122
高分子材料　198
広葉樹　18
高炉　114
高炉スラグ粉末　52
高炉セメント　52
コーキング材　310
糊材　276
骨材硬度　58
骨材の比重　60
骨材分離　66
骨材量　72
小舞　36, 276
小舞土壁　276
固溶　118
コールドジョイント　78
コンクリート瓦　252
コンクリート製品　104
コンクリートの打込み温度　84
コンクリートの気温補正強度　70
コンクリートプレキャスト　84
コンクリートブロック　104
混合石こうプラスター　278
混合セメント　52
コンシステンシー　74
コンシステンシー測定方法　76
コンファインコンクリート　90
混和剤　64
混和材　64
混和材料　54, 64

さ　行

細骨材　56
細骨材率　68, 72
細骨材量　70
再載荷曲線　90
砕石　56
砕石コンクリート　82
再打法　76
サイディング（ボード）　268
材料分離　60
材料分離性　74
材令　48
サスペンション　48
サフェーサー　306
酸性岩　158
サンディングシーラー　306
サンドイッチシート　248
サンドイッチ板　248
残留強度　100
残留塑性ひずみ　122
残留弾性係数　100
残留ひずみ　90
残留率　60
仕上材　246
仕上塗材　270
磁器　170
下地材　246
下地ムーブメント　220, 222
下葺材　250
しっくい　276
湿式工法　164
湿式方式　42
湿潤状態　58
実積率　60
湿（腐）食　130
質量法則　242
シート防水　218, 220
締固め成形　104
遮音材料　242
遮音特性　242
シャモット　170
砂利　56
シャルピー衝撃試験　126
終局強度設計　90
秋収率　20
収縮ひび割れの発生限界　96
収縮目地　96
収縮率　216
集成材　34

住宅屋根用化粧石綿スレート　254
重量減少率　216
重量骨材　56
重量衝撃源　242
聚落（じゅらく）壁　276
準不燃材料　234
ジョイナー　268
常圧蒸気養生　104
上位降伏点　122
衝撃強度　88
焼結　168
除荷曲線　90
初期材令　84
初期弾性係数　92
初期凍害　98
初期凍結　84
暑中コンクリート　102
シーラー　306
白太　20
シリカセメント　52
シーリング材　310
シーリング防水　222
人工軽量骨材　102
人工骨材　56
心材　20, 248
伸縮目地　178
深成岩　158
人造石塗り　292
振動法　104
シンナー　298
針入度　210
真のせん断強度　86
真の比重　26
針葉樹　18
水圧説　66
水硬性セメント　40
水酸化カルシウム　98
水蒸気圧差　214
水性ペイント　300
水密性　76
水和作用　78
水和熱　44, 46
水和反応　44
末口　22
すさ　276
ステンドグラス風板ガラス　192
ステンレス鋼　146, 258
ストレッチルーフィング　218
ストレートアスファルト　210
砂壁　276

索　引

砂付きルーフィング　218
スパイラル鋼管　142
スパニッシュ瓦　174
素焼き　172
スラブ　116
スランプ　72
スランプコーン　74
スランプ試験　74, 76
スランプ値　68, 74
スリット構造　240
スレート　158
寸法効果　82
製鋼　114
脆性破壊　126
製銑　114
青銅　148
青熱脆性　128
積算温度（Maturity）方式　84
積算温度（マチュリティ）　84
積層ゴム支承　312, 314
施工性　68
絶縁工法　218
石灰モルタル　264
絶乾状態　24, 58
絶乾比重　58
せっ器　170
設計基準強度　68, 68
石こうプラスター　278
石こうボード　286
接線弾性係数　92
セメンタイト　118
セメント空隙比説　80
セメントクリンカー　42
セメントの硬化不良　62
セメントバチルス　44
セメント水比説　80
セラミックス（Ceramics）　166
セリット　44
セルフレベリング（Self-leveling）材　292
背割り　26
遷移温度　126
繊維壁材　288
繊維混入ケイ酸カルシウム板　286
繊維板　282
繊維飽和点　24, 216
繊維補強コンクリート　96, 102
線入板ガラス　190
潜在空気（entrapped air）　78
潜在欠陥　82
潜在水硬性反応　64

せん断弾性係数　92
せん断破壊　86
銑鉄　114
造塊・分塊法　116
早強ポルトランドセメント　50
側圧　108
促進型　78
促進形　66
促進養生　104
粗骨材　56
粗骨材の最大寸法　60, 82
粗骨材量　70
素材　22
塑性粘度　76
組積ユニット　108
外法一定 H 形鋼　140
そまがく　22
粗粒率　60

た　行

耐アルカリガラス繊維　102, 108
耐火構法　236
耐火材料　236
耐火試験方法　236
耐火被覆　128
耐火被覆材料　236
耐火れんが　178
耐久限度　126
耐久性　68
耐久年数　98
耐候性鋼　134
体心立方格子　118
堆積岩　158
体積膨張　84, 98
耐凍結融解性　66
大理石　158
対流現象　226
耐硫酸塩ポルトランドセメント　50
タイル　176
タイル打込み仕上げ　106
タケクイムシ　36
多孔質材料　240
多彩模様塗料　304
多軸応力状態　86
三和土　292
畳表　296
畳床　296
畳縁　296
タフテッドカーペット　294
だぼ　164

試し練り　70
単位水量　60，66，70，72
単位セメント量　60，66，70
単位粗骨材かさ容積　72
単位容積質量　60
炭酸化反応　98
単純せん断試験　86
弾性係数　92
弾性係数の複合法則　92
弾性限度　122
弾性シーリング材　222
弾性すべり支承　314
弾性波の伝播速度　92
炭素繊維　182，206
炭素当量　128
単調載荷　90
ダンパー　312，314
タンピング　76
端面摩擦　82
遅延型　78
遅延形　66
チタン　152
チタン板　258
着火性試験　230
チャンネル　140
中質繊維板　282
中性化　98
中性化比率　98
中性化深さ　98
中性岩　158
中幅 H 形鋼　140
中庸熱ポルトランドセメント　50
調合　68
超高延伸ポリエチレン　206
調合計算　70
調合設計　64，68
調合ペイント　298
調質高張力鋼　132
超早強ポルトランドセメント　50
超速硬セメント　52
チョーキング（白亜化）　304
直接せん断試験　86
直接引張試験　86
直交ローラー支承　314
沈下ひび割れ　76
沈降現象　72
通過率　60
疲れ限度　126
積み石工法　164
吊り構法　194

定形シーリング　222
泥分　62
デシベル　238
デッキプレート　142
鉄筋コンクリート　38
鉄筋腐食　62
鉄筋を腐食　100
鉄骨耐火被覆　228
手吹き円筒法　184
テラコッタ　176
テラゾー　292
転移　120
展色材　298
天然骨材　56
天然系積層ゴム支承　314
天然ゴム　208
電縫鋼管　134
転炉　114
電炉　114
銅　148
凍害　98
透過損失　242
透過率　242
陶器　170
凍結融解　62，66
凍結融解作用　98
透水抵抗性　218
動弾性係数　92
銅板　258
土器　170
独立気孔　214
トベルモライト　44
塗膜防水　218，220
トラバーチン　158
トリジマイト　62
トレスカの降伏条件　124
とろ　164
ドロマイトプラスター　276
トンネル窯　172

な　行

内部結露　214
内部ひび割れの進展　90
内部摩擦角　76
ナイロン　206
鉛　152
鉛ダンパー　314
軟質繊維板　228，282
軟質板　284
軟質フレキシブル板　268，284

索引

難燃材料　234
難燃処理　32
難燃性試験　234
二重壁　242
二重ガラス　242
二点載荷法　86
日本工業規格（JIS）　12
日本農林規格（JAS）　12
ニューセラミックス　168
尿素樹脂　204
布系クロス　288
熱応力　46, 100
熱可塑性樹脂　200
熱間圧延　116
熱貫流抵抗　224
熱貫流率　224
熱硬化性樹脂　200
熱工法　218
熱線吸収ガラス　192
熱線反射ガラス　192
熱伝導抵抗　224
熱伝導率　216, 224
熱分解速度　232
熱膨張率　100
熱容量　224
燃焼温度　232
粘性係数　48
粘着力　76
年輪　20
伸び　122
糊材　276
ノンアスベスト製品　254

は　行

バーインコイル　144
バウシンガー効果　122
破壊曲面　88
破壊条件　88
破壊靱性値　126
白色ポルトランドセメント　50
波形石綿スレート　254
波形の3要素　238
破断点　122
ハチェック（Hatschek）法　254
発煙性　230
発煙量　232
発火温度　230, 232
発ガス性　230
発色法　98
発泡剤　106

パーティクルボード　282
幅木　296
パーライト　118
張り石工法　164
反射　238
半深成岩　158
反応性骨材　62, 62
飛塩粒子　100
引き金物　164
比強度　122
ひげ結晶　120
ヒステリシス曲線　214
ひずみ硬化　122
ひずみ硬化作用　90
ひずみ勾配　86
ひずみ速度依存性　82
ひずみ速度効果　88
非線形性　90
引張強度　86, 122
非鉄金属　146
一重壁　242
ヒートポンプ効果　226
ビニルクロス　288
比熱　224
非破壊試験　92
比表面積　48
ひび割れ進展過程　90
ひび割れの発生　96
表乾状態　58
表乾比重　58
標準形　66
表面活性剤　64
表面活性作用　78
表面結露　214
表面材　248
表面仕上処理　100
表面試験　234
表面水量　58
表面張力　64
表面反射率　240
表面力説　96
平鋼　144
ヒラタキクイムシ　30
比例限界応力度　90
比例限度　122
ビレット　116
疲労　126
疲労限度　88
疲労寿命　88
疲労破壊　88

広幅 H 形鋼　140
ビンガム流体　76
品質管理　104
貧調合　216
ファインセラミックス　168
フィニッシャビリティ　74
フィーラー　182, 248
風化　46
フェノールフタレン溶液　98
フェノール樹脂　204
複合応力　88
複合材料　248
複合パネル　248
輻射熱　226
複層ガラス　190
複層仕上塗材　272
節　28
付着強度　76
普通骨材　56
普通ブロック　108
普通ポルトランドセメント　50
普通れんが　178
不定形シーリング　222
不燃材料　234
不燃シングル　262
不飽和ポリエステル樹脂　204
フライアッシュセメント　52
プライマー　218, 306
プラスチック　80
プラスチックシート　290
プラスチックタイル　290
フラッシュオーバ現象　230
フランジ　140
ブリージング　52, 60, 66, 72, 74, 76
ふるい分け曲線　60
ふるい分け試験　60
ブルーム　116
フレキシブル板　268, 284
プレキャストコンクリート部材　38, 104
プレキャスト鉄筋コンクリート板　106
プレスセメント瓦　252
プレストレストコンクリート製品　104
プレストレストコンクリート造　38
フレッシュコンクリート　54, 74, 78
プレテンション法　106
フレンチ瓦　174
ブレーン法　48
プロクター貫入抵抗試験　78
ブロックマシーン　104
フロート板ガラス　188

フロート法　184
フローリング材　34
ブローンアスファルト　210
分散作用　66
粉末度　46
平均年輪幅　20
平衡含水率　24, 214
壁装材　288
ベニヤ　34
ペリット　44
辺材　20, 28
変成岩　158
変態　118
ポアソン数　92
ポアソン比　92
防火工法　234
防火試験　234
防火ペイント　32
防食法　130
防水剤　222
防水ブロック　108
膨張圧　98
包絡線　90
ほうろう鋼板　264
保温養生　84
補強コンクリートブロック構造　108
補強材　248
補助材　246
ポストテンション法　106
細幅 H 形鋼　140
ポゾラン質微粉末　64
ポゾラン反応　52, 64
ホットコンクリート　104
ポップアウト　62
ボード　280
ボード用石こうプラスター　278
ポリアミド繊維　206
ポリエステル繊維　206
ポリエチレン樹脂　202
ポリカーボネート　202
ポリカーボネート板　260
ポリスチレン樹脂　202
ポリスチレンフォーム　228
ポリプロピレン樹脂　202
ポリマー　198
ポリマー含侵コンクリート　52
ポリマーコンクリート　96
ポリマーセメント　52
ポルトランドセメント　40, 46
ポロシティ理論　80

ホーン phon 238
ボンドクラック 90
ポンパビリティ 66
本葺き瓦 174
本焼き 172

ま 行

マイナーの法則 126
マーキング厚板 138
膜材料 260
マグネシアセメント塗り床 292
曲げ強度 86
柾目 22
マスコンクリート 46, 102
マスチック仕上塗材 272
マトリックス 182, 248
丸鋼 144
丸太 22
丸身 28
みがき板ガラス 186
みがき鋼板 138
水セメント比 72
水セメント比説 40, 80
ミーゼスの降伏条件 124
溝形鋼 140
密着工法 218
ミルシート 132
無炎着火 232
無機質系断熱材 228
ムーブメント 178
ムーブメントジョイント 178
目切れ 28
目地モルタル 108
メタクリル樹脂板 260
目止め材 306
メラミン樹脂 204
免震構造 312
免震材料 312, 314
面心立方格子 118
メンブレン防水層 218
毛細管空隙 96
毛細管現象 214, 226
毛細管張力説 96
もく（杢） 18
木毛セメント合成板 268
木毛セメント板 284
木理 18
元口 22
モノマー 198
モルタル 266

モルタル強度 82
モルタル防水 222

や 行

焼入れ 128
焼なまし（焼鈍） 128
焼ならし（焼準） 128
焼もどし 128
役物 174
屋根葺材 250
破れ目地 178
山形鋼 140
ヤマトシロアリ 30
ヤング係数 122
有機質系断熱材 228
有機不純物 62
有効吸水量 58
有効弾性係数 94
遊離石灰 76
優良住宅部品認定制度 12
床衝撃音 242
床衝撃音対策 242
油性エナメルペイント 298
油性コーキング材 222
油性調合ペイント 300
ユニットタイル 176
溶剤 298
養生温度 68, 84
養生方法 84
溶接構造用圧延鋼材 132
溶接構造用遠心力鋳鋼管 132
溶接構造用耐候性圧延鋼材 132
洋白 148
溶融ガラス 228
横葺き用プレス瓦 256

ら 行

ラス 266
ラッカーエナメル 298
ラミナ 34
ラワン材 18
ランバーコア合板 34
リシン 270
リノリウムタイル 290
粒子分散強化型の複合材料 54
流動化剤 66
粒度曲線 60
粒度分布 60
理論強度 120
臨界応力度 90

ル・シャトリエの比重びん 48
冷間圧延 116
冷工法 218
レオロジー 48
レオロジー表現 78
レオロジーモデル 76
レジンコンクリート 52
劣化 216
連行空気 66
連行空気 (entrained air) 78
連続気孔 214
連続鋳造法 116
緑青 148
緑青 (ろくしょう) 258
ロータリーキルン 42
ロックウール 228
ロックウール化粧吸音板 286
ローマンセメント 40
ロールアウト法 184

わ 行

ワーカビリティ 52, 58, 66, 74, 78
ワニス 298

〔欧文索引〕

α 鉄 118
γ 鉄 118
200万回疲労強度 88
AE 減水剤 66, 102
AE 剤 64, 66
ALC パネル 102
ALC 板 106
A.N.Talbot 80
Brinkman 48
D.A.Abrams 40, 80
Davis-Glanvill の法則 94
DPG 構法 194
Einstein の粘性式 48
FR 鋼 136
GRC 製品
　(Glassfiber Reinforced Cement) 108
Griffith の破壊条件 88
Hashin-Hansen の式 92
H 形鋼 116
I.Lyse 80
J.Aspdin 40
J.Monier 40
J.Smeaton 40
LRB 314
Mohr の破壊包絡線 86
PC 鋼線 144
PC 鋼棒 144
PS コンクリート部材
　(プレストレストコンクリート部材) 106
RM (Reinforced Masonry) 構造 108
RM 用ユニット 180
RPC 部材 (ラーメン用プレキャスト
　鉄筋コンクリート部材) 106
SM 490 132
SM 520 132
SM 570 132
SMA 材 134
SM 材 132
S-N 曲線 88, 126
SN 材 132
SS 400 132
SS 490 132
SS 540 132
SSG 構法 194
SS 材 132
STK 400 134
STK 490 134
STKR 400 134
STKR 490 134
STKR 材 134
STK 材 134
SUS 304 146
SUS 304 N 2 146
S 型桟瓦 174
T.C.Powers 80
TMCP 鋼板 136
UO 鋼管 142
Whitney の法則 94
WP ステイン 298

著者略歴

嶋津　孝之（しまづ・たかゆき）
　1961年　東京大学工学部建築学科卒業
　1966年　同大学院工学研究科博士課程終了
　　　　　工学博士を授与される．
　現　在　広島大学名誉教授

福原　安洋（ふくはら・やすひろ）
　1967年　広島大学工学部建築学科卒業
　1969年　同大学院工学研究科修士課程終了
　1993年　広島大学より工学博士を授与される．
　現　在　呉工業高等専門学校名誉教授

在永　末徳（ありなが・すえのり）
　1969年　九州大学工学部建築学科卒業
　1977年　同大学院工学研究科博士課程終了
　1979年　九州大学より工学博士を授与される．
　　　　　（元）近畿大学教授

松尾　彰（まつお・あきら）
　1970年　広島大学工学部建築学科卒業
　1972年　同大学院工学研究科修士課程終了
　1985年　広島大学より工学博士を授与される．
　現　在　広島大学名誉教授

中山　昭夫（なかやま・あきお）
　1966年　京都大学工学部建築学科卒業
　1971年　同大学院工学研究科博士課程終了
　1987年　京都大学より工学博士を授与される．
　現　在　福山大学名誉教授

蓼原　真一（たではら・しんいち）
　1973年　広島大学工学部建築学科卒業
　1975年　同大学院工学研究科修士課程終了
　1993年　広島大学より工学博士を授与される．
　　　　　（元）長崎大学准教授

建築材料〈第3版〉　　　©嶋津孝之／福原安洋／在永末徳　2001
　　　　　　　　　　　　松尾　彰／中山昭夫／蓼原真一

1994年　5月30日　第1版第1刷発行　　【本書の無断転載を禁ず】
1995年　4月10日　第2版第1刷発行
2000年　2月25日　第2版第7刷発行
2001年　5月16日　第3版第1刷発行
2020年　3月10日　第3版第18刷発行

著　者　嶋津孝之／福原安洋／在永末徳
　　　　松尾　彰／中山昭夫／蓼原真一
発行者　森北博巳
発行所　森北出版株式会社
　　　　東京都千代田区富士見1-4-11（〒102-0071）
　　　　電話 03-3265-8341／FAX 03-3264-8709
　　　　https://www.morikita.co.jp/
　　　　日本書籍出版協会・自然科学書協会　会員
　　　　JCOPY ＜(一社)出版者著作権管理機構 委託出版物＞

落丁・乱丁はお取替え致します　　　　印刷／太洋社・製本／協栄製本

Printed in Japan／ISBN 978-4-627-55143-5

MEMO